JN237650

[改訂版]

高校数学からきちんと攻める

経済学で出る数学

尾山大輔＋安田洋祐＝編著
OYAMA Daisuke＋YASUDA Yosuke

日本評論社
Nippon Hyoron Sha Co., Ltd.

はしがき

　経済学の勉強をはじめるときに，多くの方が最初につまずくハードルが，突然登場する数学でしょう．実際に，教科書や大学の講義では数学のコンセプトがわんさか出てきます．「経済学でまさか数学なんて出てこないだろう」と油断していたところに，記号や数式の不意打ちを喰らって，青ざめた読者の方も多いのではないでしょうか．日本の大学受験システムだと経済学部は文科系に分類されるので，より一層こうしたイメージ・ギャップが生まれやすくなっています．

　この問題に対処するため，多くの大学の経済学部では経済学の学習に欠かせない数学をカバーする「経済数学」の講義が開講されています．ただし，典型的な経済数学の授業では，経済学との接点はあまり強調されずに，一般的な数学の問題を解くことに重点がおかれることも多いようです．そのため，せっかく数学のスキルを身につけようとしても，なかなか学ぶモチベーションがわかない，という声をよく耳にします．たしかに，応用例から離れて数学を一から学んでいくというのは正攻法のひとつではあるのですが，数学に慣れていない人，とくに数学に苦手意識をもっている人にとっては，だいぶしんどい作業でしょう．

　そこで本書では，経済数学の初心者でも読み進めやすいように，数学のコンセプトをいきなり紹介するのではなく，経済学のトピックから入ってそこで使う数学を学んでいく，という方式をとりました．たとえば，1次関数について学ぶ第1章では出版社の市場調査，2次関数を扱う第2章ではラーメン屋の利潤最大化を例題にとりあげるといった具合に，まず具体例を示して，経済学の問題を解くうえで数学を使う意味がすんなり理解できるような工夫を随所で行っています．また，昔ながらの経済数学の定番で最近の経済学の授業ではあまり扱われなくなったトピックは避け，いま現在の経済学で出てくる例を積極的に扱うようにしました．このように，代表的な経済学の分析でどのように数学が使われているのかが一目でわかるように書かれている，というのがこの本の大きな特徴です．経済学との距離が近いところで数学の説明をしているので，経済数学の教科書としてだけでなく，本書は経済学の入門書としても使うことができるでしょう．各章の経済学的な位置づけを簡単に紹介すると，次のようになっています．

- 第1章 (1次関数) では市場メカニズム，第2章 (2次関数) では独占と寡占など，ミクロ経済学の重要なコンセプトを盛り込みました．なお，第2章では，寡占問題を説明するなかで，現代の経済学を理解する上で欠かすことのできないゲーム理論の入門にあたるような解説も行っています．
- 第3章 (指数・対数) と第4章 (数列) は，ファイナンスの初歩について解説しています．複利や割引現在価値の考え方や，債券価格・株価の決まり方など，実生活でも役に立つ経済学リテラシーを身につけることができます．

はしがき

- 第 5 章 (1 変数の微分) ではまず，供給曲線の背後にある企業の利潤最大化行動を分析します．第 6 章 (ベクトル) では消費者行動の分析の準備として，複数の財の数量を数式や図で表す方法を解説します．そして次の第 7 章 (多変数の微分) では，需要曲線の背後にある消費者の効用最大化行動を分析します．そこでは，制約付き最大化問題の代表的な解法であるラグランジュの未定乗数法を学びます．ここが経済学を学ぶ上でのひとつの山場です．
- 第 8 章から第 11 章までの 4 章は，やや上級者向けの応用例を扱っています．ここでは，類書ではあまりカバーされていない，新しいトピックもとりあげました．第 8 章 (行列) ではデータを使った実証分析の基礎となる回帰分析，第 9 章 (確率) では不確実性下の行動を分析する際の柱となる期待効用理論，第 10 章 (積分) では近年研究が進みその成果が現実の仕組みにも応用されているオークション理論，第 11 章 (漸化式) では経済成長理論の基本であるソロー・モデルに焦点をあてました．

本書は経済セミナー増刊『経済学で出る数学――高校数学からきちんと攻める』(2008 年) を加筆・改訂し，単行本化したものです．単行本化にあたり，経済学の解説をより充実させ，かつ例題・練習問題を増やしました．また，テイラー展開など，数学的に少々難易度の高いトピックもいくつか新たに加えました．そのような進んだ内容を扱っている節には「*」の印をつけましたので，読む際の参考にしてください．

「高校数学からきちんと攻める」というサブタイトルにあるように，大学受験時に数学を使わなかった方も第 1 章から読み進めていただけるようになっています．「*」印がついている節は飛ばしつつ，まずは第 5 章の (1 変数の) 微分を目標としてみてください．さらに余力のある方は第 7 章のラグランジュの未定乗数法を目指しましょう．数学選択だった方は，第 1 章から第 4 章は軽く目を通すくらいにして第 5 章から本格的に始めてもよいでしょう．実は，高校数学＋αをきちんと理解していれば学部～大学院の入り口レベルの経済学には十分で，その「＋α」の部分もこの本でしっかりカバーされています．数学が得意だという方もぜひ本書をじっくり読んで内容を深く理解していただきたいと思います．

この本を手に取ってくださったみなさんは，経済学に関心があることと思います．本書の一番の目的は，数学を通じて経済学の考え方を身につけていただくことです．数学はあくまでも道具で，その習得には具体的な使われ方を実際にみるのが一番の近道です．数学が苦手な人も得意な人も，経済学ともっと仲よくなるという目標を見すえつつ，経済数学のマスターのために，いっしょにがんばりましょう．

2013 年 2 月
編著者 尾山大輔・安田洋祐

目次

はしがき		i
第1章	**1次関数と市場メカニズム**	**1**
1.1	関数と変数	1
1.2	比例関数の性質	8
1.3	連立方程式と市場均衡	10
1.4	グラフと余剰分析	16
1.5	もう少し練習	23
	1.5.1 直線の式の決定	23
	1.5.2 需要・供給の集計	24
	1.5.3 豊作貧乏	26
	1.5.4 単位あたり費用一定のケース	29
第2章	**2次関数と独占・寡占市場**	**32**
2.1	独占市場に見るトレードオフ	32
2.2	寡占市場を斬るゲーム理論	42
2.3	もう少し練習	48
	2.3.1 独占とクールノー・ゲームの比較	48
	2.3.2 n 企業クールノー・ゲーム	51
第3章	**指数・対数と金利**	**55**
3.1	複利計算——その1	55
3.2	累乗の計算	59
3.3	割引現在価値	64
3.4	複利計算——その2	66
3.5	対数の計算	67
3.6	常用対数による近似計算	71
3.7	自然対数と連続時間での利子率・割引率*	72
3.8	もう少し練習	77
	3.8.1 指数法則・対数法則の練習	77
	3.8.2 投資の収益率と対数計算	78

第 4 章　数列と貯蓄　　82

- 4.1　等比数列 82
- 4.2　数列の極限 85
- 4.3　級数 86
- 4.4　割引現在価値の和 93
- 4.5　漸化式 (差分方程式)* 98
- 4.6　もう少し練習 105
  - 4.6.1　利付債の割引現在価値 105
  - 4.6.2　コンソル債の割引現在価値 108
  - 4.6.3　株価の決まり方* 109

第 5 章　1 変数の微分と利潤最大化　　113

- 5.1　費用関数と利潤最大化 113
- 5.2　微分とは 115
- 5.3　微分の公式 122
- 5.4　関数の増減と最大・最小 130
  - 5.4.1　増減 130
  - 5.4.2　最適化 135
- 5.5　最適化の例：利潤最大化 139
- 5.6　凹関数・凸関数* 143
- 5.7　指数関数・対数関数をもう少し攻める* 146
  - 5.7.1　指数関数の微分公式の導出 146
  - 5.7.2　弾力性 148
- 5.8　連続時間での成長率* 151
- 5.9　テイラー展開* 153
- 5.10　もう少し練習 159
  - 5.10.1 需要の価格弾力性 159
  - 5.10.2 個々の企業の供給関数と経済全体の総供給関数 162
  - 5.10.3 利潤最大化問題の解の性質 163
  - 5.10.4 費用に関する諸概念 164
  - 5.10.5 ちょっと複雑な費用関数* 167
  - 5.10.6 極限の計算* 172

第 6 章　ベクトルと予算制約　　173

- 6.1　予算制約 173
- 6.2　ベクトルのいろいろ 175
  - 6.2.1　数ベクトル 175
  - 6.2.2　幾何ベクトル 179

		6.2.3 位置ベクトル	182
		6.2.4 まとめ	184
	6.3	ベクトルの内積	184
		6.3.1 内積の定義	184
		6.3.2 内積の図形的意味	186
		6.3.3 直線・平面の式と法線ベクトル	189
	6.4	1次関数と直線・平面	190
	6.5	もう少し練習	192
		6.5.1 平均・分散の内積表示	192
		6.5.2 労働と余暇	193
		6.5.3 消費と貯蓄	195
		6.5.4 証券の価格*	196

第7章 多変数の微分と効用最大化　201

7.1	予算制約下の効用最大化	201
7.2	多変数関数の微分	204
7.3	制約なしの最適化	210
7.4	制約付きの最適化	215
7.5	準凹関数・準凸関数*	225
7.6	もう少し練習	227
	7.6.1 効用最大化	227
	7.6.2 労働と余暇	231
	7.6.3 消費と貯蓄	232
	7.6.4 準線形効用関数	234
	7.6.5 部分均衡分析	236
	7.6.6 オイラーの定理と完全分配定理*	238

第8章 行列と回帰分析　242

8.1	はじめに	242
8.2	数とベクトルと行列	242
8.3	計量経済学における行列演算	245
	8.3.1 経済理論と経済データ	245
	8.3.2 理論とデータの照合 (最小2乗法)	247
	8.3.3 行列演算による最小2乗法	251
	8.3.4 行列演算の理解と解釈	253
8.4	行列演算の解説	255
	8.4.1 行列演算の基礎	256
	8.4.2 最小2乗法の行列演算の解説	260

- 8.5 行列演算の理解度チェック ... 261
- 8.6 より進んだ行列演算 ... 264
- 8.7 まとめ ... 265
- 8.8 最小 2 乗法をもう少し攻める——その図形的意味* ... 266

第 9 章 確率とリスク　　269

- 9.1 経済学での使用例 ... 269
- 9.2 確率の基本 ... 271
  - 9.2.1 標本と事象 ... 271
  - 9.2.2 確率の定義と基本的性質 ... 272
  - 9.2.3 均等確率の場合 ... 275
  - 9.2.4 条件付き確率 ... 277
  - 9.2.5 ベイズの定理 ... 282
- 9.3 期待効用理論 ... 285
  - 9.3.1 確率変数，期待値，期待効用 ... 285
  - 9.3.2 危険回避度* ... 290
- 9.4 基礎知識の確認 ... 295

第 10 章 積分とオークション　　300

- 10.1 オークションのいろいろ ... 300
- 10.2 分布関数と密度関数 ... 303
- 10.3 連続確率変数の期待値 ... 308
- 10.4 セカンドプライス・オークションの期待収入 ... 310
- 10.5 積分の定義 ... 312
- 10.6 微積分学の基本定理 ... 316
- 10.7 ファーストプライス・オークションの期待収入 ... 322
- 10.8 積分計算の応用 ... 324
  - 10.8.1 連続確率変数の期待効用 ... 324
  - 10.8.2 連続時間における割引現在価値 ... 325
  - 10.8.3 消費者余剰の計算 ... 328
  - 10.8.4 順序統計量* ... 330
- 10.9 ファーストプライス・オークションのナッシュ均衡をきちんと求める* ... 332

第 11 章 漸化式と経済成長　　337

- 11.1 経済成長理論とは ... 337
- 11.2 ソロー・モデル ... 339
- 11.3 定常状態の求め方を理解する ... 346
- 11.4 解法のまとめ ... 351
- 11.5 もう少し練習 ... 352

付表　ギリシャ文字一覧　355

資料　学習指導要領の変遷　357

文献案内──あとがきにかえて　363

索引　367

執筆者紹介　372

第 1 章

1次関数と市場メカニズム

1.1 関数と変数

みなさんは経済学と聞くとどのようなイメージをもたれるでしょうか．お金・貿易・景気などさまざまな意見がありそうですね．最近では，一見すると経済とは直接関係がないような事柄まで——たとえばイカサマ行為，人種差別，学校選択制など——幅広く経済学に基づいた分析が行われています．こうした広範な分析を可能にしているのが，経済学が拠り所としている数学の力です．数学と聞くと複雑な微積分の数式や抽象的な記号の羅列をイメージして拒絶反応を示してしまう方も多いかもしれませんが，実は高校までに習う比較的簡単なツールを用いるだけで数多くの重要な経済学のトピックを理解することができます．本章では，すべての経済数学の基礎となっている1次関数について扱います．高校数学の中でも最も簡単なツールである1次関数が，いかに経済学の基本的な考え方と結びついているのかを実感してみてください．それでは，まず以下の例題に挑戦してみましょう．

例題 1.1

ある出版社が自社雑誌の需要に関する市場調査を行ったところ，価格 p (円) と需要量 q (冊) との間に図 1.1 のグラフのような関係があることが明らかになった．これは，2,000 円以上では 1 冊も売れないが，2,000 円から 1 円価格を下げるごとに 10 冊ずつ需要が増えることを意味している．

(1) 雑誌の需要量 q を価格 p の関数 (D と呼ぶことにする) で表しなさい．

(2) 価格を 1,500 円に設定したときに，何冊売れるかを求めなさい．

(3) 雑誌の価格 p を需要量 q の関数 (P と呼ぶことにする) で表しなさい．

(4) ちょうど 1 万冊を売るためには，価格をいくらに設定すればよいだろうか．

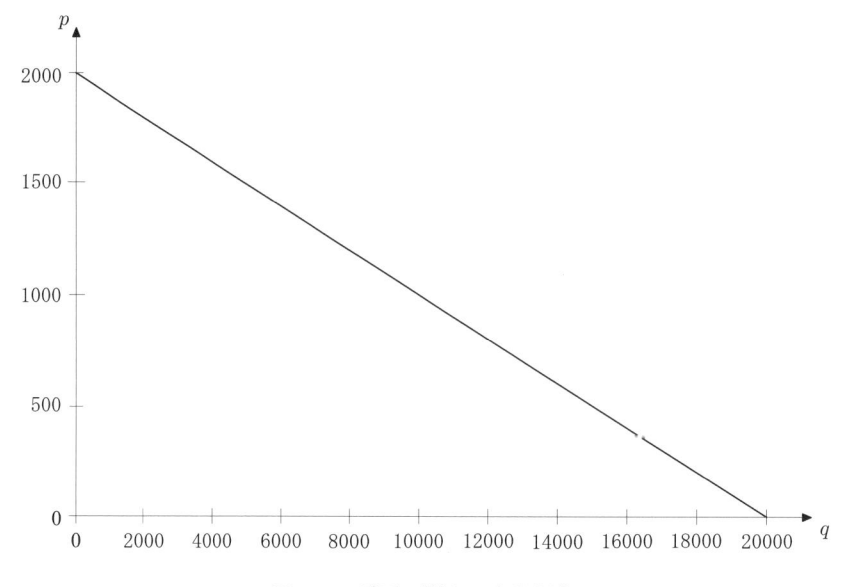

図 1.1　需要に関する市場調査

例題の解答および解説に移る前に，最初に 1 次関数がどのようなものだったのかをおさらいします．中学校で習ったとおり，1 次関数とは

$$y = 2x + 1$$

のように，x の 1 次の項 ($= 2x$) と定数項 ($= 1$) で構成されている関数のことです．この式は，x と y の間には「x を 2 倍して 1 を加えたものと y は等しい」という関係がある，ということを意味しています．x を横軸に，y を縦軸にとった xy 平面でこの 1 次関数のグラフを描くと，図 1.2 のような直線として表されます (紙面の都合上，横軸・縦軸は異なる縮尺にしてあります)．グラフの y 切片が定数項の 1 に，傾きが x の係数である 2 になることを確認しておきましょう．一般に，1 次関数

$$y = ax + b$$

のグラフは傾きが a で y 切片が b である直線で，とくに

- $a > 0$ ならば右上がり (増加)
- $a < 0$ ならば右下がり (減少)

です．$a = 0$ のときは関数の式は $y = b$ となり (便宜上，これも 1 次関数とみなすことにします)，y は x によらず一定値 ($= b$) なので，そのグラフは x 軸に平行な直線になります．つまり，

- $a = 0$ ならば平ら

です．

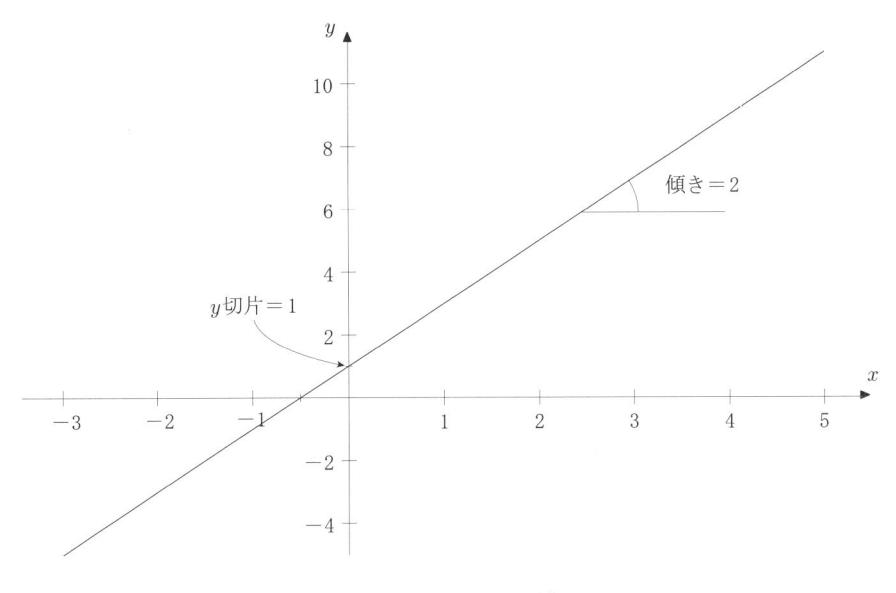

図 1.2 $y = 2x + 1$ のグラフ

一般に関数とは数と数との間の関係 (たとえば価格と需要量との間の関係) のことです．関数にたとえば f という名前をつける場合は，

$$f(x) = 2x + 1$$

のように書き表します[1]．ここで x という文字記号は，さまざまな値をとりうる変数として使われています．x が 1 のときの関数 f の値を $f(1)$，x が 2 のときの値を $f(2)$，$\cdots$ のように書き，登場しているすべての x に 1 と 2 をそれぞれ代入して，

$$f(1) = 2 \times 1 + 1 = 3 \tag{1.1}$$

$$f(2) = 2 \times 2 + 1 = 5 \tag{1.2}$$

と計算します．また f は function (関数) の頭文字から来ており，関数の名前として最も頻繁に用いられているものです．もちろん，必ず f を使わなければいけない，というわけではなく，関数であることが伝わるのであれば，g とか D とか f 以外の名前をつけてかまいません．一方の変数も x である必要はなく，$f(\ )$ の括弧の中と右辺とで一致している限り何を使っても自由です．たとえば，$f(x) = 2x + 1$ と $f(t) = 2t + 1$ という表現は，どちらも「それぞれの数に，それを 2 倍して 1 を加えて得られる数を対応させる」という関係を意味し，まったく同じ関数を表しています．ただし，自由とはいっても傾向があり，文脈にあわせて読者が連想しやすい記号が用いられることが多いです．その代表例については，次のページの【ちょっとメモ】を参照してください．

---

[1] 日本語ではふつう「エフエックス」と読みますが，英語では "f of x" というように読みます．

【ちょっとメモ】 変数や関数などを表す記号には，対応する概念 (英語) の頭文字が多くの場合にあてられます．たとえば，価格 (price) を表す変数には p が最もよく使われます．代表的な記号とその由来については，次の表をご覧ください．

記号の意味	よく使われる文字	表記の由来	記号が登場する章
価格	p	price	1 章
数量	q	quantity	1 章
需要	D	demand	1 章
供給	S	supply	1 章
消費者余剰	CS	consumer surplus	1 章
生産者余剰	PS	producer surplus	1 章
利潤	π	profit	2 章
時間	t	time	3 章
利子率	r (または i)	ratio (interest rate)	3 章
割引因子	δ	discount factor	3 章
収入	R	revenue	5 章
費用	C	cost	5 章
効用	u	utility	7 章
労働	L	labor	7 章
資本	K	Kapital (ドイツ語)	7 章
確率	p	probability	9 章

　また，f という名前のついた関数に言及するときは「関数 f」と言うのが "正しい" のですが，慣例として「関数 $f(x)$」とか「関数 $y = f(x)$」とかと言うこともよくあります．前者からは「この関数の変数は x (で表される量) なのだな」ということが伝わり，また後者からはさらに「関数の値の方は y (で表される量) なのだな」ということも伝わり便利なことがあります．数学というのは単なる規則の集まりではなく，経済学を学び活用しようという私たちにとってはコミュニケーションの道具です．わかりやすさ・伝わりやすさを最重視して柔軟に運用していきましょう．

　さて，変数として記号や文字を用いるというプロセスは，小学校までの算数と中学校以上で学ぶ数学を隔てる大きな壁となっています．ここを乗り越えることができずに数学嫌いになってしまった方もいらっしゃるのではないでしょうか．記号を使わずに，具体的な数字を代入する算数的なアプローチでは，(1.1) 式や (1.2) 式のように個別のケースについて具体的な y の値を求めることができても，y と x の一般的な関係が見えてきません．その一方で $y = f(x)$ という関数は，x にどんな数を代入しても「y という数が $f(x)$ によって定められる」というルールを意味しており，y と x の一般的な関係を表現することに成功しています．これが記号を用いることの大きなメリットです．経済学では，価格と需要量の関係，生産量と費用の関係，インフレーションと失業率の関係などさまざまな指標間の関係に関心があるため，文字で表現された関数の考え方が非常に重要になってくるのです．それでは，いよいよ先ほどの例題を解いていきましょう．

【解答 1.1】

(1)　$D(p) = 20000 - 10p$　（ただし $0 \leq p \leq 2000$）

(2)　5,000 冊

(3)　$P(q) = 2000 - \dfrac{1}{10}q$　（ただし $0 \leq q \leq 20000$）

(4)　1,000 円

【解説 1.1】

価格を p とすると $2000 - p$ が 2,000 円からの下げ幅なので，(1) の答えは

$$D(p) = (2000 - p) \times 10 = 20000 - 10p \tag{1.3}$$

と求めることができます (もちろん，$-10p + 20000$ と書いてもよいです). (1.3) 式では定数項の 20000 が「価格をゼロにまで下げたときに売り切ることができる雑誌の数量」を，p の係数の -10 が「価格を 1 円上げるごとに失う需要量」を表していることがわかるでしょう．この「価格 p に対して需要量 $D(p)$ を対応させる」という対応関係を需要関数といいます．一般に，変数 x, y の間に $y = f(x)$ という関係 (y が x によって $y = f(x)$ と定められるという関係) があるとき，「y は x の関数である」という言い方をします．また，このとき x を説明変数や独立変数，y を被説明変数や従属変数と呼ぶこともあります．これらの表現を使うと，需要関数 $q = D(p)$ は需要量 q を価格 p の関数で表すもので，p が説明変数で q が被説明変数である，となります．

この問題では 1 次関数を仮定しましたが，もちろん，現実の経済における需要関数が正確に 1 次関数となっていることはほとんどないでしょう．しかし，ここで求めたマイナスの傾きをもつ 1 次関数は，「価格が上昇すると需要が減少する」という需要関数の重要な性質をきちんと描写していて，これから見ていくようにこれで十分に本質をとらえています．経済学に限らず科学一般の根本は，「本質をしっかりとらえた単純化」によって複雑な現象を解明していくことにあります．まず本章では，最も単純な関数である 1 次関数で「市場メカニズム」の本質を攻めていきます．

さて，例題の解説にもどりましょう．(2) は (1) で求めた需要関数を用いることによって簡単に解くことができます．具体的には，(1.3) 式に $p = 1500$ を代入すると

$$D(1500) = 20000 - 10 \times 1500 = 5000$$

と求まるので，価格を 1,500 円にすると雑誌は 5,000 冊売れることがわかります．

(3) では，グラフから縦軸切片が 2000，また横軸方向に 10 進むと縦軸方向に 1 下がることから傾きが $-\dfrac{1}{10}$ であることがわかるので，

$$P(q) = 2000 - \dfrac{1}{10}q \tag{1.4}$$

と答えを求めることができます．先の (1.3) 式での p 軸から見た傾き -10 と，この (1.4) 式での q 軸から見た傾き $-\frac{1}{10}$ とは互いに逆数の関係があることに注意してください．

ここで注目したいのは，出版社にとって (1) で求めた需要関数 D は「ある水準に価格を設定したときにどれだけ売れるか」という価格 p から需要 q への関係，つまり「$p \mapsto q$」を見ているのに対し，(3) ではこれとは逆に「ある一定量の需要を満たすためには価格をいくらにすればよいか」という需要 q から価格 p への関係，つまり「$q \mapsto p$」を考えている，という点です．後者の q から p への関係を表す関数 P は，もとの需要関数とは逆の関係を表しているため逆需要関数と呼ばれます．

また，消費者 (たち) の立場から両関数を眺めると，需要関数は「与えられた価格のもとでどれだけ買いたいか」という $p \mapsto q$ の関係を，逆需要関数は「与えられた需要量から 1 単位だけ購入を増やすためにいくらまで支払ってもよいか」という $q \mapsto p$ の関係を表していると解釈することができます．このように，D と P はどちらも同じ市場調査，つまりグラフから導かれた関数ですが，その経済学的な意味や解釈が異なることに十分注意してください．

ちなみに経済学で需要関数のグラフ $q = D(p)$ を図示する場合には，ほぼ例外なく縦軸に価格 p を，横軸に数量 q をとります．このグラフの描き方は，説明変数 (独立変数) を横軸に，被説明変数 (従属変数) を縦軸にとる通常の数学における慣習とは正反対になっていますが，これは経済学の教科書として最初のベストセラーとなったマーシャル著『経済学原理』(1890 年出版) に由来するといわれています．それ以前に，初めて本格的な数理分析を経済学に持ち込んだクールノーによる記念碑的著作『富の理論の数学的原理に関する研究』(1838 年出版) では，縦軸に数量 q，横軸に価格 p をとるグラフが用いられていました．マーシャル以後の伝統に沿った現在の需要曲線のグラフでは縦軸と横軸の変数が入れ替わっており，需要関数の解釈に関して混乱を招きやすいので気を付けてください．グラフを描くときには，それぞれの軸がどの変数を表しているか明示するように習慣付けましょう．

(4) は，上で求めた逆需要関数の (1.4) 式に $q = 10000$ を代入して

$$P(10000) = 2000 - \frac{1}{10} \times 10000 = 1000$$

と計算することができます．よって，雑誌をちょうど 1 万冊売るためには価格を 1,000 円に設定すればよいことがわかります．

[例題 1.1：終]

一般に，x から y への関数 f に対して逆の関係 $y \mapsto x$ を与える関数，つまり説明変数と被説明変数の関係を入れ替えた関数を逆関数と呼び，f^{-1} と表記します[2][3]．今回の例題の

---

[2] ここで f の右肩の「-1」は「インバース (inverse)」と読みます．「逆」という意味です．

[3] たとえば，例題の (3) の逆需要関数は需要関数 D の逆関数です (そのまんまですが)．そこでは P という名前をつけましたが，D^{-1} と書いてもよかったわけです．

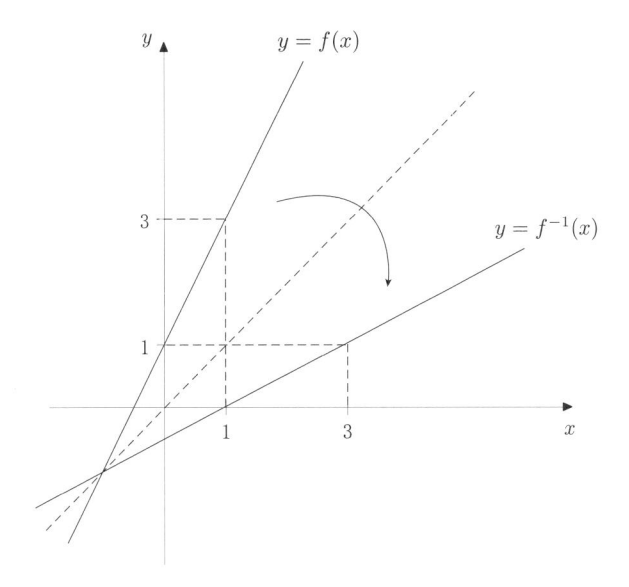

図 1.3　逆関数のグラフ

ように f が 1 次関数の場合には (ただし，x の係数は 0 でないとします)，その逆関数 f^{-1} も 1 次関数になります．より具体的には，$f(x) = ax + b$ と書けるとき (ただし $a \neq 0$)，

$$y = ax + b \iff x = \frac{1}{a}y - \frac{b}{a}$$

と変形できるので，$f^{-1}(y) = \frac{1}{a}y - \frac{b}{a}$ となります (もちろん，$f^{-1}(x) = \frac{1}{a}x - \frac{b}{a}$ と書いてもまったく同じ関数を表します)．逆関数の傾きが，もとの関数の傾き a の逆数 $\frac{1}{a}$ になっていることに注意してください．

最後に，逆関数のグラフ $y = f^{-1}(x)$ がどのような形になるかを考えてみましょう．これは，もとの関数 $y = f(x)$ で単に x と y を入れ替えたものなので，グラフ上で x 軸と y 軸を取り替えて，45 度線で折り返すことで求められます．たとえば，関数が $f(x) = 2x + 1$ で与えられたときに，$y = f(x)$ と $y = f^{-1}(x)$ のグラフは 1.3 図のように描くことができます．さきほどの逆関数の求め方から $y = f^{-1}(x) = \frac{1}{2}x - \frac{1}{2}$ と計算できますが，傾きが $\frac{1}{2}$，y 切片が $-\frac{1}{2}$ であることをグラフからも読みとってください．とくに，$y = f(x)$ の直線は「横に 1 進むと縦に 2 上がる」ためその傾きは 2，$y = f^{-1}(x)$ の方は 45 度線でひっくり返して「横に 2 進むと縦に 1 上がる」ためその傾きは $\frac{1}{2}$，という具合に互いに逆数になっていることを確認してください．

1.2 比例関数の性質

1 次関数は

$$f(x) = ax + b \qquad \text{(1 次関数)}$$

のように，1 次の項 ($= ax$) および定数項 ($= b$) から構成される関数を指しますが，その中でも最も単純な関数が $b = 0$ の場合の比例関数です：

$$f(x) = ax. \qquad \text{(比例関数)}$$

このとき，x の係数 (直線の傾き) a は「比例係数」あるいは「比例定数」とも呼ばれます．

比例関数は線形関数とも呼ばれ，次にあげる 2 つの重要な性質 ($=$ 線形性)

$$f(x + y) = f(x) + f(y)$$
$$f(\lambda x) = \lambda f(x) \qquad \text{(線形性)}$$

を満たします．どちらも $f(x)$ を ax に置きかえることで示すことができますので，各自で確認してみてください．

ここで，線形性の意味を少し具体的に考えてみましょう．いま f が，働き手の人数に応じてどれだけ生産量が生み出されるかを表した関数 (このような関数は生産関数と呼ばれます) だとします．f が比例関数であるというのは，たとえば 3 人が一緒に働いたときの生産量は，1 人で働いたときの生産量と 2 人で働いたときの生産量の和と一致すること，1 人が働いたときの生産量の 3 倍になっていること，をそれぞれ意味しています[4]．つまり，1 人で働いているところに 2 人を助っ人として連れてきた場合，生産量の増分は 2 人の助っ人が独立して働いたときの生産量に等しい，また，働き手を 3 倍にした場合，生産量はひとりひとりが独立に働いたときの生産量の 3 倍に等しい，ということです．これはかなり特殊な状況であることがわかるでしょう．より複雑な状況では，人数が増えると労働環境が悪化したり，サボる人が出てきたりして生産性が落ちることもあるかもしれませんし，あるいは，重複する作業の節約や協力の促進などが起こって生産性が上がることもあるかもしれません．比例関数というのは，そういった複雑な相互作用が一切ない状況に対応します．この最も簡単な関数が，より複雑な数学概念すべての基礎になります．

また，比例関数たちは，比例関数どうしを組み合わせて (具体的には，足し算や「合成」という操作を行って) 新しい関数を作っても，それはやはり比例関数である，という性質をもちます．このことの意味を具体的に理解するために，次の例題を解いてみましょう．

---

[4] 上式において $x = 1$, $y = 2$, $\lambda = 3$ のケースに対応します．

例題 1.2

ある自動車会社が所有する工場 A では，1 日あたり 100 台の自動車が生産されている．

(1) 時間を t (日) とおき，工場 A において t 日間で生産される自動車の累計生産台数を t の関数 $X(t)$ で表しなさい．

(2) この会社が所有する別の工場 B では，1 日あたり 200 台の自動車が生産されている．このとき，工場 A および B において t 日間で生産される総累計生産台数を t の関数 $Y(t)$ で表しなさい．また，1 日あたりの総生産台数を求めなさい．

(3) いま，工場 A および B で生産される自動車は 1 台あたり価格 100 万円で売れるとする．このとき，総収入 (万円) を総累計生産台数 y の関数 $R(y)$ として表しなさい．

(4) (2) および (3) の結果を踏まえ，t 日間の総収入を日数 t の関数 $\hat{R}(t)$ で表しなさい．また，1 日あたりの総収入を求めなさい．

【解答 1.2】

(1) $X(t) = 100t$ （ただし $t \geq 0$）

(2) $Y(t) = 300t$ （ただし $t \geq 0$），1 日あたり 300 台

(3) $R(y) = 100y$ （ただし $y \geq 0$）

(4) $\hat{R}(t) = 30000t$ （ただし $t \geq 0$），1 日あたり 3 億円

【解説 1.2】

(1) は詳しい説明はいらないでしょう．1 日あたり 100 台ずつ生産台数が増えていくので，生産量は

$$X(t) = 100t$$

という比例関数で与えられます．

(2) では，工場 B での生産量は $200t$ という比例関数で与えられるので，生産量の合計は両工場についての比例関数を足し合わせて

$$Y(t) = 100t + 200t = (100 + 200)t = 300t$$

とやはり比例関数になります．1 日あたり生産量 (つまり比例係数) に注目すると，工場 A では 100 台，B では 200 台生産されるので，両工場の合計ではそれらの和をとって 1 日あ

たり 300 台生産される，となりますね．ちょっと難しくいうと，「2 つの比例関数 ax と bx の和から作られる関数は，両者の比例係数の和 $a+b$ を比例係数とする比例関数 $(a+b)x$ である」ということです．

(3) は (1) と同様にして解くことができます．

(4) がやや複雑で，(2) で求めた日数 $t \mapsto$ 生産台数 y の関係 Y と，(3) で求めた $y \mapsto$ 収入 r の関係 R を組み合わせた $t \mapsto y \mapsto r$ という 2 段階の関係 (これは $r = R(Y(t))$ と表されます) を $t \mapsto r$ という 1 段階の関係に短縮して表現しなければなりません．この，Y と R の 2 段階を 1 段階へ短縮して得られる関数を「Y と R の合成関数」と呼び，「$\circ$」という記号を使って $R \circ Y$ と書きます (順番に注意してください)．これを使うと，日数 t と収入 r との関係は $r = (R \circ Y)(t)$ と表せます[5]．(4) では，t 日間の総生産量が $300t$ で，1 台あたり 100 万円で売れるので，総収入は

$$\hat{R}(t) = (R \circ Y)(t) = 100 \times 300t = 30000t$$

とやはり比例関数になります．同じ総収入を導く関係でも，$y \mapsto r$ と $t \mapsto r$ では関数として異なるので，別の記号を使うべきである点に注意してください[6]．1 日あたりで見ると，300 台の車がそれぞれ 100 万円で売れることから，総収入は 1 日あたり $300 \times 100 = 30,000$ 万円 (3 億円) となります．

一般に比例関数 $f(y) = ay$ と $g(x) = bx$ が与えられたときに，それらの合成関数 $f \circ g$ は

$$(f \circ g)(x) = f(g(x)) = a(bx) = (ab)x$$

で与えられます．つまり，「比例関数 $z = ay$ と $y = bx$ の合成関数は，両者の比例係数の積 ab を比例係数とする比例関数 $z = (ab)x$ である」ということです．この性質は第 5 章で登場する「合成関数の微分」で使いますので，そこでまた思い出してください．

[例題 1.2：終]

1.3 連立方程式と市場均衡

本節では，1 次関数を用いて「市場においてどのように価格と数量が決定されるのか」という経済学の中心的な問題を考えていきます．古くは「価格はモノ自体の価値によって決まる」や「価格はモノの生産に必要な労働量によって決まる」といった仮説が唱えられていたこともありますが，現代の経済学では「価格は需要と供給の両方によって決まる」と考えま

---

[5] $R \circ Y$ がひとかたまりで関数の名前である，ということを示すために括弧でくくって「$(R \circ Y)$」と書き，その後ろに変数を表す部分「(t)」をつけます．

[6] 前者の R と区別することができれば，後者はどんな記号を使っても構わないのですが，ここでは $\hat{R}$ という記号で表すことにします．ちなみに文字 R の上の「$\hat{}$」は「ハット」(帽子の意味です) と読みます．

す．20 世紀における経済学の発展に大きく貢献したサミュエルソンは，自身の執筆したベストセラー教科書『経済学』(1948 年初版) の中で次のように綴っています：

> オウムでさえも博学な経済学者に仕立てることができる．彼が覚えなければならないのは「需要」と「供給」という **2** つの言葉だけである．

需要と供給というシンプルな概念さえきちんとおさえれば，モノ本来の「根源的な価値」や生産に投下された「労働価値」という概念を持ち出さなくても，きちんと経済の動きについて議論できるというわけです．むしろ，モノや生産要素の価値は市場均衡において決まるものである，というのが現代の経済学の考え方です．

では，現代経済学の屋台骨ともいうべき「需要と供給による分析」とはいったいどのようなものなのでしょうか．そのエッセンスは連立方程式を解くことにほかなりません．以下の例題を通じて実際に確認してみることにしましょう．

例題 1.3

ある都市における家庭教師の需要 (時間で測るとする) が時給 p の関数として $D(p) = 10000 - 2p$ (ただし $0 \leq p \leq 5000$) で与えられており，同じく家庭教師の供給が $S(p) = 3p$ (ただし $p \geq 0$) で与えられているとする．

(1) 需要曲線 $q = D(p)$ および供給曲線 $q = S(p)$ を，横軸に q，縦軸に p をとった qp 平面上のグラフで表しなさい．

(2) 時給がいくらのときに需要が供給と一致するかを求めなさい．

(3) いま，入試勉強のための家庭教師需要が高まり，需要関数が $D(p) = 12500 - 2p$ へとシフトしたとする．このとき家庭教師の時給はいくら上昇するか．

【解答 1.3】

(1) 需要曲線・供給曲線は図 1.4 のような直線で表すことができる．

(2) 2,000 円

(3) 500 円

【解説 1.3】

(1) 需要関数と供給関数のグラフをそれぞれ需要曲線，供給曲線といいます[7]．グラフ

---

[7] 今回のケースでは需要関数・供給関数ともに 1 次関数であるためそのグラフは「曲線」ではなく「直線」ですが，より一般的なケースに合わせて曲線と呼びます．

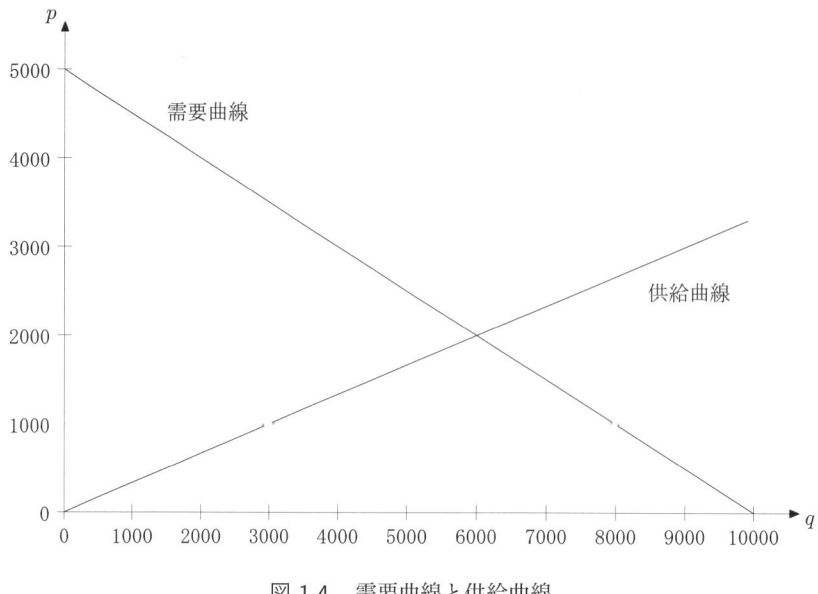

第 1 章　1 次関数と市場メカニズム

図 1.4　需要曲線と供給曲線

の縦軸が p，横軸が q となっている点に注意してください．傾きと縦軸切片を求めるために「$p=$」の形に直します．需要関数については

$$q = 10000 - 2p \iff p = 5000 - \frac{1}{2}q$$

また，供給関数については

$$q = 3p \iff p = \frac{1}{3}q$$

と変形できますので，需要曲線は縦軸切片が 5000 で傾きが $-\frac{1}{2}$ の右下がりの直線 (価格が上がると需要が減る)，供給曲線は縦軸切片が 0 で傾きが $\frac{1}{3}$ の右上がりの直線 (価格が上がると供給が増える) になることがわかります．これを図示したものが，図 1.4 になります．

この 2 直線が交差するグラフは，経済学で登場する図表の中で最も有名なものでしょう．そのエッセンスを一言でいうと「価格と数量は 2 つの曲線 (この問題では直線) の交点によって決まる」という考え方です．この交点，つまり「需要と供給を一致させる価格と数量の組」を**市場均衡**と呼びます[8]．経済学では，現実の市場取引を市場均衡として描写し分析します．

　(2)　需要関数と供給関数は，与えられた価格のもとで個々の市場参加者が好きなだけ需要あるいは供給することができるときに，市場全体でどれだけの量が需要，供給されるのかをそれぞれ表したものです．この「与えられた価格で好きなだけ」という仮定を**プライス・テイカー (価格受容者)** の仮定と呼びます．現実には，一部の参加者の行動が市場価格へ影

---

[8] 単に均衡，あるいは競争均衡と呼ぶ場合もあります．

響を与えることが考えられるので，文字通りプライス・テイカーの仮定が満たされる状況は少ないかもしれません．しかしそのような場合にも，市場に十分な数の参加者がいて「個々の参加者の行動が市場全体の価格にほとんど影響を与えない」状況の近似として解釈することができます[9]．

(2) では需要と供給がちょうど等しくなるような価格 p を探したいので

$$D(p) = S(p) \tag{需給一致}$$

となる p が求めるべき答えとなります．これを計算すると

$$\begin{aligned}
& D(p) = S(p) \\
\iff & 10000 - 2p = 3p \\
\iff & p = 2000
\end{aligned}$$

と求まります．$p = 2000$ を $D(p)$ あるいは $S(p)$ に代入することにより，

$$D(2000) = S(2000) = 6000$$

となることもわかるでしょう．時給が 2,000 円のときに需要と供給が共に 6,000 時間となりちょうど過不足がなくなる，というわけです．これらの価格・数量の組 $(2000, 6000)$ がこの市場の均衡となります．市場均衡における価格 (つまり，需要と供給を一致させる価格) を均衡価格と呼びます．

けっきょくのところ，市場均衡とは

$$\begin{cases} q = 10000 - 2p & (1.5) \\ q = 3p & (1.6) \end{cases}$$

という 2 本の等式を同時に満たす価格 p と数量 q の組のことです．(1.5) 式と (1.6) 式のような，方程式の集まりを連立方程式といいます．連立方程式 (1.5)–(1.6) の解とは，2 つの方程式を同時に満たす (p, q) のことです．すなわち，市場均衡とは連立方程式 (1.5)–(1.6) の解にほかなりません．ここでは，(1.5) 式が需要曲線，(1.6) 式が供給曲線を表しており，連立方程式の解は qp 平面上での 2 曲線の交点に対応します．つまり，価格がちょうどこの 2 曲線の交点にあたる水準で与えられているときに (そしてそのときに限って) 需要と供給が一致する，というわけです．

それでは経済学ではなぜこの均衡価格に注目するのでしょうか．その答えは「もし仮に価格水準が均衡価格に一致しなかったらどうなるか」を考えることによって明らかになります．

図 1.5 が示すように，もしも均衡価格よりも高い価格が与えられると (ケース A) 供給が需要を上回り，逆に均衡価格よりも低い価格が与えられると (ケース B) 需要が供給を上回ることになります．

---

[9] プライス・テイカーの仮定が成り立たない独占や寡占市場については第 2 章で扱います．

図 1.5 需給均衡のグラフ

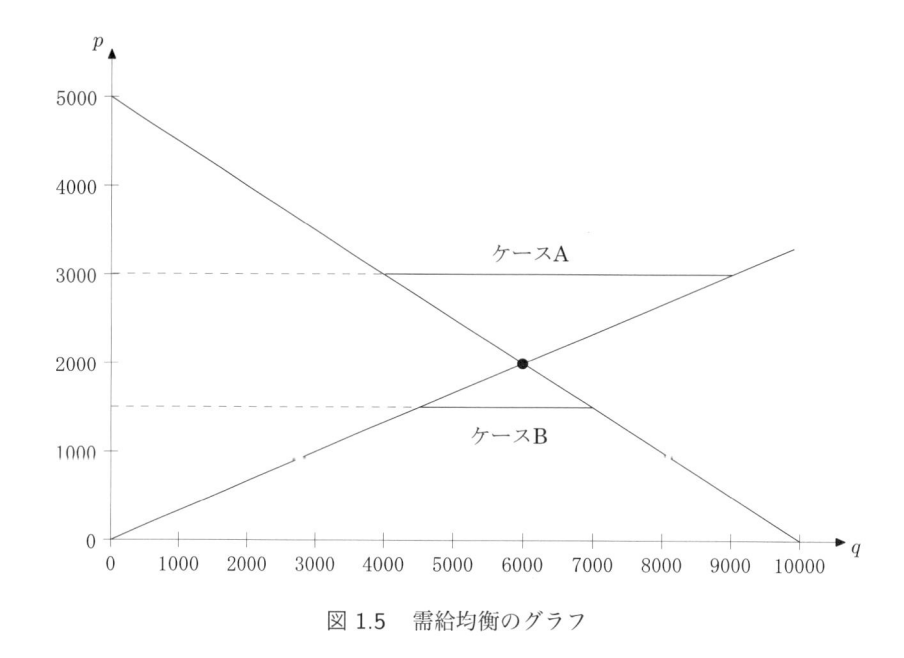

ケース A では高い時給に惹かれて家庭教師の供給量は多いものの，家庭教師を雇う金銭的負担も増すため需要量は少なくなっています．市場全体では供給が需要を上回り，その分だけ雇ってもらえない家庭教師が発生します (超過供給)．このとき，生徒を見つけることができなかった家庭教師は時給を下げて新しい生徒を見つけ出そうとするかもしれません．あるいは逆に，生徒 (保護者) サイドから時給の値下げ提案が起こるかもしれません．ケース B では時給が安いため家庭教師の需要量が供給量を上回り，家庭教師を雇いたくても雇えない生徒が発生します (超過需要)．このような場合には，先ほどのストーリーとは正反対に教師サイドから時給の値上げが提案されるかもしれませんし，家庭教師を見つけられない家庭が時給を引き上げて雇おうとするかもしれません．いずれの場合においても，価格が均衡価格から離れている状態は不安定であることがわかります．

こうした不安定な状態は現実の市場の描写としては適していないため，経済学ではこのような調整の起こらない状態である**市場均衡**に注目します．世間でもよく耳にする**市場メカニズム**とは，市場における価格と数量がこの市場均衡によって決定されるという仕組み，あるいは均衡に至るまでの調整プロセスのことを指しています．市場メカニズムが円滑に働いている限り，「均衡によって市場の価格や数量が決定される (あるいは近似される)」と考えることができます．

(3)　以上の考察をふまえると，新しい家庭教師の時給は，供給曲線と新しい需要曲線との交点によって決定されることがわかります．これを計算すると

$$D(p) = S(p)$$
$$\iff 12500 - 2p = 3p$$

$$\iff p = 2500$$

と求まるため，以前の時給 2,000 円から 500 円上昇することになります．

[例題 1.3：終]

さて，例題 1.3 の解説を聞いて，読者のみなさんの中には次のような疑問を抱かれた方もいらっしゃるかもしれません．

(イ) 1 つの市場だけでなくすべての市場の需要と供給を同時に一致させる価格というのはちゃんと存在するのか．

(ロ) 市場で売られる商品の品質が不確かな場合にもきちんと市場は機能するのか．

(ハ) 市場の外で行われる経済取引ではどのように価格が決まるのか．

実はこれらの疑問はいずれもセンスがよく，この半世紀ほどの間に多くの経済学者が真剣に取り組んできた代表的な問題なのです．その結果をここで詳しく説明するには残念ながらスペースが足りませんが，関心のある方のために少しだけ解説を載せておきます．

(イ) は 20 世紀半ばに理論経済学者たちが最も力を注いだ問題です．位相というそれまで経済分析では使われてこなかった新たな数学ツールを駆使することにより，彼らは非常に一般的な条件のもとで均衡価格がきちんと存在することを数学的に証明しました．よって現実の経済を分析する際には，均衡価格そのものが存在しないという困った状況はほとんど心配しなくてもよい，といえます．

(ロ) の問題を分析した情報の経済学という分野は 1970 年代より急速に発展し，従来研究されていた情報に偏りのない理想的な市場の分析からは出てこなかったさまざまな興味深い現象や問題点が浮き彫りになりました．例としては，質の高い財が市場から駆逐されてしまうアドバース・セレクション (逆淘汰) 現象や労働市場における学歴のシグナリング機能の分析，最適な保険契約メニューの分析などが挙げられます．

最後に，市場を離れた (ハ) のような状況でしばしばみられる，契約，交渉，長期的な関係などを通じた取引についてもかなり研究が進んでいます．こういった市場の外で行われる経済活動を分析する際に活躍しているのが，ゲーム理論という新しい数学的なツールです[10]．ゲーム理論は寡占市場やオークションなどの市場分析にも鋭い切れ味を発揮し，その応用が急速に広まった 1980 年代以降「ゲーム理論による (経済学の) 静かな革命[11]」といわれるような大きな変化を経済学にもたらしました．

---

[10] ゲーム理論については第 2 章に解説がありますので参照してください．

[11] 神取道宏「ゲーム理論による経済学の静かな革命」(伊藤元重・岩井克人編『現代の経済理論』東京大学出版会，1994 年).

1.4 グラフと余剰分析

前節では，1次関数を用いて市場メカニズムとは何かを学びました．その成果をふまえつつ，本節では市場メカニズムのパフォーマンス，つまり「市場取引がどの程度の便益を参加者にもたらしているのか」について考えてみたいと思います．

参加者全体にとっての「望ましさ」のことを経済学では**社会厚生**，あるいは単に**厚生**と呼びます．厚生を評価する基準にはいくつか異なる方法が知られているのですが，以下ではその中でも最も直観的な指標である**余剰**という概念について見ていきましょう．非常におおざっぱに説明すると，余剰とはある経済活動によって人々がどれだけ得をしたかを金銭的な価値で評価したものです．たとえばあなたが1万円までなら出しても欲しいと思っている服を6,000円で購入したとしましょう．このとき，両者の金額の差があなたが手に入れた余剰となり

$$10000 - 6000 = 4000$$

の4,000円と計算されます．これは消費者が得る余剰なので**消費者余剰**と呼ばれます．一方で，生産者側が4,000円以上で販売すれば儲かる状況であったとすると

$$6000 - 4000 = 2000$$

で2,000円分の余剰を手に入れたことになります．こちらは**生産者余剰**と呼ばれます．社会全体では

$$4000 + 2000 = 6000 \tag{1.7}$$

と6,000円分の余剰が発生しており，これを**総余剰**と呼びます．この6,000円分の余剰は，あなたとお店がそれぞれ商品である服に対して抱いている金銭価値の差の

$$10000 - 4000 = 6000 \tag{1.8}$$

と考えることもできます．(1.7)式，(1.8)式のどちらの方法で計算しても結果が一緒になることを確認しておきましょう．

それでは，ある1組の売り手と買い手との間の取引ではなく，市場全体の取引を通じて生み出された余剰を計算するためにはどうすればよいでしょうか．結論を先取りすると，総余剰を計算するためには，図1.6のグラフのように需要曲線と供給曲線に挟まれた領域 (需要関数・供給関数が1次関数の場合は，三角形) の面積を求めればよいことがわかります．なぜなら以下で説明するように，この三角形はちょうど買い手の金銭価値から売り手の金銭価値を引いた余剰を，すべての市場参加者について足し合わせたものに等しくなっているからです．また，需要関数と価格に挟まれた上側の三角形が消費者余剰を，供給曲線と価格に挟まれた下側の三角形が生産者余剰を表しています．

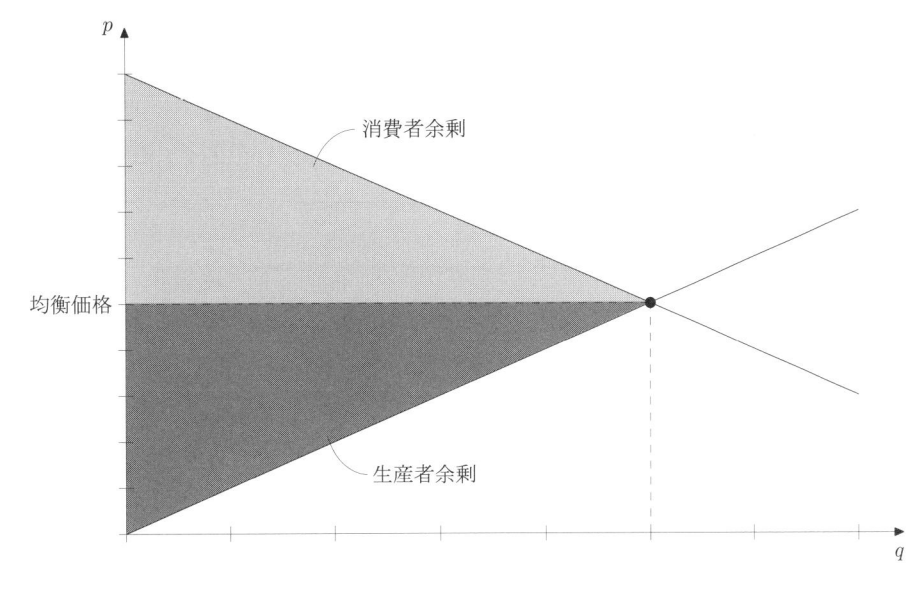

図 1.6 余剰分析

　さて，上記の性質を理解する上で鍵となるのが，需要曲線 (あるいは供給曲線) の「もう一つの解釈」です．需要曲線は，価格に応じて市場全体の需要量がどう変化するかという関係を表している一方で，実は商品 1 単位あたりの支払い許容額[12]を高い消費者から順番に並べていった曲線，と解釈することもできるのです．ある価格のもとでの需要量は，その価格以上の支払い許容額を持つ消費者が (のべ) 何人いるかに一致します．このため，支払い許容額に関する右下がりの曲線と価格の交点を見れば，ちょうどその価格のもとでの需要量がわかるというわけです．これは，支払い許容額を表す曲線が需要曲線と一致することにほかなりません．この点を具体的に理解するために，消費者が 3 人しかいなくて，かつ需要量が離散的 $(1, 2, 3, \ldots$ のようにとびとびの量) であるケースを例として，以下の問題を解いてみましょう．

例題 1.4

　ある新製品のパソコンについて，太郎，次郎，三郎の支払い許容額がそれぞれ次のように与えられているとする．

太郎　　1 台目：30 万円，2 台目：8 万円
次郎　　1 台目：20 万円，2 台目：12 万円
三郎　　1 台目：15 万円，2 台目：5 万円

3 人とも 3 台以上は要らない (3 台目以降は支払い許容額が 0 円) と仮定する．このとき，以下の問いに答えなさい．

---

[12] 英語でいうと "willingness to pay"．「支払い意欲」と訳すこともあります．

(1) 縦軸に支払い許容額 (万円),横軸にパソコンの数量 (台) をとり,1 台あたりの支払い許容額を高い順に並べて図示しなさい.

(2) いま,このパソコンの価格が 10 万円だとする.このとき,パソコンの販売台数と消費者余剰を求めなさい.

【解答 1.4】

(1) 支払い許容額は次のグラフで表される.

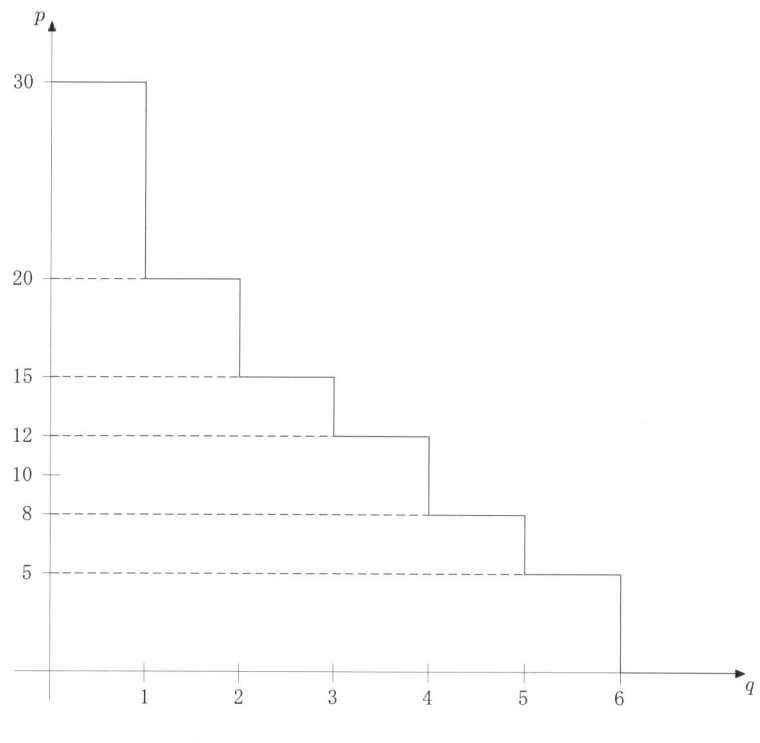

図 1.7 パソコンに対する支払い許容額

(2) 4 台, 37 万円.

【解説 1.4】

(1) 各人の支払い許容額を高い順番に並べると,図 1.7 が得られます.このグラフと需要曲線との関係について少し考えてみましょう.各人はパソコンの価格が自分の支払い許容額以下のとき,かつそのときに限り需要するので,需要関数 (D とおきましょう) は次のように与えられます.

- $0 \leq p \leq 5$ のときは全員が 2 台ずつで $D(p) = 6$.
- $5 < p \leq 8$ のときは三郎以外が 2 台需要して $D(p) = 5$.

- $8 < p \leq 12$ のときは次郎が 2 台目も需要するので $D(p) = 4$.
- $12 < p \leq 15$ のときは 3 人が 1 台ずつ需要して $D(p) = 3$.
- $15 < p \leq 20$ のときは太郎と次郎が 1 台ずつで $D(p) = 2$.
- $20 < p \leq 30$ のときは太郎だけが需要するため $D(p) = 1$.
- $p > 30$ のときは誰も需要しないので $D(p) = 0$.

以上を，p を縦軸，$D(p)$ を横軸にとって図示すると，得られるグラフは図 1.7 そのものになる点に注意してください．つまり，この問いで求めた支払い許容額の曲線は需要曲線をも表していることがわかります．

(2) 支払い許容額が 10 万円以上の買い手はのべ 4 人いるため，パソコンは 4 台売れます．これは，次のグラフのように (1) で求めた需要曲線と価格 $p = 10$ の交点を考えるとよりはっきりと理解できます．

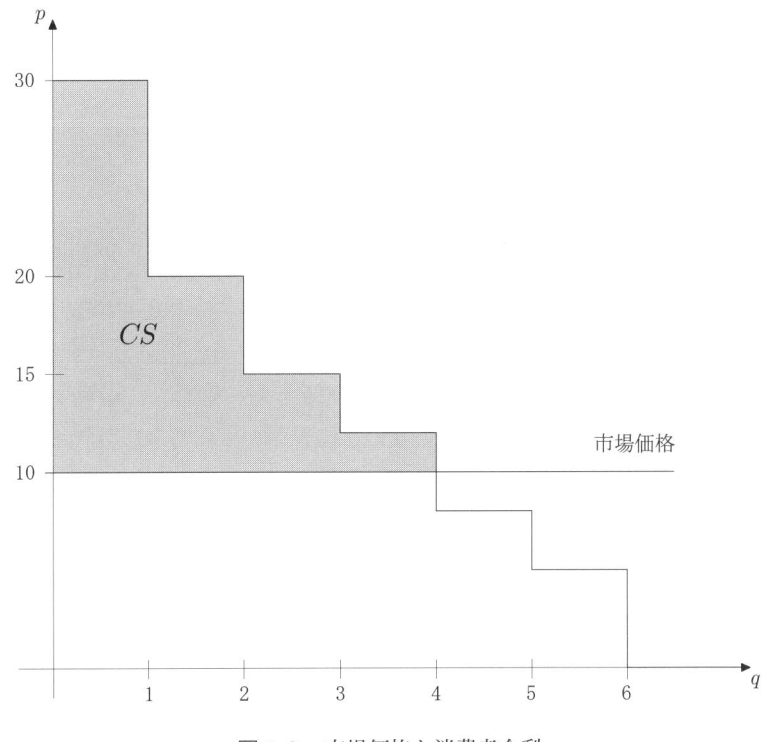

図 1.8 市場価格と消費者余剰

それぞれの消費者に発生する余剰を足し合わせると，消費者余剰 CS は

$$CS = (30 - 10) + (20 - 10) + (15 - 10) + (12 - 10)$$
$$= 20 + 10 + 5 + 2 = 37$$

と求まります．これは図 1.8 の灰色の領域の面積と対応しています．

[例題 1.4：終]

一般に，消費者余剰はグラフ上で「需要曲線と価格に囲まれた部分の面積」を計算すれば求めることができます．同様に，生産者余剰は「供給曲線と価格に囲まれた部分の面積」に対応しています．後者は，売り手の金銭価値を安い順番から並べた曲線が供給曲線に一致することから，例題 1.4 と同じロジックによって導かれます．最後に，総余剰は消費者余剰と生産者余剰の合計ですので，需要曲線と供給曲線に囲まれた部分の面積を求めればよいことがわかります．上の例題では消費者が 3 人しかいないケースを考えたので需要曲線は階段状のグラフになりましたが，多数の消費者からなる現実の状況においては需要曲線は非常に細かい階段状になり，ほぼなめらかな曲線とみなせるでしょう (供給曲線についても同様)．需要曲線も供給曲線もたまたま直線である場合は，三角形の面積の公式から余剰を計算することができます[13]．それでは，余剰に関するこれらの図形的な性質を用いて以下の例題を解いてみましょう．

例題 1.5

例題 1.3 で登場した家庭教師の市場を考える (需要関数は当初の $D(p) = 10000 - 2p$ を仮定する)．

(1) 市場均衡における消費者余剰，生産者余剰，総余剰をそれぞれ求めなさい．

(2) いま，家庭教師の時給は 2,600 円以上でなければならないという条例が新たに施行された結果，時給が 2,600 円になったとする[14]．このとき，消費者余剰，生産者余剰，総余剰がそれぞれどのように変化するかを求めなさい．ただし，需要を上回る家庭教師の供給が生じた場合には，コストの安い家庭教師から順番に雇われると仮定する．

(3) (2) の分析を踏まえ，この条例が望ましいものかどうか論じなさい．

【解答 1.5】

(1) 　消費者余剰：900 万円
　　　生産者余剰：600 万円
　　　総余剰：1,500 万円

(2) 　消費者余剰：576 万円
　　　生産者余剰：864 万円
　　　総余剰：1,440 万円

---

[13] 需要や供給が直線ではなく曲線で与えられるような一般のケースでは，第 10 章で学ぶ「積分」を用いて余剰を計算します．

[14] 条例施行後の最低価格が施行前の均衡価格よりも高いので，常に供給が需要を上回り価格を押し下げる力が働くでしょう．その結果，条例で許可された最低時給額の 2,600 円となると考えてください．

(3) 生産者余剰が 264 万円増える一方で消費者余剰は 324 万円下がる．市場全体で見ると 60 万円分総余剰が減少しているため，条例制定は望ましくない．

【解説 1.5】

(1) 例題 1.3 を思い出すと，市場均衡において価格は 2,000 円，数量は 6,000 時間でした．消費者余剰 CS と生産者余剰 PS は図 1.9 に示された三角形の面積に対応しているので

$$CS = (5000 - 2000) \times 6000 \times \frac{1}{2} = 9000000$$

$$PS = (2000 - 0) \times 6000 \times \frac{1}{2} = 6000000$$

と計算できます．総余剰は両者の和なので

$$CS + PS = 15000000$$

の 1,500 万円となります．

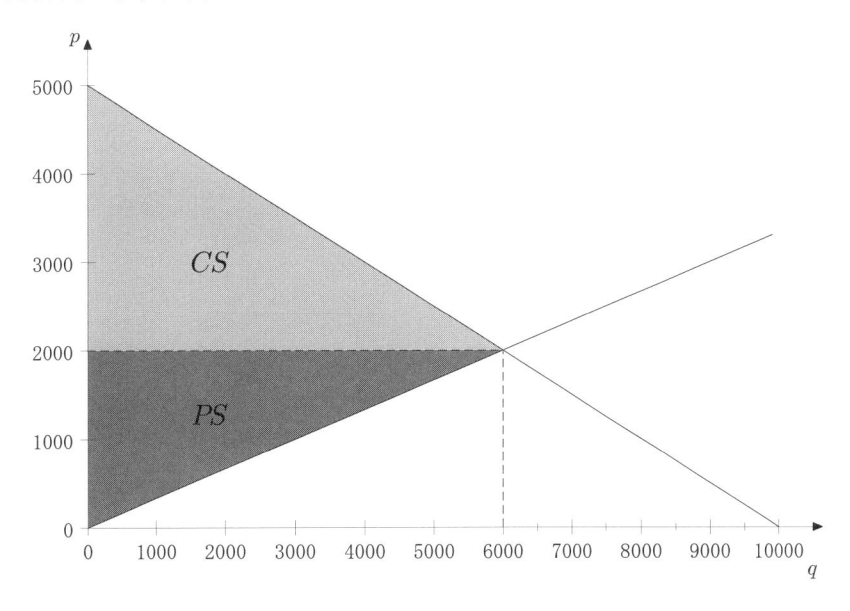

図 1.9 条例がない場合の余剰

(2) 価格が 2,600 円のときの需要は

$$D(2600) = 10000 - 2 \times 2600 = 4800$$

で 4,800 時間となるので，図 1.10 で示されるように消費者余剰 CS' は三角形，生産者余剰 PS' は台形の面積となります．それぞれ計算すると

$$CS' = (5000 - 2600) \times 4800 \times \frac{1}{2} = 5760000$$

$$PS' = (2600 + 1000) \times 4800 \times \frac{1}{2} = 8640000$$

第 1 章　1 次関数と市場メカニズム

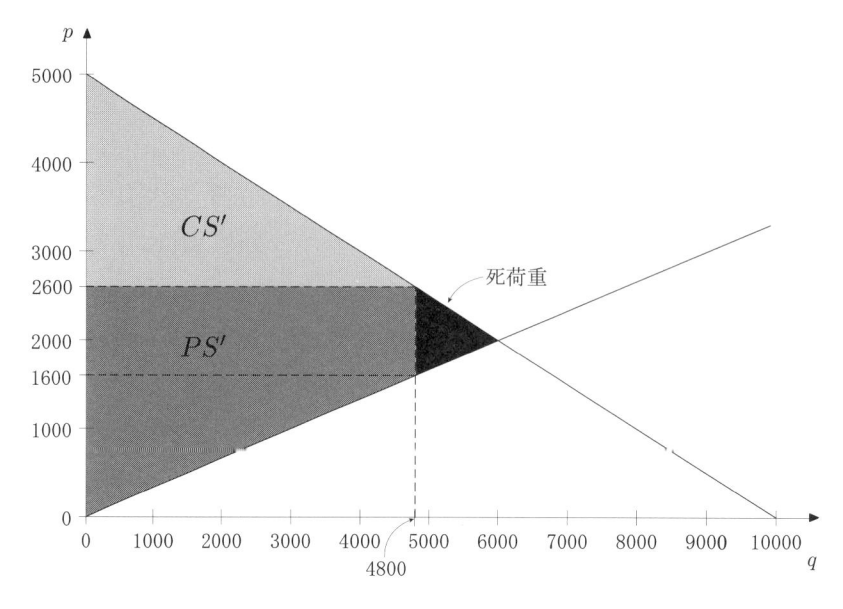

図 1.10　条例がある場合の余剰

と求まります．

条例を施行すると価格が上昇し，消費者が損をする一方で生産者が得をする点に注目してください．また，社会全体では

$$CS' + PS' = 5760000 + 8640000 = 14400000$$

の総余剰が生じますが，これは条例がなかったときよりも 60 万円分小さな値となっています．この損失はグラフ右側の三角形に対応しており死荷重と呼ばれます．条例施行によって総余剰が死荷重の分だけ減少するので，これは社会にとって望ましい変更とはいえません．

一般に，市場メカニズムが円滑に働いているときは価格が需給を調整する役割を果たすため死荷重は発生しませんが，今回の条例のように市場メカニズムを歪める力が加わると，需要と供給のミスマッチが起こり死荷重が生まれます．市場をうまく機能させるための望ましい法律や制度は必要ですが，市場メカニズムがきちんと働いているときに，市場に直接介入して価格をいじるような政策を行うと，社会厚生を下げてしまうため気を付けなければいけません．

多くの経済学者が，関税や最低賃金，上限金利などの価格規制に反対の意見を唱えるのは，前節で取り上げた市場メカニズムへの信頼と，本節で学んだ余剰分析の考え方が基礎となっています．ただし，市場メカニズムがそもそもうまく働いていない場合には，市場が社会厚生を最大化するとは限りません (第 2 章で議論します)．ここでの議論は，あくまで市場メカニズムが機能しているという前提条件のもとで行われている点に注意してください．

[例題 1.5：終]

1.5 もう少し練習

最後に，本章で学んだ知識を確認するために，練習問題を解いてみましょう．

1.5.1 直線の式の決定

練習問題 1.1

いま，ある企業が 2 つの異なる自社製品について市場調査を行ったところ，以下のような情報を得た．(1) と (2) のどちらにおいても需要曲線は直線であると仮定する．このときそれぞれの製品の需要関数を求めなさい．

(1) 100 円で 300 個，200 円で 100 個の需要がある．

(2) 500 円で 200 個の需要があり，1 円値上げするごとに 2 個ずつ需要が減る (値下げについても同様，1 円値下げするごとに 2 個ずつ需要が増える)．

【解答 1.1】

(1) 需要関数を D とおくと，そのグラフが直線であるという仮定から $D(p) = ap + b$ と 1 次関数で表すことができます．2 つの未知数 a, b を求めたいわけですが，それらは市場調査の情報から得られる $D(100) = 300, D(200) = 100$ という 2 つの条件から定まります．ここで $D(100) = 100a + b, D(200) = 200a + b$ より，

$$\begin{cases} 100a + b = 300 \\ 200a + b = 100 \end{cases}$$

という連立方程式を解けばよいことになります．解は $a = -2, b = 500$ なので，

$$D(p) = -2p + 500$$

と需要関数を求めることができます．

(2) 価格が 500 円から 1 円高くなるごとに需要が 200 個から 2 個ずつ減るので，価格を p，需要量を q とおくと，$p - 500$ と $q - 200$ との間には -2 を比例係数とする比例関係が成立することになります．つまり，

$$q - 200 = -2(p - 500)$$

が成り立ちます．これより $q = -2p + 1200$ なので，需要関数は

$$D(p) = -2p + 1200$$

となります．

[練習問題 1.1：終]

このように，直線を表す 1 次関数の式は (1) 直線上の 2 点，あるいは (2) 直線上の 1 点と傾きが与えられれば求めることができます．とくに，xy 平面上で，点 (s, t) を通り，傾き a の直線の式は

$$y - t = a(x - s)$$

で与えられます．これは $y = ax$ という原点を通る直線を点 (s, t) まで平行移動していって得られるもので，点 (s, t) を出発点として見ると $x - s$ と $y - t$ との間に a を比例係数とする比例関係があるということです．

1.5.2 需要・供給の集計

練習問題 1.2

消費者が 1000 人，企業が 100 社いるような市場を考える．いま，各人の需要関数 d，各企業の供給関数 s がそれぞれ

$$d(p) = -\frac{3}{1000}p + \frac{27}{100}$$
$$s(p) = \frac{1}{200}p - \frac{1}{10}$$

という共通の関数で与えられているとする．このとき，次の問いに答えなさい．

(1) 市場全体の需要関数 D，および供給関数 S を求めなさい．

(2) (1) で求めた需要曲線・供給曲線のグラフを書き，市場均衡 (p^*, q^*) を求めなさい．

(3) 市場均衡における総余剰を求めなさい．

【解答 1.2】

(1) ある価格 p における総需要量および総供給量は，それぞれ個別需要量の 1000 倍，個別供給量の 100 倍で与えられます．よって市場全体の需要関数・供給関数は

$$D(p) = d(p) \times 1000 = -3p + 270$$
$$S(p) = s(p) \times 100 = \frac{1}{2}p - 10$$

と求まります.ちなみに,d と D を区別するために,前者を個別需要関数,後者を総需要関数と呼ぶことも多いです.同様に,s は個別供給関数,S は総供給関数とも呼ばれます.

本章では,個別需要関数と個別供給関数は与えられたものと仮定していますが,これらは本来は個人 (消費者) や企業 (生産者) の意思決定の結果として定まるものです.具体的に両関数がどうやって導出されるのかについては,後者は第 5 章の利潤最大化,前者は第 7 章の効用最大化でそれぞれ扱います.この問題では,個別需要・個別供給が与えられたときに,どのように総需要・総供給を求めればよいのか,という点をおさえておいてください.

(2) グラフでは横軸に数量 q,縦軸に価格 p をとることに注意しましょう.例題 1.3 と同様にして,傾きと縦軸切片を求めるために「$p=$」の形に直します:

$$q = D(p) = -3p + 270 \iff p = -\frac{1}{3}q + 90,$$
$$q = S(p) = \frac{1}{2}p - 10 \iff p = 2q + 20.$$

これより,需要曲線は縦軸切片が 90 で傾きが $-\frac{1}{3}$ の右下がりの直線,供給曲線は縦軸切片が 20 で傾きが 2 の右上がりの直線になることがわかります.これらを図示すると,図 1.11 のグラフが得られます.

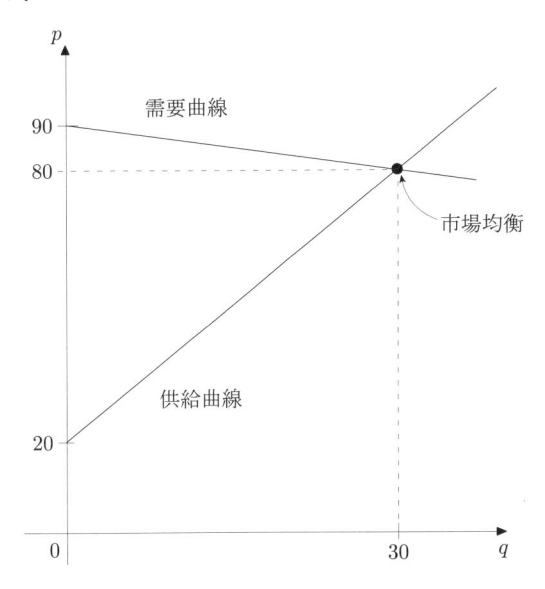

図 1.11 需要曲線・供給曲線と市場均衡

市場均衡 (p^*, q^*) は連立方程式

$$\begin{cases} q = D(p) = -3p + 270 \\ q = S(p) = \frac{1}{2}p - 10 \end{cases}$$

の解ですから,これを解いて $(p^*, q^*) = (80, 30)$ と求めることができます.

(3) 総余剰 (total surplus) は需要曲線と供給曲線に囲まれた部分ですので，図 1.12 の TS に対応します．

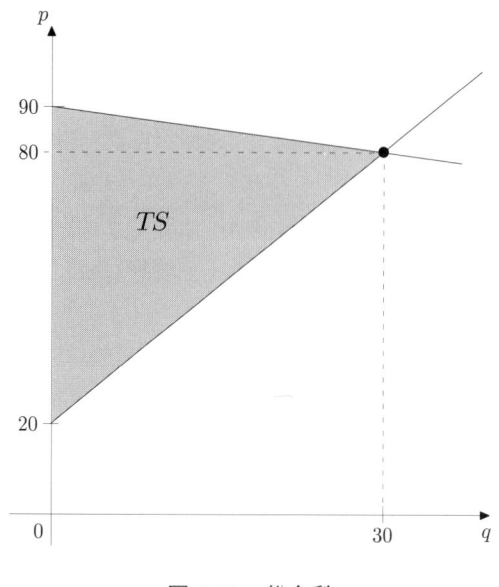

図 1.12 総余剰

(2) より，これは底辺が $70\ (= 90 - 20)$ で高さが 30 の三角形ですので，その面積は

$$TS = (90 - 20) \times 30 \times \frac{1}{2} = 1050$$

と計算することができます．

[練習問題 1.2：終]

1.5.3 豊作貧乏

練習問題 1.3

ある年のキャベツの需要・供給について考える．単純化のため生産費用は 0 であるとし，供給関数は

$$S(p) = 8$$

で与えられているとする．また，需要関数は

$$D(p) = 14 - p$$

とする．（数量の単位はトン，価格は万円とする．）

(1) 需要曲線 $q = D(p)$，供給曲線 $q = S(p)$ を qp 平面上に図示し，市場均衡を求めなさい．

(2) 消費者余剰 CS，生産者余剰 PS，総余剰 $CS + PS$ をそれぞれ求めなさい．

(3) 仮に豊作で生産量が 8 から 10 に増えたとする．このときの消費者余剰 CS'，生産者余剰 PS'，総余剰 $CS' + PS'$ をそれぞれ求め，(2) の答えと比較しなさい．

【解答 1.3】

(1) この問題では，供給量が価格によらず一定の値である点に注意してください (費用ゼロで上限の 8 まで生産できる)．グラフで図示すると図 1.13 のように垂直の直線となります．

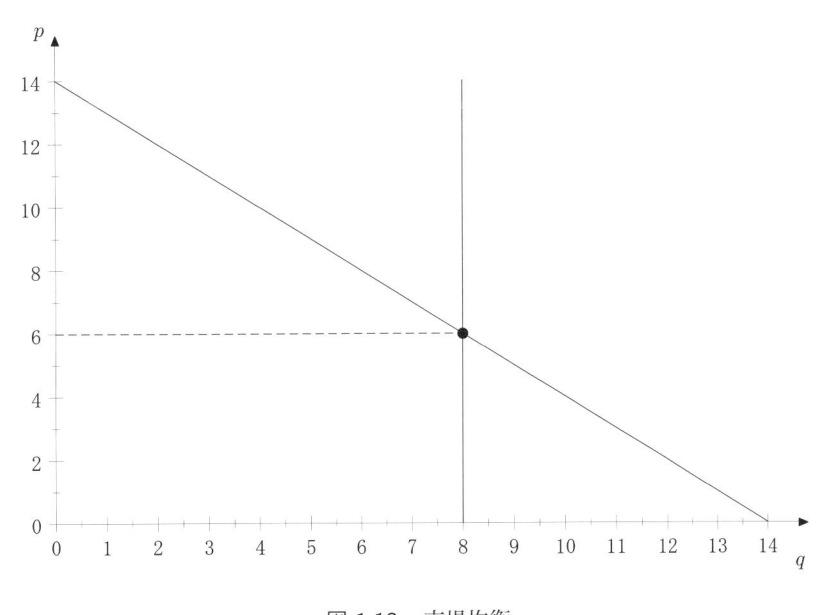

図 1.13 市場均衡

均衡価格は両曲線の交点ですので 6 万円となることがわかります．需要が供給と等しくなるという条件から

$$D(p) = S(p) \iff 14 - p = 8 \iff p = 6$$

と計算して均衡を求めても構いません．均衡における数量は 8 トンです．

(2) 消費者余剰 (CS) は図 1.14 の三角形の薄い灰色の部分，生産者余剰 (PS) は長方形の濃い灰色の部分で表されます．

それぞれ計算すると

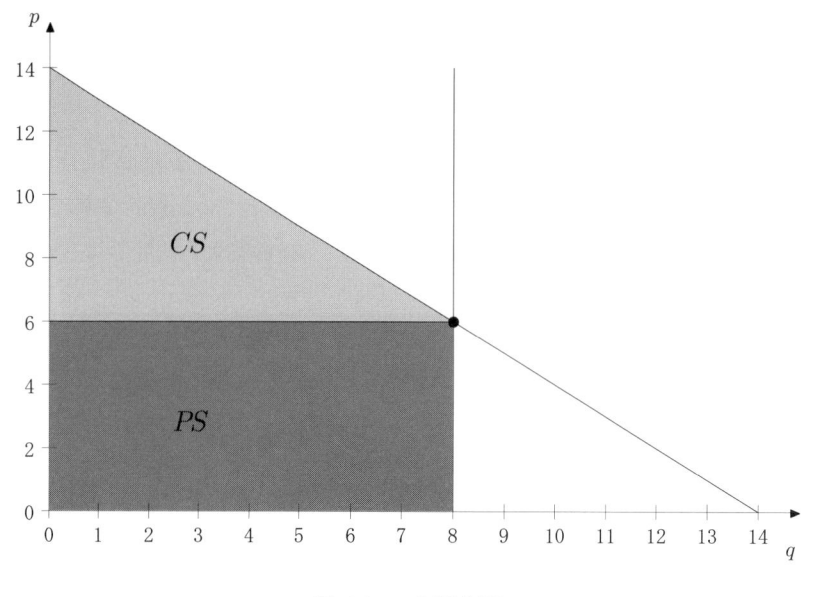

図 1.14　余剰分析

$$CS = (14 - 6) \times 8 \times \frac{1}{2} = 32$$

$$PS = 6 \times 8 = 48$$

となり，消費者余剰は 32 万円，生産者余剰は 48 万円となります．総余剰は両者の和ですので

$$CS + PS = 32 + 48 = 80$$

の 80 万円です．

(3)　図 1.15 のグラフが示すように，豊作によって生産量が増えたため供給曲線が右にシフトし，それにともない市場均衡は右下へシフトします．

このとき，均衡価格は

$$D(p) = S(p) \iff 14 - p = 10 \Rightarrow p = 4$$

の 4 万円と求まります．これをもとに消費者余剰 (CS') と生産者余剰 (PS') を計算すると

$$CS' = (14 - 4) \times 10 \times \frac{1}{2} = 50$$

$$PS' = 4 \times 10 = 40$$

となり，消費者余剰は 50 万円，生産者余剰は 40 万円となります．両者の和である総余剰は

$$CS' + PS' = 50 + 40 = 90$$

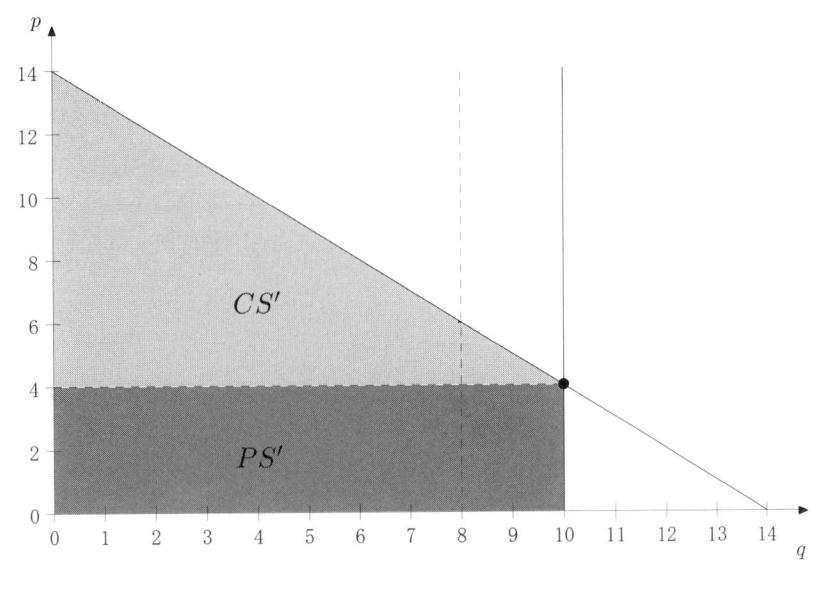

図 1.15　豊作の年の余剰分析

の 90 万円です．(2) のケースと比べて，消費者余剰が 18 万円増える一方で生産者余剰は 8 万円減っています．そして総余剰は差し引き 10 万円増えていることがわかります．このように，豊作は社会全体にとっては総余剰を増やす喜ぶべき現象ですが，生産者である農家にとっては利潤を減らす危険性があるのです．農作物の生産量が増えるにも関わらず農家の利潤が減ってしまうこのような現象は，一般に豊作貧乏と呼ばれています．

[練習問題 1.3：終]

1.5.4　単位あたり費用一定のケース

練習問題 **1.4**

いま，多数の企業が生産を行っているある財の市場を考える．すべての企業の生産技術は等しく，1 単位あたりの生産費用は 20 であるとする．一方，需要関数は

$$D(p) = 100 - p$$

で与えられるとする．

(1) この財の供給曲線および市場均衡を求め，図示しなさい．

(2) 消費者余剰，生産者余剰，総余剰をそれぞれ求めなさい．

【解答 1.4】

(1) まず定義をおさらいしておくと，(総) 供給曲線とは「与えられた価格のもとで企業が (市場全体で) どれだけ生産を行うか」を表す曲線でした．いま，価格が 20 よりも低い場合には，生産要素投入にかかる費用が生産物の価格より常に高いため売れば売るほど赤字が出てしまうことになり，どの企業も生産を行いません．よって供給は 0 となります．逆に価格が 20 よりも高い場合には，費用 20 を支払って生産要素を投入し，生産物をそれより高い価格で売る (このような行動を裁定といいます[15]) ということが常にでき，利潤をいくらでも増やすことができるので，生産量はいくらでも大きくなる，つまり無限大になることがわかります[16]．価格がちょうど 20 に等しいときは，どれだけ売っても利潤が 0 で変わらないため，(企業の視点からは) 生産量は一意には定まりません．以上をふまえると，この市場における供給曲線は $p = 20$ という，q 軸に平行な直線で表現できることがわかります．一方の需要曲線は縦軸切片 100，傾き -1 の直線になります．これら供給曲線・需要曲線を図示したものが図 1.16 です．

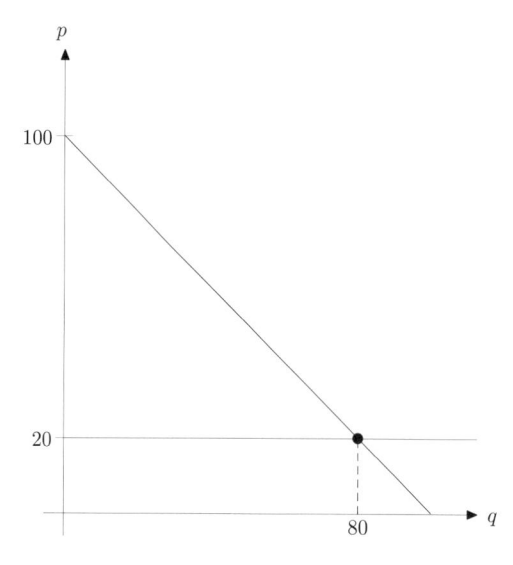

図 1.16 費用一定の市場における均衡

市場均衡を (p^*, q^*) とすると，供給曲線が水平であることから $p^* = 20$ と均衡価格がまず定まります．これより，需要関数から $q^* = D(p^*) = 100 - 20 = 80$ と数量も定まります．よって，市場均衡は $(p^*, q^*) = (20, 80)$ と求まります．

この問題のように生産費用が一定である場合は，(均衡での取引が 0 でないという仮定のもとでは) 生産者側の「裁定を行う余地がない」という条件 (無裁定条件といいます) のみから均衡価格 p^* が求まります．すでに議論したように，もしも p^* が生産費用の 20 より

---

[15] 生産を伴わずに売買だけによって儲けることができるケースに使われることが多いです．金融市場における裁定については，第 6 章第 6.5.4 項を参照してください．

[16] 練習問題 1.3 とは異なり，生産量の上限の仮定をもうけていないことに注意してください．

高かったとしたら生産者たちはどんどん供給量を増やし，需給が一致することはありません (逆に $p^* < 20$ だったら供給量は 0 になります)．したがって，需給が一致するためには $p^* = 20$ でないといけません．取引量は需要関数の方から決まります．

(2) 生産者余剰は価格と供給曲線に囲まれた領域の面積に対応していますが，囲まれる領域はない (面積 0) ので，生産者余剰は 0 となります．

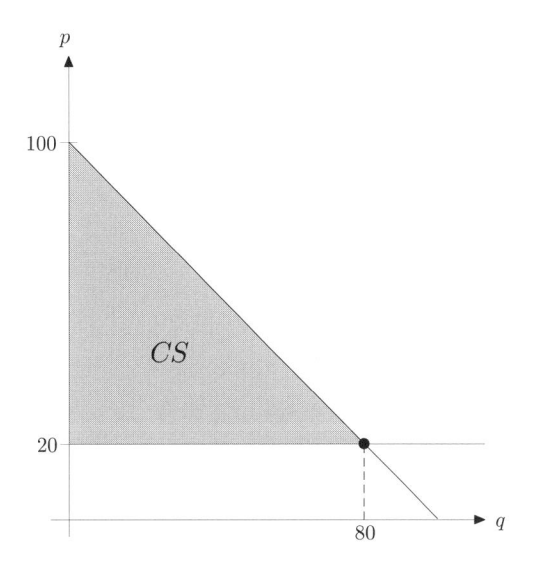

図 1.17　費用一定の市場における余剰

消費者余剰 (CS) は図 1.17 の灰色の領域の面積に対応しています．これを計算すると

$$CS = 80 \times 80 \times \frac{1}{2} = 3200$$

となるので，消費者余剰は 3200 万円と求まります．生産者余剰が 0 であることから，総余剰は $3200 + 0 = 3200$ 万円になります．

[練習問題 1.4：終]

ちなみに，この問題では生産者の利潤 (= 収入 − 費用) は 0 になりました．利潤ゼロで企業は操業するだろうかと思う人もいるかもしれませんが，そのような疑念は経済学での「費用」概念と「会計上の費用」とが異なることから生じます．経済学で費用と言ったらそれは常に**機会費用**を意味します．ここで (生産から生ずる) 機会費用とは，会計上の費用 (ふつうの意味での費用) のみならず，「生産を行わなければ得られたであろう利益」すべてを含むものです．したがって，経済学上の利潤がゼロであることは会計上の利潤がゼロであることを意味せず，経済学上の利潤がゼロであっても「他の仕事をしたら得られたであろう利益」がプラスならば，会計上の利潤はプラスになります．

第 2 章

2 次関数と独占・寡占市場

2.1 独占市場に見るトレードオフ

第 1 章「1 次関数と市場メカニズム」では，需要関数と供給関数を用いて経済学の基本中の基本である市場の均衡分析について勉強しました．そこで登場した「需要曲線と供給曲線の交点で価格と数量が決定される」という考え方は非常にシンプルかつ強力なものですが，その分析はひとつの大きな仮定の上に築かれていました．それはプライス・テイカーの仮定——すべての市場参加者は価格を所与として需要あるいは供給を決める，という仮定——です．この仮定は，市場参加者が十分多くて個々の参加者の行動が市場全体の価格にほとんど影響を与えないような状況においては現実の描写として妥当なものです．しかし，たとえば生産企業が 1 社だけ (独占といいます) あるいは数社だけ (寡占といいます) で，個々の企業の供給量が市場価格に影響を与えるような状況を分析したい場合は，プライス・テイカーの仮定に基づく理論モデルはその目的に合いません．そのような，企業が価格支配力をもつ状況の分析では，供給関数——与えられた価格のもとで企業がどれだけ供給するかを表す関数——は意味をもたず，企業の供給行動を一から分析しないといけません．

高い価格でたくさん買ってもらうなどという都合のよいことは望めませんから，企業は低い価格でたくさん売るか，少なく高く売るか，利潤を最大化すべくちょうどよいところで供給量・価格を決定します．このように，一方を追求すれば他方を犠牲にせざるを得ないような関係のことをトレードオフと呼びます．トレードオフは経済学が扱うさまざまな状況で登場しますが，本章では独占市場や寡占市場を例に，トレードオフに直面している企業の最適行動を分析します．そして，トレードオフの本質は **2 次関数**を通じて理解することができることを紹介していきたいと思います．傾きが正 (あるいは負) なら全域にわたって増加 (あるいは減少) しつづける 1 次関数とは異なり，2 次関数は増加する部分と減少する部分をもちます．そのため，単純な関数でありながら「トレードオフのもとでいかにバランスをとって利潤を最大化するか」という状況をしっかり描写することができるのです．典型的には，山型の放物線が出てきて，その頂点の位置を求めるという作業を行うことになります．以下の例題を解きつつ詳しく見ていきましょう．

例題 2.1

あなたはラーメン屋チェーンのオーナーで，A 市にあるショッピングセンターに新しくラーメン屋をオープンさせるかどうかを検討している．このショッピングセンターには他にラーメン屋はなく，ラーメンへの需要は 1 日あたり $D(p) = 500 - \frac{1}{2}p$ (ただし $0 \leq p \leq 1000$) という需要関数で与えられる．また，ラーメン 1 杯を作る費用は人件費等を含めてちょうど 400 円であるとする．

(1) ラーメン屋の利潤を価格 p の関数 $f(p)$，および生産量 q の関数 $g(q)$ として 2 通りの方法でそれぞれ求めなさい．

(2) 利潤を最大にするためにはラーメンを 1 杯いくらで売ればよいだろうか．

(3) 上の費用 (1 杯あたり 400 円) の他に，賃料として月々に 120 万円支払わなければならないとする．このときあなたはラーメン屋をオープンするべきだろうか (1 カ月は 30 日として計算しなさい)．

例題 2.2

あなたは次に，B 市にあるショッピングセンターにも新しくラーメン屋をオープンさせるかどうかを検討している．ラーメン 1 杯を作る費用は同じく 400 円で，1 日あたりのラーメンへの需要関数は $D(p) = 400 - \frac{1}{2}p$ (ただし $0 \leq p \leq 800$) で与えられているとする．

(1) 利潤を最大にするためにはラーメン 1 杯をいくらで売ればよいだろうか．

(2) もしも A 市と B 市の両ショッピングセンターで同じ値段を付けなければならないとしたら，共通価格をいくらに設定するのが最も儲かるだろうか．

(3) いま仮に月々の賃料が 60 万円だとする．(1) (2) のそれぞれの場合について B 市にラーメン屋をオープンすべきかどうか答えなさい (1 カ月は 30 日として計算しなさい)．

最初に少し結果を先取りしておくと，上の例題では企業の利潤が価格 (または生産量) の 2 次関数として表現されます．そこでまず，2 次関数の性質について確認しておきましょう．2 次関数とは

$$y = ax^2 + bx + c \qquad (a \neq 0) \tag{2.1}$$

のように，x の 2 次の項 (x^2) とそれよりも低い次数の項から成り立つ関数のことです．関数の全体像を調べるための理想的な方法はそのグラフを図示してみることですが，2 次関数のグラフは以下のようにして導きます．まずは最も単純な 2 次関数である $y = ax^2$ のグラフを描いてみましょう．この関数は「横軸方向の長さの 2 乗を a 倍したものと，縦軸方向 (向きは a の正負による) の長さが等しい」という関係を表します．x に -3 から 3 までくらいの整数値を代入して y の値を調べれば感じがつかめるでしょう．x^2 の係数 a が正であれば，グラフは図 2.1(i) のように下に凸 (「とつ」と読みます) の谷型の放物線，逆に負であれば図 2.1(ii) のように上に凸の山型の放物線になります．また，$ax^2 = a(-x)^2$ であることから，グラフが (y 軸を中心に) 左右対称となっていることもわかります．

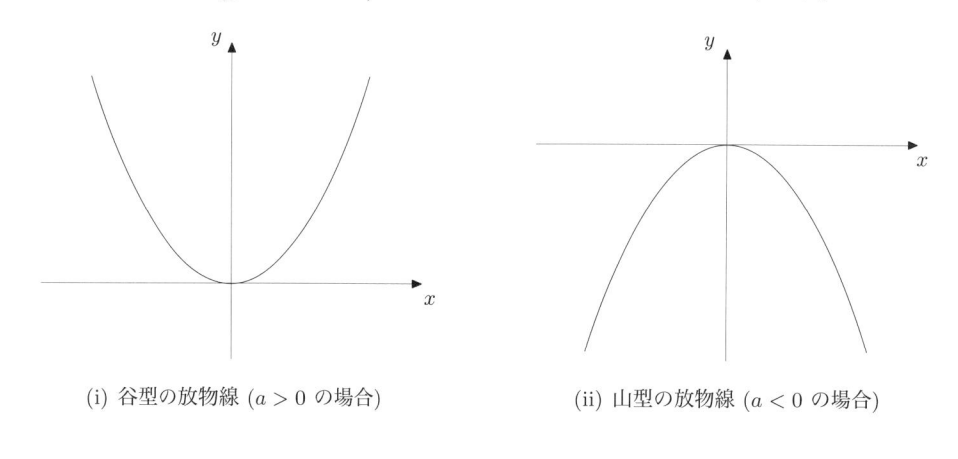

(i) 谷型の放物線 ($a > 0$ の場合)　　　　(ii) 山型の放物線 ($a < 0$ の場合)

図 2.1　$y = ax^2$ のグラフ

実は (2.1) 式で表されるような一般の 2 次関数のグラフは，すべて $y = ax^2$ の放物線を平行移動したものであることを示すことができます．これを確認するために，(2.1) 式が

$$y = a(x-s)^2 + t \tag{2.2}$$

という式に変形できたとしましょう (変形のしかたはとりあえず後回しにします)．この式で表される 2 次関数のグラフは，点 (s,t) を出発点，つまり原点とみなして $y = ax^2$ のグラフを描いて得られるものになります．なぜならば，(2.2) 式のグラフ上の点 (x,y) に対して (s,t) からのずれを $X = x-s, Y = y-t$ とおくと，それらの間には $Y = aX^2$ という関係 (「横軸方向の長さの 2 乗を a 倍したものと，縦軸方向の長さが等しい」という関係) があるからです ((2.2) 式で右辺の t を左辺に移項してみてください)．これは，(2.2) 式のグラフが，$y = ax^2$ のグラフを x 方向へ $+s$，y 方向へ $+t$ だけ平行移動したものになっていることを意味します．その頂点はもちろん点 (s,t) です．

このように，2 次関数を (2.2) 式のように x をひとまとめにして 2 次の項と定数項によって表現することを平方完成と呼びます．いったん (2.2) 式の形にしてしまえば，2 次関数の頂点はたちどころに求まりグラフの全体像が把握できるのですが，問題はどのようにして

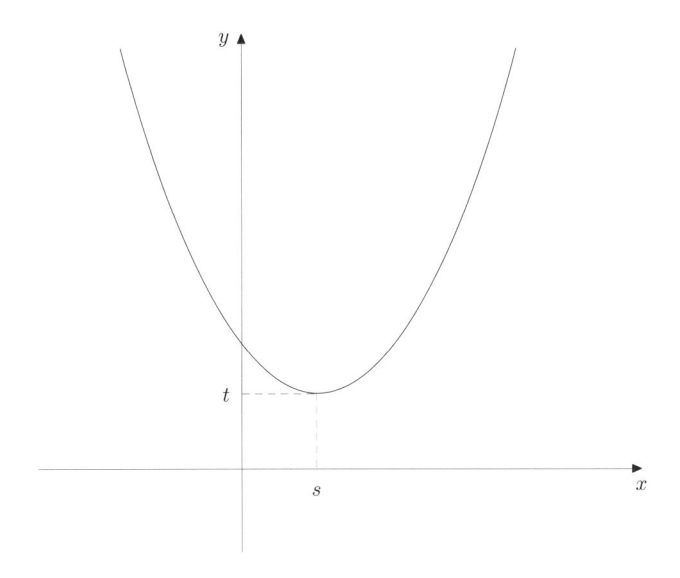

図 2.2　$y = a(x-s)^2 + t$ のグラフ

(2.1) 式から (2.2) 式へ書きかえるかです．そこで (2.1) 式に再び戻ると

$$\begin{aligned}
y &= ax^2 + bx + c \\
&= a\left(x^2 + \frac{b}{a}x\right) + c && (x^2 \text{ の係数でくくる}) \\
&= a\left(x + \frac{b}{2a}\right)^2 - \frac{b^2}{4a} + c && (x \text{ の係数を 2 で割って 2 乗を作り余計な項を打ち消す}) \\
&= a\left(x + \frac{b}{2a}\right)^2 - \frac{b^2 - 4ac}{4a} && (\text{定数項を整理})
\end{aligned}$$

と変形できることがわかります．3 行目で「平方」(= 2 乗) の項を「完成」させるところがポイントです．(2.2) 式と比較すると

$$\boxed{\; s = -\frac{b}{2a},\ t = -\frac{b^2 - 4ac}{4a} \;}$$
　　　　　　　　　　　　　　　　　　　　　　　　　（平方完成から攻める）

となっていることが確認できるでしょう．つまり，一般の 2 次関数 $y = ax^2 + bx + c$ のグラフは，$y = ax^2$ を x 軸方向に $-\dfrac{b}{2a}$，y 軸方向に $-\dfrac{b^2 - 4ac}{4a}$ だけ平行移動したグラフになっているのです．

　やや複雑な計算になってしまいましたが，これが平方完成を行う際のルールとなります．(2.1) 式の形で与えられたどんな 2 次関数に対しても，機械的に (2.2) 式を導出する——つまり平方完成を行う——ことができる，という点に注目してください．これにより，目的関数 (本問では利潤) が 2 次関数のときの最大化問題を視覚的に解くことができます．

【解答 2.1】

(1) $f(p) = -\dfrac{1}{2}p^2 + 700p - 200000$

　　　$g(q) = -2q^2 + 600q$

(2)   700 円

(3)   黒字経営になるのでオープンするべき．

【解答 2.2】

(1)   600 円

(2)   650 円

(3)   (2) の場合は赤字経営になるのでオープンすべきではない．一方で (1) の場合はちょうど収支ゼロになるのでオープンしてもしなくてもよい．

【解説 2.1】

(1)   利潤とは収入から費用を引いたものです．収入と費用は (収入) = (価格) × (生産量)，(費用) = (1 杯あたりの費用) × (生産量) から計算できるので，

$$(利潤) = \{(価格) - (1 杯あたりの費用)\} \times (生産量)$$

と書けます[1]．

まず最初に，利潤を価格 p の関数として表しましょう．価格を p とすると需要が $D(p)$ だけあり，その分を生産量とすることで利潤は

$$f(p) = (p - 400)\left(500 - \frac{1}{2}p\right) \tag{2.3}$$

$$= -\frac{1}{2}p^2 + 700p - 200000 \tag{2.4}$$

となります ($たしかに p の 2 次関数となりました$)．

では次に，利潤を価格ではなく生産量 q の関数として表してみます．さきほどは需要関数を生産量に代入することにより生産量を価格の関数に変換しましたが，今度は逆に需要関数をうまく用いて価格を生産量の関数として表すことを考えます[2]．具体的には，第 1 章で行ったように需要関数

$$D(p) = 500 - \frac{1}{2}p \tag{2.5}$$

---

[1] 厳密には費用には問 (3) の賃料も含みますが，ラーメン屋をオープンするとした場合の供給量・価格の決定には賃料は影響を与えませんから，ここではラーメン 1 杯作るごとにかかる費用のみを考えています．後者の生産量に応じて変わる費用を可変費用，また前者の賃料のような，生産量にかかわらずかかる費用を固定費用といいます．ちなみに，ここで考えている「固定費用を引く前の利潤」(つまり 収入 − 可変費用) は「準レント」とも呼ばれます．

[2] ここでも利潤を与える関数を導くのですが，「価格と利潤の関係を表す関数」と「生産量と利潤の関係を表す関数」は関数として異なるものなので，先の名前 (f) とは異なる名前 (g) を使っています．

を $q = 500 - \frac{1}{2}p \iff p = 1000 - 2q$ という変換によって逆需要関数

$$P(q) = 1000 - 2q \tag{2.6}$$

に書きかえます．生産量を q とすると消費者は $P(q)$ まで支払ってくれますから，その値を価格として設定することで，利潤は q の関数として

$$g(q) = \{(1000 - 2q) - 400\} \times q \tag{2.7}$$
$$= -2q^2 + 600q \tag{2.8}$$

と書けます．

(2) 利潤を最大にする価格 p を求めるには，平方完成を使って利潤の関数 $f(p)$ のグラフを描き，その頂点を求めればよいです．先ほど学んだ平方完成のルールを思い出すと

$$s = -\frac{b}{2a} = -\frac{700}{-1} = 700$$
$$t = -\frac{b^2 - 4ac}{4a} = -\frac{700^2 - 400000}{-2} = 45000$$

となっているので

$$f(p) = -\frac{1}{2}(p - 700)^2 + 45000$$

と変形できます．

平方完成の公式にあてはめなくても，(2.4) 式から

$$\begin{aligned}
f(p) &= -\frac{1}{2}p^2 + 700p - 200000 \\
&= -\frac{1}{2}\left(p^2 - 1400p\right) - 200000 && (p^2 \text{の係数でくくる}) \\
&= -\frac{1}{2}\left(p - 700\right)^2 + \frac{700^2}{2} - 200000 && (2\text{乗を作り余計な項を打ち消す}) \\
&= -\frac{1}{2}\left(p - 700\right)^2 + 45000 && (\text{定数項を整理})
\end{aligned}$$

と順をおって変形していくことで，同じ結果にたどりつけます．

いずれにせよ，$f(p)$ のグラフは図 2.3 のようになり，ラーメンを 1 杯 700 円で売るときに最大の利潤 45,000 円を得られることがわかります．このときの生産量は需要関数に $p = 700$ を代入して，

$$D(700) = 500 - 350 = 150$$

の 150 杯となります．

別の解法として，横軸との交点 (横軸切片と呼びましょう) に注目してグラフを描くという

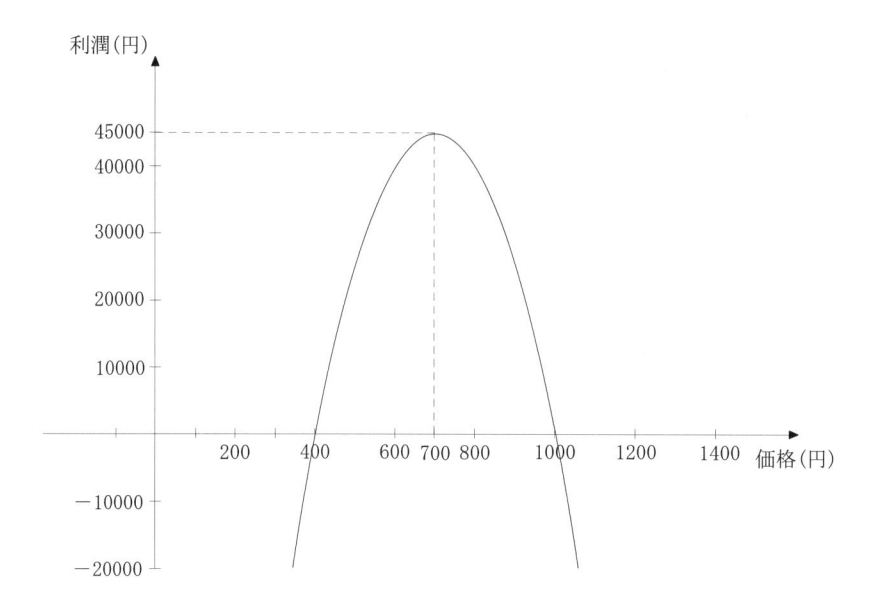

図 2.3　利潤の価格に対するグラフ

やり方もあります．$f(p)$ はそもそも (2.3) 式で因数分解された形になっていますから，$-\dfrac{1}{2}$ を前にくくり出して

$$f(p) = -\frac{1}{2}(p-400)(p-1000)$$

と書くことで，$p=400$ と $p=1000$ で横軸と交点をもつことがわかります．2 次関数のグラフはどれも左右対称な放物線を描くので，グラフの頂点をもたらす価格は 400 と 1000 のちょうど中間，つまり $\dfrac{400+1000}{2} = 700$ と求めることができます．山頂における利潤は $f(p)$ に $p=700$ を代入して

$$f(700) = -\frac{1}{2} \times (700-400)(700-1000) = \frac{1}{2} \times 300^2 = 45000$$

と計算できます．

一般に，2 次関数が

$$y = a(x-\alpha)(x-\beta)$$

と書けているとき，グラフの横軸切片は α と β となり，頂点の横軸座標はそれらの中間の

$$\boxed{x = \frac{\alpha+\beta}{2}}$$
　　　　　　　　　　　　　　　　　　　　　　　　　（横軸切片から攻める）

と求めることができます．このようにして，2 次関数のグラフと横軸との交点が簡単に計算できる——つまり因数分解がぱっとできる——場合には，平方完成をしないで直接グラフの

頂点を求めることができます．この解法も非常に便利ですのでぜひ覚えておきましょう．

以上では，利潤を最大にする価格を関数 $f(p)$ から求めました．次に，(1) で求めたもうひとつの関数 $g(q)$ を使って，利潤を最大にする生産量 q についても求めてみましょう．

先ほどと同じく，こんどは (2.8) 式について平方完成を行うと

$$\begin{aligned}g(q) &= -2q^2 + 600q \\ &= -2(q^2 - 300q) \\ &= -2(q-150)^2 + 2 \times 150^2 \\ &= -2(q-150)^2 + 45000\end{aligned}$$

となり，$g(q)$ のグラフは図 2.4 のようになることがわかります．したがって，最適な生産量が 150 杯でそのときの利潤が 45,000 円と求まります．独占企業の設定する価格と生産量は (2.5) 式あるいは (2.6) 式によってお互いに完全にリンクしているので，価格・生産量のどちらを基準に利潤を最大化しても結果がまったく同じになることに注意しましょう．

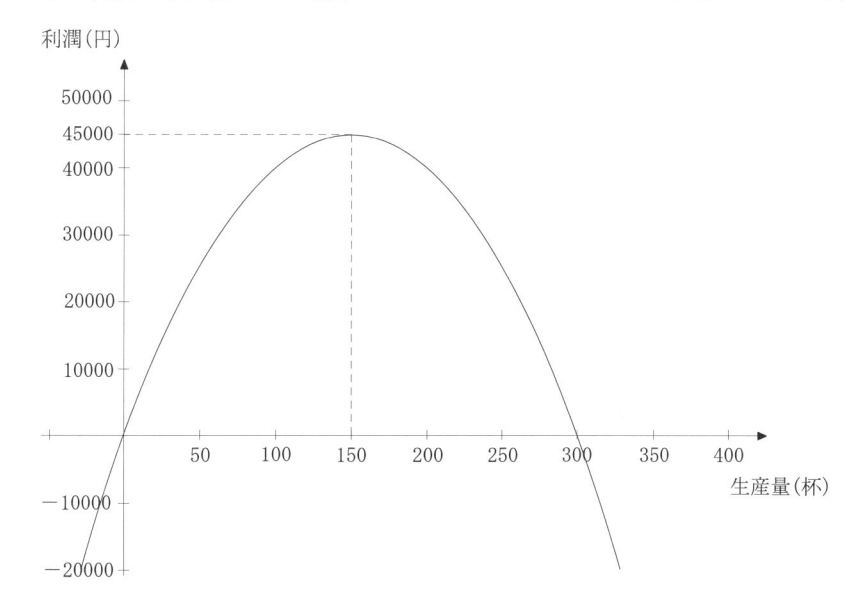

図 2.4　利潤の生産量に対するグラフ

ここでは練習もかねて平方完成を使いましたが，やはり $g(q)$ についても横軸切片から攻める方がはるかに簡単に答えを求めることができます．(2.7) 式から

$$\begin{aligned}g(q) &= (600 - 2q) \times q \\ &= -2q(q - 300)\end{aligned}$$

と因数分解することができるので，横軸切片は 0 と 300 になり，頂点はその中間の 150 とすぐに求められます．

(3) 上の計算から 1 日あたりの利潤が 45,000 円ですので，1 カ月あたりでは (1 カ月を 30 日とすると)，

$$30 \times 45000 = 1350000$$

で 135 万円になります．これは賃料の 120 万円を上回るので，ラーメン屋をオープンするべきであることがわかります．

【解説 2.2】

(1) は例題 2.1 とまったく同じように解くことができます．需要関数

$$D(p) = 400 - \frac{1}{2}p$$

を用いて (賃料を引く前の) 利潤を価格 p の関数 $\pi(p)$ で表すと[3]，

$$\pi(p) = (p - 400)\left(400 - \frac{1}{2}p\right)$$
$$= -\frac{1}{2}p^2 + 600p - 160000$$
$$= -\frac{1}{2}(p - 600)^2 + 20000$$

と平方完成することができ，利潤を最大化する価格 p^*，生産量 q^*，またそのときの利潤 π^* はそれぞれ

$$p^* = 600, \ q^* = 100, \ \pi^* = 20000$$

と求まります．そして 1 カ月あたりの利潤は

$$20000 \times 30 = 600000$$

で 60 万円となり，ちょうど賃料の 60 万円と一致します．この場合には収支ゼロとなるため，ラーメン屋をオープンしてもしなくても構わない，となります．

(2) では，A 市のラーメン屋と B 市のラーメン屋で同じ値段を付けなければならない，という追加的な条件のもとで利潤の合計の最大化を考えます．記号の混乱を避けるために，A 市のラーメン屋の利潤を π^A，B 市のラーメン屋の利潤を π^B，それらを合わせた 2 店舗の合計利潤を Π と表すことにしましょう (価格の関数で表すことにします)．例題 2.1 (1) および例題 2.2 (1) から個々の店舗の利潤の関数は

$$\pi^A(p) = -\frac{1}{2}p^2 + 700p - 200000$$

---

[3] 利潤を表す π は profit の p に由来します．そのまま p を用いると価格と紛らわしいので，p に相当するギリシャ文字の π がよく用いられています．もちろん，例題 2.1 のように，π でなく f や g というように (混乱を生じさせない限り) 好きな名前をつけてかまいません．

$$\pi^B(p) = -\frac{1}{2}p^2 + 600p - 160000$$

とすでに求まっているので，合計利潤 Π は

$$\Pi(p) = \pi^A(p) + \pi^B(p)$$
$$= -p^2 + 1300p - 360000$$
$$= -(p - 650)^2 + 62500$$

として書き直すことができます．けっきょく，両店舗での共通価格を 1 杯 650 円にするときに 1 日あたりの売り上げが最大の 62,500 円となることがわかります．

(3) さて，(2) で求めた 1 杯 650 円という価格は，A 市の店舗のみの最適価格 700 円と B 市の店舗のみの最適価格 600 円の中間となっており，どちらの価格とも一致しないことに注意しましょう．これは，ラーメン屋ごとに別々の料金設定を行うことができた例題 2.1 (2) や例題 2.2 (1) の場合と比べて，利潤がどちらの店舗においても減少することを意味します[4]．実際に $\pi^B(p)$ に $p = 650$ を代入すると

$$\pi^B(650) = -\frac{1}{2}(650)^2 + 600 \times 650 - 160000$$
$$= 18750$$

で利潤が例題 2.2 (1) で求めた 2 万円から 18,750 円に下がっています．1 カ月あたりだと

$$18750 \times 30 = 562500$$

となり，賃料の 60 万円を下回る利潤しか稼ぐことができません．よって，共通価格の制約のもとではラーメン屋をオープンさせない方がよい，というのが (3) の答えになります．

[例題 2.1, 2.2：終]

一般に，同じ商品やサービスであっても，A 市のような需要が高い地域や顧客層に対しては高い価格を，逆に B 市のような需要が低い地域や顧客層に対しては低い価格を付けることで独占企業は利潤を増やすことができます．大都市圏での高い物価や，学生に対する割引 (通称「学割」) といった現象は，こういった企業による最適な価格差別行動の結果として理解することができます[5]．

---

[4] これは，価格を自由に選べる場合に (650 円を選ぶことができたにも関わらず)，両市それぞれにおける利潤を最大化するために 650 円とは異なる価格を選んだことから明らかです．

[5] 学割のように，観察可能な消費者の属性に応じて異なる価格を設定するようなタイプの価格差別は，第三種価格差別と呼ばれます．詳しくは，林貴志『ミクロ経済学』増補版 (ミネルヴァ書房，2013 年) の第 19 章などを参照してください．

2.2 寡占市場を斬るゲーム理論

前節では，トレードオフに直面している独占企業がどのように最適な意思決定を行っているのかを，2次関数の最大化によって分析しました．複数の企業が競争する寡占市場においてもやはり，個々の企業は独占と同じようなトレードオフに直面しています．そして，独占市場と同様に，寡占市場の本質も2次関数の範囲で十分理解できます．たとえば，以下の例題で分析するような関数形を用いて寡占市場を考えると，(相手企業の生産量が与えられたときに) 各企業の利潤は依然として自分の生産量の2次関数として表されます．寡占市場でも独占市場でも個々の企業は利潤の最大化を目指しますので，けっきょくは独占のケースと同じように，2次関数の最大化を行う——放物線の頂上を探す——ことによって，企業の最適な生産量を求めてあげればよいわけです．

しかし寡占市場には固有の問題があります．それは，個々の企業の利潤関数のグラフが相手企業の生産量に応じて変化してしまう，という点です．いったん相手企業の生産量が明らかになればそれに応じて最適な生産量を求めることができますが，お互いに相手の生産量がわからない場合にはグラフの形が定まらないため，どのような生産量を選ぶのが最適か計算することができません．このように「自分のとるべき最適な行動が相手のとる行動次第で変化する」状況を，戦略的状況または戦略的相互依存関係がある状況と呼びます．みなさんが身の回りの生活を見渡せばすぐにわかるように，経済活動だけに限らず恋愛やスポーツから政治交渉に至るまで，世の中は戦略的状況で満ち溢れています．そしてこの戦略的状況をうまく捉えることのできる分析道具が，ゲーム理論という応用数学の一分野です．

ゲーム理論は，数学者フォン・ノイマンと経済学者モルゲンシュテルンの共同研究[6]によって1944年に確立された，かなり新しい数学分野です．彼らのアプローチは極めて画期的で，「複数のプレーヤーが独自に戦略を決定し，その戦略の組み合わせに応じた得点 (これを利得と呼びます) が各プレーヤーにもたらされる」というゲームの基本構造を，じゃんけんやチェスといった私たちがイメージするいわゆるゲームを超えて，社会におけるさまざまな状況の記述に用いるというものです．

では，戦略的状況をゲームとして定式化したあとに，その解をどのように求めればよいのでしょうか．つまり，個々のゲームにおいて実現する結果はどのように予測できるのでしょうか．このゲーム理論の核心部分に決定的な答えを与えたのは，若き数学者ジョン・ナッシュが1950年にプリンストン大学へ提出した博士論文[7]，そしてその中で提唱されたナッシュ均衡という概念[8]です．ナッシュは，いかなる社会・経済現象もゲームのナッシュ均衡

---

[6] John von Neumann and Oskar Morgenstern, *Theory of Games and Economic Behavior*, Princeton University Press, 1944 (『ゲームの理論と経済行動』筑摩書房，2009年).

[7] ナッシュの博士論文の複写版とその他の主要論文の日本語訳がクーン・ナサー編『ナッシュは何を見たか——純粋数学とゲーム理論』(シュプリンガー・フェアラーク東京，2005年) に収録されています．

[8] ナッシュ自身は単に「均衡 (点)」と呼びました．後年，提唱者の名前を冠して「ナッシュ均衡」と呼ばれるようになりました．

として理解しよう，という方法論を提示しました．現代のゲーム理論分析はほとんどすべてこの方法論に基づくものです．

ナッシュ均衡を言葉で説明すると以下のようになります．

> ナッシュ均衡とは，相手プレーヤーたちの戦略が変わらないときに，自分1人だけ戦略を変えても利得が増えないような戦略の組み合わせを指す．

やや硬い表現なのでわかりにくいかもしれませんが，要するに「自分だけ戦略をいじっても得できない」状態がナッシュ均衡なわけです．言いかえると，「お互いがお互いの戦略に対して最適に反応している」ことを意味しています．逆に，もしもゲームの結果がナッシュ均衡でないならば，少なくとも1人は戦略を変化させて得をするプレーヤーがいることになります．ナッシュ均衡は，このような不安定な状態を排除して，お互いのインセンティブががっちりかみ合った状態をゲームの結果として採用しよう，ということを言っています．この考え方を利用して次の例題を解いてみましょう．

例題 2.3

あなたがラーメン屋 (以後「店1」) をオープンさせた A 市のショッピングセンターで賃料が40万円に下がったため，ライバルチェーン店 (以後「店2」) の新規参入が起こった．各ラーメン屋はそれぞれ1日あたりの生産量 q_1, q_2 を決定し，ラーメンの値段は逆需要関数 $P(Q) = 1000 - 2Q$ (ただし $Q = q_1 + q_2$) で与えられるとする．また，ラーメン1杯を作る費用はどちらの店舗も400円であるとする．

(1) 店1の利潤 (賃料を差し引く前の値) を q_1, q_2 の関数 $\pi_1(q_1, q_2)$ として求めなさい．

(2) 相手の生産量に応じて自分の最適な生産量を対応させる関数を最適反応関数と呼ぶ[9]．両店の最適反応関数 $R_1(q_2), R_2(q_1)$ を求め，$q_1 = R_1(q_2), q_2 = R_2(q_1)$ のグラフを q_1 を横軸，q_2 を縦軸とする平面上に図示しなさい．

(3) このゲームのナッシュ均衡 (q_1^*, q_2^*) を求めなさい．

(4) いま店1 (だけ) が新たな仕入れルートを開拓し，ラーメン1杯の生産費用を400円から340円に下げることに成功したとする．このときのナッシュ均衡 (q_1^{**}, q_2^{**}) におけるそれぞれの店舗の利潤はどのように変化するだろうか．この状態で仮に賃料が50万円に上がった場合には何が起こるだろうか．それぞれ説明しなさい．

【解答 2.3】

(1) $\pi_1(q_1, q_2) = \{600 - 2(q_1 + q_2)\}q_1$

(2) $R_1(q_2) = \dfrac{300 - q_2}{2}, R_2(q_1) = \dfrac{300 - q_1}{2}$ および図2.5

---

[9]反応関数とも呼ばれます．また，対応するグラフは (最適) 反応曲線と呼ばれます．

$$q_2$$

300

$$R_1(q_2) = \frac{300 - q_2}{2}$$

150

$$R_2(q_1) = \frac{300 - q_1}{2}$$

150   300 q_1

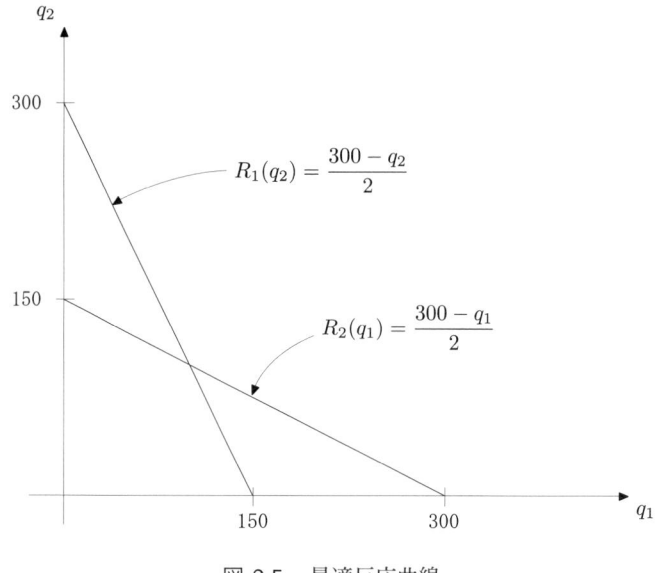

図 2.5　最適反応曲線

(3)　$(q_1^*, q_2^*) = (100, 100)$

(4)　店 1 の利潤は 1 日あたり 2 万円から 28,800 円に増える一方，店 2 の利潤は 16,200 円に減る．賃料が 50 万円に上がると店 2 は採算が合わなくなり閉店する．

【解説 2.3】

　この問題では寡占市場を，数量 q_1, q_2 を戦略とするゲーム——数量競争のゲーム——として定式化しています．このようなゲームは，最初に分析した人物の名をとってクールノー・ゲームと呼ばれます．

(1)　利潤 $\pi_1(q_1, q_2)$ は自身の生産量 q_1 だけでなく相手の生産量 q_2 にも依存することに注意してください．両企業の生産量が q_1, q_2 のとき，ラーメンの市場価格は逆需要関数から $P(q_1 + q_2) = 1000 - 2(q_1 + q_2)$ となるので，企業 1 の利潤は

$$\begin{aligned}\pi_1(q_1, q_2) &= (収入) - (費用) \\ &= \{1000 - 2(q_1 + q_2)\} \times q_1 - 400 \times q_1 \\ &= \{600 - 2(q_1 + q_2)\}q_1\end{aligned}$$

と求まります．目的関数 π_1 をゲーム理論の用語で (企業 1 の) 利得関数といいます．

(2)　企業 1 にとっての最適反応関数 R_1 とは，相手企業 2 の生産量に対して自分の利潤を最大化させる生産量を対応させる関数のことです．したがって，相手の生産量 q_2 が与えられたときに，利潤 $\pi_1(q_1, q_2)$ を q_1 のみの関数と見て (一方の q_2 は定数として) 最大化します．問 (1) で求めたように，$\pi_1(q_1, q_2)$ は q_1 についての 2 次関数ですから，平方完成か横軸切片かによってグラフを描きます．ここでは練習のために両方やってみましょう．

まず，平方完成は以下のようにできます[10]：

$$\begin{aligned}
\pi_1(q_1, q_2) &\\
&= -2(q_1)^2 + (600 - 2q_2)q_1 && \text{(展開して } q_1 \text{ について整理)} \\
&= -2\left\{(q_1)^2 - (300 - q_2)q_1\right\} && \text{(}(q_1)^2 \text{ の係数でくくる)} \\
&= -2\left(q_1 - \frac{300 - q_2}{2}\right)^2 + 2\left(\frac{300 - q_2}{2}\right)^2 && \text{(2 乗を作り余計な項を打ち消す)} \\
&= -2\left(q_1 - \frac{300 - q_2}{2}\right)^2 + \frac{(300 - q_2)^2}{2}. && \text{(定数項を整理)}
\end{aligned}$$

よって，横軸に q_1 をとって $\pi_1(q_1, q_2)$ のグラフを描くと，頂点が $\frac{300 - q_2}{2}$ の位置にある上に凸な放物線になることがわかります．

次に横軸切片から攻めてみましょう．$\pi_1(q_1, q_2)$ はすでに因数分解された形になっているので，あとは -2 をくくり出し q_1 について整理して

$$\pi_1(q_1, q_2) = -2\{q_1 - (300 - q_2)\}q_1 \qquad \text{(「}a(q_1 - \alpha)(q_1 - \beta)\text{」の形にする)}$$

となります．よって，横軸に q_1 をとって $\pi_1(q_1, q_2)$ のグラフを描くと，横軸切片が 0 と $300 - q_2$ である上に凸な放物線になります．放物線は左右対称なので，頂点の横軸座標はそれらの中点 $\frac{300 - q_2}{2}$ になります．

いずれにせよ，企業 1 は相手の生産量 q_2 が与えられたときに

$$q_1 = \frac{300 - q_2}{2}$$

という生産量を選ぶことで最大の利潤を得られることがわかります（そのときの利潤は $\frac{(300 - q_2)^2}{2}$ になります）．最適反応関数 R_1 は，q_2 に応じて利潤を最大化する q_1 を指定する関数でしたから，

$$R_1(q_2) = \frac{300 - q_2}{2} \tag{2.9}$$

となります．

企業 2 については，まったく対称ですから 1 と 2 を入れかえて

$$R_2(q_1) = \frac{300 - q_1}{2} \tag{2.10}$$

となります．

最後に，$q_1 = R_1(q_2)$ と $q_2 = R_2(q_1)$ を $q_1 q_2$ 平面に図示すると図 2.5 のようになります．

---

[10]「q_1 の 2 乗」は「$(q_1)^2$」と書くのが親切なのですが，混乱の恐れがない場合は括弧をつけずに「q_1^2」と書くこともあります．

(3) ここでナッシュ均衡 (q_1^*, q_2^*) を求めるためにはどうすればよいでしょうか．定義を思い出すと，ナッシュ均衡とは「お互いが相手の戦略に対して最適に反応している」ような戦略の組でした．最適反応関数を使うと，この定義は次のように記述することができます．

$$\boxed{q_1^* = R_1(q_2^*),\ q_2^* = R_2(q_1^*)}$$
(ナッシュ均衡の定義)

つまり

$$q_1 = R_1(q_2) = \frac{300 - q_2}{2}$$
$$q_2 = R_2(q_1) = \frac{300 - q_1}{2}$$

という連立方程式の解がナッシュ均衡 (q_1^*, q_2^*) です．グラフ上では，図 2.5 で表される最適反応曲線の交点に対応します．この連立方程式を解くと

$$(q_1^*, q_2^*) = (100, 100)$$

と求まります．ちなみにこのときの市場価格は

$$P(100 + 100) = 1000 - 2(100 + 100) = 600$$

で 600 円となり，例題 2.1 の独占のケースと比べてラーメン 1 杯あたりの値段が下がっていることがわかります．また，それぞれの企業の利潤は

$$\pi_1(q_1^*, q_2^*) = P(q_1^* + q_2^*)q_1^* - 400q_1^*$$
$$= 600 \times 100 - 400 \times 100 = 20000$$
$$\pi_2(q_1^*, q_2^*) = P(q_1^* + q_2^*)q_2^* - 400q_2^*$$
$$= 600 \times 100 - 400 \times 100 = 20000$$

で 2 万円となります (q_2 が与えられたときの最大利潤 $\frac{(300 - q_2)^2}{2}$ に $q_2 = 100$ を代入してももちろんかまいません)．両企業の利潤の合計は 4 万円で，例題 2.1 の独占のケースの利潤 45,000 円より小さくなっています．これらは企業間の競争が生まれたためです．

(4) 最後に，店 1 のコストが 400 円から 340 円に下がった場合にナッシュ均衡がどのように変化するかを計算しましょう．店 2 の最適反応関数は (2.10) 式のままなので，店 1 の最適反応関数を新しく導出します (たとえば横軸切片から攻めてみましょう)．店 1 の利潤は

$$\pi_1(q_1, q_2) = P(q_1 + q_2)q_1 - 340q_1$$
$$= \{660 - 2(q_1 + q_2)\}q_1$$
$$= 2\{(330 - q_2) - q_1\}q_1$$

となります.したがって,q_1 を横軸にとって利潤 $\pi_1(q_1, q_2)$ のグラフを描くと横軸切片は 0 と $330 - q_2$ になり,それらの中間の $\frac{330 - q_2}{2}$ において利潤が最大になります.よって,新たな最適反応関数を R'_1 とおくと,

$$R'_1(q_2) = \frac{330 - q_2}{2} \tag{2.9'}$$

と書くことができます.ここで求めた (2.9') 式と (2.10) 式から,新ルート開拓後のゲームのナッシュ均衡を与える連立方程式をたてると

$$q_1 = R'_1(q_2) = \frac{330 - q_2}{2}$$
$$q_2 = R_2(q_1) = \frac{300 - q_1}{2}$$

となります.これを解いて,ナッシュ均衡 (q_1^{**}, q_2^{**}) は

$$(q_1^{**}, q_2^{**}) = (120, 90)$$

と求めることができます.

このとき市場価格は

$$P(120 + 90) = 1000 - 2(120 + 90) = 580$$

で 580 円となり,コスト低下が起こる前よりも 20 円下がることがわかります.コスト低下に伴う企業 1 の最適反応曲線のシフトと,両曲線の交点 (ナッシュ均衡) の動きを図示したのが図 2.6 です.

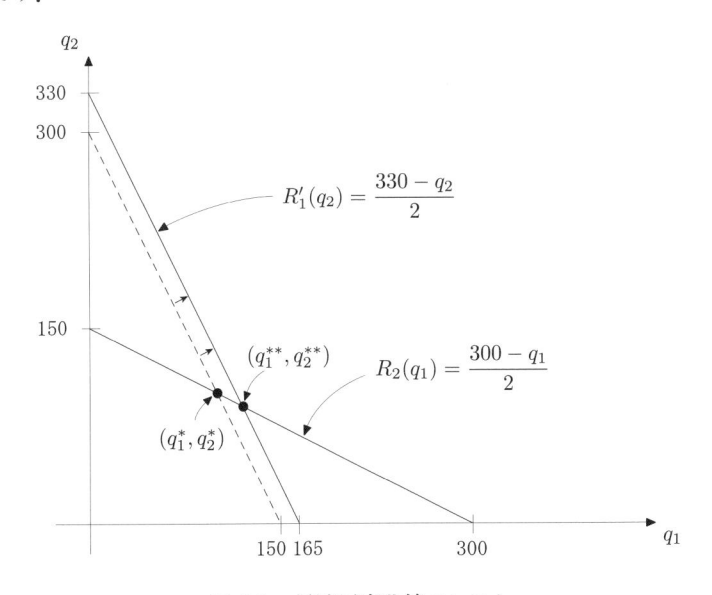

図 2.6 最適反応曲線のシフト

これを見ると，ナッシュ均衡が企業 2 の最適反応曲線 $R_2(q_1)$ に沿って右下に移動していることがわかります．したがってナッシュ均衡における生産量を直接計算しなくても，コスト低下によって企業 1 の生産量が上がり，企業 2 の生産量が下がることが理解できます[11]．

さて，(q_1^{**}, q_2^{**}) を π_1, π_2 に代入して個々のラーメン屋の利潤について計算すると，

$$\pi_1(q_1^{**}, q_2^{**}) = P(q_1^{**} + q_2^{**})q_1^{**} - 340 q_1^{**}$$
$$= 580 \times 120 - 340 \times 120 = 28800$$
$$\pi_2(q_1^{**}, q_2^{**}) = P(q_1^{**} + q_2^{**})q_2^{**} - 400 q_2^{**}$$
$$= 580 \times 90 - 400 \times 90 = 16200$$

となります．これを 1 カ月あたりの利潤に換算すると

店 1：$28800 \times 30 = 864000$

店 2：$16200 \times 30 = 486000$

なので，賃料が 40 万円から 50 万円に上がると店 2 は採算が合わなくなり，閉店に追い込まれることがわかります．

[例題 2.3：終]

2.3 もう少し練習

2.3.1 独占とクールノー・ゲームの比較

練習問題 2.1

ある市場の逆需要関数が

$$P(Q) = 100 - Q$$

で与えられているとする (つまり，総供給量が Q のときの市場価格は $P(Q)$).

(1) いまこの市場で，1 単位あたり 20 の費用で生産できる企業が 1 社だけ操業しているとする．このとき，企業にとって最適な生産量 Q^M と，そのもとでの価格 p^M，利潤 π^M および消費者余剰 CS^M をそれぞれ求めなさい．

(2) 1 単位あたり 20 の費用で生産できる企業が 2 社，数量競争をしているとする．このとき，ナッシュ均衡における各企業の生産量 q_1^C, q_2^C と，そのもとでの価格 p^C，利潤 π_1^C, π_2^C および消費者余剰 CS^C をそれぞれ求めなさい．

---

[11] $R_2(q_1)$ の傾きが -1 より緩やかであることから両企業の総生産量が増加することもわかります．

【解答 2.1】

(1) この企業の生産量が Q のとき,利潤 $\pi(Q)$ は

$$\pi(Q) = P(Q)Q - 20Q$$
$$= (100 - Q)Q - 20Q = (80 - Q)Q$$

と表されます.この関数 π のグラフを Q を横軸にとって描くと,横軸切片が 0 と 80 の上に凸な放物線になります.よって,放物線が左右対称であることより,$\pi(Q)$ は $Q = 40$ で最大値をとることがわかります.このときの価格は逆需要関数に代入することにより

$$P(Q^{\mathrm{M}}) = 100 - 40 = 60$$

となります.以上より,$Q^{\mathrm{M}} = 40$,$p^{\mathrm{M}} = 60$ と求まりました (右肩の「M」は独占 Monopoly の頭文字からとりました).

このとき,利潤 π^{M} は

$$\pi^{\mathrm{M}} = \pi(40) = (80 - 40) \times 40 = 40^2 = 1600$$

となり,消費者余剰 CS^{M} は,底辺と高さがともに 40 の直角三角形の面積に対応するので

$$CS^{\mathrm{M}} = 40 \times 40 \times \frac{1}{2} = 800$$

と計算することができます.

(2) 企業 2 社を企業 1, 2 と呼ぶことにしましょう.このゲームにおける各企業の戦略は生産量で,企業 1 の利得関数 π_1 は両企業の生産量 q_1, q_2 の関数として

$$\pi_1(q_1, q_2) = P(q_1 + q_2)q_1 - 20q_1$$
$$= \{100 - (q_1 + q_2)\}q_1 - 20q_1 = \{(80 - q_2) - q_1\}q_1$$

と表せます.これを自分の生産量 q_1 の関数と見て π_1 のグラフを描くと,横軸切片は 0 と $80 - q_2$ となりますから,$\pi_1(q_1, q_2)$ はそれらの中間 $q_1 = \dfrac{80 - q_2}{2}$ で最大値をとります.つまり,企業 1 の最適反応関数 R_1 は

$$R_1(q_2) = \frac{80 - q_2}{2} \tag{2.11}$$

と求まります.同様にして,企業 2 の最適反応関数 R_2 は

$$R_2(q_1) = \frac{80 - q_1}{2} \tag{2.12}$$

となります.

このゲームのナッシュ均衡 $(q_1^{\mathrm{C}}, q_2^{\mathrm{C}})$ は (「C」はクールノー Cournot の頭文字からとり

ました), 連立方程式

$$q_1 = R_1(q_2) = \frac{80-q_2}{2}$$
$$q_2 = R_2(q_1) = \frac{80-q_1}{2}$$

の解です. これを解いて

$$(q_1^{\mathrm{C}}, q_2^{\mathrm{C}}) = \left(\frac{80}{3}, \frac{80}{3}\right)$$

と求めることができます.

このとき, 価格 p^{C} は

$$p^{\mathrm{C}} = P(q_1^{\mathrm{C}} + q_2^{\mathrm{C}}) = 100 - \left(\frac{80}{3} + \frac{80}{3}\right) = \frac{140}{3}$$

となります. また, 個々の企業の利潤 $\pi_1^{\mathrm{C}}, \pi_2^{\mathrm{C}}$ は

$$\pi_1^{\mathrm{C}} = \pi_2^{\mathrm{C}} = \pi_1\left(\frac{80}{3}, \frac{80}{3}\right) = \left(80 - \frac{160}{3}\right)\frac{80}{3} = \left(\frac{80}{3}\right)^2 = \frac{6400}{9}$$

で, 消費者余剰 CS^{C} は, 底辺と高さがともに $\frac{160}{3}$ の直角三角形の面積に対応するので

$$CS^{\mathrm{C}} = \frac{160}{3} \times \frac{160}{3} \times \frac{1}{2} = \frac{12800}{9}$$

と計算することができます.

(1) の独占市場に比べて (2) の寡占市場では, 価格, 各企業の生産量と利潤, さらに企業の総利潤 ($= \pi_1^{\mathrm{C}} + \pi_2^{\mathrm{C}}$) が下がる一方で, 企業の総生産 ($= q_1^{\mathrm{C}} + q_2^{\mathrm{C}}$) と消費者余剰が増加している点に注意して下さい. ちなみに, 消費者余剰と生産者余剰 (企業の総利潤) の和である総余剰も, 2400 から $\frac{25600}{9}(= 2844.4\cdots)$ へと増加します. このことから, 企業数が 1 社から 2 社に増えることで競争が起こり, 価格低下と生産量の増大がもたらされ, 結果的に企業の利潤が減る一方で消費者の利益と社会全体での余剰が増大することがわかります.

表 2.1 独占と寡占の比較

	総生産量	価格	総利潤	消費者余剰	総余剰
独占	40	60	1600	800	2400
寡占	$\frac{160}{3}$	$\frac{140}{3}$	$\frac{12800}{9}$	$\frac{12800}{9}$	$\frac{25600}{9}$

[練習問題 2.1 : 終]

2.3.2　n 企業クールノー・ゲーム

練習問題 2.2

いま，ある市場で n 社の企業が数量競争を行っている．すべての企業の生産技術は等しく，1 単位あたりの費用は 20 であるとする．各企業の生産量を $q_1, q_2, ..., q_n$，市場全体での生産量を $Q\ (= q_1 + q_2 + \cdots + q_n)$ とおいたとき，価格は逆需要関数

$$P(Q) = 100 - Q$$

で与えられる．このとき以下の問いに答えなさい．

(1) このゲームのナッシュ均衡を求めなさい．

(2) 仮に固定費用がゼロで，参入する際に費用が一切かからないとすると，この市場では何が起こるだろうか．(1) の結果を踏まえて説明しなさい．

(3) いま固定費用が 300 かかるとする．このとき企業の数が何社以下であれば，個々の企業は正の利潤を上げることができるだろうか．

【解答 2.2】

(1) 市場全体の生産量からある企業 i の生産量を除いたものを $Q_{-i}\ (= Q - q_i)$ と表すことにします．このとき，個々の企業 i $(i = 1, 2, \ldots, n)$ の利潤は

$$\pi_i(q_1, q_2, \ldots, q_n) = P(q_1 + q_2 + \cdots + q_n) q_i - 20 q_i$$
$$= \{100 - (q_1 + q_2 + \cdots + q_n)\} q_i - 20 q_i = \{(80 - Q_{-i}) - q_i\} q_i$$

と表すことができます．ここで，企業 1 の最適反応関数 R_1 を求めましょう．これは，$q_2, q_3, \ldots, q_n$ が与えられたときに利潤 $\pi_1(q_1, q_2, \ldots, q_n)$ を最大化する q_1 を対応させる関数です．上で求めた利潤の式から，q_1 を横軸にとって $\pi_1(q_1, q_2, \ldots, q_n)$ のグラフを描くと $q_1 = 0$ と $q_1 = 80 - Q_{-1}$ が横軸切片になりますから，それらの中間の $q_1 = 40 - \dfrac{Q_{-1}}{2}$ で最大になることがわかります．したがって，R_1 は

$$R_1(q_2, q_3, \ldots, q_n) = 40 - \frac{1}{2} Q_{-1}$$
$$\left(= 40 - \frac{1}{2}(q_2 + q_3 + \cdots + q_n) \right)$$

で与えられます．最適反応関数は他の企業の生産量の組 $q_2, q_3, \ldots, q_n$ の関数ですが，ここではそれらの和だけにしか依存しない点に注意しましょう．他の企業についても同様に計算で

きるので，一般の企業 i の最適反応関数は

$$R_i(q_1,...,q_{i-1},q_{i+1},...,q_n) = 40 - \frac{1}{2}Q_{-i}$$
$$\left(= 40 - \frac{1}{2}(q_1 + \cdots + q_{i-1} + q_{i+1} + \cdots + q_n)\right)$$

と表すことができます．

ナッシュ均衡 $(q_1^*, q_2^*, \ldots, q_n^*)$ はお互いに最適反応になっている戦略の組のことですから，すなわち

$$q_1^* = 40 - \frac{1}{2}Q_{-1}^*$$
$$q_2^* = 40 - \frac{1}{2}Q_{-2}^*$$
$$\vdots$$
$$q_n^* = 40 - \frac{1}{2}Q_{-n}^*$$

という関係が成り立っていなければなりません．この連立方程式を解けばナッシュ均衡が求まるわけです．解き方はいろいろありますが，たとえば対称性に注目して以下のように解いてみます．左辺どうし右辺どうしを足し合わせたものが等しいことより，

$$\underbrace{q_1^* + q_2^* + \cdots + q_n^*}_{Q^* \text{ とおく}} = 40n - \frac{1}{2}(Q_{-1}^* + Q_{-2}^* + \cdots + Q_{-n}^*)$$
$$= 40n - \frac{1}{2}\{nQ^* - (q_1^* + q_2^* + \cdots + q_n^*)\}$$
$$= 40n - \frac{n-1}{2}Q^*$$

したがって

$$Q^* = \frac{80n}{n+1}$$

となります．よって

$$q_1^* = 40 - \frac{1}{2}\left(\frac{80n}{n+1} - q_1^*\right)$$
$$\iff \frac{q_1^*}{2} = 40 - \frac{40n}{n+1}$$
$$\iff q_1^* = \frac{80}{n+1}$$

と求めることができます．企業 $2 \sim n$ についても同様に計算でき，それぞれ $\dfrac{80}{n+1}$ を生産することがわかります．

このとき市場価格 p^* は

$$p^* = P(Q^*) = 100 - Q^* = 100 - \frac{80n}{n+1} \tag{2.13}$$

と求まり，個々の企業 i の利潤 π_i^* は

$$\pi_i^* = (P(Q^*) - 20)q_i^* = \left(\frac{80}{n+1}\right)^2 \tag{2.14}$$

となります．$n=1$ および $n=2$ を代入したときに，練習問題 2.1 の答えがきちんと導かれる点を確認しておきましょう．横軸に企業数 n をとって両者をグラフとして表したのが図 2.7(i) および図 2.7(ii) です．

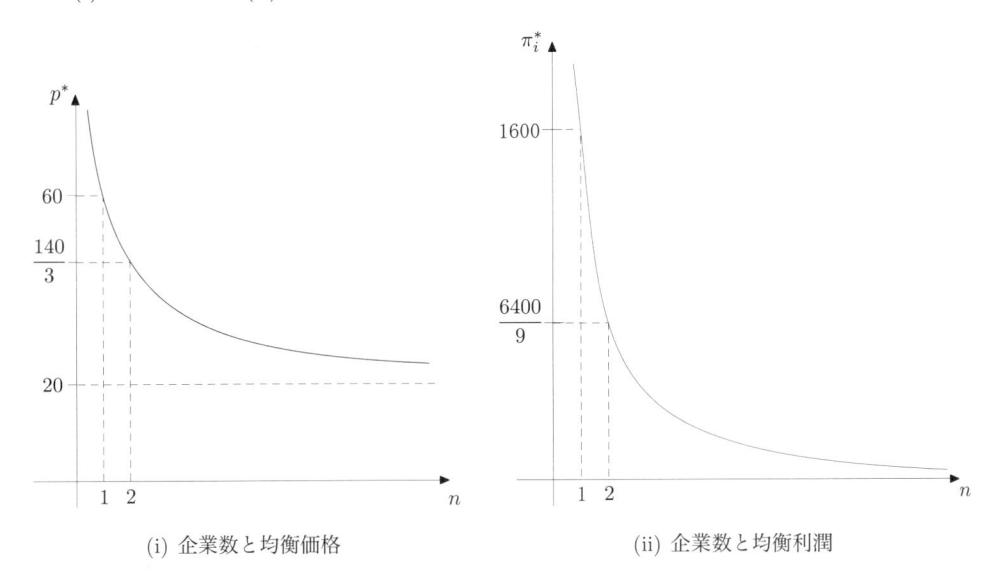

(i) 企業数と均衡価格

(ii) 企業数と均衡利潤

図 2.7　n 企業クールノー・ゲーム

(2)　(1) で求めた均衡における利潤 $\left(\frac{80}{n+1}\right)^2$ は企業数によらず常に正なので，仮に参入コストがゼロであれば新規企業がどんどん参入し企業数 n がどんどん増えることになります．このとき (2.13) 式あるいは図 2.7(i) より，市場価格はコストの 20 に収束する（だんだん近づいていく）ことがわかります．

ここで第 1 章，とくに練習問題 1.4 のケースと比較してみましょう．第 1 章ではプライス・テイカーの仮定が満たされる市場を扱いました．そのような市場を完全競争市場といいます．第 1.5.4 節の練習問題 1.4 では，需要関数も生産者の費用構造（単位あたり費用 20）も本問とまったく同じものを仮定しました．練習問題 1.4 で求めたとおり，完全競争市場の均衡は需要曲線と供給曲線の交点 $(p, q) = (20, 80)$ でした．そこでは，需要曲線で与えられる消費者たちの「追加的な供給への支払い許容額」と，供給曲線で与えられる生産者たちの「追加的な供給に必要なコスト」（これを限界費用といいます[12]）が市場価格を通じて一致す

---

[12] 「限界」概念については，第 5 章でより厳密に学びます．

るため，それ以上余剰の増える余地がないという意味で社会厚生上の損失は発生しません．

一方の寡占市場では一般に，そのようなメカニズムが働かず価格が限界費用を上回るため社会厚生上の損失が発生します．もし参入コストが十分小さく新規企業がどんどん参入できる環境にあるならば，本問で議論したように価格が限界費用に近づいていくというわけです．図 2.8 は，企業数 n が増えるにつれて，数量価格平面において均衡点が完全競争に近づいていく様子を表したものです ($n=2$ の特殊ケースを**複占**といいます)．

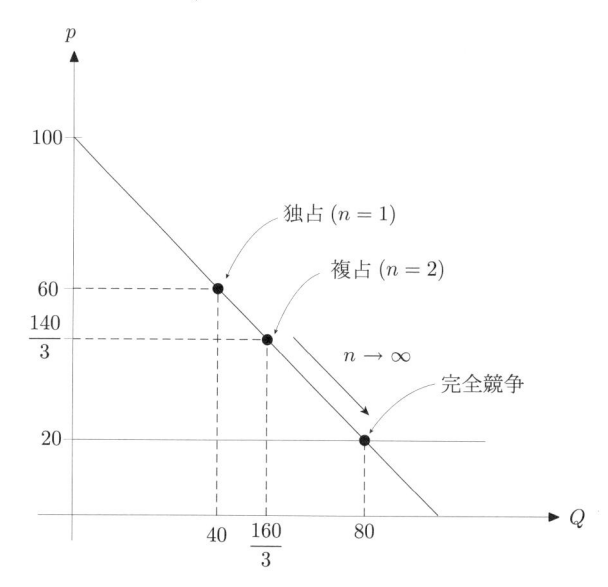

図 2.8　企業数の増加と均衡の推移

(3)　個々の企業の利潤は (2.14) 式で表されます．これは n の減少関数で，具体的な数値を計算すると表 2.2 のようになります[13]．

表 2.2　個々の企業の利潤

n	1	2	3	4	$\cdots$
π_i^*	1600	$\dfrac{6400}{9}$	400	256	$\cdots$

固定費用が 300 かかるので，企業数が 3 社以下であれば正の利潤が発生しますが，4 社以上では赤字になってしまうことがわかります ($400 > 300 > 256$)．よって，参入や退出が自由に行われる場合には，この市場では 3 社による寡占状態が実現されることが予想されます．

[練習問題 2.2：終]

---

[13] 総利潤 $\pi_1^* + \pi_2^* + \cdots + \pi_n^* = n\left(\dfrac{80}{n+1}\right)^2$ も n の減少関数になります．

第 3 章

指数・対数と金利

3.1 複利計算——その 1

みなさんの中には銀行に預金口座をもっている方も多いと思います．銀行口座にはいくつかの種類がありますが，よく利用される普通預金・定期預金などでは預けたお金に利子 (= 利息) が付くことをご存じでしょう．そこで，金利の計算方法を確認しておきましょう．

利子が付くとはどういうことでしょうか．話を簡単にするため，ここでは 1 年ものの定期預金を考えます．たとえば，1 万円を口座に預金すると 1 年後に 1 万円よりも少し増えて返ってくるわけです．そのときに何円返ってくるかは預金する際に決められています．たとえば 10,500 円になるなら 5% の増加ですので 1 年間あたりの利子率 (年利) が 5% であるといいます[1]．言いかえれば，年利 5% で 1 万円を 1 年間預けると，500 円の利息が付いて 10,500 円になるということです．(以下では，とくに言及がない限り支払い単位期間は 1 年とし，利子率と年利は同じものを指すとします．)

それでは，利子率 5% で 1 万円を 2 年間預けるといくらになるでしょうか．この計算には，結果の異なる 2 通りの方法があります．1 つは，1 年あたりの利息が 500 円ですので，2 年分の利息は 500 円 × 2 = 1,000 円 という計算．2 年後に受け取れる金額は，もとの 1 万円に利息の 1,000 円を加えて 11,000 円になります．このような計算を単利計算といいます．常に元本の 1 万円に関する利子を計算するので，毎年一定の額の利息が付くわけですね．

もう 1 つの計算方法を複利計算といいます．ここからはこの複利計算を考えていきます．まず，次の例題を考えてみましょう．

例題 3.1

上で見たように，利子率 5% で 1 万円を 1 年間預けると 10,500 円になる．この 10,500 円をまとめてさらに 1 年間預けると何円になるか．

---

[1] 利子率は毎日変化します．近年の日本では低金利のため年利 1% に満たない水準で推移していますが，ここでは計算の都合上この数値で変わらないことにします．

【解答 3.1】

10,500 円から 5%増えるのですから，10,500 円 × 1.05 = 11,025 円 となります．

[例題 3.1：終]

このように，前年までの利息も含めて利子を計算することを複利計算といいます．ある調査によると，例題 3.1 の計算のできる高校生は全体の 22.6%しかいなかったそうです[2]．複利計算の考え方は大切ですのできちんと身に付けましょう．

例題 3.1 では，複利計算の 11,025 円の方が，単利計算の 11,000 円よりも少し大きな金額となっています．単利計算と違って，元本の 1 万円に加えて 1 年目の利息 500 円も 2 年目に預ける形になるため，利息に利息が付いて，より大きな額の利息となります．実際の銀行の定期預金口座では，多くの場合，口座開設の際に「単利型」か「複利型」かを選択し，さらに満期までの期間を選びます．年利が同じでも，それらの選択により，上記のように利息の額は変わります．

例題 3.2

次の 2 つの預け方のうち，3 年後により多くの利息が得られるのはどちらか．単利計算・複利計算それぞれの場合について答えよ．ただし，年利は 5%で変化しないと仮定する．

(1) 満期までの期間が 3 年ものの定期預金口座に 100 万円を預金する．

(2) 1 年ものの定期預金口座に 100 万円を預金し，さらに 1 年後に，利息を含めた全額を 2 年ものの定期預金に預金する．

【解答 3.2】

単利計算の場合： (1) 3 年ものの定期預金では，1 年あたり $1{,}000{,}000 \times 0.05 = 50{,}000$ 円の利息が得られるので，3 年では，

$50{,}000 \times 3 = 150{,}000$ （円）

の利息が得られます．

(2) 1 年ものの定期預金口座に 100 万円を預金すると，50,000 円の利息が得られる．この利息を含めた 105 万円を 2 年ものの定期預金に預金すると，1 年あたり $1{,}050{,}000 \times 0.05 = 52{,}500$ 円の利息が得られるので，2 年では，$52{,}500 \times 2 = 105{,}000$ 円の利息が得られます．

---

[2] 金融広報中央委員会「子どものくらしとお金に関する調査 (平成 17 年度)」．平成 22 年度調査では，「100 円についた 2 円の利子を含めてそのまま年利 2%で 5 年間預け続けると，10 円を超える利子がつく」という文章が「正しい」と答えたのが 33.9%，「わからない」が 53.9%，「まちがっている」が 10.4% でした．

1年目の利息 50,000 円とあわせて，

$$50,000 + 105,000 = 155,000 \quad (円)$$

の利息が得られます．よって，(2) の方が利息の額が大きくなります．

複利計算の場合： (1) 3 年ものの定期預金では，1 年目で $1,000,000 \times 1.05 = 1,050,000$ 円になり，2 年目で $1,050,000 \times 1.05 = 1,102,500$ 円になり，3 年目で $1,102,500 \times 1.05 = 1,157,625$ 円になる．よって，3 年で

$$1,157,625 - 1,000,000 = 157,625 \quad (円)$$

の利息が得られます．

(2) 1 年ものの定期預金口座に 100 万円を預金すると，1 年後に $1,000,000 \times 1.05 = 1,050,000$ 円になります．これを 2 年ものの定期預金に預金すると，2 年目で $1,050,000 \times 1.05 = 1,102,500$ 円に，3 年目で $1,102,500 \times 1.05 = 1,157,625$ 円になります．あわせて

$$1,157,625 - 1,000,000 = 157,625 \quad (円)$$

の利息が 3 年で得られます．よって，(1) と (2) では利息が同じ額となります．

[例題 3.2：終]

複利計算の場合は，預け直しても利息が変わらないことに注目してください．これは，複利計算がそれまでの利息を含めて利子を計算するやりかただからで，とても重要な性質です．

ここまでの例題のように短い年数なら計算もそれほど困難ではありませんが，もっと長い年数では大変になってきます．

例題 3.3

利子率 5% の複利計算で 1 万円を 10 年間預けるといくらになるか計算しなさい (端数切り捨て．電卓を使ってよい)．

【解答 3.3】

2 年で 11,025 円だったので，3 年ならここからさらに 5% 増やして $\cdots$ と繰り返します．まとめて書くと，

$$10,000 \text{ 円} \times \underbrace{1.05 \times 1.05 \times \cdots \times 1.05}_{10 \text{ 個}} = 16,288.946\cdots \text{ 円}$$

となります．小数点以下を切り捨てて 16,288 円．

[例題 3.3：終]

このときの

$$\underbrace{1.05 \times 1.05 \times \cdots \times 1.05}_{10\,個}$$

は，

$$1.05^{10}$$

と書きます (「1.05 の 10 乗」と読みます)．したがって，上の計算は 10,000 円 × 1.05^{10} と書くことができます．

さて，上は複利計算でしたが，単利計算では 10 年間で 500 円 × 10 = 5,000 円 の利息が付くので 15,000 円となり，複利計算よりもだいぶ少ない金額となります．これは図 3.1 のグラフで見てとることができます．

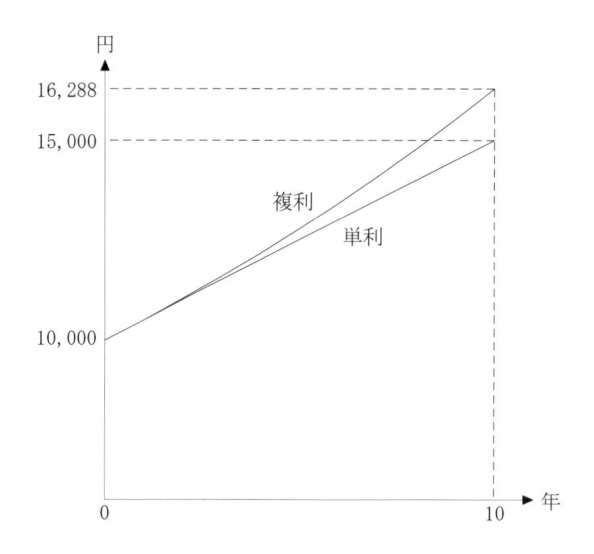

図 3.1　複利計算と単利計算の比較 (1)

一般に，複利は単利よりも急激に増えていきます．上の例では，1 割に満たない差でそれほどでもないようにも感じられますが，さらに預け続けて 50 年間で比較すると，図 3.2 のように圧倒的な差がつきます．実際，単利計算では 500 円 × 50 = 25,000 円 の利息が付くので 35,000 円となるのに対して，複利計算では 10,000 円 × 1.05^{50} = 114,673 円 です．

上記の複利計算の結果を一般化すると，利子率 r (5%のときは，$r = 0.05$) の複利計算で c 万円を t 年間 (t 単位期間) 預けると

$$c(1+r)^t \ 万円 \tag{3.1}$$

になることがわかります．

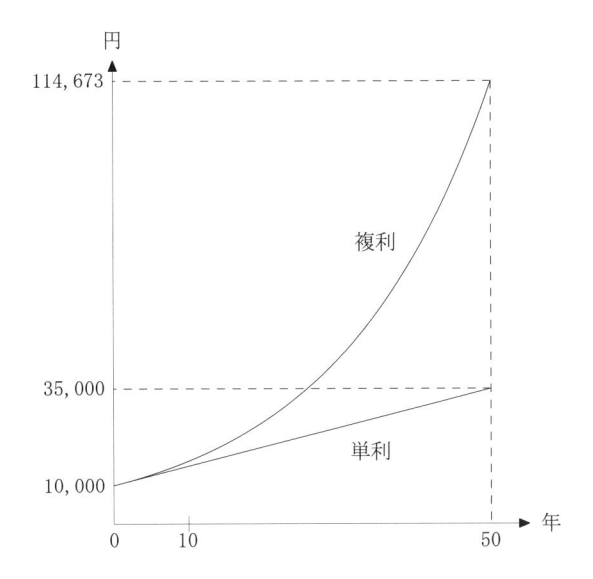

図 3.2　複利計算と単利計算の比較 (2)

ちなみに，元本分も合わせた $1+r$ を粗利子率といいます．それに対して普通の意味での利子率 r は純利子率といいます．

3.2　累乗の計算

前節で見たように，a^n のような計算は経済学でよく出てきます．このような演算を累乗（るいじょう）または冪乗（べきじょう）といい，a を底（てい），n を指数（しすう）と呼びます．累乗の定義をもう一度確認しておきましょう：正の数 a に対して[3]，

$$a^n = \underbrace{a \times a \times \cdots \times a}_{n \text{ 個}}. \tag{3.2}$$

とくに $a^1 = a$ であることに注意してください．また，$n = 0$ のときは，a の値によらず

$$a^0 = 1 \tag{3.3}$$

と約束します．これは，(3.2) 式を「1 に a を n 回かけ算する」と見れば自然な定義です（つまり 1 に a を 0 回かけたら 1 のまま）．例題 3.3 の計算でも，1 万円を預金した後，利子をまったく受け取っていない状態では，残高は 1 万円のままですね．これは利子率の大小とは無関係です．

累乗に関して，たとえば，

---

[3] 正でない数を底とする累乗計算も可能ですが，説明を簡単にするため，本書の範囲では原則として底は正の数とします．

$$a^2 \times a^3 = (a \times a) \times (a \times a \times a)$$
$$= a^5 = a^{2+3}$$

という計算ができます．これは，例題 3.2 と同様に，複利計算において「5 年預ける」と「2 年預けた後に 3 年預ける」という 2 つのやり方が変わらないことに対応しています．さらに，次のような計算も成り立つことがわかります：

$$(a^2)^3 = (a \times a) \times (a \times a) \times (a \times a)$$
$$= a^6 = a^{2\times 3},$$
$$(ab)^3 = (a \times b) \times (a \times b) \times (a \times b)$$
$$= (a \times a \times a) \times (b \times b \times b) = a^3 b^3.$$

これらを一般化すると，以下の指数法則を得ます．

正の数 a, b と 0 以上の整数 m, n に対して次が成り立つ：

$$a^{m+n} = a^m a^n \tag{3.4}$$
$$a^{mn} = (a^m)^n \tag{3.5}$$
$$(ab)^n = a^n b^n \tag{3.6}$$

(3.4) 式は，「足し算をかけ算に変換する公式」と解釈できます．

(3.3) 式で $a^0 = 1$ と定義しました．これによって指数が 0 の場合にも指数法則が成立していることを確認しましょう．

$$a^{m+0} = a^m$$
$$= a^m \times 1 = a^m a^0$$

と書けますから，(3.4) 式で $n = 0$ を代入した等式が成立していることがわかります．

さて，(3.2) 式では，指数は 0 以上の整数であるとして累乗を定義しました．しかし，負の指数 (たとえば a^{-1}) や分数の指数 (たとえば $a^{\frac{1}{2}}$) のように，指数がもっと広い範囲にある場合でも累乗計算を使えればいろいろと便利です．以下，指数法則が成り立つように累乗計算を拡張していきます．

まず，負の整数の指数に対して累乗の計算を拡張します．拡張しても指数法則が成り立つように，(3.4) 式を使ってみましょう．(3.4) 式で $m = 1, n = -1$ とすると，$a^0 = a^{1+(-1)}$ と見ることにより，

$$a^0 = a^1 a^{-1}$$

と書けます．この両辺を a で割り算すると $\dfrac{1}{a} = a^{-1}$ となります．こうして，$n = -1$ の場

合にも (3.4) 式が成立するように，

$$a^{-1} = \frac{1}{a} \tag{3.7}$$

として a^{-1} を定義します．次に (3.5) 式で $n=-1$ とすると，次のように書けます：

$$a^{-m} = (a^m)^{-1} = \frac{1}{a^m}. \tag{3.8}$$

これを a^{-m} の定義とします．これで，任意の整数を指数とする累乗計算ができるようになりました．

今度は，整数でない指数に累乗計算を拡張しましょう．a が正の数のとき，(3.5) 式で $m = \frac{1}{2}$, $n=2$ とすると，

$$a = (a^{\frac{1}{2}})^2$$

と書けます．そこで，$a^{\frac{1}{2}}$ は「2 乗すると a になる正の数」と約束します．中学校で習うように，そのような数を a の正の平方根と呼び $\sqrt{a}$ と表記します．すなわち，

$$a^{\frac{1}{2}} = \sqrt{a}$$

です．次に，n を 2 以上の整数とし，(3.5) 式で $m = \frac{1}{n}$ とおくと，

$$a = (a^{\frac{1}{n}})^n \tag{3.9}$$

と書けます．そこで，$a^{\frac{1}{n}}$ は「n 乗すると a になる正の数」と定義します[4]．このような正の数を「a の (正の) n 乗根」と呼びます．$a^{\frac{1}{n}}$ は $\sqrt[n]{a}$ とも書きます．さらに，正の整数 n, m に対して，

$$a^{\frac{n}{m}} = \left(a^{\frac{1}{m}}\right)^n \tag{3.10}$$

と定義します．これは (3.5) 式で m を $\frac{1}{m}$ でおきかえたものです．これで，指数が任意の分数のときに累乗計算ができるようになりました．

一般の数は分数で表記できない場合もありますが，その場合でもその数にいくらでも近い分数が存在するのでそれを使って上記のように計算します．これで任意の数に対する指数の累乗計算がすべて定義されたので，正の数 a に対して

$$y = a^x \tag{3.11}$$

---

[4] 任意の正の数 a と正の整数 n に対して，n 乗すると a になる数は 0 よりも大きな範囲に 1 つだけ存在します．

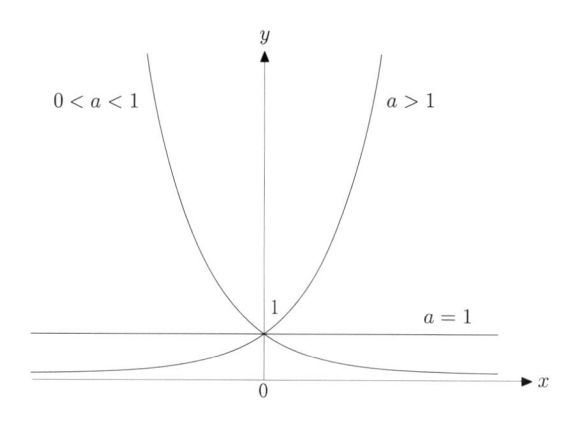

図 3.3　指数関数 $y = a^x$ のグラフ

という関数を考えられるようになりました．このような関数を「a を底とする指数関数」といいます．$a^0 = 1$ より，指数関数のグラフの y 切片は a の大小によらず 1 です．このグラフの形状がどうなるか考えてみましょう．3 通りに場合分けできます．

- $a > 1$ の場合：a^x は，x が正のときは a より大きな値となり，x が増加するとどんどん大きくなっていきます．逆に，x が負のときは a より小さな値となり，x が減少して $-\infty$ に近づくにつれ a^x は 0 に近づきます．

- $a = 1$ の場合：常に $a^x = 1$ です．

- $0 < a < 1$ の場合：a^x は，x が正のときは a より小さな値となり，x が増加して ∞ に近づくにつれ a^x は 0 に近づきます．逆に，x が負のときは a より大きな値となり，x が減少するとどんどん大きくなっていきます．

以上をまとめると，図 3.3 のようなグラフとなります．

ここまでで学んだ指数の性質をまとめておきましょう．

公式 3.1 (指数法則)

任意の正の数 a, b と任意の数 x, y に対して次が成り立つ：

$$a^{x+y} = a^x a^y \tag{3.12}$$

$$a^{x-y} = \frac{a^x}{a^y} \tag{3.13}$$

$$a^{xy} = (a^x)^y \tag{3.14}$$

$$(ab)^x = a^x b^x \tag{3.15}$$

また，以下の特別な場合もまとめておきます．

- $a^0 = 1, \quad a^1 = a, \quad a^{-1} = \dfrac{1}{a}$
- $a^{-x} = \dfrac{1}{a^x}$
- $a^{\frac{1}{x}} = (x\text{ 乗したら }a\text{ になる正の数})$

指数法則は指数関数を特徴付ける性質です．とくに，(3.12) 式の「足し算をかけ算に変換する」という性質を覚えておいてください．

確認のために，次の計算問題を解いてみましょう．

例題 3.4

指数法則を用いて次の方程式を解きなさい．

(1) $9^x = 3 \times 3^x$

(2) $4^{x+\frac{1}{2}} - (\sqrt{2})^{3x} = 0$

【解答 3.4】

(1) 指数法則を利用して両辺をそれぞれ整理すると，

(左辺) $= (3^2)^x = 3^{2x}$

(右辺) $= 3^1 \times 3^x = 3^{x+1}$

となります．これらが等しいので，$3^{2x} = 3^{x+1}$ を解けばよいことになります．これは $2x = x+1$ と同値ですので，解くと

$x = 1.$

(2) 指数法則を利用して整理すると，

$$4^{x+\frac{1}{2}} - (\sqrt{2})^{3x} = (2^2)^{x+\frac{1}{2}} - (2^{\frac{1}{2}})^{3x}$$
$$= 2^{2(x+\frac{1}{2})} - 2^{\frac{3}{2}x}$$
$$= 2^{2x+1} - 2^{\frac{3}{2}x}$$

となります．これが 0 に等しいので，$2^{2x+1} = 2^{\frac{3}{2}x}$ を解けばよいことになります．これは $2x + 1 = \dfrac{3}{2}x$ と同値ですので，解くと

$x = -2.$

[例題 3.4：終]

3.3 割引現在価値

利子率 r のときに c 万円を預金すると 1 年後に $c(1+r)$ 万円になります. もし「今 c 万円もらう」のと「1 年後に 1 万円をもらう」のとどちらかを選べるとしたら, どちらを選ぶのがよいでしょうか. これはもちろん c の値によりますね. どちらを選んでも同じになるような c の値はどのようなものでしょうか. 今 c 万円もらう場合, その c 万円を預金して 1 年後に $c(1+r)$ 万円をもらえます. したがって, $c(1+r)$ が 1 より大きいとしたら, 明らかに今 c 万円もらう方が有利です. 逆に, $c(1+r)$ が 1 より小さいとしたら, 1 年後に 1 万円をもらう方が有利です. このように考えると, どちらを選んでも同じになるのは $c = \dfrac{1}{1+r}$ 万円のときであると考えられます. これは, 今 $\dfrac{1}{1+r}$ 万円もらえるのと, 1 年後に 1 万円をもらえるのとでは同じ価値があるということです. いいかえると, 1 年後の 1 万円の現在における価値は $\dfrac{1}{1+r}$ 万円である, ということです.

このように, 将来の利益を現在の価値に換算して計算することを割引計算といい, このように計算される価値を割引現在価値といいます. また, このときに使われた率 r を割引率と呼びます.

ここで割引計算に使われた値 $\dfrac{1}{1+r}$ を割引因子といいます. 割引因子を δ と書くことにすると[5],

$$\delta = \frac{1}{1+r} \tag{3.16}$$

と定義されます ($r > 0$ より $0 < \delta < 1$ です). これを書き直すと, $r = \dfrac{1-\delta}{\delta}$ となることに注意しましょう. 割引因子 δ を使うと,「1 年後に 1 万円もらえることの割引現在価値は δ 万円である」という言い方ができます.

応用例として債券の価格について考えてみましょう. 債券は, 政府や企業など一定の信用力のある主体が発行する借用証書の一種です. 債券の発行者は, その保有者に対して将来のある時期に決められた金額を支払う義務を負います. 国家が発行する債券は国債, 会社が発行する債券は社債と呼ばれます. 一般に, 債券はその支払い方によって 2 種類に分けられます. ゼロクーポン債[6]とは, 決められた期日になると券面に記された額が支払われる債券です. たとえば, 発行されてから 1 年後に 1 億円を支払うという約束です. この支払いを「償還」といいます. 利付債 (りつきさい) とは, 最終的な償還に加えて, 償還までの間, 一定期間 (おもに半年) に一度利息の支払いがある債券です[7]. ここでは前者のゼロクーポン債の価値の評価について考えていきましょう.

---

[5]「δ」は「デルタ」と読みます. 割引 discounting の頭文字「d」に対応するギリシャ文字の小文字です.

[6] 割引債とも呼ばれます.

[7] 償還を受ける権利と各期に利息を受ける権利とを分離して売買することが可能な利付債も存在します.

たとえば，1年後に1億円が償還されるゼロクーポン債を持っている人は1年待てば1億円をもらえますが，それよりも今すぐに現金を手に入れたければ，他の人にそのゼロクーポン債を買い取ってもらうことができます．その場合の価格がもし債券の割引現在価値よりも低いとすると，みんなが債券を購入したがり，売る人がいなくなってしまうでしょう (つまり，超過需要が起こる)．逆に価格が割引現在価値よりも高いと，今度は買う人がいなくなってしまいます (超過供給が起こる)．したがって，需給が一致するためには債券価格はその割引現在価値に等しくないといけません．

例題 3.5

t 年後に a 億円が償還されるゼロクーポン債の割引現在価値を，割引因子 δ を使って表しなさい．

【解答 3.5】

利子率を r とすると，(3.1) 式より，c 億円を複利計算で t 年間預けると $c(1+r)^t$ 億円になります．これと a が等しくなるように定められた c が求める割引現在価値です．よって，割引現在価値を c 億円とすると，$c(1+r)^t = a$ より

$$c = \frac{a}{(1+r)^t}$$

となります．ここで，$\delta = \dfrac{1}{1+r}$ なので

$$c = a\delta^t$$

です．よって割引現在価値は $a\delta^t$ 億円と求まります．

[例題 3.5：終]

一般に，利子率 r が低いほど割引因子 δ が 1 に近く，割引現在価値が償還額 a に近くなり，逆に r が高いほど δ が 0 に近く，割引現在価値は 0 に近くなります．

例題 3.6

t 年後に a 億円が償還されるゼロクーポン債を p 円で購入したとする．この債券の割引現在価値が割引率 r のときにちょうど p 円になるならば，この債券の利回りは r であるという．利回り r を t, a, p の式で表しなさい．

そのような利付債は，償還期日の異なるゼロクーポン債を束ねたものとみなすことができます．利付債から分離された形で取引されるゼロクーポン債をとくにストリップス債と呼ぶことがあります．

【解答 3.6】

例題 3.5 より，このゼロクーポン債の割引現在価値は，

$$\frac{a}{(1+r)^t} \text{ 円}$$

です．これが p 円に等しいので，利回りは

$$p = \frac{a}{(1+r)^t}$$
$$\iff (1+r)^t = \frac{a}{p}$$
$$\iff r = \left(\frac{a}{p}\right)^{\frac{1}{t}} - 1$$

と計算できます．

[例題 3.6：終]

割引因子 δ は (3.16) 式を通して利子率 r に関係する値として解釈してきましたが，それ以外にも現在の利益と将来の利益に関する個々人の好み (時間選好) を表す指標として使われることがあります[8]．人によっては，将来の大きな利益よりも現在のより小さな利益に魅力を感じるかもしれません．その場合，将来の利益を現在の価値に置きかえて比較するときは小さな δ を使って割り引いて計算する必要があります．逆に，現在の利益も遠い将来の利益も少ししか差をつけずに評価する人もいるでしょう．その場合は，将来の利益をあまり割り引かずに，1 に近い δ を使って割引計算をすることになります．

3.4 複利計算――その 2

一般に，お金を増やしたいと考えるとき，具体的な金額を目標として設定することがよく行われます．ここでは，手持ちの 1 万円を 2 万円に増やしたいとします．利子率 5% がずっと続くと仮定するとき，複利計算で何年間預けると 2 万円を超えるでしょうか．複利計算の式 (3.1) を利用して，電卓でかけ算を繰り返すと，

$$10000 \times 1.05^{14} = 19799$$
$$10000 \times 1.05^{15} = 20789$$

となって，15 年目で初めて 2 万円を超えることがわかります．

定期預金の場合は満期以外で預金を引き出すと低い利子率が適用されてしまい損をしますが，仮にいつでも同じ利子率で引き出せるとしたら，15 年目の途中で 2 万円を超えるこ

---

[8]経済学的にはむしろ，そもそも人々の時間選好が先にあって，利子率が時間選好 (やその他の与件) から市場均衡において決定されるもの，というふうに考えます．

とになります．それでは，正確にはどの時点で 2 万円を超えるでしょうか．これは，次の方程式の y の値を求めることにほかなりません：

$$1.05^y = 2.$$

この値を表すために新たな概念「対数」を導入します．

3.5 対数の計算

x を正の数，a を 1 でない正の数とするとき，

$$a^y = x \tag{3.17}$$

を満たす数 y の値を

$$\log_a x \tag{3.18}$$

と書きます．つまり「x は a の何乗ですか」の答えが $\log_a x$ です．たとえば，10 を 3 乗すると 1000 になりますので，$\log_{10} 1000 = 3$ です．そして，このような記法によって表される数を対数 (たいすう) といいます（「log」は対数 logarithm の最初の 3 文字から）．また，a を対数の 底 (てい)，x を真数 (しんすう) と呼びます．とくに，真数が必ず 0 より大きい数でなければならないことに注意してください．$a^0 = 1$ より，$x = 1$ のときは (3.17) 式は必ず $y = 0$ で成り立つので，任意の a に関して次が成立します：

$$\log_a 1 = 0. \tag{3.19}$$

$x > 0$ に対して

$$y = \log_a x \tag{3.20}$$

という形の関数を「a を底とする対数関数」といいます．対数関数は a の値に応じて次のような性質をもちます．

- $a > 1$ の場合：$\log_a x$ は，$x > 1$ のときは正の値となり，x が増加するにつれて大きくなっていきます．逆に，$0 < x < 1$ のときは負の値となり，x が減少して 0 に近づくにつれ $\log_a x$ はどんどん小さくなっていきます．

- $0 < a < 1$ の場合：$\log_a x$ は，$x > 1$ のときは負の値となり，x が増加するにつれて小さくなっていきます．逆に，$0 < x < 1$ のときは正の値となり，x が減少して 0 に近づくにつれ $\log_a x$ はどんどん大きくなっていきます．

以上をまとめると，対数関数のグラフは図 3.4 のような形になります．

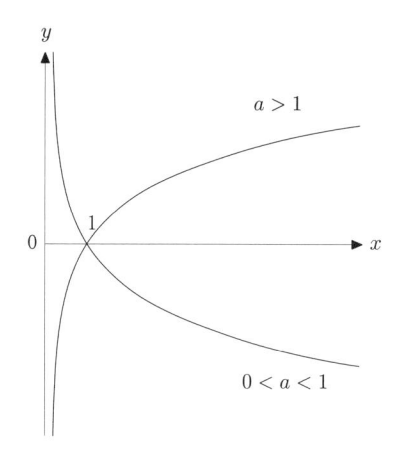

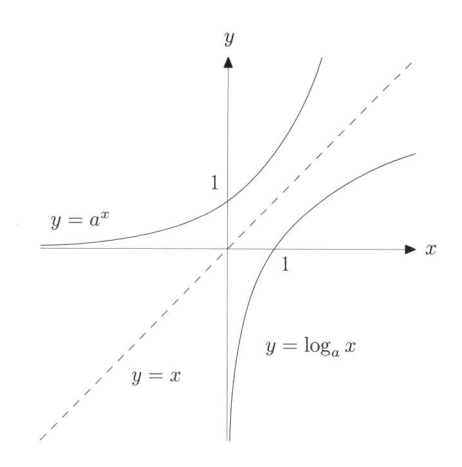

図 3.4 $y = \log_a x$ のグラフ

図 3.5 $y = a^x$ と $y = \log_a x$ のグラフ $(a > 1)$

また，定義より直ちに

$$a^{\log_a x} = x \tag{3.21}$$

が成り立つことに注意しましょう（「$x = a^\Box$ の $\Box$ に入るもの」が $\log_a x$ の定義でしたね）．これは，対数関数 $y = \log_a x$ と指数関数 $x = a^y$ が互いに逆関数の関係にあることを意味しています．図 3.5 では，$a > 1$ の場合について，指数関数 $y = a^x$ と対数関数 $y = \log_a x$ のグラフを示しています．対数関数のグラフは，指数関数のグラフを 45 度線 $y = x$ に関して折り返したものになります．

一般に，対数は次のような性質を満たします．

公式 3.2 (対数法則)

正の数 $a \neq 1$, x, y と数 p に対して次が成り立つ：

$$\log_a(xy) = \log_a x + \log_a y \tag{3.22}$$

$$\log_a\left(\frac{x}{y}\right) = \log_a x - \log_a y \tag{3.23}$$

$$\log_a(x^p) = p \log_a x \tag{3.24}$$

これらは指数法則の裏返しであり，対数は「かけ算を足し算に変換する」「割り算を引き算に変換する」「累乗を定数倍に変換する」と覚えておきましょう．

例題 3.7

対数法則 (3.22)–(3.24) をそれぞれ指数法則 (3.12)–(3.14) から導きなさい．

【解答 3.7】

まず，(3.22) 式を証明します．定義より，$\log_a x, \log_a y$ はそれぞれ「x は a の何乗ですか」「y は a の何乗ですか」の答えですから，当然

$$x = a^{\log_a x}, \quad y = a^{\log_a y}$$

です．したがって，

$$xy = a^{\log_a x} a^{\log_a y}$$
$$= a^{\log_a x + \log_a y}$$

となります．2 つめの等号で指数法則の (3.12) 式を用いました．これで，「xy は a の何乗ですか」の答えである $\log_a(xy)$ は $\log_a x + \log_a y$ に等しいとわかりました．

(3.23) 式は，指数法則の (3.13) 式から同様に示されます．

最後に，(3.24) 式を証明します．log の定義より

$$x = a^{\log_a x}$$

です．したがって，

$$x^p = \left(a^{\log_a x}\right)^p$$
$$= a^{(\log_a x)p}$$

となります．2 つめの等号で指数法則の (3.14) 式を用いました．これで，「x^p は a の何乗ですか」の答えである $\log_a(x^p)$ は $(\log_a x)p$ に等しいとわかりました．括弧がわずらわしいので，これをふつう $p \log_a x$ と書きます[9]．

[例題 3.7：終]

ところで，指数計算・対数計算において底を別の値に変えたいと思うことがあります．たとえば，a^x 乗は b の何乗でしょうか．まず，$\log_b a$ は「a は b の何乗ですか」の答えですから，当然

$$a = b^{\log_b a} \tag{3.25}$$

が成り立ちます．ここで，指数法則 $(b^{\log_b a})^x = b^{x \log_b a}$ を用いると

$$a^x = b^{x \log_b a} \tag{3.26}$$

を得ます．これを指数の底の変換公式と呼びます．

また，a を底とする対数を b を底とする対数で書きかえてみましょう．(3.25) 式より

---

[9] 「$\log_a xp$」と書くと「$\log_a(xp)$」と解釈されてしまうことがあるので気をつけましょう．

$$b = a^{\frac{1}{\log_b a}}$$

です．したがって，「x は a の何乗ですか」の答えである $\log_a x$ は，

$$x = b^{\log_b x} = \left(a^{\frac{1}{\log_b a}}\right)^{\log_b x} = a^{\frac{\log_b x}{\log_b a}}$$

のように b を経由することにより，

$$\log_a x = \frac{\log_b x}{\log_b a} \tag{3.27}$$

と b を底とする対数の式で書きかえることができます．こちらを対数の底の変換公式と呼びます．

例題 3.8

次の方程式を解きなさい．

(1) $\log_{10}(x-1) + \log_{10} 2 = \log_{10} x$

(2) $\log_3 x - \log_9(x+2) = 0$

【解答 3.8】

(1) 対数法則を用いて左辺を整理すると，

$$\log_{10}(x-1) + \log_{10} 2 = \log_{10}\bigl(2(x-1)\bigr)$$
$$= \log_{10}(2x-2)$$

となります．これが右辺の $\log_{10} x$ に等しいので $2x - 2 = x$ です．これを解いて

$$x = 2$$

となります．

(2) 対数の底の変換公式 (3.27) と対数法則を用いて左辺を整理すると，

$$\log_3 x - \log_9(x+2) = \log_3 x - \frac{\log_3(x+2)}{\log_3 9}$$
$$= \log_3 x - \frac{\log_3(x+2)}{2}$$
$$= \frac{1}{2}\bigl(2\log_3 x - \log_3(x+2)\bigr)$$
$$= \frac{1}{2}\bigl(\log_3 x^2 - \log_3(x+2)\bigr)$$

となります．これが 0 に等しいので，$x^2 = x+2$ が成り立ちます．これは

$$x^2 = x+2 \iff x^2 - x - 2 = 0$$
$$\iff (x-2)(x+1) = 0$$
$$\iff x = -1, 2$$

と解けます．与式に $\log_3 x$ という項があり $x > 0$ でなければならないので，

$$x = 2$$

が答えになります．

[例題 3.8：終]

3.6 常用対数による近似計算

10 を底とする対数はとくに常用対数と呼ばれます[10]．これを使って，複利計算による答えを近似的に求めてみましょう．

利子率 5% で預金したときに複利計算で金額が 2 倍になるまでの年数 y は $1.05^y = 2$ の解，すなわち

$$y = \log_{1.05} 2$$

と表されます．対数の底の変換公式 (3.27) を適用して常用対数で書くと，

$$y = \frac{\log_{10} 2}{\log_{10} 1.05}$$

となります．いま，近似的に $\log_{10} 1.05 = 0.02119$，$\log_{10} 2 = 0.3010$ であることを知っていたとすると，

$$y = \frac{0.3010}{0.02119} = 14.20 \text{ 年}$$

と，およその年数を簡単に求めることができます．

このように，常用対数の値さえ知っていれば，どんな底の対数も計算できることがわかります．知っている対数の底が 10 である必要は必ずしもありませんが（対数の底の変換公式はどんな底の対数についても成り立ちます），常用対数を用いると，10 進法での桁数を比較的容易に計算できるという利点があります．次の例題を解くことによって，この点を確認しておきましょう．

---

[10] 文献によっては底 10 を省略して log と書くことがあります．しかし経済学では，単に log と書いたとき，通常は次節で扱う自然対数を意味します．本書では，常用対数を使う際は $\log_{10}$ と表記して底が 10 であることを明示することにします．

例題 3.9

次の累乗で表される整数は 10 進法で何桁になるだろうか．$\log_{10} 2 = 0.3010$, $\log_{10} 3 = 0.4771$ を利用して計算しなさい．

(1) 2^{100}

(2) 15^{200}

【解答 3.9】

(1) 常用対数を使うと，

$$\begin{aligned}\log_{10} 2^{100} &= 100 \log_{10} 2 \\ &= 100 \times 0.3010 = 30.10\end{aligned}$$

となります．$10^{30} < 2^{100} < 10^{31}$ より，2^{100} は 31 桁の整数です．

(2) (1) と同様に，

$$\begin{aligned}\log_{10} 15^{200} &= 200 \log_{10} 15 \\ &= 200 \log_{10} \frac{10 \times 3}{2} \\ &= 200(\log_{10} 10 + \log_{10} 3 - \log_{10} 2) \\ &= 200(1 + 0.4771 - 0.3010) = 235.2\end{aligned}$$

となります．$10^{235} < 15^{200} < 10^{236}$ より，15^{200} は 236 桁の整数です．

[例題 3.9：終]

3.7 自然対数と連続時間での利子率・割引率*

ここまでは，1 年後の預金残高，2 年後の預金残高，... のように，離散的な区切りを考えてきました．これは，定期預金で毎年同じ日に利息が付くような場合には適切でしょう．しかし，経済学では連続的に流れる時間を考えることもあります．たとえば，国内総生産 (GDP) の値は四半期ごとに政府から発表があるという意味で離散的なものととらえることも可能ですが，数字が発表されない間も経済活動は続いているという意味で，毎日・毎時間・毎分のような短い期間ごとに変化していると見ることもできます．この時間間隔を極限まで狭めたときに，連続的な時間を考えることになります．本節では，連続時間における利子率・割引率が経済学においてどのように扱われているかを見ていきましょう．

離散時間で単位期間が 1 年の場合，c 万円を利子率 r で 1 年間預金すると $c(1+r)$ 万円になるのでした．連続時間は，離散時間において単位期間の長さをどんどん短くしていった極限とみなすことができます．単位期間の長さを短くしていくと単位期間あたりの利子率も小さくなっていくので，連続時間を考える場合は時間あたりの利子率を固定して (同じく r で表すことにします)，単位期間が $\frac{1}{k}$ 年の場合の 1 期間あたりの利子率は $r \times \frac{1}{k} = \frac{r}{k}$ である，というふうに定式化します．離散時間では r そのものが率を表していたのに対し，ここでは r に期間の長さをかけ算してはじめて率になることに注意してください[11]．いま，$x = \frac{k}{r}$ とおきましょう (したがって $\frac{r}{k} = \frac{1}{x}$ および $k = xr$ です)．利息の付く間隔が $\frac{1}{k}$ 年のとき，1 年間の中に k 期の期間がありますので，1 年間預金すると預金残高は

$$\left(1+\frac{r}{k}\right)^k = \left(1+\frac{1}{x}\right)^{xr}$$
$$= \left[\left(1+\frac{1}{x}\right)^x\right]^r \text{ 倍}$$

になることがわかります．ここから k をどんどん大きくしていきましょう．これは (r が固定されているので)，x をどんどん大きくすることと同じです．

x をどんどん大きくすると，角括弧の内側の値 $\left(1+\frac{1}{x}\right)^x$ は，表 3.1 に見られるようにある一定の値に限りなく近づきます (厳密な証明は，本書の範囲を超えるため省略します)．そこで定数 e を

$$x \text{ をどんどん大きくするときに } \left(1+\frac{1}{x}\right)^x \text{ が限りなく近づく値} \quad (3.28)$$

と定義しましょう．第 4 章で登場する記号「lim」を先取りして使うと，数式ではこれを

$$e = \lim_{x \to \infty} \left(1+\frac{1}{x}\right)^x$$

と書きます．表 3.1 にあるように，e はおよそ 2.71828 です[12]．この数 e はネイピア数またはオイラー数と呼ばれ，円周率 π と並んで数学においてとても重要な定数とされています．とくに，e を底とする指数関数 e^x を $\exp x$ と書くことがあります[13]．また，e を底とする対数 $\log_e$ を自然対数と呼び[14]，しばしば単に $\log x$ または $\ln x$ のように書きます[15]．

---

[11] つまり，離散時間での「単位期間あたりの利子率」は無単位数で，連続時間での「時間あたりの利子率」の単位は「1/時間」です．

[12] 円周率 π と同様に，この e は循環することなく無限に続く小数で表される数です．インターネット上で小数点以下 1 兆桁までの数字が公開されています (http://ja0hxv.calico.jp/pai/ee1value.html)．

[13] 「exp」は指数 exponent あるいは指数関数 exponetial function から．

[14] 話の順序としては逆になりますが，このことから e を「自然対数の底」と呼ぶこともあります．

[15] 「ln」は自然対数 logarithmus naturalis (ラテン語) から (オックスフォード新英英辞典)．本書では「log」の方に統一します．

表 3.1 $\left(1+\frac{1}{x}\right)^x$ の値

x	$\left(1+\frac{1}{x}\right)^x$
1	2
2	2.25
5	2.48832
10	2.5937425
100	2.7048138
10,000	2.7181459
1,000,000	2.7182805
100,000,000	2.7182818
10,000,000,000	2.7182820

第 5 章で説明するように，e を底とする指数・対数関数は，微分に関して非常に便利な性質を持っています．

次に t 年後の金額を求めてみましょう．t 年間で利息の付く機会は kt 回ありますので，

$$\left(1+\frac{r}{k}\right)^{kt} = \left(1+\frac{1}{x}\right)^{xrt}$$
$$= \left[\left(1+\frac{1}{x}\right)^x\right]^{rt} \text{倍}$$

になります．ここで，時間間隔を小さくして，k, x をどんどん大きくしましょう．すると，角括弧の中は定義により e に限りなく近づきますので，近似的に

$$\left(1+\frac{r}{k}\right)^{kt} \approx e^{rt}$$

と書けます[16]．このように e を用いることによって，k がとても大きいときには，預金 c 万円の t 年後の預金残高は ce^{rt} 万円と，指数関数の形で書けることがわかりました．

逆に，t 年後にもらえる a 万円の割引現在価値は，連続時間では，

$$a\left(e^{-r}\right)^t = ae^{-rt} \tag{3.29}$$

と表されることがわかります．連続時間においても r を割引率といいます[17]．

以上の議論では，連続的に利息の付く機会がある場合を扱いました．そうではなく，年 1 回のみ利息が付くときは，複利計算で $(1+r)^t$ という増加をするのでしたが，この場合は

---

[16] 「$\approx$」は「近似的に等しい」ということを表す記号です．

[17] 厳密に言うと「時間あたりの割引率」です．利子率の場合と同じく（脚注 11 参照），離散時間での割引率が無単位数であるのに対して連続時間での割引率の単位は「1/時間」となります．

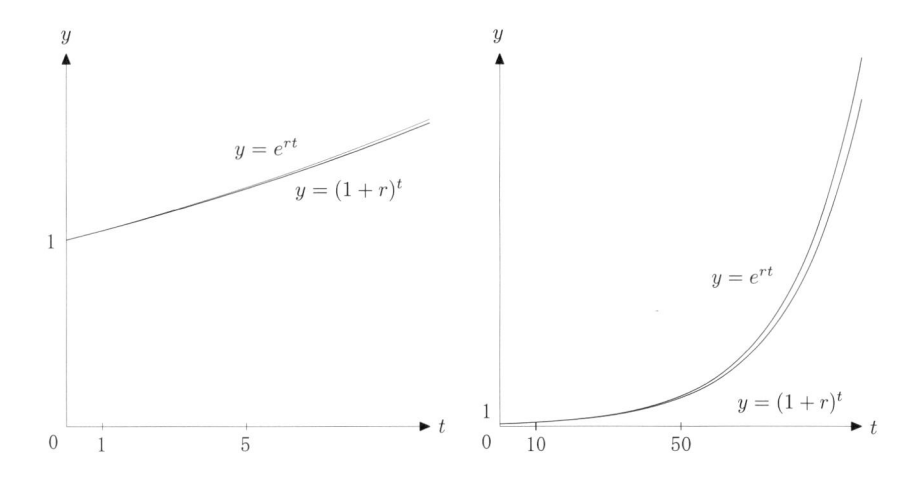

図 3.6 連続的に利息が付く場合と，離散的に利息が付く場合 ($r = 0.05$)

連続的に利息が付く場合よりも増え方が遅くなります．これは図 3.6 の 2 つの指数関数のグラフから見てとることができます．利子率 r が 5% 程度のとき，5 年に満たないような短い期間では両者の差は見えないほど小さく (左図)，それより長いときでも 50 年程度の現実的な期間の範囲では両者はそれほど変わらない (右図)，ということがわかります．

例題 3.10

連続時間において時間あたりの利子率を r とする．このとき，預けた金額が 2 倍になるのに要する期間の長さを自然対数を用いて表しなさい．

【解答 3.10】

t 年後の金額は e^{rt} 倍となるので，

$$e^{rt} = 2$$

を t について解けばよいわけです．$\log$ の定義より $\log 2 = rt$ なので，

$$t = \frac{1}{r} \log 2 \text{ (年)}.$$

[例題 3.10：終]

上式を変形すると，$rt = \log 2$ となります．つまり，

(利子率) × (2 倍になるまでの年数) = $\log 2$

表 3.2 複利計算において 2 倍になるのに要する年数

利子率	年数	利子率 × 年数
1%	69.66	69.66
2%	35.00	70.01
3%	23.45	70.35
4%	17.67	70.69
5%	14.21	71.03
6%	11.90	71.37
8%	9.01	72.05
10%	7.27	72.73
12%	6.12	73.40
15%	4.96	74.39
18%	4.18	75.38
20%	3.80	76.04

という関係が成り立ちます．$\log 2$ がおよそ 0.6931 であることを覚えておくと，この式から 2 倍になるまでの年数が計算できます．ただし，現実にはおおよその年数がわかれば十分であることも多いので，約数の多い 72 を使って，上式の右辺を 0.72 と近似して計算する場合が多いです．これを投資の世界ではしばしば「72 の法則」と呼びます．たとえば，9 年間かけて元本を 2 倍に増やすために必要な利子率は $\frac{72}{9} = 8\%$ という具合です．

上では $\log 2 = 0.72$ と近似しましたが，それだけではなく現実の利子は連続時間的には加算されないという点でも不正確な計算をしていることに注意してください．利子率が r で年 1 回のみ利息が付く場合に，2 倍になるまでの年数 t を求めるには

$$(1+r)^t = 2 \tag{3.30}$$

という方程式を解くことになります（おおよその値を計算するために，ここでは小数の年数も認めることにします）．表 3.2 の左の 2 列は (3.30) 式を満たす利子率 ($100r\%$) と年数 (t) の組合せを表示したものです．(3.30) 式を変形して両辺の自然対数をとると

$$(1+r)^{\frac{rt}{r}} = 2$$
$$\iff rt \log(1+r)^{\frac{1}{r}} = \log 2 \tag{3.31}$$

となります．ここで，e の定義 (3.28) より，利子率 r が小さいときは

$$(1+r)^{\frac{1}{r}} \approx e$$

と近似できます ((3.28) 式で $x = \dfrac{1}{r}$ とおく). したがって, (3.31) 式は

$$rt \approx \log 2$$

と近似的に書けます (自然対数の定義より $\log e = 1$ であることを使いました).

以上より,「72 の法則」は金利が高くない場合に適用できる近似計算であるということになります. 表 3.2 に見られるとおり, ある程度以上金利が高い場合は「72 の法則」は適用できませんので注意してください. また, $\log 2$ は 0.72 よりも 0.70 に近いため, 低金利の場合は「70 の法則」が比較的正確であるといえます.

3.8 もう少し練習

3.8.1 指数法則・対数法則の練習

指数法則・対数法則を使う練習をしてみましょう. この手の計算は経済学における最適化問題 (効用最大化, 利潤最大化など) で出てきます.

練習問題 3.1

次の式を指数法則・対数法則を用いて簡単な形にしなさい.

(1) $\log(x^\alpha y^\beta)$ 　　(ただし, $x, y > 0$)

(2) $p \dfrac{q^\sigma}{\left(p^{\sigma-1} + q^{\sigma-1}\right)^{\frac{\sigma}{\sigma-1}}} + q \dfrac{p^\sigma}{\left(p^{\sigma-1} + q^{\sigma-1}\right)^{\frac{\sigma}{\sigma-1}}}$ 　　(ただし, $\sigma \neq 1$)

(3) $\log \left[\left(\dfrac{\alpha}{1-\alpha}\right)^{1-\alpha} + \left(\dfrac{1-\alpha}{\alpha}\right)^{\alpha} \right]$ 　　(ただし, $0 < \alpha < 1$)

(4) $\log \left[\left(\dfrac{\alpha_1}{\alpha_1 + \alpha_2} \dfrac{I}{p_1}\right)^{\alpha_1} \left(\dfrac{\alpha_2}{\alpha_1 + \alpha_2} \dfrac{I}{p_2}\right)^{\alpha_2} \right]$

【解答 3.1】

(1) 対数法則を用いると, 次のように展開することができます：

$$\log(x^\alpha y^\beta) = \log(x^\alpha) + \log(y^\beta)$$
$$= \alpha \log x + \beta \log y.$$

(2) 指数法則を用いて, 次のように計算できます：

$$p\frac{q^\sigma}{(p^{\sigma-1}+q^{\sigma-1})^{\frac{\sigma}{\sigma-1}}} + q\frac{p^\sigma}{(p^{\sigma-1}+q^{\sigma-1})^{\frac{\sigma}{\sigma-1}}} = \frac{pq(q^{\sigma-1}+p^{\sigma-1})}{(p^{\sigma-1}+q^{\sigma-1})^{\frac{\sigma}{\sigma-1}}}$$
$$= pq(p^{\sigma-1}+q^{\sigma-1})^{1-\frac{\sigma}{\sigma-1}}$$
$$= pq(p^{\sigma-1}+q^{\sigma-1})^{-\frac{1}{\sigma-1}}$$
$$= \frac{pq}{(p^{\sigma-1}+q^{\sigma-1})^{\frac{1}{\sigma-1}}}.$$

(3) 指数法則を用いて対数の中を変換すると，

$$\left(\frac{\alpha}{1-\alpha}\right)^{1-\alpha} + \left(\frac{1-\alpha}{\alpha}\right)^\alpha = \left(\frac{\alpha}{1-\alpha}\right)\left(\frac{1-\alpha}{\alpha}\right)^\alpha + \left(\frac{1-\alpha}{\alpha}\right)^\alpha$$
$$= \left(\frac{\alpha}{1-\alpha}+1\right)\left(\frac{1-\alpha}{\alpha}\right)^\alpha$$
$$= \frac{1}{1-\alpha}\left(\frac{1-\alpha}{\alpha}\right)^\alpha$$
$$= (1-\alpha)^{\alpha-1}\alpha^{-\alpha}$$

となります．よって，与式は

$$\log\bigl((1-\alpha)^{\alpha-1}\alpha^{-\alpha}\bigr) = \log\bigl((1-\alpha)^{\alpha-1}\bigr) + \log\bigl(\alpha^{-\alpha}\bigr)$$
$$= -\bigl((1-\alpha)\log(1-\alpha) + \alpha\log\alpha\bigr)$$

となります．

(4) 対数法則を用いて，次のように展開することができます：

$$\log\left[\left(\frac{\alpha_1}{\alpha_1+\alpha_2}\frac{I}{p_1}\right)^{\alpha_1}\left(\frac{\alpha_2}{\alpha_1+\alpha_2}\frac{I}{p_2}\right)^{\alpha_2}\right]$$
$$= \alpha_1\left\{\log\alpha_1 - \log(\alpha_1+\alpha_2) + \log I - \log p_1\right\}$$
$$\quad + \alpha_2\left\{\log\alpha_2 - \log(\alpha_1+\alpha_2) + \log I - \log p_2\right\}$$
$$= (\alpha_1+\alpha_2)\log I - \alpha_1\log p_1 - \alpha_2\log p_2$$
$$\quad + \alpha_1\log\alpha_1 + \alpha_2\log\alpha_2 - (\alpha_1+\alpha_2)\log(\alpha_1+\alpha_2).$$

[練習問題 3.1：終]

3.8.2　投資の収益率と対数計算

期間の異なる複数の投資対象のうち，一定期間の収益率で比較したときにどの投資の収益性が高いか，という問題について考えてみましょう．たとえば，次の (a), (b) では，どちらの投資の収益性が高いでしょうか：

(a) 100 万円が 5 年後に 120 万円になる．

(b) 100 万円が 10 年後に 141 万円になる．

(a) の投資を選択すると，5 年後に 120 万円がもらえます．この 120 万円を仮に同じ投資対象につぎこむとすると，その 5 年後 (つまりトータルで 10 年後に) に 120 万円 ×1.2 = 144 万円がもらえます．したがって，10 年後に 141 万円にしかならない (b) よりも，(a) の方が収益性の高い投資であるといえます．

この例では，2 つの投資期間の比率が 1 : 2 だったので，(片方の投資を 2 回繰り返すことで) 収益を簡単に比較することができました．しかし，一般には上記のように考えると累乗の計算が面倒です．そこで，対数を用いると累乗をかけ算に直すことができ，計算がかなり楽になります．次の問題で練習してみましょう．

練習問題 3.2

次のそれぞれについて，(a) と (b) のうち，どちらの投資の一定期間あたりの収益率が高いか調べなさい．ただし，$\log_{10} 2 = 0.3010$，$\log_{10} 3 = 0.4771$ を用いて近似計算しなさい．

(1) 100 万円投資するとき，(a) 5 年で 125 万円になる．(b) 11 年で 160 万円になる．

(2) 100 万円投資するとき，(a) 6 年で 150 万円になる．(b) 10 年で 200 万円になる．

(3) 100 万円投資するとき，(a) 4 年で 128 万円になる．(b) 10 年で 180 万円になる．

(4) 100 万円投資するとき，(a) 9 年で 135 万円になる．(b) 11 年で 144 万円になる．

【解答 3.2】

2 つの投資それぞれを同じ期間での投資として計算しなおしたときに，より多くの利益を得られる方が有利であるといえます．ここでは 1 年あたりの利益を比較してみましょう．

一般に，n 年で a 倍になる投資の 1 年あたりの増加率は $a^{\frac{1}{n}}$ です．常用対数をとると

$$\log_{10} a^{\frac{1}{n}} = \frac{1}{n} \log_{10} a$$

となります．対数関数は単調増加ですので，増加率を比較するのと，その常用対数の値を比較するのでは同じ結果となります．そこで，以下では 1 年あたりの増加率の常用対数の値を (a)，(b) それぞれの投資で求め，比較してみましょう．$\log_{10} 5$ も使うと便利な場合が出てくるのでその近似値を計算しておくと，$5 = 10 \div 2$ より

$$\log_{10} 5 = \log_{10} \frac{10}{2} = \log_{10} 10 - \log_{10} 2 = 1 - 0.3010 = 0.6990$$

となります．

(1) (a) に投資すると 5 年で 1.25 倍になります．$125 = 5^3$ なので，1 年あたりの増加率の常用対数は

$$\frac{1}{5}\log_{10}1.25 = \frac{1}{5}\log_{10}\frac{5^3}{10^2}$$
$$= \frac{1}{5}(3\log_{10}5 - 2\log_{10}10)$$
$$= \frac{1}{5}(3\times 0.6990 - 2\times 1) = \frac{1}{5}\times 0.0970 = 0.01940$$

です．一方，(b) に投資すると 11 年で 1.6 倍になります．$16 = 2^4$ なので，1 年あたりの増加率の常用対数は

$$\frac{1}{11}\log_{10}1.6 = \frac{1}{11}\log_{10}\frac{2^4}{10}$$
$$= \frac{1}{11}(4\log_{10}2 - \log_{10}10)$$
$$= \frac{1}{11}(4\times 0.3010 - 1) = \frac{1}{11}\times 0.2040 = 0.01855$$

です．よって，(a) の方が収益率が高い．

(2) (a) での 1 年あたりの増加率の常用対数は ($1.5 = 3\div 2$ であることより)

$$\frac{1}{6}\log_{10}1.5 = \frac{1}{6}\log_{10}\frac{3}{2}$$
$$= \frac{1}{6}(\log_{10}3 - \log_{10}2)$$
$$= \frac{1}{6}(0.4771 - 0.3010) = \frac{1}{6}\times 0.1761 = 0.02935$$

です．一方，(b) での 1 年あたりの増加率の常用対数は

$$\frac{1}{10}\log_{10}2 = \frac{1}{10}\times 0.3010 = 0.03010$$

です．よって，(b) の方が収益率が高い．

(3) (a) での 1 年あたりの増加率の常用対数は ($128 = 2^7$ であることより)

$$\frac{1}{4}\log_{10}1.28 = \frac{1}{4}\log_{10}\frac{2^7}{10^2}$$
$$= \frac{1}{4}(7\log_{10}2 - 2\log_{10}10)$$
$$= \frac{1}{4}(7\times 0.3010 - 2\times 1) = \frac{1}{4}\times 0.1070 = 0.02675$$

です．一方，(b) での 1 年あたりの増加率の常用対数は ($18 = 2\times 3^2$ であることより)

$$\frac{1}{10}\log_{10}1.8 = \frac{1}{10}\log_{10}\frac{2\times 3^2}{10}$$
$$= \frac{1}{10}(\log_{10}2 + 2\log_{10}3 - \log_{10}10)$$
$$= \frac{1}{10}(0.3010 + 2\times 0.4771 - 1) = \frac{1}{10}\times 0.2552 = 0.02552$$

です．よって，(a) の方が収益率が高い．

(4) (a) での 1 年あたりの増加率の常用対数は ($135 = 3^3 \times 5$ であることより)

$$\frac{1}{9}\log_{10}1.35 = \frac{1}{9}\log_{10}\frac{3^3 \times 5}{10^2}$$
$$= \frac{1}{9}(3\log_{10}3 + \log_{10}5 - 2\log_{10}10)$$
$$= \frac{1}{9}(3 \times 0.4771 + 0.6990 - 2 \times 1) = \frac{1}{9} \times 0.1303 = 0.01448$$

です．一方，(b) での 1 年あたりの増加率の常用対数は ($144 = 2^4 \times 3^2$ であることより)

$$\frac{1}{11}\log_{10}1.44 = \frac{1}{11}\log_{10}\frac{2^4 \times 3^2}{10^2}$$
$$= \frac{1}{11}(4\log_{10}2 + 2\log_{10}3 - 2\log_{10}10)$$
$$= \frac{1}{11}(4 \times 0.3010 + 2 \times 0.4771 - 2 \times 1) = \frac{1}{11} \times 0.1582 = 0.01438$$

です．よって，(a) の方が収益率が高い．

[練習問題 3.2：終]

第4章

数列と貯蓄

4.1 等比数列

第3章で学んだように，利子率5%の複利計算で1万円を預金すると，毎年1.05倍されていきますから，1年目の残高，2年目の残高，3年目の残高，4年目の残高，... は

$$10000, 10500, 11025, 11576.25, \ldots$$

のようになります (ここでは小数は切り捨てずに残して考えることにします). このように，数が並んだ列のことを数列といいます. ほかにも，「毎日の株価を並べたもの」や「毎年の所得を並べたもの」など，数列の例はいろいろあります. 本章では数列に関する基本事項を学び，たとえば「利子率5%の複利計算で毎年1万円を積み立てると4年後にはいくらになるか」，あるいは，より一般的に「利子率 r の複利計算で毎年 c 万円を積み立てると t 年後にはいくらになるか」などの問いに答えられるようにします.

まず，数列の表記として，t 番目の数を a_t のように書きます. ここで，「a」は数列の名前を表し，添え字の「t」には $1, 2, 3, \ldots$ の数字が入ります. 上の場合は，$a_1 = 10000$, $a_2 = 10500$, $a_3 = 11025$, $a_4 = 11576.25$, ... となります. 数列の名前としては，もちろん a でなければならないということはなく，数列であることが伝わるのであればほかの文字でもかまいません. また添え字についても，ここでは時間 (time) を表すものとして t を使っていますが，t 以外のものを使ってもかまいません (t 以外には n, i, j, k などがよく使われます).

> 【ちょっとメモ】 第1章で学んだ関数という概念を使うと，数列 a_t とは「t に数を入れると値 a_t が出てくる関数」ということができます. 第1章で扱った関数と異なるのは，変数 t が自然数であるという点だけです. ここで「数列 a_t」という書き方をしましたが，厳密にいうと a_t は数列の t 番目の項であり，数列そのものとは異なるという見方もできます. これは，関数 $f(x)$ と書いたときに，関数そのものを表すのか，それとも点 x における関数の値を表すのか明確でないという話と同じです. 数列でその区別を明確にしたいときは，「数列 $(a_t)_{t=1}^{\infty}$」とか「数列 $\{a_t\}_{t=1}^{\infty}$」などと書きます (添え字 t は単なる変数ですので，$(a_n)_{n=1}^{\infty}$ や $(a_k)_{k=1}^{\infty}$ のように他の文字で置きかえても意味はまったく変わりません). 本書では，混乱の恐れはないので単に「数列 a_t」のように書くことにします.

数列のおのおのの数を項といい，一番はじめの a_1 のことをとくに初項といいます (場合によっては，一番はじめを $t=0$ から始めることもあります)．

第 3 章で学んだ複利計算を思い出しましょう．利子率 r が時間を通じて変わらない場合，預けたお金が毎年 $(1+r)$ 倍になっていきます．したがって，預けてから t 年目の残高を a_t 万円とすると，$t+1$ 年目と t 年目の比率 $\dfrac{a_{t+1}}{a_t}$ は t によらずに $1+r$ に等しくなります．そのような数列を等比数列といいます．

> **定義 4.1**
> 隣り合う 2 項の比が一定の値 δ である (つまり $\dfrac{a_{t+1}}{a_t}=\delta$ である) 数列を公比 δ の等比数列という．

たとえば，冒頭の数列は初項 10000，公比 1.05 の等比数列です．

初項 c，公比 δ の等比数列の第 t 項を t の式で表してみましょう．まず第 1 項 (初項) は c です．第 2 項は第 1 項 c に公比 δ を 1 回かけることで得られるので $c\delta$ です．第 3 項は第 1 項に公比を 2 回かけることで得られるので $c\delta^2$ です．同様に考えて，一般に第 t 項は第 1 項に公比を $t-1$ 回かけて得られるので，

$$a_t = c \times \underbrace{\delta \times \cdots \times \delta}_{t-1\,\text{個}} = c\delta^{t-1} \tag{4.1}$$

と書くことができます．$\delta^0=1$ ですので，$t=1$ のときは，たしかに $a_1=c$ が成り立っていますね．(4.1) 式のように一般の t の式で具体的に書かれている項を一般項といいます[1]．冒頭の等比数列の一般項は $a_t = 10000 \times 1.05^{t-1}$ と書けます．

例題 4.1

(1) 等比数列 (a_t とする)

$$1, 2, 4, 8, 16, 32, \ldots$$

の初項，公比は何か．また，一般項を求めなさい．

(2) 利子率 8% の複利計算で 10,000 円を預けたとき，各年の残高を並べて得られる等比数列 (x_t とする) を，初項から第 10 項まで電卓を用いて計算しなさい (小数部分は切り捨てなさい)．また，一般項を求めなさい．

---

[1] (4.1) 式の中に $t-1$ という式があります．これは初項を $t=1$ から始めているためで，もし $t=0$ から始めれば $t-1$ のかわりに t が入ります．$t-1$ よりも t の方が短い式ですから，初項を $t=0$ から始める方が式が簡単になる場合があります．しかし一般には，初項を a_0 とするか a_1 とするかは好みの問題で，どちらがよいともいえません．本章では初項を $t=1$ から始めることにします．

(3) 毎年の収入が一定額の w 万円であるとする．割引因子を δ として，各年の収入の割引現在価値を並べて得られる数列 (y_t とする) の一般項を求めなさい．

【解答 4.1】
(1) 初項は 1，公比は 2．a_t の一般項は

$$a_t = 1 \times 2^{t-1} = 2^{t-1}$$

と書くことができます．

(2) 電卓を用いて，1.08 倍を順に繰り返すと

$$x_1 = 10000, \quad x_2 = 10800, \quad x_3 = 11664, \quad x_4 = 12597, \quad x_5 = 13605,$$
$$x_6 = 14693, \quad x_7 = 15869, \quad x_8 = 17138, \quad x_9 = 18509, \quad x_{10} = 19990,$$

と計算できます (小数部分を切り捨てています)．(4.1) 式より，一般項は

$$x_t = 10000 \times 1.08^{t-1}$$

となります．

(3) 今年の収入の割引現在価値は収入額そのものですので，$y_1 = w$ となります．来年以降の割引現在価値は，将来の時点で受けとる収入 w を毎年あたり δ で割り引くことから，$y_2 = w\delta, y_3 = w\delta^2, y_4 = w\delta^3, \ldots$ と表すことができます．けっきょく，y_t は初項 w，公比 δ の等比数列になるので，一般項は

$$y_t = w\delta^{t-1}$$

となります．

[例題 4.1：終]

ここでは隣り合う項の比が一定である数列について説明しました．同様に，隣り合う項の差が一定である数列にも名前がついていて，これを**等差数列**といいます．つぎの例題で，等差数列の一般項を求めてみましょう．

例題 4.2

隣り合う 2 項の差が一定の値 d である (つまり，$a_{t+1} - a_t = d$ である) 数列を公差 d の等差数列という．初項が $a_1 = a$，公差が d である等差数列の一般項 a_t を求めなさい．

【解答 4.2】

$a_1 = a$, $a_2 = a + d$, $a_3 = a + 2d$, $a_4 = a + 3d$ と順に繰り返すと，

$$a_t = a + (t - 1)d \tag{4.2}$$

であることがわかります．

[例題 4.2：終]

4.2 数列の極限

数列 a_t が与えられたとき，t が大きくなるにつれて a_t が一定の値に近づいていく場合があります．たとえば，$a_t = \left(\dfrac{1}{2}\right)^{t-1}$ のとき，t が大きくなるにつれて a_t は $1, \dfrac{1}{2}, \dfrac{1}{4}, \dfrac{1}{8}, \dfrac{1}{16}, \cdots$ と，どんどん 0 に近づいていきますね．このように数列 a_t がある一定の値 α に限りなく近づいてほとんど変化しなくなるとき，数列 a_t は α に**収束する**といい，

$$\lim_{t \to \infty} a_t = \alpha \text{ とか}, \quad a_t \to \alpha \quad (t \to \infty) \text{ とか}$$

と書きます．a_t が収束するとき，その収束先 $\alpha = \lim_{t \to \infty} a_t$ を数列 a_t の**極限**といいます．たとえば，$a_t = \left(\dfrac{1}{2}\right)^{t-1}$ の場合は，数列の値が限りなく 0 に近づいていきますので，「$\left(\dfrac{1}{2}\right)^{t-1}$ は 0 に収束する」とか「$\left(\dfrac{1}{2}\right)^{t-1}$ の極限は 0 である」といい，$\lim_{t \to \infty} \left(\dfrac{1}{2}\right)^{t-1} = 0$ あるいは $\left(\dfrac{1}{2}\right)^{t-1} \to 0 \quad (t \to \infty)$ と書きます．

数列の中には収束しないものもたくさんあります．数列が収束しないとき，**発散する**といいます．たとえば，$a_t = 2^{t-1}$ は $1, 2, 4, 8, 16, \ldots$ のように t が増えるにつれてどんどん大きくなっていきますので，どんな値にも収束せず，発散します．このようにいくらでも大きくなる場合は，(正の) 無限大に発散するといい，

$$\lim_{t \to \infty} a_t = \infty$$

と書きます．逆に，$a_t = -2^{t-1}$ のようにいくらでも小さくなる場合は，負の無限大に発散するといい，

$$\lim_{t \to \infty} a_t = -\infty$$

と書きます．数列の中には，一定の範囲内に収まるけれども発散する (つまり収束しない) ものもあります．$a_t = (-1)^{t-1}$ はその一例で，$1, -1, 1, -1, 1, -1, \cdots$ のように落ち着かずに 1 つの値には近づいていきません．

例題 4.3

初項 $a_1 = 1$, 公比 δ の等比数列 a_t は収束するか判定しなさい (δ の値によって場合分けして答えなさい). また，収束するならばその極限を求めなさい．

【解答 4.3】

この等比数列は $a_t = \delta^{t-1}$ と表せる．したがって，

- $\delta < -1$ のとき, a_t は正と負の値を交互にとりながら (かつ, それらの絶対値はどんどん大きくなりながら) 発散する．
- $\delta = -1$ のとき, a_t の値は 1, -1 を交互にとるので，発散する．
- $-1 < \delta < 1$ のとき, a_t は 0 に収束する．
- $\delta = 1$ のとき, a_t の値は常に 1 であるので，1 に収束する．
- $\delta > 1$ のとき, a_t は無限大に発散する．

[例題 4.3：終]

これより，とくに等比数列は公比の絶対値が 1 未満のとき 0 に収束することがわかります．

4.3 級数

第 3 章で，利子率 r の複利計算で c 万円を t 年間預けるときに累乗計算を使って金額を計算できることを学びました．実際には預金口座には何度もお金を預け入れることができます．例えば，積立型の口座では一定額を何度も預金していきます．

一例として，毎年 1 度ずつ 1 万円を預金し続けたら，4 年目の預金直後の時点で，口座にあるお金の合計がいくらになるかを考えてみましょう．利子率は 5% とします．4.1 節の冒頭で見たように，

- 4 年目に預けた 1 万円は 1 万円のまま変わらず
- 3 年目に預けた 1 万円は 10,500 円に増えている
- 2 年目に預けた 1 万円は 11,025 円に増えている
- 1 年目に預けた 1 万円は 11,576.25 円に増えている

となっています．したがって，これらの 4 つの金額を足し算してやれば，4 年目に口座にある金額は

$$10{,}000 + 10{,}500 + 11{,}025 + 11{,}576.25 = 43{,}101.25 \text{ 円}$$

であることがわかります．この程度でも電卓を使わずに計算するのは楽ではありませんが，

現実には，もっと長期間での合計や，もっときりの悪い金額の計算が必要になります．愚直に全部足し合わせたらたいへんですので，よく使う等比数列について，和を求める公式をこの節で導きます．そのために，まずは数列の和の一般的な取り扱いについて学びましょう．

数列 a_t に対して，第 1 項から第 t 項までを足し合わせた新しい数列を考えます：

$$a_1,\ a_1 + a_2,\ a_1 + a_2 + a_3,\ \ldots$$

このように数列の合計をとって得られる新たな数列を級数といいます．例えば，「たんす預金」(つまり利子のつかない預金) を考えてみましょう．家のたんすに t 年目に新たに加える金額が a_t 万円のとき，t 年目にたんすの中に入っている合計金額は $a_1 + \cdots + a_t$ 万円，つまり級数の第 t 項となります．

上のような数列の和はしばしば使われるので，そのための特別な記号 $\sum$ が用意されています．この記号 $\sum$ は「シグマ」と読み，数列 a_k の $k = 1$ から t までの合計を「$\sum_{k=1}^{t} a_k$」と書きます：

$$\sum_{k=1}^{t} a_k = a_1 + a_2 + \cdots + a_t. \tag{4.3}$$

ここで，k は単なるインデックスで，「$\sum_{i=1}^{t} a_i$」や「$\sum_{s=1}^{t} a_s$」などと書いてもまったく同じ意味です．(活字では 「$\sum_{k=1}^{t} a_k$」や「$\sum_{i=1}^{t} a_i$」のように表記されることもあります．)

この記号 $\sum$ に慣れるため，次の例題に取り組んでみてください．

例題 4.4

次の和を計算しなさい．

(1) $\displaystyle\sum_{k=1}^{10} k$

(2) $\displaystyle\sum_{i=1}^{10} 2^{i-1}$

(3) $\displaystyle\sum_{n=1}^{10} 3n$

(4) $\displaystyle\sum_{t=1}^{10} \left(t + 2^{t-1}\right)$

【解答 4.4】

(1) と (2) は，本章でのちほど学ぶ公式をあてはめると簡単に計算できますが，ここでは

愚直に足し算してみてください．(3) と (4) については，少々工夫して，(1) と (2) の結果をうまく使って計算してみましょう．

(1) $\displaystyle\sum_{k=1}^{10} k = 1+2+3+4+5+6+7+8+9+10 = 55.$

(2) $\displaystyle\sum_{i=1}^{10} 2^{i-1} = 1+2+4+8+16+32+64+128+256+512 = 1023.$

(3) $\displaystyle\sum_{n=1}^{10} 3n = 3\times 1 + 3\times 2 + 3\times 3 + \cdots + 3\times 10$
$= 3\times(1+2+3+\cdots+10)$
$= 3\displaystyle\sum_{k=1}^{10} k = 3\times 55 = 165.$

(4) $\displaystyle\sum_{t=1}^{10}\left(t+2^{t-1}\right) = (1+1)+(2+2)+(3+4)+(4+8)+\cdots+(10+512)$
$= (1+2+3+\cdots+10)+(1+2+4+\cdots+512)$
$= \displaystyle\sum_{t=1}^{10} t + \sum_{t=1}^{10} 2^{t-1} = 55 + 1023 = 1078.$

[例題 4.4：終]

(3) と (4) の解法を見ると，任意の数列 x_k と y_k，および定数 α に対して，$\sum$ が

$$\sum_{k=1}^{t} \alpha x_k = \alpha \sum_{k=1}^{t} x_k$$
$$\sum_{k=1}^{t} (x_k + y_k) = \sum_{k=1}^{t} x_k + \sum_{k=1}^{t} y_k$$

という性質を満たすことがわかります．これは，$\sum$ の**線形性**と呼ばれます (第 1 章でも比例関数の線形性が登場しましたね)．

さて，いよいよ等比数列 a_t の級数について考えてみましょう．もし公比が 1 ならば，初項を c とすると，a_t は $c,c,c,\cdots$ という定数数列なので，その級数の一般項 (第 t 項) は tc と簡単に求めることができます．そこで公比が 1 でない等比数列を考えます．

初項 c，公比 δ ($\neq 1$) の等比数列 $a_t = c\delta^{t-1}$ の級数の一般項を S_t とおきましょう．S_t は a_1 から a_t までの和ですので，次のように書けます：

$$S_t = c\ +\ c\delta\ +\ c\delta^2\ +\ c\delta^3\ +\ \cdots\ +\ c\delta^{t-2}\ +\ c\delta^{t-1}.$$

ここで，数列全体を δ 倍したものを考えましょう：

$$\delta S_t = \quad\ c\delta\ +\ c\delta^2\ +\ c\delta^3\ +\ \cdots\ +\ c\delta^{t-2}\ +\ c\delta^{t-1}\ +\ c\delta^t.$$

この 2 つの式を引き算する (上から下を引く) と,

$$(1-\delta)S_t = c - c\delta^t$$

となります (右辺は $c(1-\delta^t)$ とまとめることができます). いま, $\delta \neq 1$ と仮定しているので, 両辺を $1-\delta$ で割ることができて,

$$S_t = c\frac{1-\delta^t}{1-\delta}$$

となります. この式はとても重要ですので, $\sum$ を使った形でもう一度書いておきましょう.

公式 4.1 (等比数列の和)
$\delta \neq 1$ のとき,

$$\sum_{k=1}^{t} c\delta^{k-1} = c\frac{1-\delta^t}{1-\delta}. \tag{4.4}$$

これを

$$(初項) \times \frac{1-(公比)^t}{1-(公比)}$$

と書くと覚えやすいでしょう. この公式を例題 4.4(2) にあてはめてみると, 初項が 1, 公比が 2 で, t が 10 に対応していることから

$$\sum_{i=1}^{10} 2^{i-1} = 1 \times \frac{1-2^{10}}{1-2} = 2^{10} - 1 = 1023$$

とすぐに答えを求めることができます.

ほかにも, 本節の冒頭で考えたように, 毎年 1 度ずつ一定の額のお金を預け入れ続けたときに, 口座の残高が合計でいくらになるかという問題は, この等比数列の和の公式を使って簡単に計算することができます.

例題 4.5

利子率 $r\ (>0)$ の複利計算の口座に t 年間毎年 c 万円を追加して預け入れるとする. t 年目に預け入れた直後の時点での口座残高 S_t を求めなさい.

【解答 4.5】

それぞれの年に預け入れた c 万円が t 年目の時点でどのくらい増えているかを考えてみましょう.

- t 年目に預けた c 万円は，t 年目の時点で c 万円のままです．
- $t-1$ 年目に預けた c 万円には 1 年分の利子がついて $c(1+r)$ 万円になります．
- $t-2$ 年目に預けた c 万円には 2 年分の利子がついて $c(1+r)^2$ 万円になります．
- ⋯
- 1 年目に預けた c 万円には $t-1$ 年分の利子がついて $c(1+r)^{t-1}$ 万円になります．

このように考えると，$a_t = c(1+r)^{t-1}$ という，初項 c，公比 $(1+r)$ の等比数列の級数として総額が計算できることがわかります．したがって，公式 4.1 より求める総額は，

$$S_t = c\frac{1-(1+r)^t}{1-(1+r)}$$
$$= c\frac{(1+r)^t - 1}{r} \text{ (万円)}$$

となります．

[例題 4.5：終]

例題 4.6

次の等比数列の級数の一般項 S_t を求めなさい．

(1) $1, 3, 9, 27, 81, 243, \cdots$

(2) $1, \dfrac{1}{2}, \dfrac{1}{4}, \dfrac{1}{8}, \dfrac{1}{16}, \dfrac{1}{32}, \cdots$

【解答 4.6】

公式 4.1 にあてはめます．

(1) 初項 1，公比 3 なので，$S_t = \dfrac{1-3^t}{1-3} = \dfrac{1}{2}(3^t - 1)$.

(2) 初項 1，公比 $\dfrac{1}{2}$ なので，$S_t = \dfrac{1-(\frac{1}{2})^t}{1-\frac{1}{2}} = 2\left(1 - \dfrac{1}{2^t}\right)$.

[例題 4.6：終]

例題 4.6(2) で，t をどんどん大きくすると $\dfrac{1}{2^t}$ はどんどん小さくなって 0 に近づいていくため，S_t は 2 に近づいていくことがわかります．すなわち，$\lim_{t \to \infty} S_t = 2$ と書けます．無限にたくさんの項を足し合わせているのに，足し算の結果が無限に大きくならないのは一見不思議なようにも思えますが，図 4.1 のようにして正方形・長方形をつなげていくと，横が 2，縦が 1 の長方形に近づいていく，と考えるとイメージがつかめるでしょう．

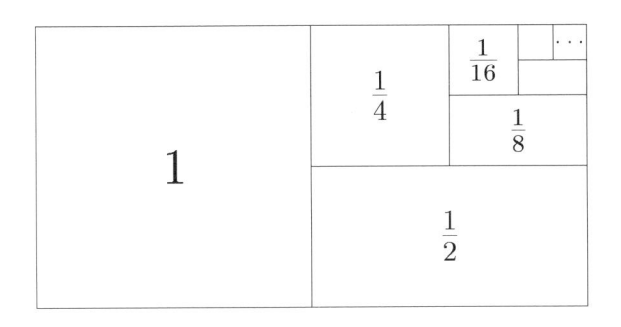

図 4.1 級数の収束のイメージ

さて，一般の数列に対してその無限和 $a_1 + a_2 + a_3 + \cdots = \lim_{t \to \infty} \sum_{k=1}^{t} a_k$ を考えましょう．この和の極限を

$$\sum_{k=1}^{\infty} a_k$$

と書きます．a_k が等比数列で，さらに公比 δ の絶対値が 1 未満のとき，この無限和は有限の値に収束します．以下でこのことを確認してみましょう．

公式 4.1 より，第 t 項までの和は

$$\sum_{k=1}^{t} c\delta^{k-1} = c\frac{1-\delta^t}{1-\delta}$$

と書くことができます．$|\delta| < 1$ の場合，例題 4.3 より $\lim_{t \to \infty} \delta^t = 0$ となるので，

$$\sum_{k=1}^{\infty} c\delta^{k-1} = c\frac{1 - \lim_{t \to \infty} \delta^t}{1-\delta} = c\frac{1-0}{1-\delta} = \frac{c}{1-\delta} \tag{4.5}$$

と求まります．よって，等比数列の級数は，公比の絶対値が 1 未満のときに有限の値に収束することがわかりました．

次の 2 つの練習問題では，等比数列でない数列について和を計算してみましょう．

練習問題 4.1

(1) $\sum_{k=1}^{t} k$ を計算しなさい．

(2) 初項 a，公差 d の等差数列の級数の一般項 S_t を求めなさい．

【解答 4.1】

(1) 1 から t までの和は，t から 1 までの和とみなすこともできます．同じ式を

$$\sum_{k=1}^{t} k = 1 + 2 + \cdots + (t-1) + t$$

$$\sum_{k=1}^{t} k = t + (t-1) + \cdots + 2 + 1$$

と 2 通りで書いてみましょう．これらの両辺を足し合わせると

$$2\sum_{k=1}^{t} k = (1+t) \times t$$

となり，これを 2 で割ることによって，

$$\sum_{k=1}^{t} k = \frac{1}{2}t(t+1) \tag{4.6}$$

と答えを求めることができます．

(2) 初項 a，公差 d の等差数列の第 k 項は $a_k = a + (k-1)d$ ですので，第 t 項までの和は $\sum$ の線形性と (4.6) 式を使うと

$$\begin{aligned}
S_t &= \sum_{k=1}^{t} \{a + (k-1)d\} \\
&= \sum_{k=1}^{t} \{(a-d) + dk\} \\
&= \sum_{k=1}^{t} (a-d) + d \sum_{k=1}^{t} k \\
&= (a-d)t + d \times \frac{1}{2}t(t+1) \\
&= \frac{d}{2}t^2 + \frac{2a-d}{2}t
\end{aligned}$$

と求まります．

[練習問題 4.1：終]

次の問題は少々複雑なので，初読の際にはとばしてもよいでしょう．（この問題の結果は第 10 章で使います．）

練習問題 4.2

次の和を計算しなさい．

(1) $\displaystyle\sum_{k=1}^{t} k(k+1)$

(2) $\displaystyle\sum_{k=1}^{t} k^2$

【解答 4.2】

(1) $k(k+1) = \dfrac{1}{3}\bigl\{k(k+1)(k+2) - (k-1)k(k+1)\bigr\}$ ですので,

$$\sum_{k=1}^{t} k(k+1) = \dfrac{1}{3}\Bigl[\sum_{k=1}^{t} k(k+1)(k+2) - \sum_{k=1}^{t}(k-1)k(k+1)\Bigr]$$
$$= \dfrac{1}{3}\Bigl[(1\times 2\times 3 + 2\times 3\times 4 + 3\times 4\times 5 + 4\times 5\times 6 + \cdots$$
$$\quad + (t-2)(t-1)t + (t-1)t(t+1) + t(t+1)(t+2))$$
$$\quad - (0\times 1\times 2 + 1\times 2\times 3 + 2\times 3\times 4 + 3\times 4\times 5 + \cdots$$
$$\quad + (t-3)(t-2)(t-1) + (t-2)(t-1)t + (t-1)t(t+1))\Bigr]$$
$$= \dfrac{1}{3} t(t+1)(t+2). \tag{4.7}$$

(2) $k^2 = k(k+1) - k$ ですので, (4.7) 式および (4.6) 式より,

$$\sum_{k=1}^{t} k^2 = \sum_{k=1}^{t} k(k+1) - \sum_{k=1}^{t} k$$
$$= \dfrac{1}{3} t(t+1)(t+2) - \dfrac{1}{2} t(t+1) = \dfrac{1}{6} t(t+1)(2t+1). \tag{4.8}$$

[練習問題 4.2：終]

4.4 割引現在価値の和

第 3 章で割引現在価値の計算について学びました．ここでは，収入の機会が何度もある場合に対して，各期の収入の割引現在価値の総和を計算してみましょう．

例題 4.7

現在 (1 年目) から T 年後 (T 年目) まである金額の収入があることが決まっており, t 年目の収入が w_t 万円 ($t = 1, 2, \cdots, T$) であるとする．ただし，収入は各年の期首に得られるものとする．利子率が r のとき，次の問いに答えなさい．

(1) この収入の列の割引現在価値 (= 各年の収入の割引現在価値を T 年分合計した額) を $\sum$ 記号を使って表しなさい．

(2) 現在から T 年後まで毎年 w 万円の (一定の) 収入があるとする．この収入の列の割引現在価値が (1) の答えとちょうど一致するような w を計算しなさい．

(3) $T = \infty$ のとき, (2) の問いに答えなさい．

【解答 4.7】

(1) 割引因子を $\delta = \dfrac{1}{1+r}$ とおきましょう．

- 今年もらえる w_1 万円の割引現在価値は，そのまま w_1 万円．
- 2 年目にもらえる w_2 万円の割引現在価値は，δw_2 万円．
- 3 年目にもらえる w_3 万円の割引現在価値は，2 年分割り引かれて $\delta^2 w_3$ 万円．
- $\cdots$
- T 年目にもらえる w_T 万円の割引現在価値は，$T-1$ 年分割り引かれて $\delta^{T-1} w_T$ 万円．

このように考えて，これらの総和を求めると次のようになります：

$$
\begin{aligned}
(\text{割引現在価値}) &= w_1 + \delta w_2 + \delta^2 w_3 + \cdots + \delta^{T-1} w_T \\
&= \sum_{t=1}^{T} \delta^{t-1} w_t \ (\text{万円}).
\end{aligned}
\tag{4.9}
$$

(2) 収入が毎期一定の w のとき，上式は初項 w，公比 δ の等比数列の和ですから，

$$
(\text{割引現在価値}) = \dfrac{1-\delta^T}{1-\delta} w \ (\text{万円})
\tag{4.10}
$$

となります．よって (4.9) 式と (4.10) 式を等しくするような w は次のように求まります：

$$
w = \dfrac{1-\delta}{1-\delta^T} \sum_{t=1}^{T} \delta^{t-1} w_t \ (\text{万円}).
\tag{4.11}
$$

(3) 利子率 r は正の数ですので，$\delta = \dfrac{1}{1+r}$ は $0 < \delta < 1$ を満たします．したがって，T を無限に大きくすると，δ^T の部分が 0 に近づくので (4.10) 式の割引現在価値は

$$
\dfrac{w}{1-\delta} \ \left(= \dfrac{1+r}{r} w \right)
\tag{4.12}
$$

に収束します．たとえ一定の収入を無限期間にわたって得られるとしても，その割引現在価値は有限の値であることに注意してください．δ が 1 に近いほど (利子率 r が低いほど) 割引現在価値は大きくなり，δ が 0 に近いほど (利子率 r が高いほど) w に近くなります．(4.12) 式が，無限にわたる収入 w_t の割引現在価値に一致するとき，w は次の値となります：

$$
w = (1-\delta) \sum_{t=1}^{\infty} \delta^{t-1} w_t \ (\text{万円}).
\tag{4.13}
$$

[例題 4.7：終]

一般に，収入の流列 w_t の割引現在価値と，毎年 w の一定額の収入があることの割引現在価値とが等しい場合，この w を流列 w_t の平均割引現在価値と呼びます．(4.11) 式から，(T 年目までの) 平均割引現在価値は割引現在価値の $\dfrac{1-\delta}{1-\delta^T}$ 倍です．また，$T \to \infty$ の無限期間では，(4.13) 式にあるように，平均割引現在価値は割引現在価値の $1-\delta$ 倍となります．

練習問題 4.3

1年目からT年目までの収入w_t ($t = 1, 2, \cdots, T$) が一定の成長率gで毎年成長するとあらかじめわかっているとする ($g \geq 0$とする).（ただし，収入は各期の期首に得られるものとする．）1年目の収入がw万円，利子率がrのとき，この収入の列の割引現在価値，および平均割引現在価値を計算しなさい．（ただし，$g \neq r$と仮定する．）また，gとrの大小関係に注意しながら，それぞれについて$T \to \infty$の極限が存在するかを考え，もし存在するならばその極限を求めなさい．

【解答 4.3】

収入が成長率gで毎年成長する場合，w_tは初項w，公比$1+g$の等比数列となります．よって，その一般項は

$$w_t = w(1+g)^{t-1}$$

と書けます．割引因子を$\delta = \dfrac{1}{1+r}$とおくと，(4.9) 式より，

$$\begin{aligned}
(T\text{年目までの割引現在価値}) &= \sum_{t=1}^{T} \delta^{t-1}\{w(1+g)^{t-1}\} \\
&= \sum_{t=1}^{T} w\{\delta(1+g)\}^{t-1} \\
&= w \times \frac{1 - \bigl(\delta(1+g)\bigr)^T}{1 - \delta(1+g)} \\
&= w \times \frac{1 - \left(\frac{1+g}{1+r}\right)^T}{1 - \frac{1+g}{1+r}}
\end{aligned} \quad (4.14)$$

となります．もし，$\dfrac{1+g}{1+r} < 1$, すなわち$g < r$ならば，上式の極限が存在し，

$$(T\text{年目までの割引現在価値}) \to w \times \frac{1}{1 - \frac{1+g}{1+r}} = w \times \frac{1+r}{r-g} \quad (T \to \infty)$$

です．逆に，$g > r$ならば，極限は存在せず，無限大に発散します．

次に，(4.11) 式より，

$$\begin{aligned}
(T\text{年目までの平均割引現在価値}) &= \frac{1-\delta}{1-\delta^T} \times (T\text{年目までの割引現在価値}) \\
&= \frac{1-\delta}{1-\delta^T} \times w \times \frac{1 - \bigl(\delta(1+g)\bigr)^T}{1-\delta(1+g)}
\end{aligned}$$

$$= w \times \frac{1 - \frac{1}{1+r}}{1 - \left(\frac{1}{1+r}\right)^T} \times \frac{1 - \left(\frac{1+g}{1+r}\right)^T}{1 - \frac{1+g}{1+r}} \qquad (4.15)$$

となります．$g < r$ ならば，上式の極限が存在し，

$$(T\text{ 年目までの平均割引現在価値}) \to w \times \frac{r}{r-g} \quad (T \to \infty)$$

です．$g > r$ ならば，極限は存在せず，無限大に発散します．

[練習問題 4.3：終]

では次に，応用例として債券の価格について考えてみましょう．第 3 章第 3.3 節で学んだように，債券とは政府や企業など一定の信用力のある主体が発行する借用証書です．債券はその支払い方によって，ゼロクーポン債と利付債 (りつきさい) の 2 種類に分けられます．第 3.3 節では，決められた期日に (だけ) 券面に記された額が支払われる，ゼロクーポン債について扱いました．ここでは，最終的なこの償還に加えて償還まで毎期一定額の利息が支払われる利付債について考察しましょう．以下では，利息は各期の期末に支払われるとします．

利付債の利息はクーポンともいい，クーポン額を債券の額面で割った割合をクーポンレートと呼びます．つまり，「クーポン額＝額面 × クーポンレート」という関係が成り立ちます．また，ゼロクーポン債の利回りと同様に，利付債の利回りは「現在の債券価格と，将来にわたって発生する支払い額の列の割引現在価値とを一致させる割引率」として定義されます．

練習問題 4.4

(1) 割引率を r とする．1 年ごとに x 円の利息が支払われ，T 年後に満期を迎えて額面金額 y 円が償還される利付債の割引現在価値を，r, x, y, T の式で表しなさい．

(2) 残存期間 3 年，クーポンレート 8%，額面 100 円の利付債を考える．いま，利回りが 7% のとき，この債券の価格を小数点以下第 2 位まで求めなさい．

【解答 4.4】

(1) クーポン債の割引現在価値は次のように表すことができます：

$$\frac{x}{1+r} + \cdots + \frac{x}{(1+r)^{T-1}} + \frac{x+y}{(1+r)^T} = \sum_{t=1}^{T} \frac{x}{(1+r)^t} + \frac{y}{(1+r)^T}.$$

(2) 利回りの定義から，満期までの 3 年分のクーポン，および償還の際の額面を 7% で割り引いた割引現在価値が債券価格と等しくなります．各期のクーポンが「額面 × クーポンレート」

($= 100$ 円 $\times 8\%$) の 8 円となることに注意すると,

$$\frac{8}{1+0.07} + \frac{8}{(1+0.07)^2} + \frac{8+100}{(1+0.07)^3} = 102.6243\cdots$$

と計算でき，債券価格は 102.62 円とわかります.

[練習問題 4.4：終]

練習問題 **4.5**

　残存期間 2 年，クーポンレート 10%，額面 100 円の利付債の価格がちょうど 100 円で与えられているとする．このとき，この債券の利回りを求めなさい．

【解答 **4.5**】

　利回りの定義より，満期までの 2 年分のクーポン額 (各年 $100 \times 10\% = 10$ 円)，および額面 (100 円) を利回りで割り引いた割引現在価値が債券価格の 100 円と一致するので，利回りを r とおくと

$$\frac{10}{1+r} + \frac{10+100}{(1+r)^2} = 100$$

という等式が成立します．これを整理すると,

$$100 \times (1+r)^2 - 10 \times (1+r) - 110 = 0$$

という $1+r$ の 2 次方程式となります．ここで，$x = 1+r$ とおくと，左辺は

$$100x^2 - 10x - 110 = 10(x+1)(10x-11)$$

と因数分解できます．これが 0 に等しいわけですが，$x = 1+r$ は正なので

$$10x - 11 = 0 \iff x = \frac{11}{10}$$

となります．r にもどして，

$$1 + r = \frac{11}{10} \iff r = \frac{1}{10}$$

より，利回り r はクーポンレートと同じ 10% と求まります．

[練習問題 4.5：終]

　一般に，債券価格と額面がちょうど等しいような利付債の利回りは，残存期間に関係なくクーポンレートに一致します．また，利回りがクーポンレートに一致するような利付債の債券価格は額面と必ず等しくなります．詳しくは，章末の練習問題 4.7 を参照してください．

4.5　漸化式 (差分方程式)*

数列の中には，a_t を直接 t で表すのではなく，第 t 項の値を使って第 $(t+1)$ 項の値を計算するようにして定義されるものがあります．

たとえば，次のように定義される数列を考えてみましょう (r, c は定数)：

$$\begin{cases} a_{t+1} = (1+r)a_t \\ a_1 = c. \end{cases}$$

これは，利子率 r の複利計算で c 万円を預けたときに，t 年目の時点でいくらになるかを表しています．$a_1 = c$ は，1 年目 (つまり現在) c 万円であることを表します．次に，$a_{t+1} = (1+r)a_t$ は，t 年目に a_t 万円であるときに，その翌年には $(1+r)$ 倍になることを示しています．

このように，a_t とその前後の項の関係を表す等式を漸化式 (ぜんかしき)，あるいは差分方程式といいます．漸化式に加えて，どこかの項の値が与えられれば，すべての項の値を計算できることがわかるでしょう．このようにして数列を定義することを帰納的定義といいます．それに対し，$a_t = c(1+r)^{t-1}$ のように一般的な t の式による書き方が一般項です．与えられた漸化式から一般項を求めることを「漸化式を解く」といいます．

複利計算の例に見られるように，経済学ではある時点の前後の関係がすぐに想定できる場合が多くあります．漸化式を解いたり，t が増えていったときの数列の挙動を分析することによって，ある時点の前後の関係だけでなく長期的な経済状態がわかるのです．第 11 章では，非線形の差分方程式を使って，経済が成長していく過程を議論します．

これをふまえて，次の例題に取り組んでみましょう．

例題 4.8

次のように帰納的に定義された数列の一般項を求めよ．

(1) $\begin{cases} a_{t+1} = \dfrac{1}{2}a_t \\ a_1 = 3 \end{cases}$

(2) $\begin{cases} b_{t+1} = 2b_t \\ b_1 = 2 \end{cases}$

【解答 4.8】

(1) これは，初項 3，公比 $\dfrac{1}{2}$ の等比数列を表します．したがって，$a_t = 3\left(\dfrac{1}{2}\right)^{t-1} =$

$\frac{3}{2^{t-1}}$. (ちなみに，この数列では $\lim_{t\to\infty} a_t = 0$ となっています．)

(2) これは，初項 2，公比 2 の等比数列を表す．したがって，$a_t = 2^t$. (ちなみに，この数列では $\lim_{t\to\infty} a_t = \infty$ となっています．)

[例題 4.8：終]

このように，単純な漸化式によって帰納的に定義された数列の一般項を求めることができました．しかし，漸化式がより複雑な形をしている場合には，一般項を具体的な式の形で求められないことの方が普通です．その場合でも，コンピュータを利用するなどして初項から順番に計算していけばある程度の様相をつかめますが，そのようにしても t が無限に大きくなる場合にどうなるかを証明することはできません．そこで次に，漸化式が与えられたとき，t が大きくなった極限で数列が収束するかどうかを判別し，収束するときにその極限を求めるやり方を考えてみましょう．

次のように帰納的に定義される数列を例にとって考えます：

$$\begin{cases} a_{t+1} = \frac{1}{2}a_t + 1 \\ a_1 = c \end{cases} \quad (c \text{ は定数}).$$

この数列 a_t は t を無限に大きくしたとき，どこに収束するでしょうか．この漸化式は単純なので一般項を求められます．まずはそのやり方で解いてみましょう．

天下り的ですが，漸化式の両辺から 2 を引き算してみましょう．すると，

$$a_{t+1} - 2 = \frac{1}{2}(a_t - 2)$$

となります．$b_t = a_t - 2$ とおくと，b_t は初項 $c - 2$，公比 $\frac{1}{2}$ の等比数列です．よって，b_t の一般項は $b_t = \frac{c-2}{2^{t-1}}$．よって，$a_t = \frac{c-2}{2^{t-1}} + 2$ と数列 a_t の一般項が求められました．ここで，$t \to \infty$ とすると，c の値によらずに

$$\lim_{t\to\infty} a_t = 2$$

となることがわかります．

次に，一般項を経由せずに上と同じ結果を導出してみましょう．数列 a_t が収束すると仮定すると，t が非常に大きいとき a_t と a_{t+1} はほとんど同じ値のはずです．したがって，$a_t = a_{t+1} = a$ とおいてみると，$a = \frac{1}{2}a + 1$ となります．この方程式を解くと $a = 2$ となって，これが a_t の収束値です (実は，先ほど天下り的に引き算した「2」という数は，このようにして求められる値です)．

一般に，漸化式で a_t などの数列の項をすべて同じ値とおいて得られる方程式の解を定常

状態といいます．帰納的に定義される数列が収束するならば，その数列の極限は必ず定常状態となります．

このようにすれば，やっかいな累乗の項を経由しないで極限値を計算できて簡単に見えますが，この議論では最初に数列の収束を仮定していることに注意してください．定常状態を求めても，数列が収束するか否かに関しては何もわかりません．実際，収束しない数列に対して，上の a_t で行ったのと同じ議論を展開するとおかしなことになります．たとえば，次の場合はどうでしょうか：

$$\begin{cases} b_{t+1} = 2b_t - 2 \\ b_1 = c \qquad (c \text{ は定数}). \end{cases}$$

この場合，$b_t = b_{t+1} = b$ とおいて上と同じ計算をすると，$b = 2$ となります．しかし，実際には一般項は $b_t = (c-2)2^{t-1} + 2$ であることが計算できます．したがって，$\lim_{t \to \infty} b_t = 2$ となるのは初項がちょうど $c = 2$ のときだけで，それ以外の場合は数列 b_t は正または負の無限大へ発散します．

このような違いが生じる理由は，グラフから読みとることができます．はじめに，上の数列 a_t について考えます．図 4.2 のグラフを見てみましょう．太い直線は $a_{t+1} = \frac{1}{2}a_t + 1$ を表します．対角線は $a_{t+1} = a_t$ という 45 度線を表します．したがって，2 本の直線の交点は $a_t = \frac{1}{2}a_t + 1$ の解，すなわち，定常状態 $a_t = 2$ を表します．

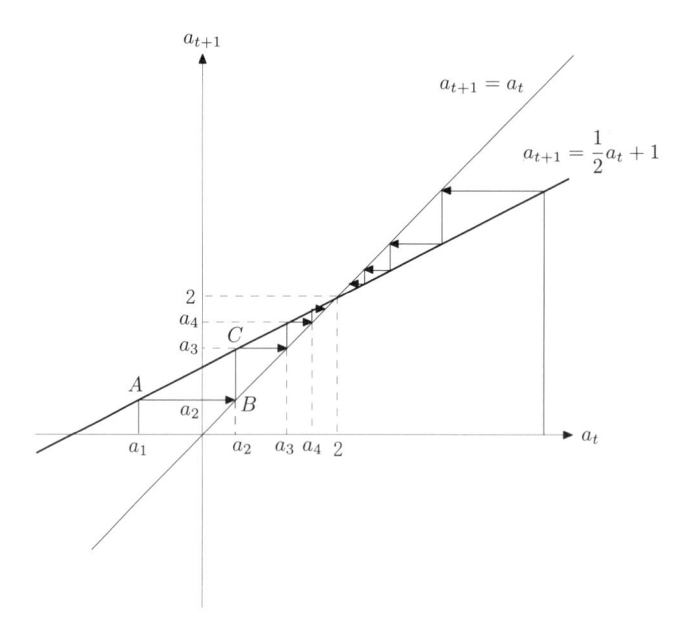

図 4.2　$a_{t+1} = \frac{1}{2}a_t + 1$ の場合の収束先 (1)

ここで，初項 a_1 が図 4.2 のような位置にあるとしましょう．このとき，$a_2 = \frac{1}{2}a_1 + 1$ ですから，a_2 は図 4.2 中の点 A の a_{t+1} 座標に対応します．点 A から水平に直線を引いて $a_{t+1} = a_t$ と交差する点 B を求めると，この点 B の a_t 座標は a_2 と等しくなります．そして，点 B から鉛直に直線を引いて $a_{t+1} = \frac{1}{2}a_t + 1$ との交点 C を求めると，この点 C の a_{t+1} 座標は a_3 に対応しており，点 C から水平に直線を引いて $a_{t+1} = a_t$ と交点を求めると，その点の a_t 座標が a_3 と等しくなります．このような手順を繰り返すと a_t を表す点はどんどん $(2,2)$ に近づいていくことが見てとれます．これが，$\lim_{t \to \infty} a_t = 2$ であることを示しているわけです．a_1 が 2 よりも大きい場合も同様のやり方で $\lim_{t \to \infty} a_t = 2$ を確かめられます．

図 4.2 では，縦軸に数列 a_{t+1} の値そのものをとりましたが，縦軸に数列の差分 $\Delta a_t = a_{t+1} - a_t$ をとる書き方もあります[2]．定常状態は $\Delta a_t = 0$ のとき，すなわち $a_1 = 2$ のときであるのは前に見たのと同じです．また，$\Delta a_t > 0$ のときに a_t は増加しており，$\Delta a_t < 0$ のときに a_t は減少しています：

$$\Delta a_t = a_{t+1} - a_t$$
$$= -\frac{1}{2}a_t + 1$$

ですので，直線として $y = -\frac{1}{2}x + 1$ をとると，そのグラフは図 4.3 のようになります．

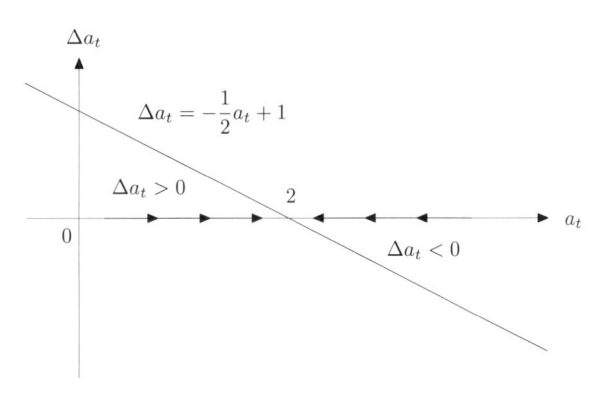

図 4.3　$a_{t+1} = \frac{1}{2}a_t + 1$ の場合の収束先 (2)

つまり，図 4.3 の直線が横軸より上にある範囲では a_t は増加しており，下にある範囲では a_t は減少しています．この増減の様子を表すのが横軸上に描かれた矢印であり，この矢印が $x = 2$ へ向かっていることから，初項がどんな値であっても数列 a_t の収束先は 2 であることがわかります．

---

[2] Δ は差分 Difference の頭文字 D に対応するギリシャ文字大文字で，「デルタ」と読みます．ここでは「Δa_t」がひとまとまりで 1 つの数を表していることに注意してください．「Δ かける a_t」ではありません．

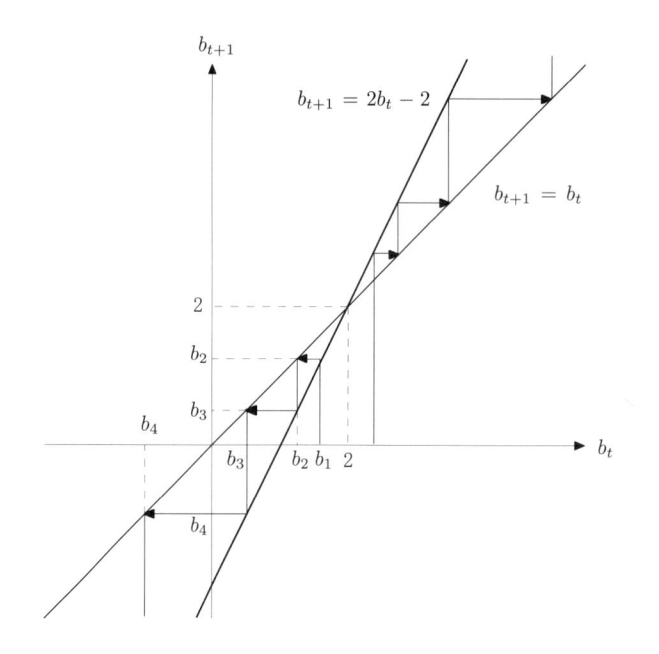

図 4.4　$b_{t+1} = 2b_t - 2$ の場合の収束先 (1)

　他方，数列 b_t ではどうでしょうか．図 4.4 を見てください．まず，b_1 が 2 よりも小さい場合を考えてみましょう．図 4.4 のように矢印をたどっていくと，どんどん左下へ向かっていくことがわかります．つまり，b_t はどんどん小さくなっていきます．b_1 が 2 よりも大きな場合は，逆にどんどん右上へ向かっていき，したがって，b_t はいくらでも大きくなっていくことがわかります．このように考えると，初項 b_1 が 2 から少しでもずれていれば，数列 b_t はいくらでも小さくなるかいくらでも大きくなるかのいずれかとなり，収束しないことがわかります．

　縦軸に Δb_t をとる描き方では，

$$\Delta b_t = b_{t+1} - b_t$$
$$= b_t - 2$$

であるので，直線 $\Delta b_t = b_t - 2$ を描いて図 4.5 のようになります．横軸上に描かれた矢印が $x = 2$ から遠ざかり ∞ または $-\infty$ へ向かっていることから，初項が 2 に等しくない場合は数列 b_t は収束しないことがわかります．

　一般に，漸化式の定常状態と初項がぴったり一致するならば，定常状態の定義よりその数列は定数数列となりますので，明らかに収束します．しかし，上の例で見たように，定常状態と初項の間にほんの少しの差があるだけでも，t が増えるにつれて数列がどんどん遠くへ行ってしまう場合があります．そこで，定常状態に関して次のような 2 つの性質を定義します．

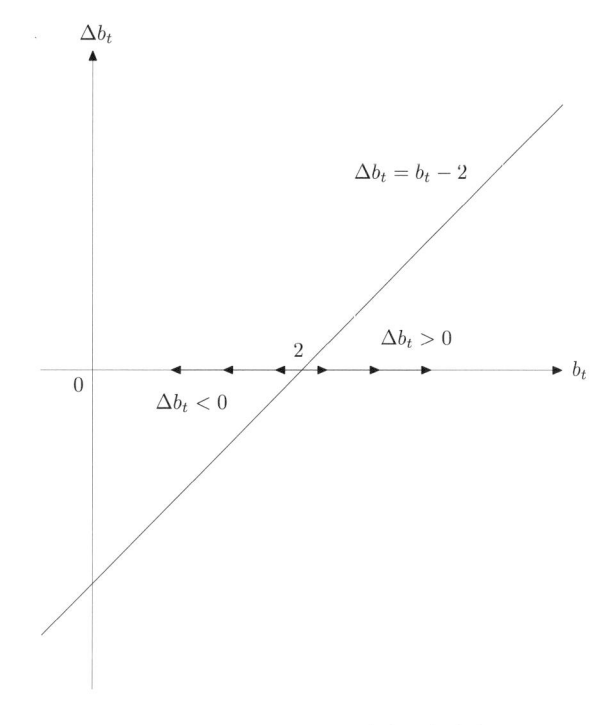

図 4.5　$b_{t+1} = 2b_t - 2$ の場合の収束先 (2)

- 初項がある定常状態とは少し異なる値のとき，漸化式で定義される数列が同じ定常状態に収束するならば，その定常状態を**安定的**といいます．
- 初項がある定常状態とは少しでも異なる値のとき，漸化式で定義される数列がその定常状態に収束しないならば，その定常状態を**不安定**といいます．

上では，a_t が安定的な定常状態を 1 つもつ例，b_t が不安定な定常状態を 1 つもつ例となっていたわけです．

一般には，複数の定常状態をもつ漸化式も存在します．その場合，定常状態ごとに安定性が定まります．

例題 4.9

次のように帰納的に定義される数列 a_t の定常状態を求め，それぞれの定常状態について安定的か不安定かを調べなさい．また，c の値に応じて数列 a_t の極限 $\lim_{t \to \infty} a_t$ はどのように変化するか求めなさい．

$$\begin{cases} a_{t+1} = (a_t)^3 \\ a_1 = c \quad\quad (c \text{ は定数}) \end{cases}$$

【解答 4.9】

方程式 $a = a^3$ を解いて，定常状態は $-1, 0, 1$ の 3 つ．$a_{t+1} = (a_t)^3$ と $a_{t+1} = a_t$ のグラフで矢印を書いて考えると，0 が安定的な定常状態で，-1 と 1 は不安定な定常状態であることがわかります (図 4.6)．そして，a_t の極限は次のようになります：

$$\lim_{t \to \infty} a_t = \begin{cases} \infty & c > 1 \text{ のとき} \\ 1 & c = 1 \text{ のとき} \\ 0 & -1 < c < 1 \text{ のとき} \\ -1 & c = -1 \text{ のとき} \\ -\infty & c < -1 \text{ のとき．} \end{cases}$$

縦軸に Δa_t をとるやり方では，

$$\Delta a_t = a_{t+1} - a_t = (a_t)^3 - a_t$$

なので，$y = x^3 - x$ を描くと図 4.7 のようになり，上記と同様の結論が得られます．

[例題 4.9：終]

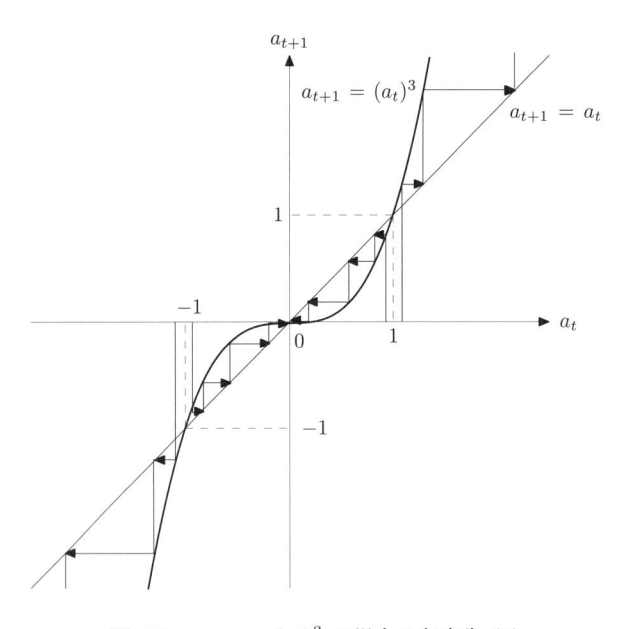

図 4.6　$a_{t+1} = (a_t)^3$ の場合の収束先 (1)

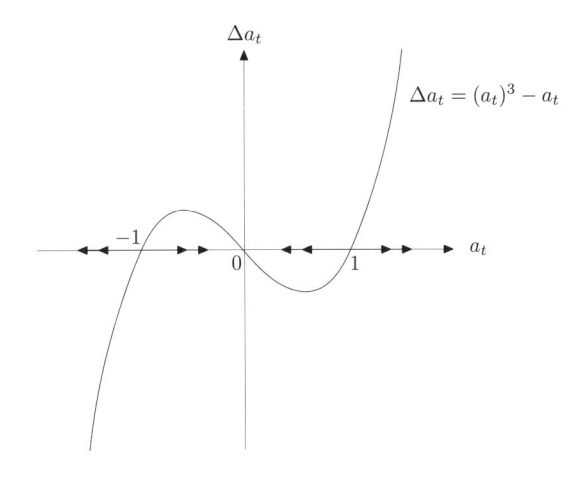

図 4.7　$a_{t+1} = (a_t)^3$ の場合の収束先 (2)

4.6　もう少し練習

4.6.1　利付債の割引現在価値

練習問題 4.6

(1) 残存期間 2 年，クーポンレート c ($c \times 100\%$)，額面 F 円の利付債の価格が p 円で与えられているとき，この債券の利回りを求めなさい．

(2) 残存期間 2 年，クーポンレート 5%，額面 100 円の利付債の価格が 96 円で与えられているとき，この債券の利回りを求めなさい．

【解答 4.6】

(1)　利回りの定義より，満期までの 2 年分のクーポン額 (各年ごと cF 円)，および額面 (F 円) を利回りで割り引いた割引現在価値が債券価格の p 円と一致するので，利回りを r とおくと

$$\frac{cF}{1+r} + \frac{cF+F}{(1+r)^2} = p$$

という等式が成立します．これを整理すると，

$$p \times (1+r)^2 - cF \times (1+r) - (1+c)F = 0$$

という $1+r$ の 2 次方程式となります．ここで，$x = 1+r$ とおくと，

$$px^2 - cFx - (1+c)F = 0$$

と書けます．以下，平方完成を使ってこの x についての 2 次方程式を解きます (要は 2 次方程式の解の公式を導いていることに他なりません)．2 次方程式の解の公式を知っている人は一気に答えを出してください．左辺を変形していくと

$$
\begin{aligned}
&px^2 - cFx - (1+c)F \\
&= p\left(x^2 - \frac{cF}{p}x - \frac{(1+c)F}{p}\right) \\
&= p\left\{\left(x - \frac{cF}{2p}\right)^2 - \left(\frac{cF}{2p}\right)^2 - \frac{(1+c)F}{p}\right\} \\
&= p\left\{\left(x - \frac{cF}{2p}\right)^2 - \frac{(cF)^2 + 4p(1+c)F}{4p^2}\right\} \\
&= p\left\{\left(x - \frac{cF}{2p}\right)^2 - \left(\frac{\sqrt{(cF)^2 + 4p(1+c)F}}{2p}\right)^2\right\} \\
&= p\left(x - \frac{cF}{2p} + \frac{\sqrt{(cF)^2 + 4p(1+c)F}}{2p}\right)\left(x - \frac{cF}{2p} - \frac{\sqrt{(cF)^2 + 4p(1+c)F}}{2p}\right) \\
&= p\left(x - \frac{cF - \sqrt{(cF)^2 + 4p(1+c)F}}{2p}\right)\left(x - \frac{cF + \sqrt{(cF)^2 + 4p(1+c)F}}{2p}\right)
\end{aligned}
$$

となります (途中で $A^2 - B^2 = (A+B)(A-B)$ と因数分解できることを使いました)．したがって，これが 0 に等しくなるような x の値は

$$
\frac{cF - \sqrt{(cF)^2 + 4p(1+c)F}}{2p} \quad \text{と} \quad \frac{cF + \sqrt{(cF)^2 + 4p(1+c)F}}{2p}
$$

の 2 つです (ルートの前についている符号のみが異なります)．ここで，1 つ目はマイナスなので (ルートの中身が $(cF)^2$ より大きいことに注意してください)，求めたい x は 2 つ目の方になります．$x = 1 + r$ とおいたので，r に戻してやって，利回り r は

$$
r = \frac{cF + \sqrt{(cF)^2 + 4p(1+c)F}}{2p} - 1
$$

と求まります (パーセント表示にするならばこれを 100 倍します)．

(2) (1) の結果にあてはめて計算します．$c = 0.05$, $F = 100$, $p = 96$ として，利回りは

$$
\begin{aligned}
&\frac{0.05 \times 100 + \sqrt{(0.05 \times 100)^2 + 4 \times 96 \times (1 + 0.05) \times 100}}{2 \times 96} - 1 \\
&= \frac{5 + \sqrt{25 + 4 \times 96 \times 105}}{2 \times 96} - 1
\end{aligned}
$$

となります．電卓を利用してこれを計算すると $0.07219\cdots$ $(= 7.219\cdots\%)$ となります．

[練習問題 4.6：終]

練習問題 **4.7**

(1) どんな α, T に対しても

$$\sum_{t=1}^{T} \alpha^{t-1}(1-\alpha) + \alpha^T = 1 \tag{4.16}$$

が成り立つことを示しなさい．

(2) 市場利子率を r とする．クーポンレートが r に等しい利付債の，市場利子率で割り引いた割引現在価値は償還額に等しいことを示しなさい．

【解答 **4.7**】

(1) $\alpha = 1$ のときは示したい等式は自明に成り立ちます．

$\alpha \neq 1$ とします．$\sum_{t=1}^{T} \alpha^{t-1}(1-\alpha)$ の部分は初項 $1-\alpha$，公比 α の等比数列の $t=1$ から $t=T$ までの和なので，等比数列の和の公式より，(4.16) 式の左辺は

$$\sum_{t=1}^{T} \alpha^{t-1}(1-\alpha) + \alpha^T = (1-\alpha)\frac{1-\alpha^T}{1-\alpha} + \alpha^T = (1-\alpha^T) + \alpha^T = 1$$

と計算でき，確かに 1 に等しくなりました．

(2) 利付債の額面 (償還額) を F，満期を T とおきます．クーポンレートが r に等しいので，1 年後から T 年後にかけてクーポン rF を受け取り，また T 年後に償還額 F を受け取ります．したがって，この利付債の市場利子率 r での割引現在価値は

$$\sum_{t=1}^{T} \frac{rF}{(1+r)^t} + \frac{F}{(1+r)^T} = F\left\{\sum_{t=1}^{T}\left(\frac{1}{1+r}\right)^{t-1}\frac{r}{1+r} + \left(\frac{1}{1+r}\right)^T\right\}$$

と書けます．右辺のように整理することで，中括弧内は (4.16) の左辺で $\alpha = \dfrac{1}{1+r}$ とおいたものに等しいことがわかります．したがって，この中括弧内は常に 1 になり，割引現在価値は $F \times 1 = F$ と償還額に等しくなることが示されました．

別の解法として，次のように求めることもできます．償還額 F，満期 t，クーポンレート q の利付債の割引現在価値を V_t とおきます．満期 t の利付債を 1 年間保有するとクーポン qF を受け取り，満期 $t-1$ の利付債 (1 年後時点での割引現在価値は V_{t-1}) が手元に残ります．これらを利子率 r で割り引いた現在価値とそもそもの価値 V_t が等しいはずですから，

$$V_t = \frac{qF}{1+r} + \frac{V_{t-1}}{1+r}$$

という等式 (漸化式) が成り立ちます．また，「満期 0 の利付債」の割引現在価値は償還額に等しいので $V_0 = F$ です．

ここで，本問ではクーポンレート q は r に等しいので，上の等式で $q = r$ にしたものに $t = 1, 2, 3, \ldots$ とどんどん代入していくことで，$V_1 = \dfrac{rF}{1+r} + \dfrac{V_0}{1+r} = \dfrac{rF}{1+r} + \dfrac{F}{1+r} = F$，$V_2 = \dfrac{rF}{1+r} + \dfrac{V_1}{1+r} = \dfrac{rF}{1+r} + \dfrac{F}{1+r} = F$，$V_3 = \dfrac{rF}{1+r} + \dfrac{V_2}{1+r} = \dfrac{rF}{1+r} + \dfrac{F}{1+r} = F$，… と，どんな t についても $V_t = F$ であることがわかります．

[練習問題 4.7：終]

4.6.2 コンソル債の割引現在価値

額面が償還されず，永久に利息 (クーポン) の支払いが続くような特殊な利付債をコンソル債 (永久債) といいます．この債券の割引現在価値を求めてみましょう．

練習問題 4.8

今期の市場利子率が 10％で，来期以降の利子率は 8％ になると予想されているとする．このとき，各期 4 億円の利払いが行われるコンソル債の割引現在価値を求めなさい．ただし，利息は期末に支払われるとし，また，各期の市場利子率を割引率として計算しなさい．

【解答 4.8】

コンソル債の利息を D，期間 t の利子率を r_t とおくと，コンソル債の今期 (第 1 期) における割引現在価値 P_1 は，各期の利息の割引現在価値を足し合わせて

$$P_1 = \frac{D}{1+r_1} + \frac{D}{(1+r_1)(1+r_2)} + \frac{D}{(1+r_1)(1+r_2)(1+r_3)} + \cdots$$

となります．仮定から 2 以上のすべての t について r_t は等しいので，これを r_2 とおくと，

$$\begin{aligned}
P_1 &= \frac{D}{1+r_1} + \frac{D}{(1+r_1)(1+r_2)} + \frac{D}{(1+r_1)(1+r_2)^2} + \frac{D}{(1+r_1)(1+r_2)^3} + \cdots \\
&= \frac{D}{1+r_1} + \frac{1}{1+r_1}\left(\frac{D}{(1+r_2)} + \frac{D}{(1+r_2)^2} + \frac{D}{(1+r_2)^3} + \cdots\right) \\
&= \frac{D}{1+r_1} + \frac{1}{1+r_1} \times \frac{D}{r_2} \\
&= \frac{D}{1+r_1}\left(1 + \frac{1}{r_2}\right)
\end{aligned} \quad (4.17)$$

と表すことができます．上式に $D = 4$ と $r_1 = 0.1$，$r_2 = 0.08$ を代入して，

$$P_1 = \frac{4}{1+0.1}\left(1 + \frac{1}{0.08}\right) = \frac{54}{1.1} = 49.09\cdots \text{億円}$$

と，今期における割引現在価値が求まります．

ところで，来期 (第 2 期) におけるコンソル債の割引現在価値が

$$P_2 = \frac{D}{(1+r_2)} + \frac{D}{(1+r_2)^2} + \frac{D}{(1+r_2)^3} + \cdots = \frac{D}{r_2}$$

と導けることに注意すると，(4.17) 式より

$$P_1 = \frac{D + P_2}{1 + r_1}$$

という等式を得ます．これは，今期の割引現在価値 P_1 は「1 期間分の利息 D と来期の割引現在価値 P_2 を今期の利子率 r_1 で割り引くことによっても求まる」ということを意味します．直感的には，今期から来期まで 1 期間この債券を保有することの収益が利息分の D と来期の債券の割引現在価値 P_2 に等しくなり，(現在価値を求めるためには) それを 1 期間分の割引率である今期の利子率 r_1 で割り引けばよい，というふうに理解することができるでしょう．

[練習問題 4.8：終]

現実にコンソル債が発行された例は多くありませんが，18 世紀後半から 20 世紀前半にかけて英国の国債として発行されたことが知られています．

4.6.3 株価の決まり方*

株価がどのように決まるかは，株式投資をする人々の間で最も関心を持たれている話題です．株価決定についてはさまざまな考え方がありますが，ここでは，個別の株券の収益にもとづいてその適切な価格を理論的に定める，「配当割引モデル」と呼ばれる手法を紹介しましょう．

配当割引モデルとは，文字通り，将来の株式配当を割り引いた現在価値 (の和) に株価が一致する，と考える理論です．これは，株券から得られる投資家の利益に注目することによって導くことができます．まず，株式投資が生み出す利益として，どのようなものがあるでしょうか．主に次の 2 種類が考えられます．

配当： 株式会社は，事業で得た利益を配当という形で株主に分配します．株券を一度購入すれば，保有している限りずっと配当を受けることができます．

株の売却： 株価が購入金額より高くなれば，保有する株券を高値で売却することで，利益が得られます．ただし，株券を売却すれば，それ以降は配当を得られなくなります．

この 2 つの要素を考慮して，次の問いに答えてみましょう．ただし，割引率は r で一定とします．

練習問題 4.9

ある株式会社が株式1単位あたり d 円の配当を行うことが確実であると仮定する[3]. 配当は年1回行われ，今年の配当が行われた直後が現時点 ($t=0$) であるとする．現時点でのその会社の株価を $p_0 = p$ 円，t 年後の配当が行われた直後の株価を p_t 円とする．

(1) 株価 p_t 円の現時点での割引現在価値を v_t とするとき，v_t を p_t の式で書きなさい．

(2) v_t を，p_t を用いずに v_{t-1} で表しなさい．

(3) v_t の一般項を p を用いて表しなさい．さらに，p_t の一般項を p を用いて表しなさい．

(4) (3) の結果から，現時点での株価 p の妥当な水準について考察しなさい．

(5) 配当額が成長率 g ($< r$) で毎年増えると仮定する．このとき，(1)–(4) と同様に考えて，現時点の株価 p を計算しなさい．

【解答 4.9】

(1) 割引率が r のとき割引因子は $\dfrac{1}{1+r}$ であることを思い出すと，

$$v_t = \frac{p_t}{(1+r)^t}$$

となります．

(2) はじめに，株価が p 円であるなら，その株式を p 円で買いたい人も売りたい人も両方存在するということを確認しましょう．もし，全員が p 円なら買いたいと思っているなら，株価は p 円よりも高くなりますし，逆に全員が p 円なら売りたいと思っているなら株価は p 円よりも安くなります．

こう考えると，$t-1$ 年目の時点において，株式の購入を検討している人にとって

- p_{t-1} 円で株式を購入して t 年目の配当 d 円を受け取る
- 1年間待って，t 年目に p_t 円で株式を購入する (この場合，t 年目の配当は受け取れない)

という2つの選択肢の ($t=0$ の時点で計算した) 割引現在価値は等しくないといけないことがわかります．もし前者が高ければ，全員が $t-1$ 年目に購入したいと思うでしょうし，もし後者が高ければ，全員が t 年目に購入したいと思うでしょう．そうなると需給の不一致

---

[3] 現実の株式投資の場面では将来の配当額は不確実ですので，配当が少なくなったり，会社が倒産したりするリスクも加味して決断する必要があります．ここでの分析では，割引の効果と逐次的な株価の推移に焦点を絞るために，単純化されたモデルを使用します．

が起きてしまいます．t 年目の配当 d 円の割引現在価値は $\dfrac{d}{(1+r)^t}$ 円ですから，したがって

$$-v_{t-1} + \frac{d}{(1+r)^t} = -v_t$$

という等式が成り立ちます．これを整理して

$$v_t = v_{t-1} - \frac{d}{(1+r)^t} \tag{4.18}$$

を得ます．

(3) (4.18) 式より，すべての t について

$$v_t - v_{t-1} = -\frac{d}{(1+r)^t}$$

が成り立ちます．ここから一般項 v_t を求めたいわけですが，それは以下のように求めることができます．$v_0 = p_0 = p$ に注意して，

$$\begin{aligned}
v_t &= (v_t - v_{t-1}) + (v_{t-1} - v_{t-2}) + \cdots + (v_2 - v_1) + (v_1 - v_0) + v_0 \\
&= v_0 + \sum_{k=1}^{t} (v_k - v_{k-1}) \\
&= p - \sum_{k=1}^{t} \frac{d}{(1+r)^k} \\
&= p - \frac{d}{1+r} \cdot \frac{1 - \frac{1}{(1+r)^t}}{1 - \frac{1}{1+r}} \\
&= p - d\frac{(1+r)^t - 1}{r(1+r)^t} \\
&= \frac{d}{r(1+r)^t} + \left(p - \frac{d}{r}\right) \tag{4.19}
\end{aligned}$$

となります．この計算は，t 年目の株価の割引現在価値が，t 年間の配当の割引現在価値の合計を使って表されることを示しています．よって，(1) より v_t を $\dfrac{p_t}{(1+r)^t}$ に書きかえることで，t 年後の株価 p_t は

$$p_t = \frac{d}{r} + (1+r)^t \left(p - \frac{d}{r}\right) \tag{4.20}$$

と表すことができます．

(4) $\bar{p}_t = p_t - \dfrac{d}{r}$ とおくと，(4.20) 式は $\bar{p}_t = (1+r)^t \left(p - \dfrac{d}{r}\right)$ と書けます．つまり，$\bar{p}_t$ は初項 $\bar{p}_0 = p - \dfrac{d}{r}$，公比 $1+r$ の等比数列です．

まず，$p > \dfrac{d}{r}$ と仮定してみましょう．すると，t が大きくなると $\bar{p}_t$ は指数的に大きくなっていきます．株価 p_t も同様に大きくなります．これは，株価が際限なく高騰していくことを

表しています．しかし，全員がそのように予想しているのは非常に不自然な状況です．したがって，現時点での株価が $\dfrac{d}{r}$ より高いとするのは，不自然であると言えます[4]．次に，$p < \dfrac{d}{r}$ と仮定すると，同様の議論で株価 p_t が際限なく $-\infty$ に向かって下がっていくことがわかります．これもやはり不自然です．

以上の考察により，現時点での株価は

$$p = \frac{d}{r}$$

と理論的に求められることがわかりました．また，(4.20) 式より，すべての t について $p_t = \dfrac{d}{r}$ であることがわかります．

念のため，この株価は配当の割引現在価値の無限和であることを確認しておきます．t 年後の配当の割引現在価値は $\dfrac{d}{(1+r)^t}$ ですので，その無限和は，

$$\sum_{t=1}^{\infty} \frac{d}{(1+r)^t} = \frac{d}{1+r} \sum_{t=1}^{\infty} \frac{1}{(1+r)^{t-1}}$$
$$= \frac{d}{1+r} \frac{1}{1-\frac{1}{1+r}}$$
$$= \frac{d}{r}$$

となります．この計算は，例題 4.7 の (4.12) 式とほぼ同じですが，ここでは配当が現時点 ($t=0$) から見て 1 年後 ($t=1$) から始まるために，値が $\dfrac{1}{1+r}$ 倍になっていることに注意してください．

(5) 練習問題 4.3 を参考に計算すれば，細部は同様ですので省略します．結果として求められる株価は

$$p = \frac{d}{r-g}$$

です．成長がなく $g = 0$ の場合は，(4) の答えと一致することを確認してください．

[練習問題 4.9：終]

---

[4] 少々歯切れの悪い説明になっていますが，このあたりの「バブル解をいかに排除するのか」の苦労に関しては，たとえば齊藤誠『新しいマクロ経済学』新版 (有斐閣，2006 年) の第 2 章を見てください．

第 5 章

1 変数の微分と利潤最大化

5.1 費用関数と利潤最大化

第 1 章では，完全競争市場においては需要曲線と供給曲線の交点で市場均衡価格と数量が決まる，ということを学びました．本章では，供給曲線の背後にある供給者 (企業) の利潤最大化行動を例としてとりあげて，そのために必要な数学ツールである微分について学びます．

完全競争の理論では，企業は市場価格を所与として自らの利潤を最大化するように供給量を決めます．利潤 (儲け) とは収入から費用を引いたものです．自社の製品が売れれば売れただけ収入が得られますが，その分だけ仕入れや生産に費用がかかります．売り上げから費用を引いて手もとに残った分が利潤であるわけです．市場に x だけ製品を生産・供給したときにかかる総費用を $C(x)$ と書くことにしましょう．これを**費用関数**といいます (「C」は費用 Cost の頭文字です)．費用関数は企業のもつ生産技術に依存して決まります．

費用関数として具体的な関数を当てはめて，利潤最大化の問題を解いてみましょう．

例題 5.1

ある財を生産する企業の費用関数が

$$C(x) = x^2$$

であるとする．この企業は市場価格を所与として生産量を決める (つまり，プライス・テイカーである) とする．

(1) この財の市場価格が 300 であるとき，利潤を最大化する生産量を求めなさい．

(2) この企業の供給関数 $S(p)$ を求めなさい．

(3) この企業の供給曲線を図示しなさい．

【解答 5.1】

(1) 生産量を x とすると，収入は $300x$ で費用は $C(x) = x^2$ なので，そのときの利潤を $\pi(x)$ とおくと

$$\pi(x) = 300x - C(x)$$
$$= 300x - x^2$$

と書けます．関数 $\pi(x)$ を最大化する x を求めたいわけです．

この関数は x についての 2 次関数なので，第 2 章で学んだテクニックを使って最適解を求めることができます．平方完成することにより，

$$\pi(x) = -(x^2 - 300x)$$
$$= -\{(x-150)^2 - 150^2\} = -(x-150)^2 + 22500$$

と書けるので，

$$x = 150$$

が利潤 π を最大化する生産量であることがわかります．

(2) 供給関数とは，「市場価格が p であるときにどれだけ生産・供給するか」を p の関数として表したものです．市場価格が p のとき，生産量を x とすると収入は px なので，利潤 $\pi(x)$ は「収入 − 費用」より

$$\pi(x) = px - C(x)$$
$$= px - x^2$$

と書けます．これはやはり x についての 2 次関数なので平方完成してあげると，

$$\pi(x) = -(x^2 - px)$$
$$= -\left\{\left(x - \frac{1}{2}p\right)^2 - \left(\frac{1}{2}p\right)^2\right\} = -\left(x - \frac{1}{2}p\right)^2 + \frac{1}{4}p^2$$

となります．これより，市場価格が p のときは生産量を $x = \frac{1}{2}p$ とすることで利潤が最大になる，とわかります．したがって，この企業の供給関数 $S(p)$ は

$$S(p) = \frac{1}{2}p$$

で与えられます (実際，$p = 300$ を代入すると $S(300) = 150$ と，(1) の答えが求まります)．

(3) 供給曲線は供給関数を xp 平面に図示したものです．横軸に数量 x，縦軸に価格 p をとることに注意してください．$x = \frac{1}{2}p$ を図示することで供給曲線が得られます：

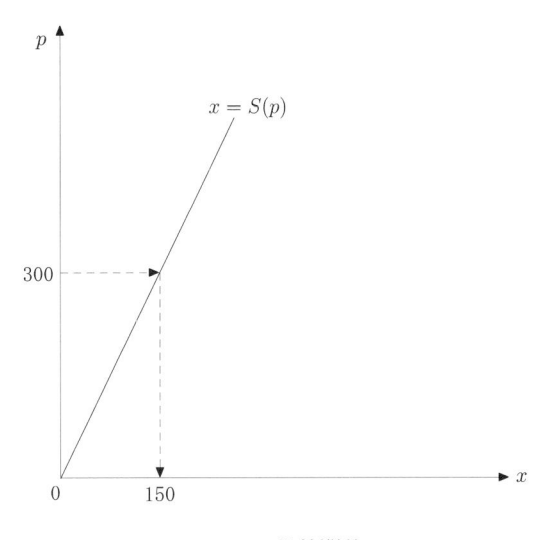

図 5.1　供給関数

[例題 5.1：終]

上の例題では費用関数が $C(x) = x^2$ と 2 次関数だったので，第 2 章で学んだことの範囲内で利潤最大化問題を解くことができました．しかし，もちろん費用関数は 2 次関数とは限りません．たとえば $C(x) = x^3$ と 3 次関数だったらどうなるのでしょうか．あるいはもっと複雑な関数だったらどうでしょうか．そうなるともう第 2 章の範囲外です．そこで登場するのが本章で学ぶ「微分」です．

5.2　微分とは

そもそも微分とは何でしょうか．簡単に言ってしまうと，微分とは「線形近似」のことである，となります．これが何を言っているのかを理解することが微分を理解することです．

ある関数 f の xy 平面でのグラフ $y = f(x)$ を考えます (グラフは尖ったりせず，なめらかであるとします)．一般に関数のグラフは複雑なものです．何事も複雑なものはまず簡単にして考えるのが鉄則です．したがって，最も簡単な関数で近似することで複雑な関数の振る舞いを調べる，ということを考えます．「最も簡単な関数」とは何でしょうか．それは第 1 章で学んだ 1 次関数 (比例関数) です．

曲線 $y = f(x)$ 上の任意の点 $(\bar{x}, f(\bar{x}))$ を固定して，その点のまわりでの f の振る舞いを分析します．f のグラフを点 $(\bar{x}, f(\bar{x}))$ のまわりでうーんと拡大していきましょう．どんどん拡大していくと曲線がだんだんまっすぐに見えてくるでしょう[1]．まっすぐに見える，と

---

[1] もし f のグラフがこの点で尖っていたとすると，いくら拡大しても尖ったままで直線には見えてきません．このとき f はこの点で微分不可能であるといいます．以下，尖っていないスムーズな関数のみを考察の対象にします．

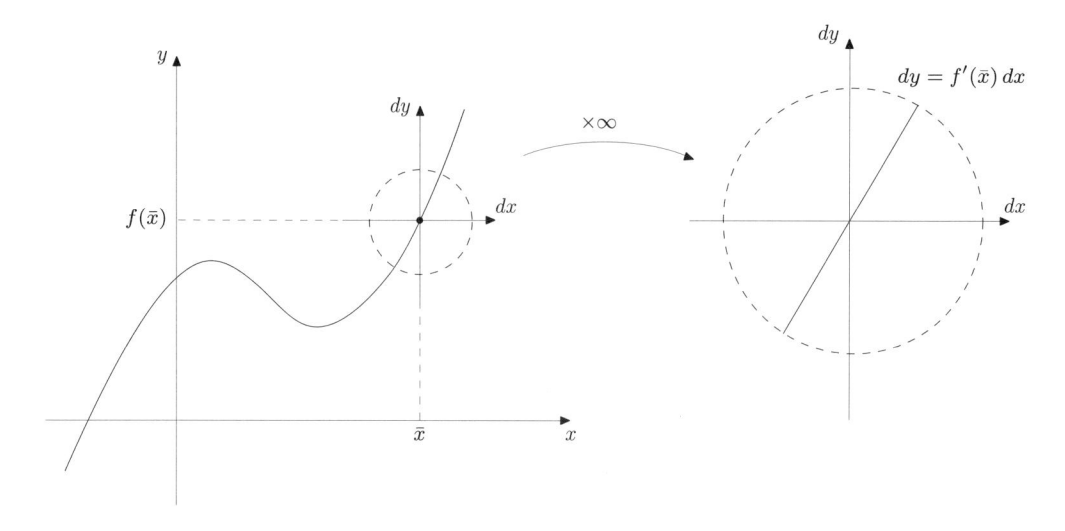

図 5.2 ∞ 倍に拡大

いっても曲がっているものは曲がっているのですが,「∞ 倍に拡大した先」では直線に見える,といってよいでしょう．拡大する前のグラフの原点はだいぶ遠くにあるので，点 $(\bar{x}, f(\bar{x}))$ を原点として新たに座標系 XY を設定することにしましょう．すると，この，f のグラフを $(\bar{x}, f(\bar{x}))$ のまわりで ∞ 倍に拡大することで見えてくる直線の式は

$$Y = aX \tag{5.1}$$

という **1** 次式で書けます (右辺はもちろん a かける X です). a はこの直線の傾きです．ここで，∞ 倍に拡大した世界であることを明示するために X, Y の代わりに dx, dy という記号を使います (「d」は微分 differential の頭文字から来ています)．すると，上の式は

$$dy = a\,dx \tag{5.2}$$

と書けます．これを「dx, dy を変数とする 1 次式」と見ることが大事です．dx はあくまでもひとかたまりであって「d かける x」ではありません！ dy についてもしかり．(5.1) 式と同様に右辺は「a かける dx」です．ここで，傾き a を「f の $x = \bar{x}$ における微分係数」といい，

$$f'(\bar{x}) \text{ とか,} \quad \frac{df}{dx}(\bar{x}) \text{ とか,} \quad \frac{dy}{dx}(\bar{x}) \text{ とか}$$

と書きます．ここでは $f'(\bar{x})$ を用いることにします (「f'」は「エフ・プライム」と読むのが正式です)．すると，(5.2) 式は最終的に

$$dy = f'(\bar{x})\,dx \tag{5.3}$$

という形に書けます (図 5.2)．これを「f の $x = \bar{x}$ における微分」といいます．繰り返し

ますが，この式は「$f'(\bar{x})$ を傾き (比例係数) とする dx, dy の 1 次式 (比例関係式)」と見ます．これが「微分とは『線形近似』のことである」ということの意味です．「線形近似」は「1 次近似」ともいいます．「直線の式 = 1 次式」ということから，「線形」と「1 次」とは同じ意味をもちます．(5.3) 式で，dy の代わりに $df(x)$ という記号を使って，

$$df(x) = f'(\bar{x})\,dx \tag{5.4}$$

と書くこともあります．

この直線は拡大する前のもとの世界では点 $(\bar{x}, f(\bar{x}))$ を通る傾き $f'(\bar{x})$ の直線です．式で書くと

$$y = f'(\bar{x})(x - \bar{x}) + f(\bar{x}) \tag{5.5}$$

です (第 1 章第 1.5.1 項を参照)．この直線を「$y = f(x)$ の $x = \bar{x}$ における接線」といいます．接線の式 (5.5) は $x = \bar{x}$ のすぐそばでは $f(x)$ を近似しています．つまり，x が $\bar{x}$ に十分近いとき (「$x \approx \bar{x}$」と書きます)，

$$f(x) \approx f(\bar{x}) + f'(\bar{x})(x - \bar{x})$$

と近似的に書けます．あるいは，$\varepsilon = x - \bar{x}$ と置きかえ，ε が十分小さいとして

$$f(\bar{x} + \varepsilon) \approx f(\bar{x}) + f'(\bar{x})\varepsilon$$

と書くこともできます (ε をイプシロンと読みます．「十分小さい」「ちょびっと」を表す記号としてよく使われます)．

さて，微分係数 $f'(\bar{x})$ はどのように決まるのでしょうか．「傾き」ですから，x 座標をちょびっとずらした点 $(\bar{x} + \varepsilon, f(\bar{x} + \varepsilon))$ をとって，2 点 $(\bar{x}, f(\bar{x})), (\bar{x} + \varepsilon, f(\bar{x} + \varepsilon))$ を通る直線の傾き

$$\frac{f(\bar{x} + \varepsilon) - f(\bar{x})}{\varepsilon}$$

を考えましょう．ここで，あくまで「∞ 倍に拡大した世界」なので，ε を 0 に近づけた極限をとります．これが $f'(\bar{x})$ の定義です．

> **定義 5.1**
> 関数 f の $x = \bar{x}$ における微分係数 $f'(\bar{x})$ を
> $$f'(\bar{x}) = \lim_{\varepsilon \to 0} \frac{f(\bar{x} + \varepsilon) - f(\bar{x})}{\varepsilon} \tag{5.6}$$
> で定義する．

それでは，いくつかの関数について微分係数を求めてみましょう．まずは 1 次関数

$$f(x) = ax + b$$

です．この関数の $x = \bar{x}$ における微分係数 $f'(\bar{x})$ はいくつでしょうか．これは即答できないといけません．$y = f(x)$ のグラフは ∞ 倍に拡大するまでもなくそもそも直線で，その傾きは a です．したがって，どんな $\bar{x}$ に対しても $f'(\bar{x}) = a$ となります．とくに，$f(x) = b$ ($a = 0$ のケース) に対しては，$y = b$ のグラフは傾き 0 (x 軸に平行) ですからどんな $\bar{x}$ に対しても $f'(\bar{x}) = 0$ となります．

次に，2 次関数

$$f(x) = x^2$$

を考えましょう．今度は $y = f(x)$ のグラフは直線ではないので，微分係数は x ごとに異なります．それではまず，この関数 f の $x = 1$ における微分係数 $f'(1)$ を上の定義に従って計算してみましょう．(5.6) 式の右辺の分数は，

$$f(1+\varepsilon) - f(1) = (1+\varepsilon)^2 - 1^2 = (1 + 2\varepsilon + \varepsilon^2) - 1 = 2\varepsilon + \varepsilon^2$$

より，$\dfrac{2\varepsilon + \varepsilon^2}{\varepsilon} = 2 + \varepsilon$ と計算できます．ここで，$\varepsilon \to 0$ とすると 2 が残ります．以上をまとめて書くと

$$\begin{aligned} f'(1) &= \lim_{\varepsilon \to 0} \frac{(1+\varepsilon)^2 - 1^2}{\varepsilon} \\ &= \lim_{\varepsilon \to 0} \frac{2\varepsilon + \varepsilon^2}{\varepsilon} = \lim_{\varepsilon \to 0}(2 + \varepsilon) = 2 \end{aligned}$$

となります．

今度は一般の点 $x = \bar{x}$ に対して微分係数 $f'(\bar{x})$ を求めてみましょう．先と同様に，

$$\begin{aligned} f'(\bar{x}) &= \lim_{\varepsilon \to 0} \frac{(\bar{x}+\varepsilon)^2 - (\bar{x})^2}{\varepsilon} \\ &= \lim_{\varepsilon \to 0} \frac{2\bar{x}\varepsilon + \varepsilon^2}{\varepsilon} = \lim_{\varepsilon \to 0}(2\bar{x} + \varepsilon) = 2\bar{x} \end{aligned}$$

と計算できます．$\bar{x}$ にいろいろな値を代入すればいろいろな点での f の微分係数を求めることができます (図 5.3)．このように，f' は関数を定義していると見ることができます．

各 x に対して x における f の微分係数 $f'(x)$ を対応させる関数 f' を「f の導関数」といいます．$f'(x)$ のかわりに

$$\frac{df}{dx}(x)$$

と書くこともよくあります．ふつう，f からその導関数 f' を求めることを「f を微分する」

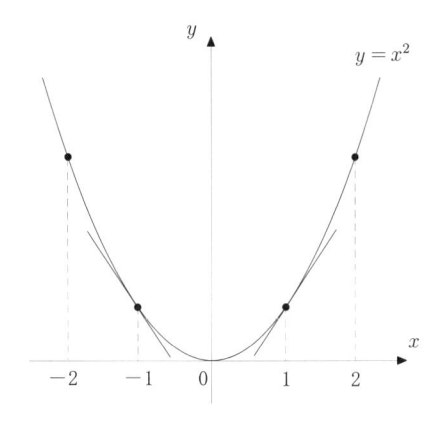

図 5.3　各点における f の微分係数

といいます．たとえば，関数 $f(x) = x^2$ の導関数は $f'(x) = 2x$ です．また「x^2 を微分すると $2x$」のように使います．記号「$'$」を「導関数を求める演算子」と見て

$$(x^2)' = 2x$$

のようにも書きます．「$'$」のかわりに「$\dfrac{d}{dx}$」もよく使われます．たとえば

$$\frac{d}{dx}(x^2) = 2x$$

のように使います．同様に，$f(x) = ax + b$ だったら，どんな x に対しても微分係数は a でしたから，導関数は $f'(x) = a$ となります．これも，

$$(ax+b)' = a \quad \text{とか}, \quad \frac{d}{dx}(ax+b) = a \quad \text{とか}$$

とも書きます．とくに，$a = 0$ のときは

$$(b)' = 0$$

となります．つまり，定数を微分するとゼロになります．

ところで，たとえば x^2 を微分して，そこに $x = 1$ を代入したときの値を求めたい，というようなことがよくあります．$f(x) = x^2$ と関数に名前をつけている場合は $f'(1)$ と書けばよいだけですが，わざわざ名前をつけていない場合は

$$(x^2)'\big|_{x=1} = 2$$

のように縦棒を使って書きます．「$(x^2)' = 2x$」という途中経過を明示したければ，次のように書くことができます：

$$(x^2)'\big|_{x=1} = 2x\big|_{x=1} = 2.$$

例題 5.2

$f(x) = x^3$ の導関数を定義に従って求めなさい．

【解答 5.2】

$(x+\varepsilon)^3 = x^3 + 3x^2\varepsilon + 3x\varepsilon^2 + \varepsilon^3$ より，

$$f'(x) = \lim_{\varepsilon \to 0} \frac{(x+\varepsilon)^3 - x^3}{\varepsilon} = \lim_{\varepsilon \to 0} \frac{3x^2\varepsilon + 3x\varepsilon^2 + \varepsilon^3}{\varepsilon}$$
$$= \lim_{\varepsilon \to 0}(3x^2 + 3x\varepsilon + \varepsilon^2) = 3x^2.$$

[例題 5.2：終]

経済学では，微分はしばしば「限界○○」という概念で登場します．「○○」にはたとえば「費用」が入ります．「限界費用」は「生産量を限界的に 1 単位増やしたときに追加的にかかる費用の増加分」と説明されますが，これは費用関数の微分係数にほかなりません[2]．正確には，費用関数 $C(x)$ の $x = \bar{x}$ における微分係数 $C'(\bar{x})$ を「生産量 $\bar{x}$ における限界費用」，導関数 C' を「限界費用関数」といいます[3]．限界費用は C' のかわりに，限界費用 Marginal Cost の頭文字をとって MC と書くことも多いので覚えておきましょう．たとえば，費用関数が $C(x) = x^2$ のときは限界費用関数は $MC(x) = 2x$，また $C(x) = x^3$ のときは $MC(x) = 3x^2$ となりますね．費用関数が $C(x) = ax + b$ のように 1 次関数のときは限界費用関数は $MC(x) = a$ と常に一定の値をとりますが，一般には生産量 x の値によって異なります．

> 【ちょっとメモ】　経済学では，具体例の段階では「円」とか「kg」とか単位をつけて語りますが，理論に入ると途端に具体的な単位を明示しなくなります．しかし，もしも登場している変数に特定の単位を与えたらどうなるかはきちんと理解しておかないといけません．たとえば貨幣の単位として「円」，財の量の単位として「kg」を使うとすると，財の価格とは 1 kg あたりの値段ですからその単位は単に「円」ではなくて「円/kg」となります．収入は 価格 (円/kg) × 生産量 (kg) ですから単位は「円」です．また，生産量が x kg のときの総費用 $C(x)$ の単位は「円」で，そのときの平均費用の単位はもちろん「円/kg」です．注意すべきは限界費用ですが，これは生産量 x と費用 $C(x)$ の局所的な (∞ 倍した世界での) 比率ですから単位は平均費用と同じく「円/kg」です．したがって，価格と平均費用・限界費用は比較できますが，価格と総費用は単位が異なるので比較できません．単位をつけたら何になるかを念頭においておくことで，軽率なミスを防ぐことができます．

---

[2] 「限界」は「marginal」の訳語です．「marginal」とは「際 (きわ) の」「縁 (へり) の」という意味で，「ちょびっと ε だけ増やしたときの」とイメージしてください．

[3] とはいえ，限界費用 (微分係数) と限界費用関数 (導関数) の区別は曖昧にされることが多いようです．

さて，2次関数 $y = x^2$ において，

$$(x+\varepsilon)^2 - x^2 = 2x\varepsilon + \varepsilon^2$$

で ε の1次の係数 $2x$ が点 x における微分係数であるわけですが，これは ε^2 の項は無視して

$$(x+\varepsilon)^2 - x^2 \approx 2x\varepsilon$$

と ε の **1** 次式で近似していることにほかなりません．これを図解すると図 5.4 のようになります．x^2 はもちろん x を 2 つかけあわせているのですが，それらの x を 1 つずつ ε だけずらして，

$$(x+\varepsilon)^2 - x^2 \approx \{(x+\varepsilon) \times x - x^2\} + \{x \times (x+\varepsilon) - x^2\}$$

のように計算していると見ることができます．

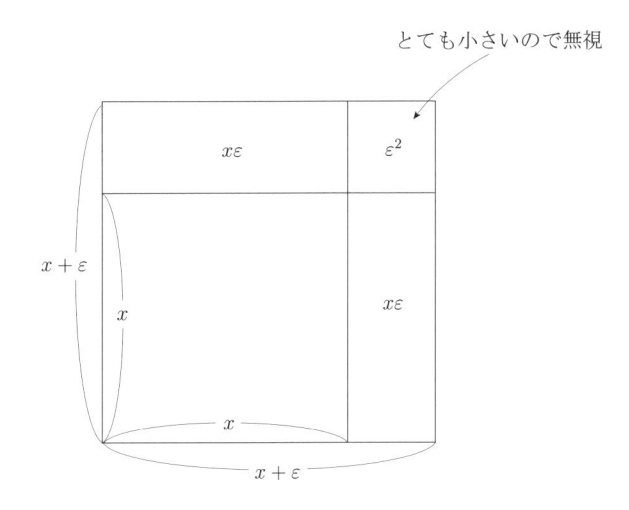

図 5.4　x^2 の微分の図解

3次関数 $y = x^3$ においても，

$$(x+\varepsilon)^3 - x^3 = 3x^2\varepsilon + 3x\varepsilon^2 + \varepsilon^3$$

で ε^2 以下の項を無視して

$$(x+\varepsilon)^3 - x^3 \approx 3x^2\varepsilon$$

と ε の 1 次式で近似できます (もちろん ε の係数 $3x^2$ が x における微分係数です)．「線形近似」あるいは「1 次近似」とは ε^2 以下の項を無視するということです．これも先と同様に $x^3 = x \times x \times x$ の x を 1 つずつ ε だけずらして

$$(x+\varepsilon)^3 - x^3$$
$$\approx \{(x+\varepsilon) \times x \times x - x^3\} + \{x \times (x+\varepsilon) \times x - x^3\} + \{x \times x \times (x+\varepsilon) - x^3\}$$

と計算することができます．

この考え方をふまえて，x の n 乗の微分の公式を導きましょう．

> **公式 5.1** (n 乗の微分)
> n を自然数として，
> $$(x^n)' = nx^{n-1}.$$
> (実はこの等式は n が自然数に限らず一般の実数のときも成り立ちます．)

「指数が前に出てきて次数が 1 つ下がる」とでも覚えましょう．

これは次のように確かめることができます．まず，$(x+\varepsilon)^n$ を展開すると

$$(x+\varepsilon)^n = x^n + nx^{n-1}\varepsilon + \bigcirc \times \varepsilon^2 + \triangle \times \varepsilon^3 + \cdots$$

の形に書けるので ($n=2$ や $n=3$ のケースで確かめてみましょう)，

$$(x+\varepsilon)^n - x^n = nx^{n-1}\varepsilon + \bigcirc \times \varepsilon^2 + \triangle \times \varepsilon^3 + \cdots$$

となります．ここで ε^2 以下の項を無視して

$$(x+\varepsilon)^n - x^n \approx nx^{n-1}\varepsilon$$

と 1 次近似すれば ε の係数 nx^{n-1} が x における微分係数であるとわかります．これも，x^n を x の n 個の積と見て 1 つずつ ε だけずらすことで，

$$(x+\varepsilon)^n - x^n$$
$$\approx \{(x+\varepsilon) \times x^{n-1} - x^n\} + \{x \times (x+\varepsilon) \times x^{n-2} - x^n\}$$
$$+ \cdots + \{x^{n-1} \times (x+\varepsilon) - x^n\}$$
$$= x^{n-1}\varepsilon + x^{n-1}\varepsilon + \cdots + x^{n-1}\varepsilon = nx^{n-1}\varepsilon$$

と計算することもできます．

5.3 微分の公式

微分演算の性質を整理しましょう．それらにより，導関数を計算するのにいちいち定義に戻らずにすむようになります．まずは微分演算の線形性です．

> 公式 5.2 (微分演算の線形性)
> (1) $(f+g)'(x) = f'(x) + g'(x)$
> (2) $(\lambda f)'(x) = \lambda f'(x)$

これらは $\bigl(f(x)+g(x)\bigr)' = f'(x)+g'(x)$, $\bigl(\lambda f(x)\bigr)' = \lambda f'(x)$ と書いた方が見やすいかもしれません．最初の式は「関数 $f+g$ の導関数は，関数 f の導関数と関数 g の導関数の和」ということをいっています．これは「1 次関数 aX と bX の和は，比例係数が $a+b$ である 1 次関数 $(a+b)X$ である」(第 1 章第 1.2 節を参照) ということに対応します．念のために詳しく見ておきましょう．$h = f+g$ とおきましょう．関数 h を任意の $x=\bar{x}$ のまわりで ∞ 倍に拡大すると $h'(\bar{x})\,dx$ という 1 次関数とみなせます．また，f, g はそれぞれ $f'(\bar{x})\,dx$, $g'(\bar{x})\,dx$ とみなせます．1 次関数 $h'(\bar{x})\,dx$ は 2 つの 1 次関数 $f'(\bar{x})\,dx$, $g'(\bar{x})\,dx$ の和なので，それらの比例係数に $h'(\bar{x}) = f'(\bar{x}) + g'(\bar{x})$ という和の等式が成り立ちます．$\bar{x}$ は任意にとってきたので，$h' = f' + g'$ という関数としての等式が成り立つことになります．同様に，$(\lambda f)' = \lambda f'$ は「1 次関数 aX の λ 倍は比例係数が λa である 1 次関数 $(\lambda a)X$ である」(第 1 章第 1.2 節を参照) ということに対応します．

これらの演算規則を組み合わせることで微分を楽に計算できるようになります．たとえば $5x^3 + 4x^2 + 3$ の導関数は

$$(5x^3 + 4x^2 + 3)' = (5x^3)' + (4x^2)' + (3)'$$
$$= 5(x^3)' + 4(x^2)' + (3)'$$
$$= 5 \times 3x^{3-1} + 4 \times 2x^{2-1} + 0 = 15x^2 + 8x$$

と求めることができます．

次は合成関数の微分です．これもよく使います．「チェイン・ルール (鎖公式)」と呼ばれることもあります．

> 公式 5.3 (合成関数の微分)
> $(f \circ g)'(x) = f'(g(x)) \cdot g'(x)$

左辺は $\bigl(f(g(x))\bigr)'$ と書いても同じことです．右辺は「入れ物の微分かける中身の微分」と覚えます (f' は $g(x)$ で評価することに注意)．もちろん，覚えるだけではだめで，内容も理解しないといけません．$z = f(y), y = g(x)$ はそれぞれ $dz = f'(\bar{y})\,dy, dy = g'(\bar{x})\,dx$ と近似できますから (ただし，$\bar{y} = g(\bar{x})$)，「1 次関数 $Z = aY, Y = bX$ の合成は，ab を比例係数とする 1 次関数 $Z = (ab)X$ になる」(第 1 章第 1.2 節を参照) ということを思い出すと，$(f \circ g)'(\bar{x}) = f'(\bar{y}) \times g'(\bar{x})$ であることがわかります．基本はとにかく「微分は局所的な 1 次近似」ということです．

例題 5.3

$(2x+1)^n$ の導関数を求めなさい．

【解答 5.3】

$(2x+1)^n$ を「入れ物が $\boxed{}^n$ で中身が $2x+1$」と見て，入れ物の微分が $n\boxed{}^{n-1}$ ですから，

$$\begin{aligned}
\left\{(2x+1)^n\right\}' &= (入れ物の微分) \times (中身の微分) \\
&= n\boxed{}^{n-1} \times (2x+1)' \\
&= n(2x+1)^{n-1} \times 2 = 2n(2x+1)^{n-1}.
\end{aligned}$$

[例題 5.3：終]

一般に，$f(x)$ の n 乗の微分は $(f(x)^n)' = nf(x)^{n-1}f'(x)$ となります．

注意 5.1

間違える人がよくいるのですが，「$(f(g(x)))'$」と「$f'(g(x))$」は異なる意味をもちます．前者 $(f(g(x)))'$ は，$f(y)$ の y のところに $g(x)$ を代入して得られる新しい関数 (つまり f と g の合成関数) $h(x) = f(g(x))$ の導関数 $h'(x)$ のことで，後者 $f'(g(x))$ は，f の導関数 $f'(y)$ の y のところに $g(x)$ を代入して得られる関数のことです．記号 $\dfrac{d}{dx}, \dfrac{df}{dy}$ を使うと

$$\frac{d}{dx}\bigl(f(g(x))\bigr) \text{ は } \bigl(f(g(x))\bigr)' \text{ と同じ意味}, \quad \frac{df}{dy}(g(x)) \text{ は } f'(g(x)) \text{ と同じ意味}$$

となります．あるいは，縦棒を使うと，後者の $f'(g(x))$ は $f'(y)\big|_{y=g(x)}$ と書けます．

たとえば $f(y) = y^2$ とすると，

$$\bigl(f(3x)\bigr)' = \left\{(3x)^2\right\}' = (9x^2)' = 18x$$

ですが，一方で $f'(y) = 2y$ より，

$$f'(3x) = f'(y)\big|_{y=3x} = 2y\big|_{y=3x} = 2 \times 3x = 6x$$

です．

ほかの公式に比べて出会う頻度は低いと思いますが，逆関数の微分も知っておくと便利です．逆関数は要は 45° 線に関する折り返しですから，その傾きはもとの関数の傾きの逆数になります (第 1 章第 1.1 節を参照)．

> **公式 5.4** (逆関数の微分)
> $$(f^{-1})'(x) = \frac{1}{f'\bigl(f^{-1}(x)\bigr)}$$

f' は $f^{-1}(x)$ で評価することに注意してください．

次の，積の微分は頻出です．

> **公式 5.5** (積の微分)
> $$(fg)'(x) = f'(x)g(x) + f(x)g'(x)$$

左辺は $\bigl(f(x)g(x)\bigr)'$ と書いても同じことです．

この公式は x^2 の微分の図解 (図 5.4) と同様に理解します (図 5.5)．十分小さいところは無視することで，かけ算している $f(x)$ と $g(x)$ をそれぞれずらして

$$f(x+\varepsilon)g(x+\varepsilon) - f(x)g(x)$$
$$\approx \bigl(f(x+\varepsilon)g(x) - f(x)g(x)\bigr) + \bigl(f(x)g(x+\varepsilon) - f(x)g(x)\bigr)$$
$$= \bigl(f(x+\varepsilon) - f(x)\bigr)g(x) + f(x)\bigl(g(x+\varepsilon) - g(x)\bigr)$$
$$\approx f'(x)\varepsilon \times g(x) + f(x) \times g'(x)\varepsilon$$
$$= \bigl(f'(x)g(x) + f(x)g'(x)\bigr)\varepsilon$$

と 1 次近似することで，ε の係数 $f'(x)g(x) + f(x)g'(x)$ が $f(x)g(x)$ の微分係数であることがわかります．

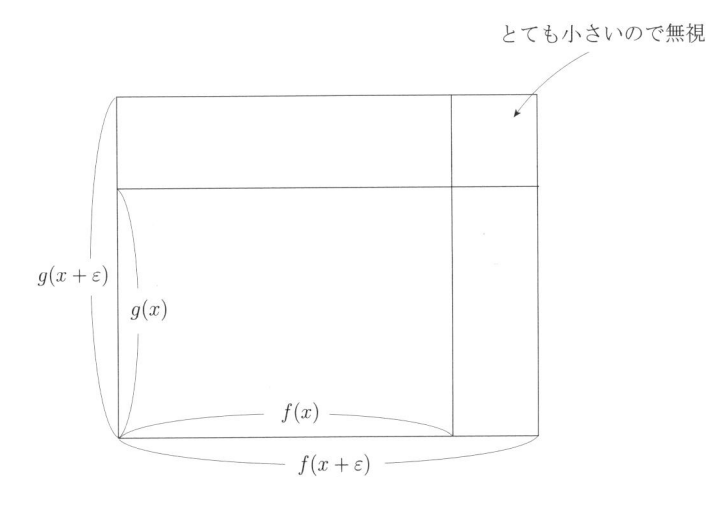

図 5.5 積の微分の公式の図解

指数関数・対数関数の微分は非常に重要です．

公式 5.6 (指数関数・対数関数の微分)
(1) $(e^x)' = e^x$
(2) $(\log x)' = \dfrac{1}{x}$

---

(1) の「e」は第 3 章で定義した自然対数の底 (ネイピア数) ですが，この公式を e の定義だと思ってそのまま覚えてしまってかまいません (心配な人は第 5.7.1 節を参照してください．第 3 章の定義からこの公式を導き出します)．

(2) の「$\log$」は自然対数です ($\log_e$ での e の省略)．こちらの公式は指数関数の微分と逆関数の微分から導かれます．対数関数は指数関数の逆関数でしたから，$f(x) = e^x$ とおくと $f^{-1}(x) = \log x$ となります．ここで公式 5.4 と公式 5.6(1) より，

$$(\log x)' = \frac{1}{f'(\log x)} = \frac{1}{e^{\log x}} = \frac{1}{x}$$

となります ($e^{\log x} = x$ は $\log$ の定義より)．

公式 5.6 の (1) は，関数 e^x は $\bar{x}$ の十分近くでは傾き $e^{\bar{x}}$ の直線で近似できるということを言っています．つまり，$x \approx \bar{x}$ のとき

$$e^x \approx e^{\bar{x}} + e^{\bar{x}}(x - \bar{x}) \tag{5.7}$$

と近似できるということです．とくに，x が 0 に十分近いとき，e^x は傾き 1 の直線で

$$e^x \approx 1 + x \tag{5.8}$$

と近似できます ($\bar{x} = 0$ としました)．

同様に，公式の (2) より関数 $\log x$ は $x \approx \bar{x}$ のとき

$$\log x \approx \log \bar{x} + \frac{1}{\bar{x}}(x - \bar{x}) \tag{5.9}$$

と近似的に書けます．とくに，$x \approx 1$ のときは

$$\log x \approx x - 1 \tag{5.10}$$

と近似できます ($\bar{x} = 1$ としました)．

ところで，(5.9) 式を

$$\frac{x - \bar{x}}{\bar{x}} \approx \log x - \log \bar{x} \tag{5.11}$$

と書きかえてみましょう．左辺は x の $\bar{x}$ からの変化の割合 (変化率) を表しています．よってこの式から「$x \approx \bar{x}$ のとき x の変化率は対数の差で近似できる」ということがわかります．この近似は経済学でよく出てきます．

例題 5.4

指数関数・対数関数の微分と合成関数の微分を使って次を示しなさい．

(1) $\left(e^{f(x)}\right)' = e^{f(x)} f'(x)$

(2) $\left(\log f(x)\right)' = \dfrac{f'(x)}{f(x)}$

【解答 5.4】

(1) 入れ物 $e^{\square}$ の微分は $e^{\square}$ そのままですから，

$$\left(e^{f(x)}\right)' = (\text{入れ物 } e^{\square} \text{ の微分}) \times (\text{中身 } f(x) \text{ の微分}) = e^{f(x)} f'(x).$$

(2) 入れ物 $\log \square$ の微分は $\dfrac{1}{\square}$ ですから，

$$\left(\log f(x)\right)' = (\text{入れ物 } \log \square \text{ の微分}) \times (\text{中身 } f(x) \text{ の微分})$$
$$= \dfrac{1}{f(x)} \times f'(x) = \dfrac{f'(x)}{f(x)}.$$

[例題 5.4：終]

積の微分は対数関数の微分を使って示すこともできます．対数をとって積を和に変えるのがポイントです．

例題 5.5

対数関数の微分を使って $\left(f(x)g(x)\right)' = f'(x)g(x) + f(x)g'(x)$ を示しなさい．

【解答 5.5】

対数法則より $\log(f(x)g(x)) = \log f(x) + \log g(x)$ が成り立ちます．この式の両辺をそれぞれ微分します．左辺の微分は

$$\left\{\log(f(x)g(x))\right\}' = \dfrac{\left(f(x)g(x)\right)'}{f(x)g(x)}.$$

右辺の微分は

$$\{\log f(x) + \log g(x)\}' = \frac{f'(x)}{f(x)} + \frac{g'(x)}{g(x)} = \frac{f'(x)g(x) + f(x)g'(x)}{f(x)g(x)}.$$

これらが等しいことより,

$$\frac{\bigl(f(x)g(x)\bigr)'}{f(x)g(x)} = \frac{f'(x)g(x) + f(x)g'(x)}{f(x)g(x)},$$

すなわち $\bigl(f(x)g(x)\bigr)' = f'(x)g(x) + f(x)g'(x).$

[例題 5.5：終]

さて，ここで公式 5.1 が自然数乗に限らず一般の実数乗に関しても成り立つことを確かめることができます．

公式 5.7

α を実数として,

$$(x^\alpha)' = \alpha x^{\alpha-1}. \tag{5.12}$$

これは次のように証明できます．合成関数の微分と対数関数の微分より,

$$\bigl(\log(x^\alpha)\bigr)' = \frac{(x^\alpha)'}{x^\alpha}.$$

一方，対数法則より $\log(x^\alpha) = \alpha \log x$ なので，こちらを微分すると

$$(\alpha \log x)' = \frac{\alpha}{x}.$$

これらが等しいことより,

$$(x^\alpha)' = \frac{\alpha}{x} \times x^\alpha = \alpha x^{\alpha-1}.$$

(指数法則を使いました．)

練習問題 5.1

(1) $\left(\dfrac{1}{x}\right)'$ を求めなさい．

(2) $(\sqrt{x})'$ を求めなさい．

【解答 5.1】

(1) $\dfrac{1}{x}$ を x^{-1} と書き直して公式 5.7 を使います．

$$\left(\frac{1}{x}\right)' = (x^{-1})' = (-1) \times x^{-1-1} = -x^{-2} \quad \left(= -\frac{1}{x^2}\right).$$

(2) $\sqrt{x}$ を $x^{\frac{1}{2}}$ と書き直して公式 5.7 を使います．

$$(\sqrt{x})' = \left(x^{\frac{1}{2}}\right)' = \frac{1}{2} \times x^{\frac{1}{2}-1} = \frac{1}{2}x^{-\frac{1}{2}} \quad \left(= \frac{1}{2\sqrt{x}}\right).$$

[練習問題 5.1：終]

練習問題 5.2

$\left(\dfrac{f(x)}{g(x)}\right)' = \dfrac{f'(x)g(x) - f(x)g'(x)}{\bigl(g(x)\bigr)^2}$ を示しなさい．

【解答 5.2】

$\dfrac{f(x)}{g(x)} = f(x)\bigl(g(x)\bigr)^{-1}$ と積の形に書きかえて積の微分公式を使います．合成関数の微分より

$$\bigl\{\bigl(g(x)\bigr)^{-1}\bigr\}' = (-1)\bigl(g(x)\bigr)^{-1-1} \times g'(x)$$

なので，

$$\begin{aligned}
\left(\frac{f(x)}{g(x)}\right)' &= \bigl(f(x)\bigl(g(x)\bigr)^{-1}\bigr)' \\
&= f'(x)\bigl(g(x)\bigr)^{-1} + f(x)\bigl\{\bigl(g(x)\bigr)^{-1}\bigr\}' \\
&= f'(x)\bigl(g(x)\bigr)^{-1} + f(x) \times (-1)\bigl(g(x)\bigr)^{-2} g'(x) \\
&= \frac{f'(x)}{g(x)} - \frac{f(x)g'(x)}{\bigl(g(x)\bigr)^2} \\
&= \frac{f'(x)g(x) - f(x)g'(x)}{\bigl(g(x)\bigr)^2}.
\end{aligned}$$

[練習問題 5.2：終]

この結果は商の微分公式と呼ばれることもありますが，積の微分公式から導くことができるので覚える必要はありません (ただし，自分で導けるようにしておくこと)．

> **微分公式のまとめ**
>
> (1) $(f(x)+g(x))' = f'(x)+g'(x), \quad (\lambda f(x))' = \lambda f'(x)$
>
> (2) $(f(g(x)))' = f'(g(x))g'(x)$
>
> (3) $(f(x)g(x))' = f'(x)g(x)+f(x)g'(x)$
>
> (4) $(x^\alpha)' = \alpha x^{\alpha-1}$
>
> (5) $(e^x)' = e^x$
>
> (6) $(\log x)' = \dfrac{1}{x}$

5.4 関数の増減と最大・最小

ここまでに学んできたように，微分とは複雑な関数を局所的に1次関数で近似する手段です．得られた局所的な情報をつなげていけば関数の大域的な情報，とくに関数の増減がわかります．そこから，関数が最大になる点あるいは最小になる点を求めることができます．本節では，まず導関数の符号からもとの関数の増減を調べる方法を説明します．そのあと，関数の最大・最小の求め方を学びます．

5.4.1 増減

関数 $y=f(x)$ を $x=\bar{x}$ のまわりで ∞ 倍に拡大するとあたかも直線に見えてきて，その直線は $dy = f'(\bar{x})\,dx$ という式で表されるのでした．1次関数 $Y=aX$ の表す直線は，傾き a の符号に注目して，

$$\begin{cases} a>0 \text{ ならば右上がり (増加)} \\ a=0 \text{ ならば平ら} \\ a<0 \text{ ならば右下がり (減少)} \end{cases}$$

となるので，1次関数以外の一般の関数についても微分係数の符号に注目することで局所的な増減が判定できます．

> **命題 1** (関数の増減)
> - $f'(\bar{x})>0$ ならば，関数 f は $x=\bar{x}$ の付近で増加
> - $f'(\bar{x})<0$ ならば，関数 f は $x=\bar{x}$ の付近で減少

したがって，関数 f の増減の様子を調べるには，その導関数 f' を求めてその符号を調べてやればよいわけです．

例題 5.6

$f(x) = -x^2 + 300x$ の増減を調べなさい．

【解答 5.6】

この関数は 2 次関数 (本章の冒頭の例題 5.1 で登場したものです) なので平方完成することでグラフの概形がわかりますが，ここでは微分法を使って調べてみます．

関数の増減の様子を調べるには増減表という表を書いてやります．まず導関数を求めると，

$$f'(x) = -2x + 300$$

となります．$y = f'(x)$ は傾き -2 の直線を表し，$x = 150$ のとき $f'(x) = 0$ となり，また，$x < 150$ のとき $f'(x) > 0$，$x > 150$ のとき $f'(x) < 0$ となります．したがって，$x < 150$ のとき $f(x)$ は増加，$x > 150$ のとき $f(x)$ は減少となります．これを増減表で表すと以下のようになります：

x		150	
$f'(x)$	$+$	0	$-$
$f(x)$	↗		↘

例題 5.1 では x は生産量を表していたので非負 (0 以上) の値をとります．もし「$x \geq 0$」という条件が付いていたらその範囲で増減表を書きます．また，$x = 150$ のように増減が変わる点や与えられた範囲の境界の点 (端点といいます) での $f(x)$ の値を記入しておくと便利なこともあります．これらをとり入れて増減表を書くとすると

x	0		150	
$f'(x)$		$+$	0	$-$
$f(x)$	0	↗	22500	↘

となります．

[例題 5.6：終]

それでは今度は 3 次関数に挑戦してみましょう．

練習問題 5.3

次の関数の増減を，与えられた x の範囲で調べなさい．

(1) $f(x) = -x^3 + 300x \quad (x \geq 0)$

(2) $f(x) = 2x^3 - 9x^2 + 12x + 5 \quad (0 \leq x \leq 3)$

【解答 5.3】

(1) 導関数を計算すると

$$f'(x) = -3x^2 + 300$$
$$= -3(x^2 - 100) = -3(x - 10)(x + 10).$$

よって，$0 \leq x < 10$ のとき $f'(x) > 0$，$x > 10$ のとき $f'(x) < 0$ となるので，増減表は

x	0		10	
$f'(x)$		+	0	−
$f(x)$	0	↗	2000	↘

となります．

(2) 導関数を計算すると

$$f'(x) = 6x^2 - 18x + 12$$
$$= 6(x^2 - 3x + 2) = 6(x - 1)(x - 2).$$

よって，$0 \leq x < 1, 2 < x \leq 3$ のとき $f'(x) > 0$，$1 < x < 2$ のとき $f'(x) < 0$ となるので，増減表は

x	0		1		2		3
$f'(x)$		+	0	−	0	+	
$f(x)$	5	↗	10	↘	9	↗	14

となります．

[練習問題 5.3：終]

ところで，経済学では「弾力性 (elasticity)」という概念がよく登場します．たとえば需要関数 $D(p)$ を考えるとすると，微分係数 $D'(p)$ の符号は価格 p が増えたら需要が増えるのか減るのかの判定に使えますが，$D'(p)$ の値じたいは財の単位のとり方 (キログラムにす

るかトンにするかなど) によって変わってきてしまうので使い物になりません．そのため，単位のとり方に依存しない量として変化率の比率を使います．これが弾力性の考え方です．

需要の価格弾力性 $e_\mathrm{d}(p)$ は次のように定義されます．価格が p から Δp だけ上がったときの需要の変化分を ΔD と書きましょう (つまり，$\Delta D(p) = D(p+\Delta p) - D(p)$ です)．このとき，価格の変化率と需要の変化率との比率は

$$\frac{\dfrac{\Delta D(p)}{D(p)}}{\dfrac{\Delta p}{p}} = \frac{\Delta D(p)}{\Delta p}\frac{p}{D(p)}$$

です．ここで $\Delta p \to 0$ とすると，$\dfrac{\Delta D(p)}{\Delta p} \to D'(p)$ となりますから，全体として $D'(p)\dfrac{p}{D(p)}$ となります．これを (p における) 需要の価格弾力性 $e_\mathrm{d}(p)$ と定義します：

$$e_\mathrm{d}(p) = D'(p)\frac{p}{D(p)}.$$

供給の価格弾力性 $e_\mathrm{s}(p)$ も同様に定義されます．供給関数を $S(p)$ として，価格の変化 Δp に対する供給の変化分を $\Delta S(p)$ $(= S(p+\Delta p) - S(p))$ とすると，価格の変化率と供給の変化率との比率は

$$\frac{\dfrac{\Delta S(p)}{S(p)}}{\dfrac{\Delta p}{p}} = \frac{\Delta S(p)}{\Delta p}\frac{p}{S(p)}$$

です．ここで $\Delta p \to 0$ として得られるのが (p における) 供給の価格弾力性 $e_\mathrm{s}(p)$ の定義です：

$$e_\mathrm{s}(p) = S'(p)\frac{p}{S(p)}.$$

注意 5.2 (需要の価格弾力性の定義について)

需要関数 $D(p)$ については，ふつう $D'(p) < 0$ (価格が上がると需要が減る) ですから，教科書によっては -1 をかけてプラスにした，$-D'(p)\dfrac{p}{D(p)}$ を需要の価格弾力性の定義とするものも多くあります．上では，関数ごとにマイナスをつけたりつけなかったりせずに「常にマイナスはつけない」定義にしました．どちらの定義を採用するかは好みの問題です．人と議論するときは自分がどちらの定義で話しているのかをはっきりさせるようにしましょう．弾力性の大小を言うときは「弾力性の絶対値が大きい・小さい」と言うと安全です．試験等では，親切な設問には「需要の価格弾力性 (絶対値) を求めなさい」と書いてあるはずです (あるいは符号は問われないでしょう)．

例題 5.7

ある市において，タクシー会社は「X 交通」1 社のみが操業していて，現在，タクシー料金を $\bar{p}$ に設定しているとする．(以下，簡単化のためタクシーサービス提供の限界費用は 0 であると仮定し，収入最大化のみを考えることにする．また，タクシー料金に関する規制はないものとする．)

X 交通の社長は，売上 (収入) が少ない気がするので料金を改定しようと思い，会社の専務と常務に相談したところ，次のような返答があった．

専務 「売上を増やすには料金を上げるのがあたり前ですよ．」

常務 「いや，料金を上げると客が減ります．むしろ料金を下げれば客を呼びこめて売上が上がります．」

どちらが正しいか．タクシーサービスに対する需要の $\bar{p}$ における価格弾力性の絶対値 $|e_\mathrm{d}(\bar{p})| = -D'(\bar{p}) \dfrac{\bar{p}}{D(\bar{p})}$ の値で分類しなさい (D はこの市における，タクシーサービスに対する需要関数で，減少関数であるとする)．

【解答 5.7】

この市における，タクシーサービスに対する需要関数を D とします．売上を料金 p の関数として R とおくと $R(p) = p \times D(p)$ です．現在の料金 $\bar{p}$ において，

- $R'(\bar{p}) > 0$ ならば，料金を上げれば売上が上がる
- $R'(\bar{p}) < 0$ ならば，料金を上げれば売上が下がる

となります．ここで，積の微分公式より

$$R'(p) = (p\, D(p))' = D(p) + p\, D'(p)$$
$$= D(p)\left(1 + \frac{p\, D'(p)}{D(p)}\right) = D(p)(1 - |e_\mathrm{d}(p)|)$$

と計算でき，$|e_\mathrm{d}(\bar{p})| < 1$ ならば $R'(\bar{p}) > 0$, $|e_\mathrm{d}(\bar{p})| > 1$ ならば $R'(\bar{p}) < 0$ なので，

- $|e_\mathrm{d}(\bar{p})| < 1$ ならば，料金を上げれば売上が上がる (専務が正しい)
- $|e_\mathrm{d}(\bar{p})| > 1$ ならば，料金を上げれば売上が下がる (常務が正しい)

となります．

[例題 5.7：終]

一般に，鉄道・バスなどの公共交通機関が充実している地域においてはタクシーサービスに対する需要の価格弾力性の絶対値は大きいと考えられます．また，同じ地域でも，公共交通機関が終了した後の深夜では，昼間と比べて価格弾力性の絶対値は小さくなるでしょう．

5.4.2 最適化

経済学では，何らかの関数の値を最大あるいは最小にするという問題に頻繁に出会います．例としては，利潤最大化や費用最小化があります．最大化問題と最小化問題をあわせて「最適化問題 (optimization problem)」といい，最大値や最小値を与える変数の値を求めることを「最適化問題を解く」あるいは「最適化する」といいます．本項では，微分法を使って最適化問題を解く方法を学びます．

関数 f に対して，次のような問題を考えましょう：

$f(x)$ が最大になるような x を求めなさい．

これを単に

$$\max_x f(x)$$

と書きます．「max」は動詞「maximize」の命令形 (「最大化しなさい」) だと思ってください．たとえば x が生産量を表す場合は，非負の値ですから，それを明示する場合は条件「$x \geq 0$」を

$$\max_{x \geq 0} f(x)$$

のように書き加えます．この問題の解 (つまり $f(x)$ を最大にする x の値) を「最大化問題の最適解」あるいは単に「最大化問題の解」といいます．一般に，最適解は変数 (この場合は x) の右肩に「$*$」(スターまたはアスタリスクと読みます) をつけて「x^*」のようにおくことが多いです．最大化あるいは最小化される関数を目的関数といいます．最大化問題の解 x^* を目的関数 f に代入して得られる値 $f(x^*)$ を f の最大値といいます．

最小化問題は

$$\min_x f(x)$$

と書きます．「$f(x)$ が最小になるような x を求めなさい」と読みます (「min」は動詞「minimize」の命令形だと思ってください)．「$x \geq 0$」などの条件を付けるときは同様に $\min_{x \geq 0} f(x)$ と書きます．最小化問題の解 x^* を目的関数 f に代入して得られる値 $f(x^*)$ を f の最小値といいます．

最大・最小は関数の大域的な性質に関する概念ですが，対応する局所的な概念は「極大・極小」といいます．関数 f がある点 x^* の近くで最大になっているとき，f は x^* で極大になるといい，そのときの f の値 $f(x^*)$ を極大値といいます．同様に，f が点 x^* の近くで最小になっているならば，f は x^* で極小になるといい，そのときの f の値 $f(x^*)$ を極小値といいます．極大値，極小値をあわせて極値といいます (図 5.6)．

さて，最適化問題に出会ったときは，最適解の満たすべき条件を求めることが必要となり

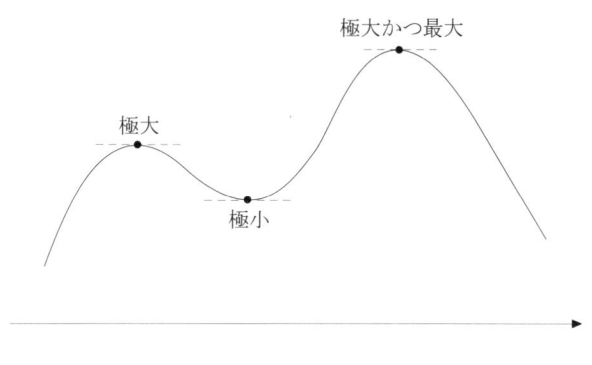

図 5.6

ます．これは関数のグラフから導き出すことができます．グラフを書くと，関数が最大になるところは山の頂上，最小になるところは谷の底になっています．ここで，いつものようにグラフを ∞ 倍に拡大することを考えると，(グラフが尖っていなければ) 山の頂上も谷の底も ∞ 倍に拡大した世界では平らになっているはずです．平らということは要は傾きがゼロ，つまり微分係数がゼロということです (ただし，x の範囲が与えられている場合は注意が必要で，この条件が成り立つのは範囲の端点以外の点 (内点といいます) においてです)．これを式で書くと次のようになります (この命題は最大・最小に限らず，極大・極小におきかえてもそのまま成り立ちます)．

命題 2 (最適化の 1 階条件)

関数 f が $x = x^*$ で最大または最小となり，$x = x^*$ が内点ならば，

$$f'(x^*) = 0 \tag{5.13}$$

となる．

条件式 (5.13) を「最適化の 1 階の条件」と呼びます．例題 5.6 や練習問題 5.3(1) を見ると，確かに関数 f を最大にする x (例題 5.6 では $x = 150$，練習問題 5.3(1) では $x = 10$) では $f'(x) = 0$ が成り立っています．これらの関数に対しては「微分してイコールゼロとおく」ことで最大値を与える x を求めることができます．

しかし，この条件は最大・最小のための必要条件であって十分条件ではありません．つまり，$f'(x^*) = 0$ が成り立っていても f は必ずしも $x = x^*$ で最大あるいは最小になるとは限りません．たとえば，練習問題 5.3(2) で，$f'(x) = 0$ となるのは $x = 1$ と $x = 2$ ですが，いずれにおいても f は最大あるいは最小になりません ($x = 1$ においては極大だが最大ではない，$x = 2$ においては極小だが最小ではない．端点 $x = 3$ と $x = 0$ でそれぞれ最大，最小になっている)．また，$f(x) = x^3$ とすると $f'(x) = 3x^2$ で，$f'(0) = 0$ ですが $x = 0$ において f は極大でも極小でもありません．

1 階条件の使用に関していくつかコメントしておきます．

(a) そもそも最大・最小は関数の大域的な性質であり，局所的な情報しか与えない微分だけを使って調べられるわけがない．最大・最小をちゃんと判定するには増減表やグラフを書いてやらないといけない．

(b) 「2 階の条件」というものがあって，その条件を用いて極大・極小を判定できる．

(c) 実際には，学部レベルの経済学で出会う例の多くでは，1 階条件を満たす点がそのまま最適解になっている．つまり，多くの最大化問題・最小化問題では，1 階条件を調べるだけで正しい最適解が出てくる．

コメント (a) が正統な考え方です．ただし，第 7 章で扱うような多変数関数が目的関数の場合はたいへんな作業になります．(b) の「2 階の条件」とは，1 次近似より精度の高い 2 次近似 (2 次関数を使った近似) を用いる方法ですが，本書の範囲を超えるのでここでは詳しくは述べません．いずれにせよ，局所的な情報しか与えないので極大・極小の判定には使えますが最大・最小を調べるのには使えません．

もし，「1 階の条件を満たす点がそのまま最適解」ということが成り立つような条件を目的関数が満たしているならば，(c) のように 1 階条件を考えるだけで正しい答えが得られることになります．実際，学部レベルの経済学では多くの場合，そのような条件が満たされています．したがって，まずは 1 階条件を使いこなせるようになってください．非常に強力な武器になります．

本節の残りでは，1 階条件を使うだけで解ける最適化の計算問題を練習します．次の第 5.5 節では，1 階条件だけで解ける経済学の例を議論します．初学者はここまでをきちんと理解するようにしてください．その次の第 5.6 節で「1 階の条件を満たす点がそのまま最適解」が成り立つための条件を紹介します．第 5.6 節は少々複雑ですので最初はとばしてもよいでしょう．

練習問題 5.4

1 階の条件を使って次の最大化問題を解きなさい．

(1) $\max_{x \geq 0} f(x) = -\dfrac{1}{3}x^3 + 4x$

(2) $\max_{x > 0} f(x) = \log x - 3x$

【解答 5.4】

(1) 1 階条件は

$$0 = f'(x) = -x^2 + 4.$$

これを $x \geq 0$ の範囲で解いて $x = 2$.

(2) 1 階条件は

$$0 = f'(x) = \frac{1}{x} - 3.$$

これを解いて $x = \frac{1}{3}$.

[練習問題 5.4：終]

練習問題 5.5

1 階の条件を使って次の最小化問題を解きなさい．

(1) $\min_{x \geq 0} f(x) = 10x - x^\alpha$ （ただし $0 < \alpha < 1$）

(2) $\min_{x} f(x) = (x-a)^2 + (x-b)^2$

【解答 5.5】

(1) 1 階条件は

$$0 = f'(x) = 10 - \alpha x^{\alpha-1}.$$

これを $x \geq 0$ の範囲で解いて $x = \left(\frac{10}{\alpha}\right)^{\frac{1}{\alpha-1}}$.

(2) 目的関数が 2 次関数なので平方完成することで解くことができますが，ここでは微分を使って解いてみます．1 階条件は

$$\begin{aligned}0 = f'(x) &= 2(x-a) + 2(x-b) \\ &= 2\{2x - (a+b)\}.\end{aligned}$$

これを解いて $x = \dfrac{a+b}{2}$.

[練習問題 5.5：終]

5.5 最適化の例：利潤最大化

本節では生産者の利潤最大化の 1 階条件を導きます．ある企業の費用関数が $C(x)$ で与えられているとします．$C(x)$ は生産量が x であるときの総費用を表しています．利潤は (収入) − (費用) ですが，生産量が x であるときの収入を $R(x)$ とおいておきます（「R」は収入 Revenue の頭文字からです）．もちろん $R(x) = $ (価格) × (生産量 x) です．生産量 x に対する利潤を $\pi(x)$ と書くと，企業は

$$\max_{x \geq 0} \pi(x) = R(x) - C(x)$$

という利潤最大化問題に直面していることになります．

ここで，関数 π を微分すると $\pi'(x) = R'(x) - C'(x)$ ですから，1 階条件 $\pi'(x) = 0$ は

$$R'(x) = C'(x)$$

となります．右辺の費用関数の微分は**限界費用** (marginal cost) と呼んで $MC(x)$ で書き表しました．同様に，左辺の収入関数の微分を**限界収入** (marginal revenue) と呼んで $MR(x)$ と書くことにしましょう．すると次の公式を得ます．

命題 3 (利潤最大化の 1 階条件)

最適生産量 $x = x^*$ は内点ならば

$$MR(x^*) = MC(x^*) \tag{5.14}$$

を満たす．

この条件を経済学の言葉で説明すると以下のようになります．もしも，生産量 $\bar{x}$ において限界収入 $MR(\bar{x})$ の方が限界費用 $MC(\bar{x})$ よりも高かったとしましょう．これは，$\bar{x}$ から微小に生産量を増やしたときの収入の増加分 $MR(\bar{x})$ の方が費用の増加分 $MC(\bar{x})$ よりも大きいということです．よって，生産量を増やすことで利潤を増やすことができますから，いま考えている生産量 $\bar{x}$ は利潤を最大化していません．同様に，$MR(\bar{x}) < MC(\bar{x})$ だとすると，微小に生産量を減らすと収入の減少分の方が費用の減少分より小さいので利潤を増やすことができます．つまり，このような生産量 $\bar{x}$ は利潤を最大化していません．したがって，利潤を最大化する生産量においては限界収入と限界費用が等しくないといけません．

ここで，この企業がプライス・テイカーであるならば，市場価格を所与として利潤最大化を行います．このとき，市場価格を p とすると，収入 $R(x)$ は

$$R(x) = px$$

と書けます．プライス・テイカーの仮定より，この p は定数と見なします．よって，限界収入は

$$MR(x) = (px)' = p \tag{5.15}$$

となります．したがって，プライス・テイカーのケースの利潤最大化の 1 階条件は次のように書けます．

命題 4 (プライス・テイカーの仮定のもとでの利潤最大化の 1 階条件)
　最適生産量 $x = x^*$ は内点ならば

$$p = MC(x^*) \tag{5.16}$$

を満たす．

---

1 階条件がそのまま最適解を与えるケースにおいては，企業は市場価格 p が与えられたら $p = MC$ が成り立つように生産量を決める，となります（ただし，前節で注意したように，これらはあくまでも利潤最大化のための必要条件でしかないことは忘れないようにしてください）．

以下では 1 階条件がそのまま最適解を与えるケースを練習問題として扱います．本章の冒頭では費用関数が 2 次関数であるような問題を第 2 章で習った平方完成を使って解きましたが，次の問題では第 2 章の範囲外の 3 次関数である場合を考えます．

例題 5.8
　ある財を生産する企業の費用関数が

$$C(x) = x^3$$

で与えられている．この企業はプライス・テイカーであるとする．1 階の条件を使って解きなさい．

(1) この財の市場価格が 300 であるとき，利潤を最大化する生産量を求めなさい．

(2) この企業の供給関数 $S(p)$ を求めなさい．

(3) この企業の供給曲線を図示しなさい．

【解答 5.8】

まず限界費用関数を求めておきます：

$$MC(x) = (x^3)' = 3x^2.$$

(1) (この問題は練習問題 5.3 (1) の結果から求めることができますが，ここでは 1 階条件「$p = MC$」を使って解いてみます．)

1 階条件は

$$300 = 3x^2.$$

これを $x \geq 0$ の範囲で解いて $x = 10$．

(2) 1 階条件は

$$p = 3x^2. \tag{5.17}$$

与えられた価格 p に対してこの条件式 (5.17) を満たす生産量 x を定めるのが供給関数 $S(p)$ です．条件 (5.17) を $x \geq 0$ について解くと $x = \left(\dfrac{p}{3}\right)^{\frac{1}{2}}$ ですから，供給関数 $S(p)$ は

$$S(p) = \left(\frac{p}{3}\right)^{\frac{1}{2}} \quad \left(= \sqrt{\frac{p}{3}}\right)$$

となります．

(3) $x = S(p)$ を xp 平面に図示したものが供給曲線です (横軸に生産量 x，縦軸に価格 p をとることに注意)：

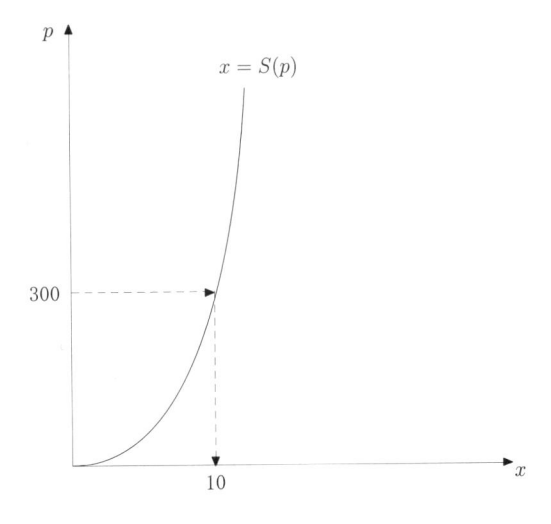

図 5.7 供給曲線

[例題 5.8：終]

次にプライス・テイカーの仮定が満たされないケース，とくに独占市場を考えましょう．独占企業は価格支配力をもち，逆需要関数を通じて価格に影響を与えることができます．逆需要関数を $P(x)$ とおくと，収入 $R(x)$ は

$$R(x) = P(x)\,x$$

と書けます．プライス・テイカーでないので価格はもはや定数ではなく生産量 x の関数であることに注意してください．したがって，限界収入 MR は積の微分公式を使って

$$MR(x) = \bigl(P(x)\,x\bigr)' = P'(x)\,x + P(x) \tag{5.18}$$

と計算されます．プライス・テイカーのときの式 (5.15) と比べてください．

1 階条件「$MR = MC$」を使って次の計算問題を解いてみましょう (計算を簡単にするために費用関数は 2 次関数としますが，他の関数でも解き方は同じです)．

練習問題 5.6

ある企業がある財を独占的に市場に供給している．この企業の費用関数を

$$C(x) = x^2$$

とする．また，逆需要関数を

$$P(x) = a - bx \quad (a, b > 0)$$

とする．利潤を最大化する生産量 x^{M} を 1 階条件を用いて求めなさい．また，そのときの価格 p^{M} を求めなさい．

【解答 5.6】

限界収入と限界費用をそれぞれ求めると，

$$MR(x) = P'(x)\,x + P(x) = -bx + (a - bx) = a - 2bx,$$
$$MC(x) = 2x$$

となります．よって，1 階条件 $MR = MC$ は $a - 2bx = 2x$ と書けます．これを満たす x の値が独占の供給量 x^{M} ですから (「M」は独占 Monopoly の頭文字から)，

$$x^{\mathrm{M}} = \frac{a}{2b + 2}$$

を得ます．また，そのときの価格 p^{M} は x^{M} を逆需要関数に代入して

$$p^{\mathrm{M}} = P(x^{\mathrm{M}}) = a - b\frac{a}{2b+2} = \frac{a(b+2)}{2b+2}$$

と求まります．以上より $(x^{\mathrm{M}}, p^{\mathrm{M}}) = \left(\dfrac{a}{2b+2}, \dfrac{a(b+2)}{2b+2}\right)$．

[練習問題 5.6：終]

5.6 凹関数・凸関数*

第 5.4.2 項で注意したとおり，1 階の条件は最大化・最小化の必要条件にすぎません．つまり，一般には，$f'(x^*) = 0$ が成り立っているからといって $x = x^*$ で関数 f が最大あるいは最小になっているとは限りません．第一に，条件 $f'(x^*) = 0$ が表しているのは関数 f を $x = x^*$ のまわりで ∞ 倍に拡大したら平らである，ということですから，これだけでは山の頂上 (極大) か谷の底 (極小) か判別がつきません．第二に，極大か極小かがわかったとしても，他にもっと高い山や深い谷があるかもしれませんので，最大や最小かどうかはわかりません．

しかし，もし関数 f のグラフが常に上に向かって出っぱっている (「上に凸である」といいます) ならば，上のような問題は起こらず，「$f'(x^*) = 0$ が成り立つならば f は $x = x^*$ で最大となる」といえます．これはグラフを書いてみればわかるでしょう．したがって，最大化問題の目的関数が上に凸である関数ならば，1 階条件から最適解が正しく求まることになります．

同様に，もし f のグラフが下に凸であるならば「$f'(x^*) = 0$ が成り立つならば f は $x = x^*$ で最小となる」といえます．したがって，最小化問題の場合は目的関数が下に凸ならば 1 階条件から最適解が正しく求まります．

グラフが上に凸である関数を凹関数 (おうかんすう)，また，下に凸である関数を凸関数 (とつかんすう) といいます (図 5.8)．

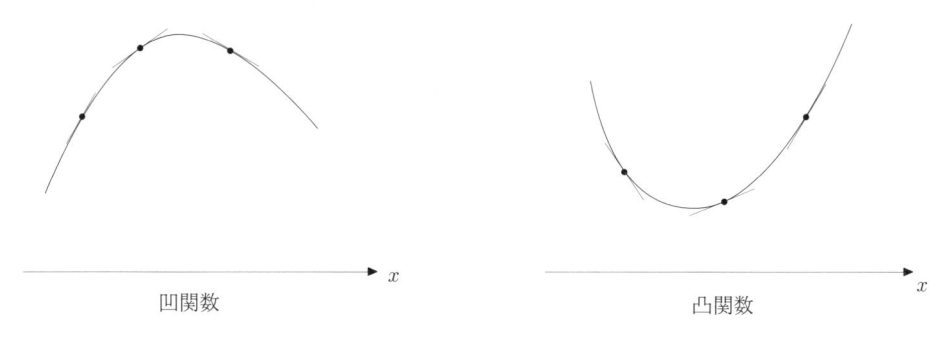

図 5.8

定義をちゃんと数式で書くと次のようになります．

> **定義 5.2**
> (1) 関数 f がどんな x^0, x^1 と $0 < \alpha < 1$ を満たすどんな α に対しても
> $$f((1-\alpha)x^0 + \alpha x^1) \geq (1-\alpha)f(x^0) + \alpha f(x^1) \tag{5.19}$$
> を満たすとき，f を凹関数という．
>
> (2) 関数 f がどんな x^0, x^1 と $0 < \alpha < 1$ を満たすどんな α に対しても
> $$f((1-\alpha)x^0 + \alpha x^1) \leq (1-\alpha)f(x^0) + \alpha f(x^1) \tag{5.20}$$
> を満たすとき，f を凸関数という．

条件 (5.19) がいっているのは，点 $(x^0, f(x^0))$ と点 $(x^1, f(x^1))$ の内分点よりもグラフの方が上にあるということです．これが上に凸ということの数学表現です．同様に条件 (5.20) は点 $(x^0, f(x^0))$ と点 $(x^1, f(x^1))$ の内分点よりもグラフの方が下にあるということをいっています．式 (5.19), (5.20) の弱い不等号「$\geq$」「$\leq$」が強い不等号「$>$」「$<$」におきかわって条件が ($x^0 \neq x^1$ に対して) 成り立つとき，それぞれ「強い凹関数・強い凸関数」といいます．

ちなみに，関数に -1 をかけるとそのグラフは上下に反転しますから，f が凹関数であることと $-f$ が凸関数であることは同じ，f が凸関数であることと $-f$ が凹関数であることは同じです．

先に述べたとおり，目的関数が凹関数または凸関数ならば 1 階の条件を調べるだけで最適解が求まります．

> **命題 5**
> (1) 関数 f が凹関数のとき，$f'(x^*) = 0$ ならば f は $x = x^*$ で最大となる．
> (2) 関数 f が凸関数のとき，$f'(x^*) = 0$ ならば f は $x = x^*$ で最小となる．

さて，関数が凹関数・凸関数であるかどうかは，実は 2 階微分を調べることで判定できます．まず凹関数を考えましょう．凹関数のグラフに沿って x が増えていく方向に進んでいくと，各 x での傾きはどんどん減少していきます．各 x での傾きは微分係数 $f'(x)$ で与えられますが，これが減少していくということです．したがって，関数 f' を微分するとその符号は常に負 (正確には，非正) になっています．

凸関数については，そのグラフに沿って進んでいくと傾きがどんどん増加していきます．各 x での微分係数 $f'(x)$ が x について増加していくということですから，f' を微分するとその符号は常に正 (正確には，非負) になっています．

f' の導関数をもとの関数 f の **2 階の導関数**といい,「$'$」を 2 つつけて f'' と書きます.「$\dfrac{d}{dx}$」の記号を使う場合は $\dfrac{d^2 f}{dx^2}$ と書きます (分子・分母の「2」の位置に注意). 2 階の導関数を使って凹関数・凸関数の条件を書くと次のようになります.

命題 6

(1) 関数 f が常に $f''(x) \leq 0$ を満たすとき,f は凹関数である.

(2) 関数 f が常に $f''(x) \geq 0$ を満たすとき,f は凸関数である.

例として,練習問題 5.4 (1) の関数

$$f(x) = -\frac{1}{3}x^3 + 4x$$

が $x \geq 0$ の範囲で凹関数になっていることを確かめましょう. 1 階の導関数は

$$f'(x) = -x^2 + 4$$

なので,2 階の導関数はこれをもう一回微分して

$$f''(x) = -2x$$

となります. $x \geq 0$ の範囲で $f''(x) = -2x \leq 0$ なので,この範囲で凹関数であることがわかりました. よって,1 階の条件を満たす x がそのまま最大化問題の最適解になっています. 他の関数についても自分でチェックしてみてください.

最後に,プライス・テイカーの利潤最大化問題において目的関数が凹関数になるための条件を求めてみましょう. 生産量を x,費用関数を $C(x)$ とすると利潤は

$$\pi(x) = px - C(x)$$

と書けます. 関数 π の 1 階の導関数は

$$\pi'(x) = p - C'(x),$$

2 階の導関数は

$$\pi''(x) = -C''(x)$$

となります. よって,目的関数 π が凹関数となるための条件は $-C$ が凹関数 ($-C''(x) \leq 0$) となること,つまり C が凸関数 ($C''(x) \geq 0$) となることです. C'' は限界費用関数 MC の導関数ですから,それが 0 以上ということは「限界費用が常に増加」と言いかえられます. まとめると次のようになります.

> **命題 7**
> プライス・テイカーである企業を考える．限界費用関数が増加関数ならば，$p = MC(x^*)$ を満たす生産量 x^* で利潤が最大になる．

逆に，限界費用関数が常に増加でなければ $p = MC$ からだけでは最適生産量は求まりません．その際は，関数 π の大域的な様子を調べましょう．

また，$p = MC(x)$ を満たす x が $x \geq 0$ の範囲になければ，もちろんこの命題は使えません．たとえば，0以上のすべての x について $p < MC(x)$ が成り立っているとすると，価格が安すぎて作るだけ損ということですから，$x = 0$ が最適解になります (「端点解」といいます).

5.7 指数関数・対数関数をもう少し攻める*

5.7.1 指数関数の微分公式の導出

第3章第3.7節の e の定義に従って e^x の微分公式 (第5.3節の公式5.6(1)) を導いてみましょう．$f(x) = e^x$ とおくと，

$$f'(x) = \lim_{\varepsilon \to 0} \frac{e^{x+\varepsilon} - e^x}{\varepsilon}$$
$$= e^x \lim_{\varepsilon \to 0} \frac{e^\varepsilon - 1}{\varepsilon} \quad (= e^x f'(0))$$

となります (指数法則を使いました). $f'(0) = 1$ を示せばよいわけです．$e^\varepsilon - 1 = t$ とおきましょう．すると，$\varepsilon = \log(1+t)$ となりますから，

$$\frac{e^\varepsilon - 1}{\varepsilon} = \frac{t}{\log(1+t)} = \frac{1}{\frac{1}{t}\log(1+t)} = \frac{1}{\log(1+t)^{\frac{1}{t}}}$$

(対数法則を使いました). したがって，対数関数が連続関数であることを使うと，

$$\lim_{\varepsilon \to 0} \frac{e^\varepsilon - 1}{\varepsilon} = \lim_{t \to 0} \frac{1}{\log(1+t)^{\frac{1}{t}}} = \frac{1}{\log\left(\lim_{t \to 0}(1+t)^{\frac{1}{t}}\right)} = \frac{1}{\log e} = 1 \tag{5.21}$$

と示されました．

この導出からわかるとおり，e^x の $x = 0$ における微分係数が1であることさえわかれば，指数法則から一般の x に対しても微分係数が求まってしまいます．計算上は，e^x の逆関数である $\log x$ の $x = 1$ における微分係数

$$\lim_{t \to 0} \frac{\log(1+t) - \log 1}{t} \left(= \lim_{t \to 0} \log(1+t)^{\frac{1}{t}}\right)$$

が1であることを e の定義から導いています．第5.3節で

$$e^x \approx e^{\bar{x}} + e^{\bar{x}}(x - \bar{x}) \qquad (x \approx \bar{x} \text{ のとき}) \tag{5.7}$$

から $\bar{x} = 0$ として

$$e^x \approx 1 + x \qquad (x \approx 0 \text{ のとき}) \tag{5.8}$$

を導きましたが，むしろ (5.8) 式が本質的で，(5.7) 式は指数法則より (5.8) 式から導かれるのです．実際，$x \approx \bar{x}$ のとき，$x - \bar{x} \approx 0$ なので (5.8) 式より

$$e^{x-\bar{x}} \approx 1 + (x - \bar{x}).$$

指数法則より左辺は $\dfrac{e^x}{e^{\bar{x}}}$ なので，両辺に $e^{\bar{x}}$ をかければ (5.7) 式を得ます．同様に対数関数についても，

$$\log x \approx \log \bar{x} + \frac{1}{\bar{x}}(x - \bar{x}) \qquad (x \approx \bar{x} \text{ のとき}) \tag{5.9}$$

から $\bar{x} = 1$ として

$$\log x \approx x - 1 \qquad (x \approx 1 \text{ のとき}) \tag{5.10}$$

を導きましたが，やはり (5.10) 式の方が本質的で，(5.9) 式は対数法則より (5.10) 式から導かれます．$x \approx \bar{x}$ のとき，$\dfrac{x}{\bar{x}} \approx 1$ ですから (5.10) 式より

$$\log \frac{x}{\bar{x}} \approx \frac{x}{\bar{x}} - 1$$

で，左辺は対数法則より $\log x - \log \bar{x}$ に等しいので，整理すれば (5.9) 式になります．

練習問題 5.7

$a > 0, a \neq 1$ に対して $f(x) = a^x$ とする．

(1) 微分係数の定義から $f'(0)$ を求めなさい．

(2) 微分係数の定義と (1) の結果から $f'(x)$ を求めなさい．

(3) 微分係数の定義と (1) の結果から $\displaystyle\lim_{c \to 1} \frac{a^{1-c} - 1}{1 - c}$ を求めなさい．

【解答 5.7】

(1) まず微分係数の定義より $f'(0) = \displaystyle\lim_{\varepsilon \to 0} \frac{a^{0+\varepsilon} - a^0}{\varepsilon} = \lim_{\varepsilon \to 0} \frac{a^\varepsilon - 1}{\varepsilon}$ です．ここで，第 3 章で学んだ指数の底の変換公式より $a^\varepsilon = e^{\varepsilon \log a}$ です．$\varepsilon \log a = t$ とおくと，$\varepsilon \to 0$ ならば

$t \to 0$ なので,

$$f'(0) = \lim_{\varepsilon \to 0} \frac{e^{\varepsilon \log a} - 1}{\varepsilon} = \lim_{t \to 0} \frac{e^t - 1}{t} \times \log a = 1 \times \log a = \log a$$

となります. 3 番目の等号で e^x の $x = 0$ における微分係数が 1 であること (つまり先の (5.21) 式) を使いました.

(2) $f'(x) = \lim_{\varepsilon \to 0} \frac{a^{x+\varepsilon} - a^x}{\varepsilon} = a^x \lim_{\varepsilon \to 0} \frac{a^\varepsilon - 1}{\varepsilon} = a^x f'(0) = a^x \log a$.

(3) $1 - c = \varepsilon$ とおくと, $c \to 1$ ならば $\varepsilon \to 0$ なので, (1) より

$$\lim_{c \to 1} \frac{a^{1-c} - 1}{1 - c} = \lim_{\varepsilon \to 0} \frac{a^\varepsilon - 1}{\varepsilon} = \lim_{\varepsilon \to 0} \frac{a^{0+\varepsilon} - a^0}{\varepsilon} = f'(0) = \log a$$

と一瞬で求まります. 何ごとも定義に帰ることが大切です.

[練習問題 5.7：終]

5.7.2 弾力性

第 5.4.1 項の最後で需要・供給の価格弾力性を定義しましたが, 一般の関数 f に対しても, $\bar{x}$ における弾力性を

$$f'(\bar{x}) \frac{\bar{x}}{f(\bar{x})} \tag{5.22}$$

で定義します. 弾力性の意味をもう一度整理してみましょう. $\bar{x}$ の十分近くでは関数 f は

$$f(x) \approx f(\bar{x}) + f'(\bar{x})(x - \bar{x})$$

と近似されるのでした (微分係数の定義). 右辺の $f(\bar{x})$ を左辺に移項し, 両辺を $f(\bar{x})$ で割ると

$$\frac{f(x) - f(\bar{x})}{f(\bar{x})} \approx \frac{f'(\bar{x})}{f(\bar{x})} (x - \bar{x})$$

と書けます. 右辺は $f'(\bar{x}) \frac{\bar{x}}{f(\bar{x})} \times \frac{x - \bar{x}}{\bar{x}}$ と書きかえられるので,

$$\frac{f(x) - f(\bar{x})}{f(\bar{x})} \approx f'(\bar{x}) \frac{\bar{x}}{f(\bar{x})} \frac{x - \bar{x}}{\bar{x}} \tag{5.23}$$

を得ます. ここで, $\frac{x - \bar{x}}{\bar{x}}$ は x の $\bar{x}$ からの変化率, $\frac{f(x) - f(\bar{x})}{f(\bar{x})}$ は $f(x)$ の $f(\bar{x})$ からの変化率ですから, この式は「$x \approx \bar{x}$ のとき, $f(x)$ の変化率を x の変化率の 1 次式で近似したら, その比例係数は $\bar{x}$ における弾力性 $f'(\bar{x}) \frac{\bar{x}}{f(\bar{x})}$ である」ということを言っています. これが弾力性の意味です.

ところで，指数関数・対数関数の微分公式 (公式 5.6) のところで見たとおり，$x \approx \bar{x}$ のとき x の変化率は

$$\frac{x - \bar{x}}{\bar{x}} \approx \log x - \log \bar{x}$$

と対数の差で近似できます ((5.11) 式)．また，同様に

$$\frac{f(x) - f(\bar{x})}{f(\bar{x})} \approx \log f(x) - \log f(\bar{x})$$

と近似できます．したがって，上の (5.23) 式は

$$\log f(x) - \log f(\bar{x}) \approx f'(\bar{x}) \frac{\bar{x}}{f(\bar{x})} (\log x - \log \bar{x}) \tag{5.24}$$

と書くことができます．これを「f の $\bar{x}$ における対数線形近似」と呼ぶことがあります[4]．

この式をさらに書きかえると

$$f'(\bar{x}) \frac{\bar{x}}{f(\bar{x})} \approx \frac{\log f(x) - \log f(\bar{x})}{\log x - \log \bar{x}}$$

となります．このことより，f の $\bar{x}$ における弾力性を形式的に

$$\frac{d \log f}{d \log x}(\bar{x}) \tag{5.25}$$

と書くこともあります．理解を深めるために，対数関数を使ったいままでの議論とは逆に，この表記からスタートして最初の弾力性の定義式にさかのぼってみましょう (対数関数は指数関数の逆なので，今度は指数関数を使うことになります)．$y = \log x$ とおきます．$\log$ の定義より $x = e^y$ ですから，(5.25) 式は $\frac{d}{dy} \log f(e^y)$ で $y = \log \bar{x}$ としたものです．まず微分を計算すると

$$\frac{d}{dy} \log f(e^y) = \frac{1}{f(e^y)} \times f'(e^y) \times e^y$$

となります (合成関数の微分公式を 2 回使いました)．ここで $y = \log \bar{x}$ とすると ($e^y = \bar{x}$ ですから) $\frac{1}{f(\bar{x})} \times f'(\bar{x}) \times \bar{x}$ となって，確かに最初の定義 (5.22) に一致しました．

---

[4] f の方はそのままにして書いた近似式

$$f(x) \approx f(\bar{x}) + \bar{x} f'(\bar{x})(\log x - \log \bar{x})$$

を対数線形近似と呼ぶこともあります．これは，微分係数の定義式を $f(x) \approx f(\bar{x}) + \bar{x} f'(\bar{x}) \frac{x - \bar{x}}{\bar{x}}$ と書きかえて，さらに変化率 $\frac{x - \bar{x}}{\bar{x}}$ の部分を対数の差 $\log x - \log \bar{x}$ で近似することにより得られます．もちろん，この式で f のところを $\log f$ にすれば (5.24) 式を得ます．

練習問題 5.8

関数 f, g の弾力性をそれぞれ $e_f(x)$, $e_g(x)$ とおくとき，次の関数の弾力性を $e_f(x)$, $e_g(x)$ で表しなさい．

(1) $f(x) + g(x)$

(2) $f(x)g(x)$

(3) $f(x)^\alpha$

(4) $f(x)^\alpha g(x)^\beta$

(5) $f^{-1}(x)$

【解答 5.8】

(1) $\bigl(f(x) + g(x)\bigr)' \dfrac{x}{f(x) + g(x)} = \dfrac{f'(x)x + g'(x)x}{f(x) + g(x)} = \dfrac{f(x)e_f(x) + g(x)e_g(x)}{f(x) + g(x)}$.

(2) 積の微分公式より

$$\bigl(f(x)g(x)\bigr)' \frac{x}{f(x)g(x)} = \bigl(f'(x)g(x) + f(x)g'(x)\bigr)\frac{x}{f(x)g(x)} = e_f(x) + e_g(x).$$

(3) 合成関数の微分公式より

$$\bigl(f(x)^\alpha\bigr)' \frac{x}{f(x)^\alpha} = \bigl(\alpha f(x)^{\alpha-1} f'(x)\bigr)\frac{x}{f(x)^\alpha} = \alpha e_f(x).$$

(4) 問 (2) と問 (3) より

$$(f(x)^\alpha g(x)^\beta \text{ の弾力性}) = (f(x)^\alpha \text{ の弾力性}) + (g(x)^\beta \text{ の弾力性})$$
$$= \alpha e_f(x) + \beta e_g(x).$$

(5) 逆関数の微分公式より

$$(f^{-1})'(x) \frac{x}{f^{-1}(x)} = \frac{1}{f'(f^{-1}(x))} \frac{x}{f^{-1}(x)}.$$

ここで $f^{-1}(x) = y$ とおくと $x = f(y)$ ですから，これは $\dfrac{1}{f'(y)} \dfrac{f(y)}{y} = \dfrac{1}{e_f(y)}$ となります． y をもとに戻して，

$$(f^{-1}(x) \text{ の弾力性}) = \frac{1}{e_f(f^{-1}(x))}.$$

[練習問題 5.8：終]

5.8 連続時間での成長率*

第 3 章第 3.7 節で連続時間における利子率 (預金残高の成長率) について学びましたが，ここで微分との関係を考えてみましょう．時間に応じて変化する量を関数 $f(t)$ で表すことにします (変数は時間なので time の頭文字より t を使うことにします)．例としては，預金残高，国内総生産 (GDP)，株価，人口など，いくらでも考えられますね．もし時間 t が $1, 2, 3, \ldots$ と離散的に流れるならば，$f(t)$ の第 t 期における成長率 ($R(t)$ とおくことにします) は

$$R(t) = \frac{f(t+1) - f(t)}{f(t)} \tag{5.26}$$

で与えられます (無単位数です)．一方，連続時間は時間間隔をたとえば ε とおいて $\varepsilon \to 0$ とした極限として捉えることができます．離散時間と同様に成長率を考えると $\dfrac{f(t+\varepsilon) - f(t)}{f(t)}$ となりますが，ここでそのまま $\varepsilon \to 0$ とすると，(f が連続関数である限り) f がどんな関数であれ必ず 0 になってしまいます．そこで，連続時間の場合の $f(t)$ の時間 t における成長率 ($r(t)$ とおくことにします) は，離散時間の場合と定義を変えてさらに時間間隔 ε で割り，そこで $\varepsilon \to 0$ とした極限として定義します (したがって，連続時間の場合の成長率の単位は「1/時間」となります)．つまり，

$$r(t) = \lim_{\varepsilon \to 0} \frac{f(t+\varepsilon) - f(t)}{f(t)} \times \frac{1}{\varepsilon} \tag{5.27}$$

です．言いかえると，$\varepsilon \approx 0$ として

$$\frac{f(t+\varepsilon) - f(t)}{f(t)} \approx a\varepsilon$$

と 1 次近似しておいて右辺の ε の係数 a を連続時間の成長率 $r(t)$ と読みかえる，ということです (つまり，連続時間での成長率に時間をかけてはじめて通常の意味の成長率になる)．ここで，$r(t)$ の定義式 (5.27) の右辺は $\displaystyle\lim_{\varepsilon \to 0} \frac{f(t+\varepsilon) - f(t)}{\varepsilon} \times \frac{1}{f(t)}$ と書きかえられ，極限の部分は f の t における微分係数 $f'(t)$ にほかならないので，けっきょく

$$r(t) = \frac{f'(t)}{f(t)} \tag{5.28}$$

となります[5]．さらに，合成関数の微分公式より $\bigl(\log f(t)\bigr)' = \dfrac{f'(t)}{f(t)}$ なので，

---

[5] 変数が時間の場合は「f'」の代わりに，点 (ドット) を頭につけて「$\dot{f}$」と書くことも多いです．この記号を使うと，連続時間での成長率 ((5.28) 式の右辺) は $\dfrac{\dot{f}(t)}{f(t)}$ となります．

$$r(t) = \bigl(\log f(t)\bigr)' \tag{5.29}$$

と書くこともできます．

練習問題 5.9

連続時間 t の関数として，経済全体の生産量が $Y(t)$，技術水準が $A(t)$，労働量が $L(t)$，資本量が $K(t)$ でそれぞれ与えられていて，それらの間に

$$Y(t) = A(t)L(t)^\alpha K(t)^\beta$$

という関係があるとする．このとき，$Y(t)$ の連続時間での成長率 $\dfrac{Y'(t)}{Y(t)}$ を $A(t)$, $L(t)$, $K(t)$ の連続時間での成長率 $\dfrac{A'(t)}{A(t)}$, $\dfrac{L'(t)}{L(t)}$, $\dfrac{K'(t)}{K(t)}$ の式で表しなさい．

【解答 5.9】

先の (5.29) 式を用います．対数法則より $\log Y(t) = \log A(t)L(t)^\alpha K(t)^\beta = \log A(t) + \alpha \log L(t) + \beta \log K(t)$ なので，

$$\begin{aligned}
\frac{Y'(t)}{Y(t)} &= \bigl(\log Y(t)\bigr)' \\
&= \bigl(\log A(t) + \alpha \log L(t) + \beta \log K(t)\bigr)' \\
&= \frac{A'(t)}{A(t)} + \alpha \frac{L'(t)}{L(t)} + \beta \frac{K'(t)}{K(t)}
\end{aligned}$$

と表せます．

[練習問題 5.9：終]

ところで，$f(t)$ の連続時間での成長率が一定値であるという特別なケースにおいて，$f(t)$ がどういう関数になるかを考えてみましょう．つまり，成長率が時間によらず一定値 r，また，初期時点 $t = 0$ のときの値が c であるとして，

$$\begin{cases} \dfrac{f'(t)}{f(t)} = r & (5.30\text{a}) \\ f(0) = c & (5.30\text{b}) \end{cases}$$

を満たす関数 $f(t)$ は何か，という問題を考えます[6]．(5.30a) 式の左辺は $\bigl(\log f(t)\bigr)'$ に等しいですから，$F(t) = \log f(t)$ とおくと (5.30a) 式は

---

[6] この (5.30) 式のように微分を使って書かれた，関数についての方程式を微分方程式といいます．以下，この微分方程式を解くという作業を行っていることになります．

$$F'(t) = r$$

と書けます．この式は「$F(t)$ は微分すると r に等しい関数です」ということを言っていますが，微分して r になるのは $rt+b$ という 1 次関数です (b は定数)．したがって，$F(t)$ を $\log f(t)$ に戻して書くと，

$$\log f(t) = rt + b$$

が成り立ちます．ここで，$t=0$ を代入すると (5.30b) 式より $b = \log f(0) = \log c$ なので，これを左辺に移項して整理すると

$$\log \frac{f(t)}{c} = rt$$

となります．log の定義を思い出して，$\dfrac{f(t)}{c} = e^{rt}$ を得ます．けっきょく，

$$f(t) = ce^{rt}$$

という指数関数が求めるべき関数です．以上より，変数を連続的な時間と見たときに，「一定の成長率で成長する量を表す関数」というのが指数関数のひとつの特徴づけであることがわかります．

具体例として預金の話にあてはめると，連続時間での利子率を一定値 r として，c 万円を預けたときの時間 t における預金残高を $f(t)$ とすると，それは (5.30) 式を満たします．したがって，預金残高は $f(t) = ce^{rt}$ となり，第 3 章第 3.7 節での考察とちゃんと一致します．

5.9 テイラー展開*

複雑な関数を最も単純な関数であるところの 1 次関数で近似する (線形近似) というのが微分の思想でした．$x = \bar{x}$ のまわりで

$$f(x) \approx f(\bar{x}) + a(x - \bar{x})$$

と x の 1 次式で近似したときに，その比例係数 a を f の $x = \bar{x}$ における微分係数 $f'(\bar{x})$ と定義したのでした．ここでは，最も単純な関数で近似しているので，その近似の精度はそれに応じておおざっぱなものになります．これまで見てきたとおり，関数の増減を調べるのにはこれで十分なわけですが，増減だけでなくグラフの曲がり具合を知りたいなど，他の目的によっては近似の精度を上げたいということがあります．微分の思想とは逆に，もう少し複雑な関数，とくに，1 次とは限らない多項式で表される関数で近似して精度を高めよう，というのがテイラー展開の考え方です．本節では，厳密な議論は一切避けて，テイラー展開の使い方をざっくり紹介します．

関数 $f(x)$ を $x = \bar{x}$ のまわりにおいて n 次多項式 $P_n(x)$ で近似することを考えます.
$x = \bar{x}$ のまわりにおける n 次のテイラー展開とは, $x = \bar{x}$ での $f(x)$ と $P_n(x)$ の n 階までの微分係数が一致するような, そういう多項式 $P_n(x)$ でもって近似する方法のことです.
$P_n(x)$ をとりあえず

$$P_n(x) = a_0 + a_1(x - \bar{x}) + a_2(x - \bar{x})^2 + a_3(x - \bar{x})^3 + \cdots + a_n(x - \bar{x})^n$$

とおき, どんどん微分していってそれぞれの $x = \bar{x}$ での微分係数が $f(x)$ のそれと一致するように係数 $a_0, a_1, a_2, a_3, \ldots, a_n$ を定めてみましょう. まず, そもそも $x = \bar{x}$ で値が一致する (つまり $P_n(\bar{x}) = f(\bar{x})$ となる) ためには $a_0 = f(\bar{x})$ でないといけません. 次に, $P_n(x)$ を 1 回微分すると

$$P_n'(x) = a_1 + 2a_2(x - \bar{x}) + 3a_3(x - \bar{x})^2 + \cdots + na_n(x - \bar{x})^{n-1}$$

となり $P_n'(\bar{x}) = a_1$ なので, $P_n'(\bar{x}) = f'(\bar{x})$ となるためには $a_1 = f'(\bar{x})$ でないといけません. さらに, $P_n(x)$ を 2 回微分すると

$$P_n''(x) = 2a_2 + 6a_3(x - \bar{x}) + \cdots + n(n-1)a_n(x - \bar{x})^{n-2}$$

となり $P_n''(\bar{x}) = 2a_2$ なので, $P_n''(\bar{x}) = f''(\bar{x})$ となるためには $a_2 = \dfrac{f''(\bar{x})}{2}$ でないといけません. これをどんどん繰り返していきます. 一般に, $P_n(x)$ の i 次の項 $a_i(x - \bar{x})^i$ を, 1 回微分すると $ia_i(x - \bar{x})^{i-1}$, 2 回微分すると $i(i-1)a_i(x - \bar{x})^{i-2}$, $\cdots$ となっていきますから, k 回微分すると

$$\left\{a_i(x - \bar{x})^i\right\}^{(k)} = \begin{cases} i(i-1)\cdots(i-k+2)(i-k+1)a_i(x - \bar{x})^{i-k} & (k < i \text{ のとき}) \\ i(i-1)\cdots 2 \times 1 \times a_i & (k = i \text{ のとき}) \\ 0 & (k > i \text{ のとき}) \end{cases}$$

となります. ここで, 左辺の右肩の「(k)」は「k 回微分する」ということを表します. これに $x = \bar{x}$ を代入すると

$$\left\{a_i(x - \bar{x})^i\right\}^{(k)}\bigg|_{x = \bar{x}} = \begin{cases} i(i-1)\cdots 2 \times 1 \times a_i & (k = i \text{ のとき}) \\ 0 & (k \neq i \text{ のとき}) \end{cases}$$

となりますから, けっきょく $P_n(x)$ を k 回微分して $x = \bar{x}$ を代入すると k 次の項の部分だけが残り, $P_n^{(k)}(\bar{x}) = k(k-1)\cdots 2 \times 1 \times a_k$ を得ます. これが $f^{(k)}(\bar{x})$ に等しくなるためには $a_k = \dfrac{f^{(k)}(\bar{x})}{k!}$ でないといけません. ここで, 分母に出てきた「$k!$」という記号は $k \times (k-1) \times \cdots \times 2 \times 1$ を表し,「k の階乗」と読みます. 以上より, 求めたい n 次多項式

$P_n(x)$ は

$$P_n(x) = \sum_{k=0}^{n} \frac{f^{(k)}(\bar{x})}{k!}(x-\bar{x})^k$$

と書けます ($\sum$ 記号を使わない形に書き下してみましょう). ただし, $0! = 1$, $f^{(0)} = f$ とします. つまり, f の $x = \bar{x}$ のまわりにおける n 次のテイラー展開は

$$f(x) \approx \sum_{k=0}^{n} \frac{f^{(k)}(\bar{x})}{k!}(x-\bar{x})^k$$

となります.

とくに, $n = 1$ のときのテイラー展開の式は

$$f(x) \approx f(\bar{x}) + f'(\bar{x})(x-\bar{x})$$

となります. これは微分の式にほかなりません. つまり, 形式的には, 微分は 1 次のテイラー展開とみなすことができます. しかしながら, 最初に述べたとおり微分の思想とテイラー展開の思想は正反対のものです. このことから, 微分の式をわざわざ「1 次のテイラー展開」などと呼ぶべきではありません.

また, $n = 2$ のときのテイラー展開の式は

$$f(x) \approx f(\bar{x}) + f'(\bar{x})(x-\bar{x}) + \frac{1}{2}f''(\bar{x})(x-\bar{x})^2$$

となります. 経済学で出てくるテイラー展開はほぼすべての場合で 2 次のものといってよいので, この 2 次近似の式だけ理解しておけば十分です. 第 2 章で学んだとおり, 右辺の 2 次関数のグラフは $f''(\bar{x}) > 0$ のときは下に凸, $f''(\bar{x}) < 0$ のときは上に凸になります. また, $f''(\bar{x})$ の絶対値が大きいときは凸の度合い (出っ張り具合) が大きく, 小さいときはより直線に近くなります. これにより, $f''(\bar{x})$ の符号や絶対値の大きさを調べることで f のグラフが $x = \bar{x}$ のあたりで上下どちらに出っ張っているか, またどのくらい出っ張っているかを判定できることがわかります.

例として, 関数 $f(x) = \log x$ の $x = 1$ のまわりでのふるまいを調べることを考えましょう. まず $f(1) = 0$ で, また $f'(x) = \frac{1}{x}$, $f''(x) = -\frac{1}{x^2}$ より $f'(1) = 1$, $f''(1) = -1$ なので, f の $x = 1$ のまわりでの 1 次近似, 2 次近似はそれぞれ $f(x) \approx x - 1$ および $f(x) \approx (x-1) - \frac{1}{2}(x-1)^2$ で与えられます. もとの関数 f のグラフおよびこれらの 1 次近似式, 2 次近似式のグラフを図示したのが図 5.9 です. 当然 2 次近似式のほうが 1 次近似式より情報量が多く, $x = 1$ の付近で前者のグラフが後者のグラフより f のグラフに近いことが図から見てとれます. 1 次近似の式から f が $x = 1$ において増加であることがわかり, さらに 2 次近似の式から上に凸であることがわかります.

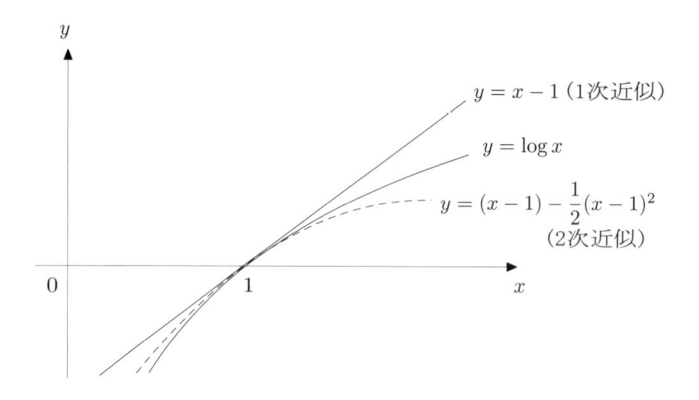

図 5.9　$y = \log x$ の $x = 1$ における 1 次近似と 2 次近似

本書では，2 次のテイラー展開を使う経済学の例として，第 9 章第 9.3.2 項で「危険回避度」を，また以下でファイナンス分野の債券分析で使われる「ボンド・コンベクシティ」を紹介します．

練習問題 5.10

T 期で満期をむかえる債券 (ボンド) があり (X とする)，各期の支払いは $E_1, \ldots, E_T$ であるとする ($E_1, \ldots, E_{T-1}$ が第 1 期〜第 $T-1$ 期までのクーポン支払い，E_T が最終期のクーポンおよび償還の支払い). 利子率は毎期一定の r であるとして (したがって，最終利回りも r)，

$$D = \frac{\sum_{t=1}^{T} \frac{tE_t}{(1+r)^t}}{\sum_{t=1}^{T} \frac{E_t}{(1+r)^t}}, \qquad D_\mathrm{m} = \frac{D}{1+r}, \qquad C = \frac{1}{(1+r)^2} \frac{\sum_{t=1}^{T} \frac{t(t+1)E_t}{(1+r)^t}}{\sum_{t=1}^{T} \frac{E_t}{(1+r)^t}}$$

とおく．(D は債券 X の r における「マコーレーのボンド・デュレーション」，D_m は債券 X の r における「修正ボンド・デュレーション」，C は債券 X の r における「ボンド・コンベクシティ」と呼ばれる．)

(1) 債券 X の利子率 r で割り引いたときの現在価値を $V(r)$ とおく．$V(r)$ を求めなさい．

(2) $\dfrac{V'(r)}{V(r)} = -\dfrac{D}{1+r}$ となることを示しなさい．

(3) 割引現在価値の変化率 $\dfrac{V(r+\varepsilon) - V(r)}{V(r)}$ を D_m を使って ε の 1 次式で近似しなさい．

(4) $\dfrac{V''(r)}{V(r)} = C$ となることを示しなさい．

(5) テイラー展開の公式を参考にして，割引現在価値の変化率 $\dfrac{V(r+\varepsilon)-V(r)}{V(r)}$ を D_{m}, C を使って ε の 2 次式で近似しなさい．

(6) 満期 d，償還額 E のゼロ・クーポン債 Y の割引現在価値を割引率 r の関数として $W(r)$ とする．つまり，

$$W(r) = \frac{E}{(1+r)^d} \tag{5.31}$$

である．$\dfrac{W'(r)}{W(r)}$ を計算しなさい (E には依存しないことを確認しなさい)．

(7) 十分小さい任意の ε に対して

$$\frac{V(r+\varepsilon)-V(r)}{V(r)} = \frac{W(r+\varepsilon)-W(r)}{W(r)} \tag{5.32}$$

が成り立つとする．このとき $D=d$ となることを示しなさい．

【解答 5.10】

(1) 各 t 期の支払い E_t の割引現在価値は $\dfrac{E_t}{(1+r)^t}$ なので，それを 1 から T まで足して

$$V(r) = \sum_{t=1}^{T} \frac{E_t}{(1+r)^t}. \tag{5.33}$$

(2) $\left\{\dfrac{E_t}{(1+r)^t}\right\}' = \{E_t(1+r)^{-t}\}' = -tE_t(1+r)^{-t-1}$ なので，(5.33) 式より

$$V'(r) = \sum_{t=1}^{T}\left\{-tE_t(1+r)^{-t-1}\right\} = -\sum_{t=1}^{T}\frac{tE_t}{(1+r)^{t+1}} = -\frac{1}{1+r}\sum_{t=1}^{T}\frac{tE_t}{(1+r)^t}. \tag{5.34}$$

よって，

$$\frac{V'(r)}{V(r)} = -\frac{1}{1+r}\frac{\sum_{t=1}^{T}\dfrac{tE_t}{(1+r)^t}}{\sum_{t=1}^{T}\dfrac{E_t}{(1+r)^t}} = -\frac{D}{1+r}. \tag{5.35}$$

(3) 微分 (1 次近似) の式 $V(r+\varepsilon)-V(r) \approx V'(r)\varepsilon$ より

$$\frac{V(r+\varepsilon)-V(r)}{V(r)} \approx \frac{V'(r)}{V(r)}\varepsilon.$$

前問より $\dfrac{V'(r)}{V(r)} = -\dfrac{D}{1+r} \ (= -D_{\mathrm{m}})$ なので

$$\dfrac{V(r+\varepsilon) - V(r)}{V(r)} \approx -D_{\mathrm{m}}\varepsilon. \tag{5.36}$$

(4) $\{-tE_t(1+r)^{-t-1}\}' = t(t+1)E_t(1+r)^{-t-2}$ なので，(5.34) 式より

$$V''(r) = \sum_{t=1}^{T} t(t+1)E_t(1+r)^{-t-2} = \sum_{t=1}^{T} \dfrac{t(t+1)E_t}{(1+r)^{t+2}} = \dfrac{1}{(1+r)^2} \sum_{t=1}^{T} \dfrac{t(t+1)E_t}{(1+r)^t}.$$

よって，

$$\dfrac{V''(r)}{V(r)} = \dfrac{1}{(1+r)^2} \dfrac{\displaystyle\sum_{t=1}^{T} \dfrac{t(t+1)E_t}{(1+r)^t}}{\displaystyle\sum_{t=1}^{T} \dfrac{E_t}{(1+r)^t}} = C. \tag{5.37}$$

(5) 2次のテイラー展開の式 $V(r+\varepsilon) - V(r) \approx V'(r)\varepsilon + \dfrac{1}{2}V''(r)\varepsilon^2$ より

$$\dfrac{V(r+\varepsilon) - V(r)}{V(r)} \approx \dfrac{V'(r)}{V(r)}\varepsilon + \dfrac{1}{2}\dfrac{V''(r)}{V(r)}\varepsilon^2.$$

ここで，$\dfrac{V'(r)}{V(r)} = -D_{\mathrm{m}}$ と $\dfrac{V''(r)}{V(r)} = C$ より

$$\dfrac{V(r+\varepsilon) - V(r)}{V(r)} \approx -D_{\mathrm{m}}\varepsilon + \dfrac{1}{2}C\varepsilon^2. \tag{5.38}$$

(6) $W'(r) = \{E(1+r)^{-d}\}' = -dE(1+r)^{-d-1} = -d(1+r)^{-1} \times E(1+r)^{-d} = -\dfrac{d}{1+r} \times W(r)$ より

$$\dfrac{W'(r)}{W(r)} = -\dfrac{d}{1+r}. \tag{5.39}$$

[別解] 合成関数の微分公式より $\dfrac{W'(r)}{W(r)} = \bigl(\log W(r)\bigr)'$ なので，$\log W(r) = \log E - d\log(1+r)$ を r で微分することで $\dfrac{W'(r)}{W(r)} = -\dfrac{d}{1+r}$ とすばやく導くこともできます。

(7) 仮定より

$$\dfrac{V'(r)}{V(r)} = \lim_{\varepsilon \to 0} \dfrac{1}{\varepsilon} \dfrac{V(r+\varepsilon) - V(r)}{V(r)} = \lim_{\varepsilon \to 0} \dfrac{1}{\varepsilon} \dfrac{W(r+\varepsilon) - W(r)}{W(r)} = \dfrac{W'(r)}{W(r)}$$

が成り立ちます。したがって，(5.35) 式と (5.39) 式より $D = d$ となります。

[練習問題 5.10：終]

この問題で考えたように，修正ボンド・デュレーション D_m は，利子率が ε だけ上昇したときの債券の価値の変化率 $\dfrac{V(r+\varepsilon)-V(r)}{V(r)}$ を ε の1次式 (つまり直線) で近似したときの比例係数として現れます ((5.36) 式)．つまり，利子率が ε だけ上昇すると，債券の価値はだいたい D_m の割合だけ減少します．この1次近似では精度が十分でないというときは，ε の2次式 (つまり放物線) で近似してみることになります ((5.38) 式)．ボンド・コンベクシティ C はこの2次近似の2次の係数 (の2倍) で，文字通り曲線の曲がり具合 (出っ張り具合) を表します (「コンベクシティ(convexity)」は「凸性」を意味します)．

一方の「デュレーション (duration)」は直訳すると「継続期間」という意味で，いまの文脈では「残存期間」(あるいは「平均残存期間」) と訳されます．問 (7) からわかるとおり，債券 X のマコーレーの (修正前の) デュレーション D は「債券 X を，利子率 r が少し変化したときの割引現在価値の変化率が債券 X のそれと等しくなるようなゼロクーポン債 Y に換算しなおしたときの，そのゼロクーポン債 Y の満期 ("継続期間") d」に等しくなっています．ここで，単に「債券 X と割引現在価値が等しいゼロクーポン債」ではないことに注意してください．「$V(r)=W(r)$」という条件だけからでは何も導かれません．

5.10 もう少し練習

5.10.1 需要の価格弾力性

練習問題 5.11

(1) 需要関数が $D(p)=20000-10p$ であるときに，価格 $\bar{p}=1500$ における需要の価格弾力性の絶対値を求めなさい．また，価格が $\bar{p}$ から限界的に 2% だけ上昇したときの需要の変化率はいくらか．

(2) 需要関数が $D(p)=a-bp$ で与えられている (ただし $a,b>0$)．いま，価格 $\bar{p}$ における需要の価格弾力性の絶対値が 0.4 であるという．このときの需要量を求めなさい．

(3) 需要関数，供給関数がそれぞれ $D(p)=\dfrac{3}{p}-1,\ S(p)=2p$ で与えられているときに，市場均衡における需要の価格弾力性の絶対値を求めなさい．

【解答 5.11】

(1) 価格 $\bar{p}$ における需要の価格弾力性を $e_\mathrm{d}(\bar{p})$ と書くとすると，その定義は

$$e_\mathrm{d}(\bar{p})=\lim_{p\to\bar{p}}\frac{\dfrac{D(p)-D(\bar{p})}{D(\bar{p})}}{\dfrac{p-\bar{p}}{\bar{p}}}=\lim_{p\to\bar{p}}\frac{D(p)-D(\bar{p})}{p-\bar{p}}\frac{\bar{p}}{D(\bar{p})}=D'(\bar{p})\frac{\bar{p}}{D(\bar{p})}$$

でした．いま，$D'(p) = (20000 - 10p)' = -10$ なので，

$$e_{\mathrm{d}}(1500) = (-10) \times \frac{1500}{20000 - 10 \times 1500} = -3.$$

したがって，$\bar{p} = 1500$ における需要の価格弾力性の絶対値は 3 です．

定義より，$p \approx \bar{p}$ のとき

$$e_{\mathrm{d}}(\bar{p}) \approx \frac{\dfrac{D(p) - D(\bar{p})}{D(\bar{p})}}{\dfrac{p - \bar{p}}{\bar{p}}}, \quad \text{つまり} \quad \frac{D(p) - D(\bar{p})}{D(\bar{p})} \approx e_{\mathrm{d}}(\bar{p}) \times \frac{p - \bar{p}}{\bar{p}}$$

と書けるので，$\bar{p} = 1500$ での価格の変化率 $\dfrac{p - \bar{p}}{\bar{p}}$ が $0.02\ (= 2\%)$ のとき，需要の変化率 $\dfrac{D(p) - D(\bar{p})}{D(\bar{p})}$ は $(-3) \times 0.02 = -0.06\ (= -6\%)$ になります．

(2) 価格 $\bar{p}$ における需要の価格弾力性を $\bar{e}$ とおいておくと，$D'(p) = (a - bp)' = -b$ より，

$$\bar{e} = D'(\bar{p})\frac{\bar{p}}{D(\bar{p})} = \frac{-b\bar{p}}{a - b\bar{p}}$$

となります．ここで，求める需要量 $D(\bar{p}) = a - b\bar{p}$ を $\bar{x}$ とおくと，$\bar{e} = \dfrac{\bar{x} - a}{\bar{x}}$ と書けるので，これを解いて $\bar{x} = \dfrac{a}{1 - \bar{e}}$ を得ます．問題の仮定より $\bar{e} = -0.4$ なので，

$$\bar{x} = \frac{a}{1 - (-0.4)} = \frac{a}{1.4} = \frac{5a}{7}$$

と求まります．

(3) まず，$D'(p) = (3p^{-1} - 1)' = -3p^{-2}$ より，価格 p おける需要の価格弾力性 $e_{\mathrm{d}}(p)$ は

$$e_{\mathrm{d}}(p) = D'(p)\frac{p}{D(p)} = (-3p^{-2}) \times \frac{p}{3p^{-1} - 1} = -\frac{3}{3 - p}$$

です．つぎに，需給一致条件 $D(p) = S(p)$ から市場均衡価格を求めます．需給一致条件は

$$\frac{3}{p} - 1 = 2p \iff 2p^2 + p - 3 = 0 \iff (p - 1)(2p + 3) = 0$$

と変形でき，価格は負ではないので $p = 1$ と求まります．以上より，市場均衡における需要の価格弾力性の絶対値は $|e_{\mathrm{d}}(1)| = \left|-\dfrac{3}{3-1}\right| = \dfrac{3}{2}$ となります．

ちなみに，供給の価格弾力性の方は本問では価格によらず常に 1 になります．確かめてみましょう．

[練習問題 5.11：終]

練習問題 5.12

ある財に対する需要の価格弾力性が価格 p の関数として $e_\mathrm{d}(p)$ で与えられている (需要関数は減少関数であるとする)．この財をある企業が独占的に供給している．この企業の費用関数は $C(x) = cx$ である (したがって，限界費用は一定値 c である) と仮定する．いま，独占価格 (独占企業が利潤を最大化する価格) が $p^*\ (>c)$ であるとする．

(1) 独占価格 p^* における需要の価格弾力性 $e_\mathrm{d}(p^*)$ の絶対値は 1 より大きくないといけないことを示しなさい．

(2) 比率 $\dfrac{p^*-c}{p^*}$ を (独占価格における) マークアップ率という．マークアップ率と需要の価格弾力性との間には

$$\frac{p^*-c}{p^*} = -\frac{1}{e_\mathrm{d}(p^*)}$$

という関係式が成り立つことを示しなさい．

【解答 5.12】

(1) 利潤を価格 p の関数として $\pi(p)$ とすると $\pi(p) = pD(p) - cD(p)$ と書けます．ただし $D(p)$ は需要関数です．$\pi(p)$ を p で微分して整理すると

$$\pi'(p) = \bigl(D(p) + pD'(p)\bigr) - cD'(p) = D(p)\left\{1 + (p-c)\frac{D'(p)}{D(p)}\right\}$$
$$= D(p)\left(1 + \frac{p-c}{p} \times p\frac{D'(p)}{D(p)}\right) = D(p)\left(1 + \frac{p-c}{p} \times e_\mathrm{d}(p)\right) \quad (5.40)$$

となります (1 行目で積の微分の公式を使いました)．もしここで，$e_\mathrm{d}(p^*)$ の絶対値が 1 以下であった，すなわち $e_\mathrm{d}(p^*) \geq -1$ であったとすると，$\pi'(p^*) \geq D(p^*)\left\{1 + \dfrac{p^*-c}{p^*} \times (-1)\right\} = D(p^*)\dfrac{c}{p^*} > 0$ が成り立ち，価格を p^* から上げれば利潤が増えることになってしまい，p^* が利潤最大化価格であることに矛盾します．よって，$e_\mathrm{d}(p^*)$ の絶対値は 1 より大きくないといけません．(わざわざ式で書かなくても言葉で簡単に説明することもできます．弾力性の絶対値が 1 より小さいならば，価格を 1% 上げると需要の減少率は 1% 未満ですので，価格を上げることで収入を増やすことができます．需要が減少することでかかる生産費用も減少しますから，利潤全体も増えます．)

(2) 1 階条件の式 $\pi'(p^*) = 0$ に (5.40) 式をあてはめると $\dfrac{p^*-c}{p^*} = -\dfrac{1}{e_\mathrm{d}(p^*)}$ を得ます．

[練習問題 5.12：終]

5.10.2　個々の企業の供給関数と経済全体の総供給関数

練習問題 5.13

ある企業 (A と呼ぶ) の費用関数が

$$C^A(y) = 100y^2 + 20y$$

で与えられている．

(1) 企業 A の限界費用関数 $MC^A(y)$ を求めなさい．

(2) 企業 A は市場価格を所与として生産量を決める (つまり，プライス・テイカーである) とする．企業 A の供給関数 $S^A(p)$ を求めなさい．

(3) 企業 A の供給の価格弾力性 $e_s^A(p)$ を求めなさい．

(4) 経済全体には企業 A と同質な企業が全部で 100 社あるとする．総供給関数 $S(p)$ を求めなさい．

【解答 5.13】

生産量を表す変数として，いつもの x ではなく y を使っていますが，どんな文字を使っていても表す内容は同じです．惑わされないようにしましょう．

(1) $MC^A(y) = 200y + 20$.

(2) 1 階条件「$p = MC$」は，

$$p = 200y + 20.$$

与えられた価格 p に対してこの条件を満たす生産量 y を定めるのが供給関数 $S^A(p)$ ですから，

$$S^A(p) = \frac{1}{200}p - \frac{1}{10}.$$

(3) $e_s^A(p) = S'(p)\dfrac{p}{S(p)} = \dfrac{p}{p-20}.$

(4) 価格が p のとき $\dfrac{1}{200}p - \dfrac{1}{10}$ だけ供給する企業が全部で 100 社あるので，総供給量はこれを 100 倍したものです．すなわち，

$$S(p) = \frac{1}{2}p - 10.$$

[練習問題 5.13：終]

5.10.3　利潤最大化問題の解の性質

次の問題は微分を使わなくても解けるものなのですが，とくに問 (1) は供給関数の性質として重要なので参考までにのせておきます．

練習問題 5.14

$(x^0, p^0), (x^1, p^1)$ を供給曲線上の 2 点とし，$p^0 < p^1$ とする．また，価格が p，生産量が x のときの利潤を $\Pi(x, p)$ と書くことにする．次が成り立つことを証明しなさい．

(1) $x^0 \leq x^1$．

(2) $\Pi(x^0, p^0) \leq \Pi(x^1, p^1)$．とくに，$x^0 > 0$ ならば $\Pi(x^0, p^0) < \Pi(x^1, p^1)$．

【解答 5.14】

費用関数を C とすると利潤は $\pi(x, p) = px - C(x)$ と書けます．

(1) 価格が p^0 のときに生産量 x^0 で利潤が最大化されるので，

$$p^0 x^0 - C(x^0) \geq p^0 x^1 - C(x^1)$$

が成り立ちます．また，価格が p^1 のときに生産量 x^1 で利潤が最大化されるので，

$$p^1 x^1 - C(x^1) \geq p^1 x^0 - C(x^0)$$

が成り立ちます．これらの不等式の辺々を足し合わせて整理すると，

$$p^0 x^0 - p^0 x^1 + p^1 x^1 - p^1 x^0 \geq 0 \iff (p^1 - p^0)(x^1 - x^0) \geq 0 \tag{5.41}$$

を得ます．ここで $p^1 - p^0 > 0$ なので，$x^1 - x^0 \geq 0$ すなわち $x^1 \geq x^0$ を得ます．

(2) 価格が p^1 のときに生産量 x^1 で利潤が最大化されるので，

$$\Pi(x^1, p^1) \geq \Pi(x^0, p^1)$$

が成り立ちます．また，$p^1 > p^0$, $x^0 \geq 0$ より

$$\Pi(x^0, p^1) = p^1 x^0 - C(x^0) \geq p^0 x^0 - C(x^0) = \Pi(x^0, p^0)$$

が成り立ちます．これらより $\Pi(x^1, p^1) \geq \Pi(x^0, p^0)$ を得ます．$x^0 > 0$ のときは $p^1 x^0 - C(x^0) > p^0 x^0 - C(x^0)$ と強い不等号で成り立つので $\Pi(x^1, p^1) > \Pi(x^0, p^0)$ となります．

[練習問題 5.14：終]

不等式 (5.41) より，供給曲線は必ず (弱い意味で) 右上がりになることがわかります．

5.10.4 費用に関する諸概念

生産費用に関する諸概念を整理しておきましょう．ある企業の費用関数を C と書くことにします．$C(x)$ はこの企業が x 単位だけ生産するために必要な総費用を表します．総費用は，生産量に依らない，生産するためにそもそも必要な費用——**固定費用** (fixed cost)——と，生産量に応じてかかる費用——**可変費用** (variable cost)——とに分類できます．つまり，可変費用関数を VC，固定費用を FC とおくと，まず

$$VC(0) = 0$$

で，また，

$$C(x) = VC(x) + FC$$

と書けます．ここで，FC は x に依存しない定数なので「(x)」をつけていないことに注意してください．例えば $C(x) = x^2$ という費用関数をもつ企業にとっては，固定費用はゼロ ($FC = 0$) で生産費用はすべて可変費用 ($VC(x) = x^2$) です．また，$C(x) = x^3 + 2x^2 + 3$ という費用関数をもつ企業にとっては，$VC(x) = x^3 + 2x^2$ および $FC = 3$ です．

さて，**限界費用** (marginal cost) とは費用関数の微分のことでした．すなわち，限界費用関数を MC と書くと，

$$MC(x) = C'(x)$$

です．また，**平均費用** (average cost)，**平均可変費用** (average variable cost) は文字通りそれぞれ総費用の平均，可変費用の平均です．平均費用関数を AC，平均可変費用関数を AVC と書くとすると，$x > 0$ に対して

$$AC(x) = \frac{C(x)}{x} \ \left(= \frac{VC(x) + FC}{x} \right),$$
$$AVC(x) = \frac{VC(x)}{x}$$

で定義されます．0 では割り算できませんから，$x = 0$ に対しては x を 0 に近づけた極限として別個に定義します．つまり，

$$AC(0) = \lim_{x \to 0} \frac{C(x)}{x},$$
$$AVC(0) = \lim_{x \to 0} \frac{VC(x)}{x}$$

と定義します．($FC > 0$ ならば，$\dfrac{FC}{x}$ の部分がいくらでも大きくなるので $AC(0) = \infty$ となります．)

練習問題 5.15

次の等式が成り立つことを確認しなさい．

(1) $MC(x) = VC'(x)$

(2) $AVC(0) = MC(0)$

【解答 5.15】

(1) 「定数 FC を微分するとゼロ」ですから，

$$MC(x) = (VC(x) + FC)'$$
$$= (VC(x))' + (FC)' = VC'(x).$$

(2) 微分係数の定義から出てきます．$VC(0) = 0$ ですから，

$$AVC(0) = \lim_{x \to 0} \frac{VC(x)}{x} = \lim_{x \to 0} \frac{VC(0+x) - VC(0)}{x}$$
$$= VC'(0) \qquad \text{（微分係数の定義より）}$$
$$= MC(0). \qquad \text{((1) より)}$$

[練習問題 5.15：終]

練習問題 5.16

定数 $\alpha, \beta > 0$ に対して，

(a) $\begin{cases} MC(\alpha) = AC(\alpha) \\ x < \alpha \Rightarrow MC(x) < AC(x) \\ x > \alpha \Rightarrow MC(x) > AC(x) \end{cases}$

(b) $\begin{cases} MC(\beta) = AVC(\beta) \\ x < \beta \Rightarrow MC(x) < AVC(x) \\ x > \beta \Rightarrow MC(x) > AVC(x) \end{cases}$

が成り立っているとする．

(1) 平均費用関数 AC の増減表を書きなさい．

(2) 平均可変費用関数 AVC の増減表を書きなさい．

【解答 5.16】

(1) 平均費用関数 AC を微分すると

$$AC'(x) = \left(\frac{C(x)}{x}\right)' = \frac{C'(x)x - C(x)}{x^2} \quad (商の微分より)$$
$$= \frac{1}{x}\left(C'(x) - \frac{C(x)}{x}\right)$$
$$= \frac{1}{x}\bigl(MC(x) - AC(x)\bigr). \tag{5.42}$$

よって，条件 (a) より増減表は

x		α	
$AC'(x)$	$-$	0	$+$
$AC(x)$	↘		↗

となります．ここで，(5.42) 式より $AC'(x) = 0$ のとき $MC(x) = AC(x)$ となるので，とくに，平均費用が極小になるところで限界費用曲線と平均費用曲線が交わることがわかります．

(2) 平均費用関数 AVC を微分すると

$$AVC'(x) = \left(\frac{VC(x)}{x}\right)' = \frac{VC'(x)x - VC(x)}{x^2} \quad (商の微分より)$$
$$= \frac{1}{x}\left(VC'(x) - \frac{VC(x)}{x}\right)$$
$$= \frac{1}{x}\bigl(MC(x) - AVC(x)\bigr). \tag{5.43}$$

よって，条件 (b) より増減表は

x		β	
$AVC'(x)$	$-$	0	$+$
$AVC(x)$	↘		↗

となります．ここで，(5.43) 式より $AVC'(x) = 0$ のとき $MC(x) = AVC(x)$ となるので，とくに，平均可変費用が極小になるところで限界費用曲線と平均可変費用曲線が交わることがわかります．

[練習問題 5.16：終]

5.10.5　ちょっと複雑な費用関数*

練習問題 5.17

p を 0 以上の定数として，x についての 3 次関数

$$\pi(x) = -\frac{1}{3}x^3 + 2x^2 + (p-5)x - 72$$

を考える．$x \geq 0$ の範囲で $\pi(x)$ を最大化する x を求めなさい (p の値で場合分けしなさい)．

【解答 5.17】

1 階条件 $\pi'(x) = 0$ だけからでは求められない問題になっています．ちゃんと $\pi(x)$ の導関数の符号を調べて，与えられた範囲 ($x \geq 0$) で増減表を書きます．

$\pi(x)$ を微分すると

$$\pi'(x) = -x^2 + 4x + (p-5)$$

です．ここで

$$\begin{cases} \pi'(x) > 0 \iff x^2 - 4x + 5 < p \\ \pi'(x) < 0 \iff x^2 - 4x + 5 > p \end{cases}$$

なので，$x^2 - 4x + 5$ のグラフを描いて，そのグラフが p より下になる範囲 ($\pi'(x) > 0$ となります) と p より上になる範囲 ($\pi'(x) < 0$ となります) を調べればよいことになります．

平方完成すると

$$x^2 - 4x + 5 = (x-2)^2 + 1$$

となるので，$x^2 - 4x + 5$ のグラフは右図のようになります．以下，(i) $p < 1$，(ii) $1 \leq p \leq 5$，(iii) $p > 5$ で場合分けします．

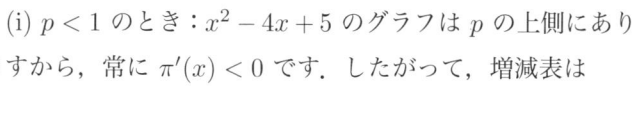

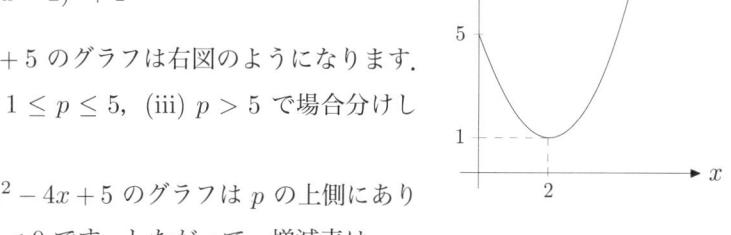

(i) $p < 1$ のとき：$x^2 - 4x + 5$ のグラフは p の上側にありますから，常に $\pi'(x) < 0$ です．したがって，増減表は

x	0	
$\pi'(x)$		$-$
$\pi(x)$	最大	↘

となります．よって $\pi(x)$ は $x=0$ のとき最大になります．

(ii) $1 \leq p \leq 5$ のとき：$x^2 - 4x + 5 = p$ となる $x \geq 0$ は 2 つあります ($p=1$ のときはこれらは 1 つに重なります)．これらは平方完成と因数分解を用いて

$$x^2 - 4x + 5 = p \iff (x-2)^2 - (p-1) = 0$$
$$\iff \left(x - 2 + \sqrt{p-1}\right)\left(x - 2 - \sqrt{p-1}\right) = 0$$
$$\iff x = 2 - \sqrt{p-1},\ 2 + \sqrt{p-1}$$

と求めることができます (これは「2 次方程式の解の公式」を導いたことに他なりません)．簡略化のため

$$\alpha = 2 - \sqrt{p-1}, \quad \beta = 2 + \sqrt{p-1}$$

と書くことにしましょう．$x^2 - 4x + 5$ のグラフと p との位置関係より，$\alpha < x < \beta$ の範囲でグラフは p より下，$x < \alpha,\ x > \beta$ の範囲でグラフは p より上となります．したがって，増減表は

x	0		α		β	
$\pi'(x)$		$-$	0	$+$	0	$-$
$\pi(x)$	極大	↘		↗	極大	↘

となります．$\pi(x)$ を最大にする x は 0 か β かのどちらかです．$\pi(0)$ と $\pi(\beta)$ のどちらが大きいかは実際に比べて判定します．$\pi(\beta) > \pi(0)$ となるような p の範囲を次のように求めてみます．まず，

$$\pi(\beta) > \pi(0) \iff -\frac{1}{3}\beta^3 + 2\beta^2 + (p-5)\beta - 72 > -72$$
$$\iff p\beta > \frac{1}{3}\beta^3 - 2\beta^2 + 5\beta$$
$$\iff p > \frac{1}{3}\beta^2 - 2\beta + 5 \quad (\beta > 0 \text{ で割った})$$

と変形できます．ここで $\beta^2 - 4\beta + 5 = p$ を思い出してさらに変形すると，

$$\beta^2 - 4\beta + 5 > \frac{1}{3}\beta^2 - 2\beta + 5 \iff \frac{2}{3}\beta^2 - 2\beta > 0$$
$$\iff \frac{2}{3}\beta(\beta - 3) > 0$$
$$\iff \beta > 3 \quad (\beta > 0 \text{ より})$$

となります．最後に β の定義を思い出して，

$$2 + \sqrt{p-1} > 3 \iff \sqrt{p-1} > 1 \iff p > 2$$

を得ます．同様にして，$\pi(\beta) = \pi(0)$ となるのは $p = 2$ のとき，$\pi(\beta) < \pi(0)$ となるのは $p < 2$ のときとわかります．

(iii) $p > 5$ のとき：$x^2 - 4x + 5 = p$ となる $x \geq 0$ は $\beta = 2 + \sqrt{p-1}$ のみです（もう一方の $\alpha = 2 - \sqrt{p-1}$ は 0 未満になります）．したがって，$x^2 - 4x + 5$ のグラフと p との位置関係を考えて $x \geq 0$ の範囲で増減表を書くと

x	0		β	
$\pi'(x)$		+	0	−
$\pi(x)$		↗	最大	↘

となります．よって $\pi(x)$ は $x = \beta$ のとき最大になります．

以上 (i)–(iii) より，$\pi(x)$ を最大化する x は

$$\begin{cases} 0 & \cdots\ p < 2\ \text{のとき} \\ 0,\ 2+\sqrt{p-1} & \cdots\ p = 2\ \text{のとき} \\ 2+\sqrt{p-1} & \cdots\ p > 2\ \text{のとき} \end{cases}$$

となります．

[練習問題 5.17：終]

練習問題 5.18

費用関数が

$$C(x) = \frac{1}{3}x^3 - 2x^2 + 5x + 72$$

で与えられる企業を考える．

(1) 限界費用関数 $MC(x)$ を求めなさい．

(2) 平均費用関数 $AC(x)$，平均可変費用関数 $AVC(x)$ を求めなさい．

(3) 供給関数 $S(p)$ を求めなさい．また，供給曲線を限界費用関数，平均費用関数，平均可変費用関数のグラフとともに xp 平面に図示しなさい．

【解答 5.18】

(1) $MC(x) = C'(x) = x^2 - 4x + 5$.

(2) $AC(x) = \dfrac{C(x)}{x} = \dfrac{1}{3}x^2 - 2x + 5 + \dfrac{72}{x}$,　$AVC(x) = \dfrac{C(x) - C(0)}{x} = \dfrac{1}{3}x^2 - 2x + 5$.

(3) 価格が p のとき，供給量を x としたときの利潤 $\pi(x)$ は

$$\pi(x) = px - C(x) = -\frac{1}{3}x^3 + 2x^2 + (p-5)x - 72$$

です．価格 p に対して利潤 $\pi(x)$ を最大化する供給量 x を定める関数が供給関数ですが，この企業の利潤の関数 π はまさしく練習問題 5.17 で考えた最大化問題の目的関数なので，そこでの答えより供給関数は

$$S(p) = \begin{cases} 0 & \cdots\ p < 2\ \text{のとき} \\ 0,\ 2 + \sqrt{p-1} & \cdots\ p = 2\ \text{のとき} \\ 2 + \sqrt{p-1} & \cdots\ p > 2\ \text{のとき} \end{cases}$$

となります[7]．供給曲線 $(x = S(p))$ および $p = MC(x)$, $p = AC(x)$, $p = AVC(x)$ のグラフを xp 平面に描くと図 5.10 のようになります．曲線間の関係について，

- MC 曲線と AVC 曲線は縦軸で交わる (練習問題 5.15(2) より)
- MC 曲線は AC 曲線，AVC 曲線の最小点をそれぞれ通る (練習問題 5.16 より)

という点に注意してください．

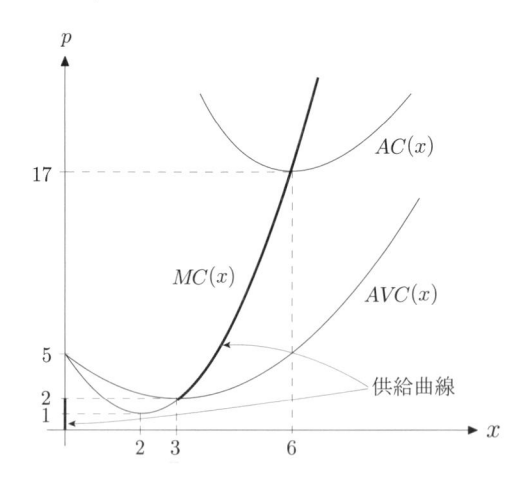

図 5.10　供給曲線，限界費用曲線，平均費用関数，平均可変費用曲線

[練習問題 5.18：終]

---

[7] $p = 2$ のとき値が 2 つあるので，厳密にはこれは関数 (変数の各値に対して返す値は 1 つだけ) ではなく対応といいます

さて，この問題の供給関数は前問練習問題 5.17 のとおりに増減表を丹念に書いていけば求まるわけですが，経済学的な意味をふまえて導出する方法を考えてみましょう．限界費用関数 $MC(x)$ が全域で増加ならば MC 曲線の全体が供給曲線になるわけですが，今回のケースでは $MC(x)$ は生産量 x が少ないときには減少しています．したがって，単純に「MC 曲線すなわち供給曲線」とはいきません．

まず，図 5.10 を見て，与えられた市場価格 p に対して 1 階条件 $p = MC(x)$ を満たす x (ただし $x \geq 0$) を対応させることを考えましょう．すなわち，p が与えられたとして，p の位置に横線を引き，MC 曲線との交点を調べます．そのような x は p の値によって 1 個の場合 ($p > 5$ のとき) もあれば，2 個の場合 ($1 \leq p \leq 5$ のとき，ただし $p = 1$ のときは，2 交点が重なったとみなすことにします)，また存在しない場合 ($0 \leq p < 1$ のとき) もあります．交点が 1 個以上ある場合は，**MC 曲線が右上がりの部分との交点の x の値が利潤最大化解の候補**になります．そのような x を練習問題 5.17 にあわせて β とおくと，x が β より少し小さい場合は $p > MC(x)$，少し大きい場合は $p < MC(x)$ ということですから，利潤の関数 $\pi(x)$ の導関数 $\pi'(x) = p - MC(x)$ は $x = \beta$ の前後で $+$ から $-$ に符号を変えます．したがって，$x = \beta$ で $\pi(x)$ は極大になります (練習問題 5.17 の場合分けの (ii), (iii) の増減表参照)．

つぎに，端点 ($x = 0$) が解になるかをチェックします．$x = \beta$ のときの利潤と $x = 0$ のときの利潤を比べると，

$$\pi(\beta) \gtreqless \pi(0) \iff p\beta - C(\beta) \gtreqless -C(0)$$
$$\iff p \gtreqless \frac{C(\beta) - C(0)}{\beta}$$

と変形でき，最後の不等式の左辺は限界費用 $MC(\beta)$，右辺は平均可変費用 $AVC(\beta)$ にそれぞれ等しいので，けっきょく

$$\pi(\beta) \gtreqless \pi(0) \iff MC(\beta) \gtreqless AVC(\beta)$$

となります．したがって，**MC 曲線のうち AVC 曲線より上側にある部分が供給曲線** (の一部) になり，MC 曲線が AVC 曲線の下側にくる場合は $x = 0$ が利潤最大化解になります．MC 曲線が AVC 曲線の最小点 (本問では $(x, p) = (3, 2)$) を通ることに注意してください．そのときの価格 (本問では $p = 2$) を操業停止価格といいます．

最後に，$p = MC(x)$ を満たす x が存在しないケースでは，どんな x についても $p < MC(x)$，したがって $\pi'(x) = p - MC(x) < 0$ となっていて，$\pi(x)$ は減少関数になることから $x = 0$ が利潤最大化解になります．

以上をまとめると，供給曲線は MC 曲線の右上がりの部分のうち AVC 曲線より上側にある部分，および，そこからジャンプして縦軸の部分，となります．

ちなみに，MC 曲線は AC 曲線の最小点 (本問では $(x, p) = (6, 17)$) を通りますが，その

ときの価格 (本問では $p=17$) を**損益分岐価格**といいます．最小点を $(\bar{x},\bar{p})$ とおくと (したがって $\bar{p}=AC(\bar{x})$)，このときの利潤は

$$\pi(\bar{x})=\bar{p}\bar{x}-C(\bar{x})=\bar{x}\left(\bar{p}-\frac{C(\bar{x})}{\bar{x}}\right)=\bar{x}\left(\bar{p}-AC(\bar{x})\right)=0$$

となり，また，価格が $\bar{p}$ より上がると利潤は正になります．

5.10.6 極限の計算*

練習問題 5.19

$a,b>0$, $0<\alpha<1$ として

$$\lim_{\varepsilon\to 0}\{\alpha a^{\varepsilon}+(1-\alpha)b^{\varepsilon}\}^{\frac{1}{\varepsilon}}$$

を計算しなさい．

【解答 5.19】

底の変換公式より

$$\{\alpha a^{\varepsilon}+(1-\alpha)b^{\varepsilon}\}^{\frac{1}{\varepsilon}}=\exp\left(\log\left(\alpha a^{\varepsilon}+(1-\alpha)b^{\varepsilon}\right)^{\frac{1}{\varepsilon}}\right)=\exp\left(\frac{1}{\varepsilon}\log\left(\alpha a^{\varepsilon}+(1-\alpha)b^{\varepsilon}\right)\right)$$

と書けます (ただし $\exp(X)=e^{X}$)．指数の部分の $\varepsilon\to 0$ での極限を考えると，

$$\lim_{\varepsilon\to 0}\frac{1}{\varepsilon}\log(\alpha a^{\varepsilon}+(1-\alpha)b^{\varepsilon})$$
$$=\lim_{\varepsilon\to 0}\frac{\log(\alpha a^{\varepsilon}+(1-\alpha)b^{\varepsilon})-\log(\alpha a^{0}+(1-\alpha)b^{0})}{\varepsilon}$$
$$=\left.\frac{d}{dx}\log(\alpha a^{x}+(1-\alpha)b^{x})\right|_{x=0}$$
$$=\left.\frac{\alpha a^{x}\log a+(1-\alpha)b^{x}\log b}{\alpha a^{x}+(1-\alpha)b^{x}}\right|_{x=0}=\alpha\log a+(1-\alpha)\log b=\log a^{\alpha}b^{1-\alpha}$$

となります (途中経過については練習問題 5.7 を参考にしてください)．したがって，

$$\lim_{\varepsilon\to 0}\{\alpha a^{\varepsilon}+(1-\alpha)b^{\varepsilon}\}^{\frac{1}{\varepsilon}}=\lim_{\varepsilon\to 0}\exp\left(\frac{1}{\varepsilon}\log\left(\alpha a^{\varepsilon}+(1-\alpha)b^{\varepsilon}\right)\right)$$
$$=\exp\left(\lim_{\varepsilon\to 0}\frac{1}{\varepsilon}\log\left(\alpha a^{\varepsilon}+(1-\alpha)b^{\varepsilon}\right)\right)$$
$$=\exp\left(\log a^{\alpha}b^{1-\alpha}\right)=a^{\alpha}b^{1-\alpha}.$$

[練習問題 5.19：終]

第6章

ベクトルと予算制約

6.1 予算制約

　世の中ではたくさんの財 (商品やサービス) が売られています．どれだけの種類の財が世の中に存在するかわかりませんが，種類の数を n とおいておきましょう．n はうーんと大きな数のはずですが，まずは単純な $n=2$ のケース，つまり世の中に2種類しか財が存在しないケースを考えましょう[1]．たとえば「ある会社のペットボトルのウーロン茶」と「あるコーヒーショップのカフェラテ」のように具体的な商品を思い浮かべつつ，ここではドライに第1財，第2財と呼ぶことにします．第1財，第2財の価格をそれぞれ，たとえば200円と300円としましょう．いま，おこづかい (所得といいます) がたとえば12,000円であったときに，これらの財をどのくらい購入できるでしょうか．

　もちろん，第1財，第2財の購入量をそれぞれ x_1, x_2 とすると，支出額は $200x_1 + 300x_2$ ですから，

$$200x_1 + 300x_2 \leq 12000 \tag{6.1}$$

を満たすような組み合わせ (x_1, x_2) の分だけ購入できますね．この不等式を予算制約式といいます．また，これが等号で成り立つ式

$$200x_1 + 300x_2 = 12000 \tag{6.2}$$

もやはり予算制約式ということにしましょう．

例題 6.1

　等式 (6.2) が表す $x_1 x_2$ 平面上のグラフを描き，そのグラフを3通りの方法で説明しなさい．

---

[1] 複雑な問題を考察するにあたってまずは単純なケースから考えていくのはものごとの鉄則です．単純なケースから複雑なケースに関する知見を得る，この場合だと「2を聞いて n を知る」ことが大切です．

【解答 6.1】

等式 (6.2) が表すグラフを $x_1 \geq 0, x_2 \geq 0$ の領域 ($x_1 x_2$ 平面の「非負象限」といいます) に図示すると下図の直線のようになります．

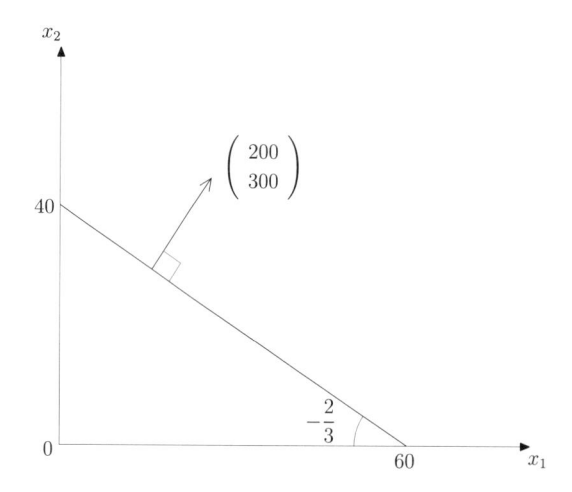

この直線を**予算線**といいます．また，予算線と横軸，縦軸で囲まれた領域を**予算集合**といいます．予算線の性質を以下の 3 通りの方法で説明します．

(1) (6.2) 式は

$$x_2 = -\frac{2}{3}x_1 + 40$$

と変形できるので，傾きが $-\dfrac{2}{3}$ で x_2 切片が 40 の直線を表しています．このとき，傾きの絶対値 $\dfrac{2}{3}$ は第 1 財・第 2 財の価格比を表します．

(2) 所得をすべて第 1 財に使うとすると 12000 ÷ 200 より 60 だけ購入できます．また，所得をすべて第 2 財に使うとすると 12000 ÷ 300 より 40 だけ購入できます．したがって，(6.2) 式は点 (60,0) と (0,40) を結ぶ直線を表すことがわかります．このとき，60 (= 所得/第 1 財の価格) は「第 1 財の価格で測った**実質所得**」，40 (= 所得/第 2 財の価格) は「第 2 財の価格で測った**実質所得**」をそれぞれ表します．

(3) この 3 番目の方法を理解するのが本章の目標です．先どりして答えを示しておきます．第 6.3 節まで読みおわった時点で理解できるようになります．

(6.2) 式は

$$\begin{pmatrix} 200 \\ 300 \end{pmatrix} \cdot \begin{pmatrix} x_1 \\ x_2 \end{pmatrix} = 12000$$

とベクトルの内積を使って変形できるので，$\begin{pmatrix} 200 \\ 300 \end{pmatrix}$ がこの直線の**法線ベクトル**です．たと

えば $(x_1, x_2) = (60, 0)$ は (6.2) 式を満たすので，(6.2) 式は，$\begin{pmatrix} 200 \\ 300 \end{pmatrix}$ を法線ベクトルとし点 $(60, 0)$ を通る直線を表します．

[例題 6.1：終]

6.2 ベクトルのいろいろ

みなさんは「ベクトル」という言葉を聞いて何を思い浮かべますか．ある人は「ベクトルとはいくつかの数字を並べて書いたもの」といい，ある人は「ベクトルとは矢印のこと」といい，またある人は「けっきょくは座標のことじゃないの」というかもしれません．実はどれも正しいのです．ベクトルはこれらの 3 つの顔をもち，それらを一体として理解することがだいじです．

6.2.1 数ベクトル

数をいくつか並べてひとまとめにしたものをベクトル[2]と呼びます．後で出てくる幾何ベクトルなどと区別して数ベクトルと呼ぶこともあります．より厳密には，n 個の数を縦に並べたものを n 次元縦ベクトル，n 個の数を横に並べたものを n 次元横ベクトルといいます．縦ベクトル，横ベクトルはそれぞれ列ベクトル，行ベクトルともいいます (右図のように覚えるとよいでしょう)．たとえば，

$$\begin{pmatrix} 2 \\ 3 \end{pmatrix}$$

は 2 次元縦ベクトル，

$(2, -3, 1)$

は 3 次元横ベクトルの例です．縦に並べるか横に並べるかは第 8 章で学ぶ行列計算を行う際には意味が異なってくるので注意しないといけませんが，本章の範囲ではとくに区別を気にする必要はありません．ここでは縦ベクトルを使うことにします[3]．

ベクトルに名前をつけるときは，ふつうの数 (ベクトルに対してスカラー[4]といいます)

---

[2]「ベクトル」は「vector」のドイツ語読みです (ドイツ語綴りだと「Vektor」)．英語読みだと「ベクター」(あるいは「ヴェクター」) となります．

[3] ついでなので，「転置」という概念を紹介しておきます．これはベクトルをひっくり返すことで，たとえば，ベクトル $(2, 3)$ の転置は $\begin{pmatrix} 2 \\ 3 \end{pmatrix}$ のことです．これを記号で，$(2, 3)'$ と「′」をつけて表します．他にも $^t(2,3)$，$(2,3)^t$，$(2,3)^T$ などと書くこともあります．「t」は転置 transpose の頭文字から来ています．

[4]「スカラー」は「scalar」のドイツ語読みです (ドイツ語綴りだと「Skalar」)．英語読みだと「スケイラー」となります．

と区別するために,

$$\boldsymbol{a}, \boldsymbol{x}, \boldsymbol{p}$$

とか,

$$\vec{a}, \vec{x}, \vec{p}$$

とかのように,太字にしたり矢印をつけたりします.高校数学では矢印を使っていたでしょうが,本書では太字の方を使います.手で書くときは

$$𝕒 \quad 𝕩 \quad ℙ$$

のようにどこかに 1 本,線を入れてふつうの文字と区別します[5].実際には,経済学では太字でないふつうの文字を使うことも多く,文脈からスカラーであるかベクトルであるかを判断できるようになることが必要なのですが,本章の段階ではちゃんと表記を区別することにします.

さて,数ベクトルどうしの加法と数ベクトルの定数倍 (スカラー倍) という演算 (合わせて線形演算またはベクトル演算といいます) を定義しましょう.一般に,n 次元ベクトル

$$\boldsymbol{a} = \begin{pmatrix} a_1 \\ a_2 \\ \vdots \\ a_n \end{pmatrix}, \quad \boldsymbol{b} = \begin{pmatrix} b_1 \\ b_2 \\ \vdots \\ b_n \end{pmatrix}$$

に対して,和 $\boldsymbol{a} + \boldsymbol{b}$ は

$$\boldsymbol{a} + \boldsymbol{b} = \begin{pmatrix} a_1 + b_1 \\ a_2 + b_2 \\ \vdots \\ a_n + b_n \end{pmatrix}$$

という n 次元ベクトルであると定義し,また実数 λ に対してスカラー倍 $\lambda \boldsymbol{a}$ は

$$\lambda \boldsymbol{a} = \begin{pmatrix} \lambda a_1 \\ \lambda a_2 \\ \vdots \\ \lambda a_n \end{pmatrix}$$

---

[5] これは人ごとにくせがあります.

という n 次元ベクトルであると定義します．単に，ベクトルどうしの足し算は成分どうしの足し算，ベクトルのスカラー倍は成分ごとのスカラー倍ということです．たとえば，

$$\begin{pmatrix} 2 \\ 3 \end{pmatrix} + \begin{pmatrix} 9 \\ 1 \end{pmatrix} = \begin{pmatrix} 2+9 \\ 3+1 \end{pmatrix} = \begin{pmatrix} 11 \\ 4 \end{pmatrix}, \quad 5\begin{pmatrix} 2 \\ 3 \end{pmatrix} = \begin{pmatrix} 5\times 2 \\ 5\times 3 \end{pmatrix} = \begin{pmatrix} 10 \\ 15 \end{pmatrix}$$

のように計算します．

加法とスカラー倍は以下の性質を満たします．

線形演算の性質

(1) $(\boldsymbol{a}+\boldsymbol{b})+\boldsymbol{c} = \boldsymbol{a}+(\boldsymbol{b}+\boldsymbol{c})$　　（結合法則）

(2) $\boldsymbol{a}+\boldsymbol{b} = \boldsymbol{b}+\boldsymbol{a}$　　（交換法則）

(3) 零ベクトルと呼ばれる特別なベクトルが存在して（これを $\boldsymbol{0}$ で表す），任意のベクトル $\boldsymbol{a}$ に対して $\boldsymbol{a}+\boldsymbol{0}=\boldsymbol{a}$ が成り立つ．

(4) 任意のベクトル $\boldsymbol{a}$ に対して $-\boldsymbol{a}$ というベクトルが存在して，$\boldsymbol{a}+(-\boldsymbol{a})=\boldsymbol{0}$ が成り立つ．

(5) $\lambda(\boldsymbol{a}+\boldsymbol{b}) = \lambda\boldsymbol{a}+\lambda\boldsymbol{b}$　　（分配法則）

(6) $(\lambda+\mu)\boldsymbol{a} = \lambda\boldsymbol{a}+\mu\boldsymbol{a}$　　（分配法則）

(7) $(\lambda\mu)\boldsymbol{a} = \lambda(\mu\boldsymbol{a})$　　（結合法則）

(8) $1\boldsymbol{a} = \boldsymbol{a}$

---

(3) の $\boldsymbol{0}$，(4) の $-\boldsymbol{a}$ はそれぞれ

$$\boldsymbol{0} = \begin{pmatrix} 0 \\ 0 \\ \vdots \\ 0 \end{pmatrix}, \quad -\boldsymbol{a} = \begin{pmatrix} -a_1 \\ -a_2 \\ \vdots \\ -a_n \end{pmatrix}$$

であることはすぐわかるでしょう．

$\boldsymbol{a}$ と $\boldsymbol{b}$ の差 $\boldsymbol{a}-\boldsymbol{b}$ は $\boldsymbol{a}+(-\boldsymbol{b})$ で定義します．つまり，成分ごとの引き算，

$$\boldsymbol{a}-\boldsymbol{b} = \begin{pmatrix} a_1-b_1 \\ a_2-b_2 \\ \vdots \\ a_n-b_n \end{pmatrix}$$

です.

　数ベクトルを使うことの1つのご利益は，たくさんの量をひとまとめにして扱うことができることにあります．たとえば，水，ジュース，コーヒーという3種類の財があるとしましょう．「消費者 A の第1財の消費量を x_1^A, 第2財の消費量を x_2^A, 第3財の消費量を x_3^A, また，消費者 B の第1財の消費量を x_1^B, 第2財の消費量を x_2^B, 第3財の消費量を x_3^B とおくとすると，両者の第1財の消費の和は $x_1^A + x_1^B$, 第2財の消費の和は $x_2^A + x_2^B$, 第3財の消費の和は $x_3^A + x_3^B$ である」と長々と書くところを，ベクトルを使うと「消費者 A の消費ベクトルを $\bm{x}^A$, 消費者 B の消費ベクトルを $\bm{x}^B$ とおくとすると，両者の消費の和は $\bm{x}^A + \bm{x}^B$ である」と簡潔に書くことができます．

　$2\bm{a} + 3\bm{b}$ のように，ベクトルの和とスカラー倍で作られる新たなベクトルを $\bm{a}$ と $\bm{b}$ の線形結合といいます．ベクトルは何個使ってもよくて，たとえば $-\bm{x} + 4\bm{y} - 5\bm{z}$ は $\bm{x}, \bm{y}, \bm{z}$ の線形結合です．2次元数ベクトルのうち，

$$\begin{pmatrix} 1 \\ 0 \end{pmatrix}, \quad \begin{pmatrix} 0 \\ 1 \end{pmatrix}$$

の2つを基本ベクトル (より精確には，2次元基本ベクトル) といい，それぞれ $\bm{e}_1, \bm{e}_2$ で表すことにしましょう．すると，どんな2次元数ベクトルも $\bm{e}_1, \bm{e}_2$ の線形結合で書き表すことができます．実際，

$$\begin{pmatrix} a_1 \\ a_2 \end{pmatrix} = \begin{pmatrix} a_1 \\ 0 \end{pmatrix} + \begin{pmatrix} 0 \\ a_2 \end{pmatrix} = a_1 \begin{pmatrix} 1 \\ 0 \end{pmatrix} + a_2 \begin{pmatrix} 0 \\ 1 \end{pmatrix} = a_1 \bm{e}_1 + a_2 \bm{e}_2$$

と書きかえられます．最初の数ベクトルの成分 a_1, a_2 がそのまま $\bm{e}_1, \bm{e}_2$ の係数として現れていることに注意してください．

　同様に，3次元の基本ベクトルは

$$\begin{pmatrix} 1 \\ 0 \\ 0 \end{pmatrix}, \quad \begin{pmatrix} 0 \\ 1 \\ 0 \end{pmatrix}, \quad \begin{pmatrix} 0 \\ 0 \\ 1 \end{pmatrix}$$

の3つです．これらをやはりそれぞれ $\bm{e}_1, \bm{e}_2, \bm{e}_3$ とおきましょう．すると，どんな3次元数ベクトルも

$$\begin{pmatrix} a_1 \\ a_2 \\ a_3 \end{pmatrix} = a_1 \bm{e}_1 + a_2 \bm{e}_2 + a_3 \bm{e}_3$$

と，$\bm{e}_1, \bm{e}_2, \bm{e}_3$ の線形結合で書けます．

6.2.2 幾何ベクトル

平面上あるいは空間内の矢印を**幾何ベクトル**といいます.舞台を明示する必要があるときにはそれぞれ**平面ベクトル**,**空間ベクトル**といいます.いずれにせよ,要は「どの方向へどれだけ進むか」のことで,「向き」と「長さ」を同時に表します.幾何ベクトルに名前をつけるときは数ベクトルのときと同様に a, x, p などの太字を使うことにします.また,始点が A で終点が B であるような幾何ベクトルは $\overrightarrow{AB}$ と書きます.特別な幾何ベクトルとして,長さが 0 で方向のないものを**零ベクトル**といい,やはり $\mathbf{0}$ と表します.また,幾何ベクトル a に対して,逆向きの幾何ベクトルを a の**逆ベクトル**といい,$-a$ で表します.幾何ベクトル a の長さ(大きさということもあります)を「| |」という記号を使って $|a|$ と表します(「絶対値」と読まないこと)[6)]. これはもはやベクトルではなくスカラーであることに注意してください.とくに,長さが 1 の幾何ベクトルを**単位ベクトル**といいます.

幾何ベクトルにも線形演算(加法とスカラー倍)を定義しましょう.まず,2 つの幾何ベクトル a, b に対して,和 $a + b$ もやはり幾何ベクトルで,右図で定義します.差 $a - b$ は逆ベクトルとの和 $a + (-b)$ で定義します(絵を描いてみましょう).次に,幾何ベクトル a と実数 λ に対して,a の λ 倍という幾何ベクトル λa を,$\lambda > 0$ ならば a と同じ向きで長さが λ 倍の幾何ベクトルとして(とくに $1a = a$ です),$\lambda < 0$ ならば a と逆向きで長さが $|\lambda|$ 倍の幾何ベクトルとして定義します.$\lambda = 0$ のときは $0a = \mathbf{0}$ とします.

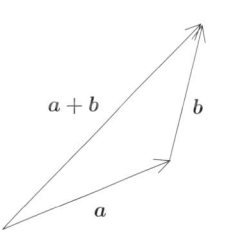

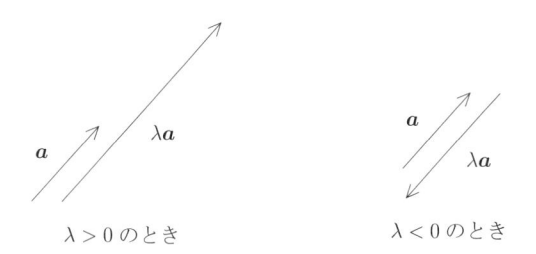

$\lambda > 0$ のとき $\lambda < 0$ のとき

このように定義された幾何ベクトルに関する加法とスカラー倍もやはり「線形演算の性質」を満たします(証明は省略します.図を書いて確かめてみましょう).

幾何ベクトル a と b がぴったり同じ向きをしているか,またはぴったり逆向きであるとき,a と b は**平行**であるといい,$a \mathbin{/\!/} b$ と書くことにします(便宜上,零ベクトル $\mathbf{0}$ はすべての幾何ベクトルと平行であると約束します).そうすると,

a, b が $\mathbf{0}$ でないとき

$$a \mathbin{/\!/} b \iff b = \lambda a \text{ となる実数 } \lambda \neq 0 \text{ が存在する} \tag{6.3}$$

[6)] 「∥ ∥」という記号を使って $\|a\|$ と書くこともあります.

ということがいえます．b が a と同じ向きならば $\lambda > 0$, 逆向きならば $\lambda < 0$ となります．$b = \lambda a$ と書けているとき，$\lambda|a|$ を「b の a 方向への符号付き長さ」といいます．a から見て b が逆向きのときは $\lambda < 0$ ですから，そのときは b の「符号付き長さ」の符号をマイナスとするわけです．

また，a と b の交角が $90°$ のとき，a と b は直交するといい，$a \perp b$ と書くことにします (やはり便宜上，$\mathbf{0}$ はすべての幾何ベクトルと直交すると約束します)．

さて，平面上に xy 座標系が導入されているとして，x 軸方向に長さ 1 だけ進む平面ベクトルを e_1, y 軸方向に長さ 1 だけ進む平面ベクトルを e_2 とおきましょう (これらを基本平面ベクトルといいます)．すると，平面上のどんな幾何ベクトルも e_1, e_2 の線形結合で書けます．たとえば，幾何ベクトル a を右図のように e_1 を 3 つ分，e_2 を 2 つ進むような矢印とすると，

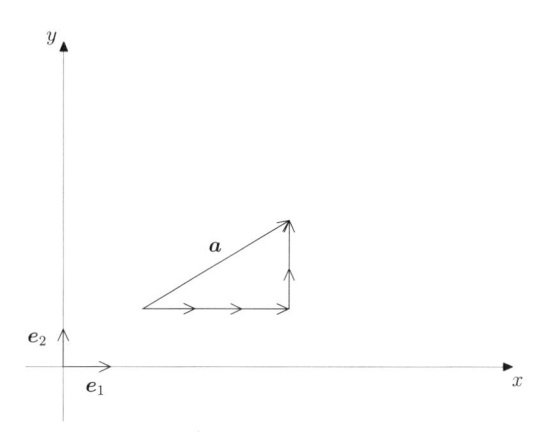

$$a = 3e_1 + 2e_2$$

と書き表せます．このとき，e_1, e_2 の係数を成分とする 2 次元数ベクトル $\begin{pmatrix} 3 \\ 2 \end{pmatrix}$ を平面ベクトル a の成分表示といいます．このとき，

$$a = \begin{pmatrix} 3 \\ 2 \end{pmatrix}$$

と等号で結んでしまって，平面ベクトル a と 2 次元数ベクトル $\begin{pmatrix} 3 \\ 2 \end{pmatrix}$ を同一視します．一般に，x 軸方向に a_1 だけ進み y 軸方向に a_2 だけ進む平面ベクトル a は

$$a = \begin{pmatrix} a_1 \\ a_2 \end{pmatrix}$$

と 2 次元数ベクトルで表せます．逆に，$\begin{pmatrix} a_1 \\ a_2 \end{pmatrix}$ という 2 次元数ベクトルがあったら，これは x 軸方向に a_1 だけ進み y 軸方向に a_2 だけ進む平面ベクトルで表せます．したがって，平面ベクトルと 2 次元数ベクトルは 1 対 1 に対応します．

つぎに，3 次元空間を考えましょう．x 軸，y 軸に加えてもう 1 本 z 軸が必要になりま

す．先と同様に，x 軸方向，y 軸方向，z 軸方向に長さ 1 だけ進む空間ベクトルをそれぞれ e_1, e_2, e_3 とおきましょう (これらを基本空間ベクトルといいます)．すると，どんな空間ベクトル a も

$$a = a_1 e_1 + a_2 e_2 + a_3 e_3$$

と分解できます．このとき，係数を並べた $\begin{pmatrix} a_1 \\ a_2 \\ a_3 \end{pmatrix}$ という 3 次元数ベクトルを空間ベクトル a の成分表示といいます．やはり，

$$a = \begin{pmatrix} a_1 \\ a_2 \\ a_3 \end{pmatrix}$$

と等号で結んで，空間ベクトルと 3 次元数ベクトルを同一視します．同様に，どんな 3 次元数ベクトルに対しても空間ベクトルが 1 つ対応します．

このように，幾何ベクトルに対応させることで単なる数の並びである数ベクトルに図形的な意味を与えることができます．もちろん，4 以上の n に対しては「n 次元空間」というものは 3 次元空間世界に住んでいるわれわれにはどういう世界なのかわからないものでありますが，平面なり空間なりの幾何ベクトルから類推して図形的にイメージすることがだいじです．

幾何ベクトルが成分表示されているとき，その長さは三平方の定理 (ピタゴラスの定理) より計算できます．平面ベクトル a が

$$a = \begin{pmatrix} a_1 \\ a_2 \end{pmatrix}$$

と表されているとき，

$$|a| = \sqrt{(a_1)^2 + (a_2)^2}$$

となります．また，空間ベクトル a が

$$a = \begin{pmatrix} a_1 \\ a_2 \\ a_3 \end{pmatrix}$$

と表されているとき，

$$|a| = \sqrt{(a_1)^2 + (a_2)^2 + (a_3)^2}$$

となります．それぞれ絵を描いて確かめてみてください．一般の n 次元数ベクトル

$$\boldsymbol{a} = \begin{pmatrix} a_1 \\ a_2 \\ \vdots \\ a_n \end{pmatrix}$$

に対しては，

$$|\boldsymbol{a}| = \sqrt{(a_1)^2 + (a_2)^2 + \cdots + (a_n)^2} \tag{6.4}$$

を $\boldsymbol{a}$ の長さの定義とします．

6.2.3 位置ベクトル

平面あるいは空間を考えて，原点を O とします．点 X に対して，O を始点，X を終点とする幾何ベクトル $\boldsymbol{x}$ を点 X の位置ベクトルといいます．逆に，任意の幾何ベクトル $\boldsymbol{x}$ はある点の位置ベクトルです．つまり，$\boldsymbol{x}$ は原点 O から矢印 $\boldsymbol{x}$ の分だけ進んだところにある点 X の位置ベクトルです．このように，位置ベクトルの考え方を通じて幾何ベクトルと点を同一視することができます．したがって，「点 X」のかわりにその位置ベクトルを使って「点 $\boldsymbol{x}$」のように書いたりします．また，2 次元平面上の点 X の位置ベクトル $\boldsymbol{x}$ を

$$\boldsymbol{x} = \begin{pmatrix} x \\ y \end{pmatrix}$$

と 2 次元数ベクトルで表示すれば，(x, y) は点 X の座標にほかなりません．同様に，3 次元空間の点 X の位置ベクトル $\boldsymbol{x}$ を

$$\boldsymbol{x} = \begin{pmatrix} x \\ y \\ z \end{pmatrix}$$

と 3 次元数ベクトルで表示すれば，(x, y, z) は点 X の座標です．

ところで，$\alpha \boldsymbol{x} + \beta \boldsymbol{y}$ を $\boldsymbol{x}, \boldsymbol{y}$ の線形結合と呼んだわけですが，とくに，$0.3\boldsymbol{x} + 0.7\boldsymbol{y}$ のように，係数がすべて非負で足して 1 になるようなもの，つまり，

$$(1 - \alpha)\boldsymbol{x} + \alpha \boldsymbol{y}, \qquad 0 \leq \alpha \leq 1$$

の形で書けるものを $\boldsymbol{x}, \boldsymbol{y}$ の凸結合といいます．これの図形的意味を考えましょう．まず，$\alpha = \frac{1}{2}$ のケース，

$$\frac{1}{2}\boldsymbol{x} + \frac{1}{2}\boldsymbol{y}$$

は点 $\boldsymbol{x}$ と点 $\boldsymbol{y}$ の中点を表します．これは，

$$\frac{1}{2}\boldsymbol{x} + \frac{1}{2}\boldsymbol{y} = \boldsymbol{x} + \frac{1}{2}(\boldsymbol{y} - \boldsymbol{x})$$

と変形して「$\boldsymbol{x}$ から，$\boldsymbol{x}$ から $\boldsymbol{y}$ までの矢印の $\frac{1}{2}$ だけ進んだところ」と見ることによって確かめられます．一般に，$0 \leq \alpha \leq 1$ なる α に対して，

$$(1-\alpha)\boldsymbol{x} + \alpha\boldsymbol{y} = \boldsymbol{x} + \alpha(\boldsymbol{y} - \boldsymbol{x})$$

と変形することで，点 $(1-\alpha)\boldsymbol{x} + \alpha\boldsymbol{y}$ は点 $\boldsymbol{x}$ と点 $\boldsymbol{y}$ を $\alpha : 1-\alpha$ に内分する点を表すことがわかります (比の順番に注意してください)[7]．

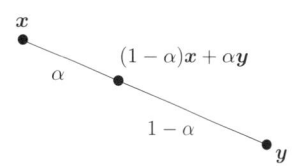

【ちょっとメモ】 経済学では凸集合という集合がよく現れます．要は読んで (見て？) 字のごとく，出っ張っている (凹みのない) 集合のことですが，数学的には次のように定義されます：

集合 A が凸集合であるとは，任意の $\boldsymbol{x}, \boldsymbol{y} \in A$ と $0 \leq \alpha \leq 1$ なる任意の α に対して

$$(1-\alpha)\boldsymbol{x} + \alpha\boldsymbol{y} \in A$$

となることをいう．

ここで「$\boldsymbol{x} \in A$」は「$\boldsymbol{x}$ は A に含まれる」ということを意味します (したがって，「任意の $\boldsymbol{x}, \boldsymbol{y} \in A$」は「$A$ に含まれる任意の $\boldsymbol{x}$ と $\boldsymbol{y}$」と読みます)．条件式の意味するところは，集合 A 内のどんな 2 点 $\boldsymbol{x}, \boldsymbol{y}$ をとってきてもそれらの内分点たちも必ず A に含まれる，ということです．

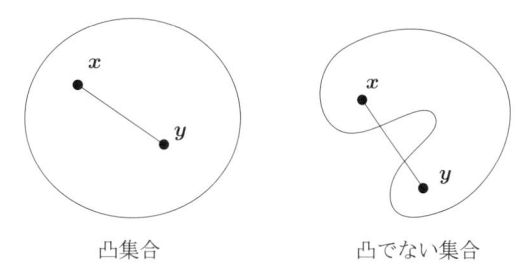

凸集合　　　　凸でない集合

---

[7] 点 X, Y に対して，XZ : ZY $= m : n$ となるような，線分 XY 上の点 Z を「X, Y を $m : n$ に内分する点」といいます．$\alpha = \dfrac{m}{m+n}$ とおけば，$m : n = \alpha : 1-\alpha$ となります．

6.2.4 まとめ

以上のように，ベクトルには3つの顔があります．いくつかの数をまとめたものであり，矢印であり，点でもあります．図表化すると下のようになります．しっかり頭に入れて，概念間を自由に行き来できるようにしてください．

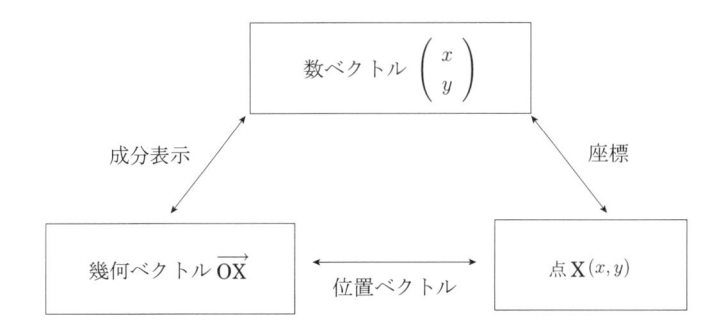

```
                    数ベクトル (x, y)
                   ↙ 成分表示   座標 ↘
      幾何ベクトル OX  ←位置ベクトル→  点 X(x,y)
```

4次元以上の数ベクトルに出会っても，平面・空間からの類推で図形的なイメージをもつことができるようにしておいてください．

6.3 ベクトルの内積

次にベクトルの「内積」について学びます．これも長い式をひとまとめにして簡潔に書き表す方法ですが，ちゃんと図形的な意味ももっていて，それもあわせて理解することが重要です．

6.3.1 内積の定義

例として，3種類の財があるとしましょう．第1財，第2財，第3財の価格をそれぞれ p_1, p_2, p_3，消費量をそれぞれ x_1, x_2, x_3 とすると，各財への支出額は，

(価格) × (消費量)

より，それぞれ $p_1 x_1, p_2 x_2, p_3 x_3$ なので，総支出額は

$$p_1 x_1 + p_2 x_2 + p_3 x_3 \tag{6.5}$$

となります．これは長ったらしいので (財の数が増えるとどんどん長くなります)，次のように簡略化して書きます．まず，各財の価格を並べて

$$\boldsymbol{p} = \begin{pmatrix} p_1 \\ p_2 \\ p_3 \end{pmatrix}$$

とおきます．これを**価格ベクトル**と呼びます．消費量の方もひとまとめにして

$$\boldsymbol{x} = \begin{pmatrix} x_1 \\ x_2 \\ x_3 \end{pmatrix}$$

とおきましょう．こちらは消費ベクトルと呼びます (「消費計画」「消費バンドル」などということもあります)．これらを使って，総支出額 (6.5) 式を

$$\boldsymbol{p} \cdot \boldsymbol{x} \tag{6.6}$$

と書きます．これを「$\boldsymbol{p}$ と $\boldsymbol{x}$ の内積」といいます．

一般に数ベクトルの内積を以下のように定義します．

定義 6.1

2 つの n 次元数ベクトル

$$\boldsymbol{a} = \begin{pmatrix} a_1 \\ a_2 \\ \vdots \\ a_n \end{pmatrix}, \quad \boldsymbol{b} = \begin{pmatrix} b_1 \\ b_2 \\ \vdots \\ b_n \end{pmatrix}$$

の内積 $\boldsymbol{a} \cdot \boldsymbol{b}$ を

$$\boldsymbol{a} \cdot \boldsymbol{b} = a_1 b_1 + a_2 b_2 + \cdots + a_n b_n$$

と定義する．

読み方は「$\boldsymbol{a}$ ドット $\boldsymbol{b}$」，あるいは単に「$\boldsymbol{a}$ と $\boldsymbol{b}$ の内積」です．$\boldsymbol{a}$ と $\boldsymbol{b}$ のかけ算ではありませんので，「$\boldsymbol{a}$ かける $\boldsymbol{b}$」と読まないように．$\boldsymbol{a} \cdot \boldsymbol{b}$ はもはやベクトルではなくふつうの数 (スカラー) ですから注意しましょう[8]．

計算方法は「成分ごとにかけてそれらを足しあわせる」だけです．たとえば，2 次元ベクトルの場合は

$$\begin{pmatrix} 2 \\ 3 \end{pmatrix} \cdot \begin{pmatrix} 9 \\ 1 \end{pmatrix} = 2 \times 9 + 3 \times 1 = 21$$

3 次元ベクトルの場合は

---

[8] なか点「$\cdot$」を省略して (さらに太字を使わずに)「px」のように書くこともよくあります (なので，文脈からベクトルの内積であることを見抜く必要があります) が，慣れないうちは「$\cdot$」を省略しないようにしましょう．

$$\begin{pmatrix} 2 \\ -3 \\ 1 \end{pmatrix} \cdot \begin{pmatrix} 1 \\ 4 \\ 5 \end{pmatrix} = 2 \times 1 + (-3) \times 4 + 1 \times 5 = -5$$

のように計算します．

内積は次の性質を満たします．

内積の性質

(1) $(\boldsymbol{a} + \boldsymbol{a}') \cdot \boldsymbol{b} = \boldsymbol{a} \cdot \boldsymbol{b} + \boldsymbol{a}' \cdot \boldsymbol{b}, \quad \boldsymbol{a} \cdot (\boldsymbol{b} + \boldsymbol{b}') = \boldsymbol{a} \cdot \boldsymbol{b} + \boldsymbol{a} \cdot \boldsymbol{b}'$ （分配法則）

(2) $(\lambda \boldsymbol{a}) \cdot \boldsymbol{b} = \boldsymbol{a} \cdot (\lambda \boldsymbol{b}) = \lambda (\boldsymbol{a} \cdot \boldsymbol{b})$ （結合法則）

(3) $\boldsymbol{a} \cdot \boldsymbol{b} = \boldsymbol{b} \cdot \boldsymbol{a}$ （交換法則）

(4) $\boldsymbol{a} \cdot \boldsymbol{a} \geq 0, \quad \boldsymbol{a} \cdot \boldsymbol{a} = 0 \iff \boldsymbol{a} = \boldsymbol{0}$

また，

$$|\boldsymbol{a}| = \sqrt{\boldsymbol{a} \cdot \boldsymbol{a}}$$

が成り立つことを確認してください．

6.3.2　内積の図形的意味

数ベクトルの内積を「長い式を簡潔に書き表す方法」として定義しましたが，数ベクトルを矢印ベクトルとしてイメージ化することで内積に図形的な意味を与えることができます．

まず最初に，ベクトル $\boldsymbol{a}, \boldsymbol{b}$ が平行なときの内積 $\boldsymbol{a} \cdot \boldsymbol{b}$ の値を調べましょう．$\boldsymbol{a} \,/\!/\, \boldsymbol{b}$ のとき，実数 λ があって

$$\boldsymbol{b} = \lambda \boldsymbol{a}$$

と書けますから (ここで，λ は正にも負にもなりうることに注意してください)，

$$\boldsymbol{a} \cdot \boldsymbol{b} = \boldsymbol{a} \cdot (\lambda \boldsymbol{a})$$
$$= \lambda (\boldsymbol{a} \cdot \boldsymbol{a}) = \lambda |\boldsymbol{a}|^2$$

となります．ここで，$\lambda |\boldsymbol{a}|^2 = |\boldsymbol{a}| \times \lambda |\boldsymbol{a}|$ と変形すると，第 2 項 $\lambda |\boldsymbol{a}|$ は $\boldsymbol{b}$ の符号付き長さなので，

$\boldsymbol{a} \,/\!/\, \boldsymbol{b}$ のとき

$$\boldsymbol{a} \cdot \boldsymbol{b} = (\boldsymbol{a} \text{ の長さ}) \times (\boldsymbol{b} \text{ の符号付き長さ}) \tag{6.7}$$

といえます．

次に，ベクトル a, b が直交するとき，a と b の内積の値を調べましょう (空間ベクトルで考えますが，平面ベクトルの場合は以下で $a_3 = b_3 = 0$ とするだけです)．このとき，三平方の定理より

$$|a|^2 + |b|^2 = |a - b|^2 \tag{6.8}$$

が成り立つことを思い出すと (絵を描いてみましょう)，

$$((6.8) \text{ 式の左辺}) = (a_1^2 + a_2^2 + a_3^2) + (b_1^2 + b_2^2 + b_3^2),$$

$$((6.8) \text{ 式の右辺}) = (a_1 - b_1)^2 + (a_2 - b_2)^2 + (a_3 - b_3)^2$$
$$= (a_1^2 + a_2^2 + a_3^2) + (b_1^2 + b_2^2 + b_3^2) - 2(a_1 b_1 + a_2 b_2 + a_3 b_3)$$

なので，

$$a_1 b_1 + a_2 b_2 + a_3 b_3 = 0$$

となります．ここで，左辺は a と b の内積 $a \cdot b$ に他なりませんから，けっきょく次を得ます：

内積と直交

$$a \perp b \iff a \cdot b = 0 \tag{6.9}$$

さて，一般のケースを考えてみましょう．右図のように，b', c を $a \perp c$ となるようにとります．b' を「b の a 方向への正射影ベクトル」といいます．すると，

$$a \cdot b = a \cdot (b' + c)$$
$$= a \cdot b' + a \cdot c$$
$$= a \cdot b'$$

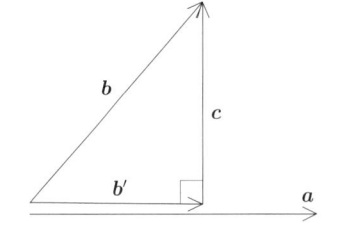

が成り立ちます．ここで，$a \mathbin{/\mkern-5mu/} b'$ なので，$a \cdot b' = |a| \times (b' \text{ の符号付き長さ})$ となります．つまり，

内積と正射影

$$a \cdot b = (a \text{ の長さ}) \times (b \text{ の } a \text{ 方向への正射影ベクトルの符号付き長さ}) \tag{6.10}$$

となります．これより，a 方向への正射影がすべて同じになるベクトルたちは，a との内積がすべて等しくなることがわかります．また，b の a 方向への正射影ベクトル b' は a 方

向の単位ベクトル $\dfrac{\boldsymbol{a}}{|\boldsymbol{a}|}$ に $\boldsymbol{b}'$ の符号付き長さをかけたものですから，(6.10) 式より，

$$\boldsymbol{b}' = \frac{\boldsymbol{a} \cdot \boldsymbol{b}}{|\boldsymbol{a}|} \frac{\boldsymbol{a}}{|\boldsymbol{a}|} \tag{6.11}$$

と書き表せます．

さらに，内積からベクトルの交角を調べることもできて，

内積と交角

$\boldsymbol{a}$ と $\boldsymbol{b}$ の交角を θ とすると

$$\cos\theta = \frac{\boldsymbol{a} \cdot \boldsymbol{b}}{|\boldsymbol{a}||\boldsymbol{b}|} \tag{6.12}$$

となります．

4 次元以上のベクトルについては，逆に (6.9) 式を $\boldsymbol{a} \perp \boldsymbol{b}$ の定義とします．同様に (6.12) 式で $\boldsymbol{a}$ と $\boldsymbol{b}$ の交角を定義します．

【ちょっとメモ】 ベクトル $\boldsymbol{a}, \boldsymbol{b}$ の交角を θ とおくと，$\boldsymbol{a}$ と $\boldsymbol{b}$ が完全に同じ向きをしている (つまり $\theta = 0°$) のときは $\cos\theta = 1$ ですから，$\boldsymbol{a}$ と $\boldsymbol{b}$ が「だいたい同じ向きをしている」ときは $\cos\theta$ は 1 に近い値になります．同様に，完全に逆の向きをしている (つまり $\theta = 180°$) のときは $\cos\theta = -1$ ですから，「だいたい逆の向きをしている」ときは $\cos\theta$ は -1 に近い値になります．また $\theta = 90°$ のときは $\boldsymbol{a}, \boldsymbol{b}$ がまったく違う向きを向いていると考えるとすると，このときは $\cos\theta = 0$ となるので，「だいたい違う向きを向いてる」ときは $\cos\theta$ は 0 に近くなります．統計学にはこの考え方を利用した，2 つの変数の関連の強さを測る指標があります．例として n 人の学生の身長 x と体重 y を考えるとして，1 番目の学生の身長と体重の組を (x_1, y_1)，2 番目の学生の身長と体重の組を (x_2, y_2)，... のようにしましょう．n 人の身長の平均を $\bar{x}$，体重の平均を $\bar{y}$ として，

$$\tilde{\boldsymbol{x}} = \begin{pmatrix} x_1 - \bar{x} \\ \vdots \\ x_n - \bar{x} \end{pmatrix}, \quad \tilde{\boldsymbol{y}} = \begin{pmatrix} y_1 - \bar{y} \\ \vdots \\ y_n - \bar{y} \end{pmatrix}$$

とおきます．このとき，

$$\frac{\tilde{\boldsymbol{x}} \cdot \tilde{\boldsymbol{y}}}{|\tilde{\boldsymbol{x}}||\tilde{\boldsymbol{y}}|}$$

を 2 つの変数間の相関係数といいます．これはベクトルの交角の cos の公式 (6.12) そのものです．この相関係数が 1 に近いときは 2 つの変数がだいたい同じ向きをしているということで「正の相関をもつ」といい，-1 に近いときはだいたい逆の向きをしているということで「負の相関をもつ」といいます．また，0 に近いときは違う向きを向いているということで「相関をもたない」「無相関である」といいます．ちなみに，相関係数の分子を n で割ったもの $(\tilde{\boldsymbol{x}} \cdot \tilde{\boldsymbol{y}})/n$ を x, y の共分散，また，x と x の共分散，つまり $|\tilde{\boldsymbol{x}}|^2/n$ を x の分散 といいます．ベクトルや第 8 章で学ぶ行列の知識があると統計学の理解が深まるということがよくあります．

6.3.3 直線・平面の式と法線ベクトル

以上で冒頭の例題 6.1 の解答 (3) を理解するための準備ができました．

まず，2 次元のケース (消費者理論でいうと 2 財のケース) を考えましょう．ベクトル

$$\boldsymbol{p} = \begin{pmatrix} p_1 \\ p_2 \end{pmatrix}$$

と定数 I が与えられたとき，

$$\boldsymbol{p} \cdot \boldsymbol{x} = I \tag{6.13}$$

を満たすような

$$\boldsymbol{x} = \begin{pmatrix} x_1 \\ x_2 \end{pmatrix}$$

が $x_1 x_2$ 平面 (2 次元平面) に描く図形を調べましょう．$\boldsymbol{p}$ を価格ベクトル，I を所得と見れば，(6.13) 式は予算制約式です．言葉で言うと，$\boldsymbol{p}$ との内積が常に一定値であるような点 $\boldsymbol{x}$ はどのようなものか，ということです．これを，前節で考察したように「正射影」という用語を使って言いかえると，$\boldsymbol{p}$ 方向への正射影が一定であるような点 $\boldsymbol{x}$，となります．したがって，右図からわかるように，$\boldsymbol{x}$ は $\boldsymbol{p}$ に垂直な直線を成します．このとき，$\boldsymbol{p}$ をこの直線の法線ベクトルといいます．とくに，たとえば点 $(I/p_1, 0)$ は (6.13) 式を満たしますから (もちろん $(0, I/p_2)$ でもよい)，けっきょく，(6.13) 式は「点 $(I/p_1, 0)$ を通り，$\boldsymbol{p}$ を法線ベクトルとする直線を表す」といえます．ちなみに，法線ベクトルは 1 つではありません．$\boldsymbol{p}$ が法線ベクトルならば $\lambda \boldsymbol{p}$ (ただし $\lambda \neq 0$) も法線ベクトルです．

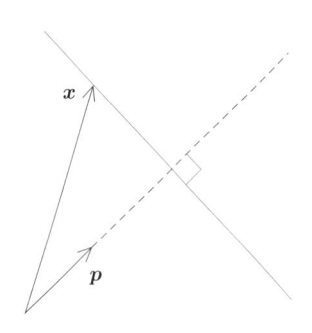

こんどは 3 次元のケース (3 財のケース) を考えましょう．ベクトルでひとまとめにして書き表すとまったく同じ式

$$\boldsymbol{p} \cdot \boldsymbol{x} = I \tag{6.14}$$

になります．ただし，

$$\boldsymbol{p} = \begin{pmatrix} p_1 \\ p_2 \\ p_3 \end{pmatrix}, \quad \boldsymbol{x} = \begin{pmatrix} x_1 \\ x_2 \\ x_3 \end{pmatrix}$$

です．2 次元のケースとまったく同様に，(6.14) 式は，$\boldsymbol{p}$ 方向への正射影が一定であるよう

な点 $\boldsymbol{x}$ の集合を意味します．3次元においては，そのような $\boldsymbol{x}$ は平面を成します．(6.14) 式を予算制約式と見た場合，この平面は予算制約平面，あるいは単に予算平面といいます．$\boldsymbol{p}$ をこの平面の法線ベクトルといいます．

一般の n 次元のケースでは，「平面」の代わりに「超平面」という用語を使います．まとめると次のようになります．

超平面の式
等式
$$\boldsymbol{p} \cdot \boldsymbol{x} = I$$
を満たす点 $\boldsymbol{x}$ の集合は $\boldsymbol{p}$ を法線ベクトルとする超平面 (2次元平面においては直線，3次元空間においては平面) である．

6.4　1次関数と直線・平面

第1章で学んだとおり，

$$y = ax + b \tag{6.15}$$

のように y が x の **1** 次関数で書けるとき，そのグラフは xy 平面上の直線を表します．この直線の法線ベクトルを求めてみましょう．そのためには，この式を

$$ax + (-1)y = -b$$

と移項して，さらに，左辺を $\begin{pmatrix} a \\ -1 \end{pmatrix}$ と $\begin{pmatrix} x \\ y \end{pmatrix}$ との内積だと思って，

$$\begin{pmatrix} a \\ -1 \end{pmatrix} \cdot \begin{pmatrix} x \\ y \end{pmatrix} = -b$$

と変形してやります．この式を直線の内積表示といいます．ここからすぐに，$\begin{pmatrix} a \\ -1 \end{pmatrix}$ がこの直線の法線ベクトルだとわかります．

それでは3次元の xyz 空間を考えてみましょう．今度は「z が x と y の1次関数で表される」という式

$$z = ax + by + c \tag{6.16}$$

を考えます．この式は xyz 空間内の平面を表します．先と同様の変形をしてこれを確かめてみましょう．まず，

$$ax + by + (-1)z = -c$$

と移項して，左辺を内積だと思って

$$\begin{pmatrix} a \\ b \\ -1 \end{pmatrix} \cdot \begin{pmatrix} x \\ y \\ z \end{pmatrix} = -c$$

とします (平面の内積表示)．すると，これは $\begin{pmatrix} a \\ b \\ -1 \end{pmatrix}$ を法線ベクトルとする平面を表すことがわかります．

まとめると，x, y の関数 $f(x, y)$ が x, y の 1 次式で表されているとき，$z = f(x, y)$ は xyz 空間内の平面を表す，ということになります．

最後に計算問題を解いてみましょう．

練習問題 **6.1**

次の式で表される，平面上の直線の法線ベクトルを 1 つ求めなさい．

(1) $4x + 5y = 1$

(2) $y = 2x + 1$

(3) $y = 5$

【解答 **6.1**】

(1) x, y の係数を並べて $\begin{pmatrix} 4 \\ 5 \end{pmatrix}$．

(2) $2x + (-1)y = -1$ と変形して，$\begin{pmatrix} 2 \\ -1 \end{pmatrix}$．

(3) $0x + 1y = 5$ と見て，$\begin{pmatrix} 0 \\ 1 \end{pmatrix}$．

ちなみに，$y = 5$ という式は「y 座標が常に 5」ということを意味していますから，この式が表すのは x 軸に平行で y 軸に垂直な直線であることがすぐわかります．

[練習問題 6.1：終]

練習問題 6.2

次の式で表される，空間内の平面の法線ベクトルを1つ求めなさい．

(1) $9x + 7y + 6z = 1$

(2) $z = 2x + 3y + 4$

(3) $z = 10$

【解答 6.2】

(1) x, y, z の係数を並べて $\begin{pmatrix} 9 \\ 7 \\ 6 \end{pmatrix}$．

(2) $2x + 3y + (-1)z = -4$ と変形して，$\begin{pmatrix} 2 \\ 3 \\ -1 \end{pmatrix}$．

(3) $0x + 0y + 1z = 10$ と見て，$\begin{pmatrix} 0 \\ 0 \\ 1 \end{pmatrix}$．

ちなみに，$z = 10$ という式は「z 座標が常に 10」ということを意味していますから，この式が表すのは z 軸に垂直な平面であることがすぐわかります．

[練習問題 6.2：終]

6.5 もう少し練習

6.5.1 平均・分散の内積表示

練習問題 6.3

n 個の数 $x_1, \ldots, x_n$ を縦に並べたものを $\boldsymbol{x} = \begin{pmatrix} x_1 \\ \vdots \\ x_n \end{pmatrix}$ とおきます．また，1 を縦に n 個並べたものを $\boldsymbol{1} = \begin{pmatrix} 1 \\ \vdots \\ 1 \end{pmatrix}$ と書くことにします．

(1) $x_1, \ldots, x_n$ の平均 $\bar{x} = \dfrac{1}{n}\sum\limits_{i=1}^{n} x_i$ をベクトル $\boldsymbol{x}, \boldsymbol{1}$ と内積を使って書き表しなさい．

(2) $\dfrac{1}{n}\sum\limits_{i=1}^{n}(x_i - \bar{x})^2$ (平均からのずれの 2 乗の平均) を $x_1, \ldots, x_n$ の分散といいます．これを $\boldsymbol{x}, \boldsymbol{1}$ と内積を使って書き表しなさい．

(3) $x_1, \ldots, x_n$ の分散は $\dfrac{1}{n}|\boldsymbol{x}|^2 - \bar{x}^2$ (2 乗の平均引く平均の 2 乗) と書くこともできることを確認しなさい．

【解答 6.3】
(1) $\dfrac{1}{n}\sum\limits_{i=1}^{n} x_i = \dfrac{1}{n}(1 \times x_1 + \cdots + 1 \times x_n) = \dfrac{1}{n}\begin{pmatrix}1\\ \vdots \\ 1\end{pmatrix} \cdot \begin{pmatrix}x_1 \\ \vdots \\ x_n\end{pmatrix} = \dfrac{1}{n}(\boldsymbol{1} \cdot \boldsymbol{x})$.

(2) $\dfrac{1}{n}\sum\limits_{i=1}^{n}(x_i - \bar{x})^2 = \dfrac{1}{n}\begin{pmatrix}x_1 - \bar{x}\\ \vdots \\ x_n - \bar{x}\end{pmatrix} \cdot \begin{pmatrix}x_1 - \bar{x}\\ \vdots \\ x_n - \bar{x}\end{pmatrix} = \dfrac{1}{n}(\boldsymbol{x} - \bar{x}\boldsymbol{1}) \cdot (\boldsymbol{x} - \bar{x}\boldsymbol{1})$.

(2 つ目の等号は $\begin{pmatrix}x_1 - \bar{x}\\ \vdots \\ x_n - \bar{x}\end{pmatrix} = \begin{pmatrix}x_1 \\ \vdots \\ x_n\end{pmatrix} - \begin{pmatrix}\bar{x} \\ \vdots \\ \bar{x}\end{pmatrix} = \begin{pmatrix}x_1 \\ \vdots \\ x_n\end{pmatrix} - \bar{x}\begin{pmatrix}1 \\ \vdots \\ 1\end{pmatrix}$ という変形より．)

ちなみに $\dfrac{1}{n}|\boldsymbol{x} - \bar{x}\boldsymbol{1}|^2$ と書いても同じことです．

(3) $\dfrac{1}{n}(\boldsymbol{x} - \bar{x}\boldsymbol{1}) \cdot (\boldsymbol{x} - \bar{x}\boldsymbol{1}) = \dfrac{1}{n}\{\boldsymbol{x} \cdot \boldsymbol{x} - \bar{x}(\boldsymbol{x} \cdot \boldsymbol{1}) - \bar{x}(\boldsymbol{1} \cdot \boldsymbol{x}) + \bar{x}^2(\boldsymbol{1} \cdot \boldsymbol{1})\} = \dfrac{1}{n}(|\boldsymbol{x}|^2 - n\bar{x}^2) = \dfrac{1}{n}|\boldsymbol{x}|^2 - \bar{x}^2$.

(2 つ目の等号は $\boldsymbol{x} \cdot \boldsymbol{1} = \boldsymbol{1} \cdot \boldsymbol{x} = n\bar{x}$, $\boldsymbol{1} \cdot \boldsymbol{1} = n$ より．)

[練習問題 6.3：終]

6.5.2 労働と余暇

練習問題 6.4

消費財の価格を p，労働賃金率を w，最大限使える時間を 24 (時間) とする．消費財の消費量を x，労働時間を ℓ，余暇時間を h として，予算制約を h, x の式で求め，予算線を hx 平面に図示しなさい．

【解答 6.4】

予算制約を ℓ と x の式で書くと

$$px = w\ell.$$

$\ell + h = 24$ より ℓ を消去して h と x の式で書くと

$$px = w(24 - h)$$
$$\iff wh + px = 24w \tag{6.17}$$

となります．「$x =$」の式に直すと

$$x = -\frac{w}{p}h + 24\frac{w}{p}$$

なので，予算線は傾き $-\dfrac{w}{p}$，縦軸切片 $24\dfrac{w}{p}$ の直線になります．

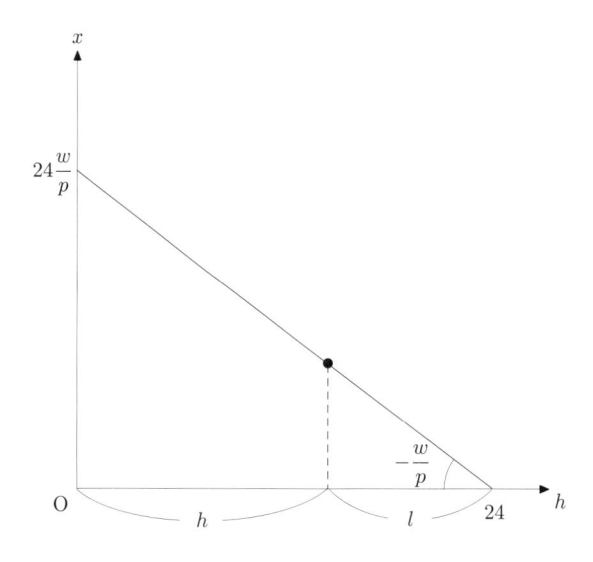

[練習問題 6.4：終]

ちなみに，(6.17) 式を見ると，余暇 1 単位あたりの価格が w (左辺第 1 項) で所得が $24w$ (右辺) であると読むことができます．これは「24 時間休まずに働いたとしたら賃金収入は $24w$ であったが，余暇を 1 時間とるごとに，働いていたら得られたであろう賃金 w を失う」と解釈できます．つまり，労働賃金率 w は余暇 1 単位あたりの**機会費用**も同時に表しています．「何かを選択する」ことは「それ以外のものを選択しない」ことを伴います．何かを行う (例えば「遊び」) と，それ以外のこと (例えば「勉強」) をしたら得られたであろう便益を失うことになるという意味で，常に機会費用が発生します．

6.5.3 消費と貯蓄

練習問題 6.5

2期間消費モデルを考える．第1期の所得を y_1，第2期の所得を y_2，利子率を r とする．第1期の消費額を c_1，第2期の消費額を c_2 として，生涯の予算制約式を求め，予算線を $c_1 c_2$ 平面に図示しなさい．

【解答 6.5】

貯蓄を s で表すと，第1期の予算制約は

$$c_1 + s = y_1.$$

第2期には利子がついて $(1+r)s$ になっているので，第2期の予算制約は

$$c_2 = y_2 + (1+r)s.$$

これらの式から s を消去すると，

$$c_1 + \frac{c_2}{1+r} = y_1 + \frac{y_2}{1+r} \tag{6.18}$$

となります．左辺は生涯消費の現在価値，右辺は生涯所得の現在価値です．

「$c_2 =$」に直すと $c_2 = -(1+r)c_1 + (1+r)y_1 + y_2$ なので，傾き $-(1+r)$，縦軸切片 $(1+r)y_1 + y_2$ の直線となります．

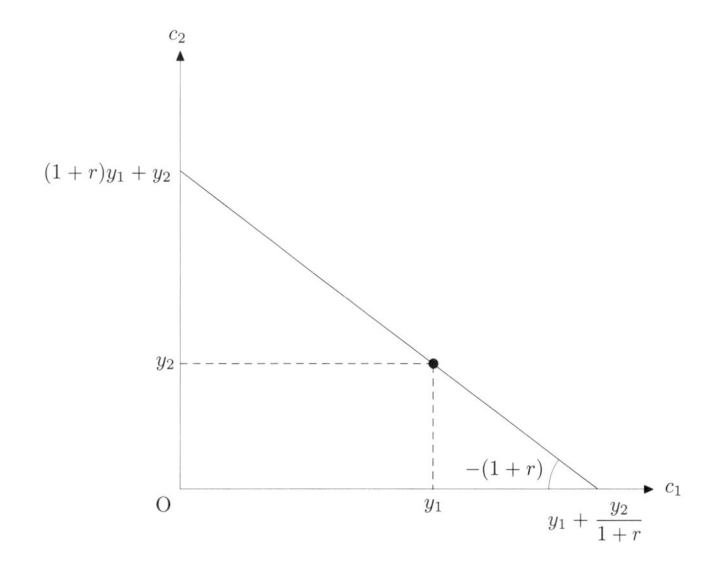

[練習問題 6.5：終]

横軸切片には生涯所得の現在価値，縦軸切片には生涯所得の将来価値が現れます．また，予算線は必ず点 (y_1, y_2) を通ります．このことは $(c_1 - y_1) + \frac{1}{1+r}(c_2 - y_2) = 0$ と変形できることからもわかります．

6.5.4 証券の価格*

練習問題 6.6

「現在時点」と「将来時点」の 2 期のみを考えます．将来時点での世の中の状態は「状態 1」と「状態 2」の 2 通りのみである世界を考えます．それぞれ「景気がよい状態」「景気が悪い状態」などと解釈するとよいでしょう．証券 (金融資産ともいいます) とは，抽象的には，各状態において受けとることのできる収益の値を組にしたものです．債券や株式が証券の代表例です．(ここでは未来は「将来時点」の 1 時点のみとしているので，証券は「将来時点」において満期をむかえて収益が支払われるとします．)

(1) 「状態 1 が起きたら 9，状態 2 が起きたら 2 だけ受けとれる」という証券を 2 次元縦ベクトルで表しなさい．(このベクトルを r_1 とおくことにします．)

(2) 「その収益が他の証券に依存して生ずるような証券」をデリバティブ (あるいは派生証券，派生資産) といいます．将来に特定の価格で売買する権利であるオプション契約はその一例です．ここでは「買いとる権利」である「コール・オプション」を考えましょう[9]．「証券 r_1 を行使価格 4 で買うことができる」というコール・オプションをベクトルで表しなさい．(r_2 とおくことにします．)

(3) 以下，r_1 の市場価格が 7.5，r_2 の市場価格が 4 であるとします．

「状態 1 が起きたら 1 だけ受けとれる (状態 2 が起きたら何も受けとれない)」という証券を e_1 とおきます．証券市場で需給が一致するためには，証券 e_1 の市場価格はいくらでないといけないでしょうか．

(4) 「状態 2 が起きたら 1 だけ受けとれる (状態 1 が起きたら何も受けとれない)」という証券を e_2 とおきます．証券市場で需給が一致するためには，証券 e_2 の市場価格はいくらでないといけないでしょうか．

(5) 「どの状態が起きても 1 だけ受けとれる」という証券を **1** とおきます．(このように，状態によらず一定の値を受けとることができるような証券を**安全資産**といいます．) 証券市場で需給が一致するためには，証券 **1** の市場価格はいくらでないといけないでしょうか．

---

[9] ちなみに，「売る権利」の方は「プット・オプション」といいます．

(6) 「証券 r_1 を行使価格 1 で買うことができる」というコール・オプションを r_3 とおきます．証券市場で需給が一致するためには，証券 r_3 の市場価格はいくらでないといけないでしょうか．

【解答 6.6】

(1) 各状態に対する収益の値を縦に並べて

$$r_1 = \begin{pmatrix} 9 \\ 2 \end{pmatrix}.$$

(2) 状態 1 が起きた場合は，証券 r_1 は 9 の価値をもつので，買いとる権利を行使して価格 4 で買いとるべきで，このとき差し引き $9 - 4 = 5$ だけの収益を得ます．

状態 2 が起きた場合は，証券 r_1 は 2 の価値しかもたず，行使価格 4 で買いとると損なので権利を放棄すべきです．このときの収益は 0 です．

これらの値を縦に並べたものが証券 r_2 です：

$$r_2 = \begin{pmatrix} 5 \\ 0 \end{pmatrix}.$$

(3) 証券 e_1 をベクトル表示すると $\begin{pmatrix} 1 \\ 0 \end{pmatrix}$ です．

まず，需給の不一致が起こるような e_1 の価格を考えてみます．例として，e_1 の市場価格がとても高く 10 だったら何が起こるかを考えてみましょう．$r_2 = 5e_1$ より 1 単位の r_2 と 5 単位の e_1 が同じ価値をもつ (どの状態においても両者の収益は等しい)，ということに注目します．r_2 の市場価格は 4 なので，r_2 を 1 単位購入するごとに e_1 を 5 単位発行すれば $5 \times 10 - 1 \times 4 = 46$ だけ得をしていきます (このような取引を裁定取引，あるいは単に裁定といいます[10])．したがって，すべての人は r_2 を需要し，e_1 を供給します．つまり，r_2 に対しては超過需要が，e_1 に対しては超過供給が発生します．よって，価格 10 というのは需給の一致をもたらす価格とはなりません．

逆に，e_1 の市場価格がとても低くて 0.1 だったとしましょう．今度は e_1 を 5 単位購入するごとに r_2 を 1 単位発行すれば $1 \times 4 - 5 \times 0.1 = 3.5$ だけ得をしていきます．したがって，r_2 に対しては超過供給が，e_1 に対しては超過需要が発生します．よって，0.1 も需給一致をもたらす価格とはなりません．

---

[10] 裁定取引とは，より詳しくいうと「現在時点で正の利益を得て，かつ将来時点のどの状態でも損をしない (収益が 0 以上)」か，または「現在時点でも将来時点のどの状態でも損をせず，かつ将来時点のいずれかの状態で正の収益を得る」ような取引のことをいいます．

以上より，需給の不一致が起こらないような e_1 の価格を μ_1 とおくと，それは $5 \times \mu_1 = 1 \times 4$ を満たさなければならないということがわかります．この方程式を解いて

$$\mu_1 = 0.8$$

を得ます．

(4) 証券 e_2 をベクトル表示すると $\begin{pmatrix} 0 \\ 1 \end{pmatrix}$ です．

今度は $r_1 = 9e_1 + 2e_2$ という関係を利用します．e_2 の価格を μ_2 とおきます．r_1 の市場価格は 7.5 なので，前問と同様に考えて，需給の不一致が起こらないようにするには $9 \times \mu_1 + 2 \times \mu_2 = 1 \times 7.5$ が成り立つことが必要です．$\mu_1 = 0.8$ だったので，方程式を解いて

$$\mu_2 = 0.15$$

を得ます．

(5) 証券 $\mathbf{1}$ をベクトル表示すると $\begin{pmatrix} 1 \\ 1 \end{pmatrix}$ です．

$\mathbf{1} = 1 \times e_1 + 1 \times e_2$ より，$\mathbf{1}$ の市場価格は

$$1 \times \mu_1 + 1 \times \mu_2 = 0.95$$

でないといけません．

ちなみに，証券 $\mathbf{1}$ は「将来時点で必ず 1 だけもらえる」という証券であるわけですが，その (現在時点での) 価格が 0.95 であるということは「将来時点での 1 という値の割引現在価値が 0.95 である」ということを表しています．つまり，証券 $\mathbf{1}$ の市場価格は割引因子を表していると考えることができます．

(6) このオプションの行使価格 ($= 1$) は，どの状態に対しても r_1 の収益よりも低いので，いつでも買い取り権利を行使すべきです．つまり，$r_3 = \begin{pmatrix} 9-1 \\ 2-1 \end{pmatrix} = \begin{pmatrix} 8 \\ 1 \end{pmatrix}$ です．

$r_3 = 8 \times e_1 + 1 \times e_2$ より，r_3 の市場価格は

$$8 \times \mu_1 + 1 \times \mu_2 = 6.55$$

でないといけません．

[練習問題 6.6：終]

以上をまとめると次のようになります．この問題では状態の数は 2 なので，証券は 2 次元ベクトルで表されます．2 次元ベクトルは 2 次元基本ベクトル e_1, e_2 の線形結合で書きますから，e_1, e_2 の価格 μ_1, μ_2 がわかれば，どんな証券の市場価格も問題 (5) や (6) のように需給一致の必要条件から計算することができます．μ_1, μ_2 はそれぞれ状態 1, 2 の価値

を表していると考えることができるので，状態価格と呼ばれます (つまり，μ_1 は「状態 1 の価格」，μ_2 は「状態 2 の価格」と思うことができる)．その μ_1, μ_2 ですが，それらは問題 (3), (4) で，与えられた証券 r_1, r_2 の価格から

$$\begin{cases} 9\mu_1 + 2\mu_2 = 7.5 \\ 5\mu_1 + 0\mu_2 = 4 \end{cases} \tag{6.19}$$

という連立方程式を解くことで求めることができました．

ここでは，上の連立方程式 (6.19) はちゃんと解をもち，しかもそれらは正の値でした．(μ_1, μ_2 は価格なので正でないといけません．正の収益が 0 以下の価格で手に入る，ということになってしまうと需給一致が成り立ちえません．)「最初に与えられた証券たち (この問題では r_1 と r_2) の間で裁定取引が存在しないならば，またそのときに限り，正の状態価格が存在する」ということが知られています[11]．実際，この問題の証券価格 7.5, 4 のもとでは裁定取引は作れません．もし，r_1 の価格が 7.5 ではなく 7 だったとしたら，裁定取引が存在します．たとえば，r_1 を 4 単位購入し r_2 を 7 単位売却するという取引を行うと，現在時点での損得は 0 で，将来時点においては

$$4r_1 + (-7)r_2 = \begin{pmatrix} 1 \\ 8 \end{pmatrix}$$

と，各状態において正の収益を得ることができます．このとき，(6.19) 式で 7.5 を 7 に代えて得られる連立方程式の解は「すべて正」とはなりません (解は $\mu_1 = 0.8, \mu_2 = -0.1$)．

さらに，この問題では，状態価格は 1 組だけ存在しました (つまり，連立方程式 (6.19) の

---

[11] この命題は「数理ファイナンスの基本定理」と呼ばれることがあります．ここで，証券価格ベクトル q のもとで裁定取引が存在しないとは

$$q \cdot z \leq 0 \text{ かつ } z_1 r_1 + z_2 r_2 \geq 0 \text{ かつ } [q \cdot z \neq 0 \text{ または } z_1 r_1 + z_2 r_2 \neq 0] \tag{6.20}$$

を満たす取引 $z = \begin{pmatrix} z_1 \\ z_2 \end{pmatrix}$ が存在しないことをいい，また，そのような q を無裁定価格といいます．ただし，z_i は証券 r_i の購入量を表し ($z_i < 0$ ならば $|z_i|$ の分だけ売却することを意味します)，また，ベクトルの不等式 $z_1 r_1 + z_2 r_2 \geq 0$ は各成分が 0 以上であることを表します．一方，状態価格ベクトル μ は $r_1 \cdot \mu = q_1, r_2 \cdot \mu = q_2$ を満たすものです．

「無裁定」の意味を少し弱めた概念もあります．q が弱い意味での無裁定価格であるとは

$$q \cdot z < 0 \text{ かつ } z_1 r_1 + z_2 r_2 \geq 0 \tag{6.21}$$

を満たす z が存在しないことをいいます．こちらに対応する命題は，「与えられた証券価格が弱い意味での無裁定価格ならば，またそのときに限り，非負の状態価格が存在する」となります．

いずれについても，「無裁定ならば正の状態価格が存在」「弱い意味の無裁定ならば非負の状態価格が存在」の証明には「分離超平面定理」と呼ばれる定理を使います (逆方向の含意の証明は簡単)．詳しくはたとえば原千秋「分離超平面定理とその応用」『経済セミナー』2011 年 10・11 月号を参照してください．

解は 1 つだけ). これは,独立な条件の数 (独立な方程式の数) が次元 (状態の数) と等しいためです. いくつかのベクトルから導かれる条件のうち独立なものの数をそれらのベクトルの組[12])の階数 (ランク) といいます (この問題での (r_1, r_2) の階数は 2). 階数と次元と連立方程式の解の関係については線形代数の教科書を参照してください (巻末の文献案内も参考にしてください).

---

[12])縦ベクトルをいくつか横に並べて組にしたもの,あるいは横ベクトルを縦にいくつか並べて組にしたものを行列といいます. 行列については第 8 章で学びます.

第 7 章

多変数の微分と効用最大化

7.1 予算制約下の効用最大化

経済学では制約付きの最適化問題が頻繁に登場します．消費者理論における予算制約のもとでの効用最大化問題もその 1 つです．本章では効用最大化を例にとって多変数関数の微分と最適化について学びます．

第 1 章で登場した需要曲線の背後には消費者の消費行動があります．消費者はいろいろな財 (商品やサービス) を消費することで何らかの満足を得ますが，**予算制約**があるためいくらでも好きなだけ財を手に入れられるわけではありません．限られた所得をやりくりして自分の満足度を最も高めるようにどの財をどれだけ消費するかを決めなければなりません．満足度を数で表したものを経済学用語で効用といい，消費の組に対してそれから得られる効用を対応させる関数を効用関数といいます．もちろん，効用関数は個々の消費者の好み (「選好」といいます) によって決まり，人によって異なります[1]．ここで，効用関数は多変数関数です．単純な 2 財のケースを考えるとして，第 1 財の消費量を x，第 2 財の消費量を y とおき，効用関数を u と書くとすると (u は効用 utility の頭文字から)，$u(x,y)$ は消費ベクトル (x,y) から得られる効用を表します．消費者理論では消費者の行動を「予算制約を満たす消費ベクトルのうち効用関数の値を最大化するものを選択する」として数学的に定式化します．これを制約付き最大化問題の形で書くと

$$\max_{x,y}\ u(x,y) \tag{7.1a}$$

$$\mathrm{s.t.}\quad px + qy \leq I \tag{7.1b}$$

となります．ここで 2 本目の式 (7.1b) は予算制約式で，p, q はそれぞれ第 1 財，第 2 財の価格，I は所得を表します．この式の前についている「s.t.」は "subject to" の略で「条件のもとで」という意味です．1 本目の (7.1a) 式が「効用を最大化せよ」ということを意味し

---

[1] 効用を「満足度を数値化したもの」として説明しましたが，正確には好み (選好) のランキングを数の大小で表現したものです．したがって，効用の値そのものには意味がなく，大小関係のみが意味をもちます (すなわち，効用は基数的概念ではなく序数的概念です)．

| 効用曲面と無差別曲線 | 無差別曲線 |

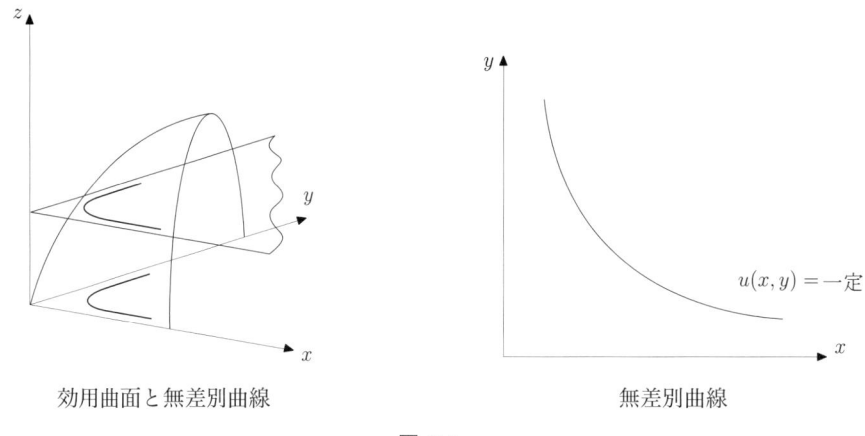

図 7.1

ています．消費量は非負 (ゼロ以上) でないといけないわけですが，これを明示したいときは $\max_{x\geq 0, y\geq 0}$ と書きます．この最大化問題の解を**最適消費ベクトル**あるいは**最適消費計画**といいます．また，価格と所得の組 (p, q, I) に対して最適消費ベクトルを対応させる関数を**需要関数**といいます．最適消費ベクトルの満たすべき条件を導出するのがここでの主題です．

まず，目的関数である効用関数 u について簡単に説明しておきます．$z = u(x, y)$ のグラフを xyz 空間に書くとたとえば図 7.1 の左の図の曲面のようになります．この曲面を**効用曲面**といいます．通常，財の消費量が増えるほど効用関数の値も高くなると考えられるので，x や y が増えると z も増えるように描かれています．このとき，効用関数 u は**単調性**を満たす，といいます．3 次元空間のグラフは直接は扱いにくいので，2 次元平面に等高線を書いてその性質を調べます．効用曲面の等高線を経済学用語で**無差別曲線**といいます．すなわち，図 7.1 の左の図のように $z = u(x, y)$ のグラフを $z = $ 一定 という平面で切った切り口を xy 平面に射影した曲面が無差別曲線です．無差別曲線を改めて xy 平面に描いたのが図 7.1 の右の図です．同一の無差別曲線上の消費ベクトルたちはすべて同じ効用水準を与えます (これらの消費ベクトルは**無差別**である，といいます)．異なる効用水準に対して異なる無差別曲線が引けますが，効用関数が単調性を満たす場合，どの無差別曲線も右下がりで，より右上に位置する無差別曲線はより高い効用水準に対応します．図 7.1 では無差別曲線は原点に向かって凸の形になっています．これは，1 つの財に偏った極端な消費よりも，より平均的な消費の方を好む，ということを表しています．無差別曲線が常に原点に対して凸であるとき，効用関数 u は**準凹性**を満たす，あるいは，u は**準凹関数**である，といいます．以下，効用関数は単調性・準凹性を満たすとします．さらに，無差別曲線は尖ったりせず常にスムーズであると仮定します．

さて，効用最大化問題 (7.1) に戻ると，予算制約式 (7.1b) は不等式になっていますが，単調性の仮定より $px + qy < I$ となる (つまり所得を余らせるような) 消費ベクトル (x, y) は最適解になり得ません．余った予算を使って消費量を増やすことで効用を高めることができ

るからです．したがって，不等式制約を等式制約でおきかえた効用最大化問題

$$\max_{x,y} \quad u(x,y) \tag{7.2a}$$

$$\text{s.t.} \quad px + qy = I \tag{7.2b}$$

を考えても同値なので，以下こちらを考えることにします．等式 (7.2b) は第 6 章で学んだとおり予算線を表します．この問題の最適解はどういった条件を満たすのでしょうか．

例題 **7.1**

効用最大化問題 (7.2) が満たすべき条件を図形的に説明しなさい．

【解答 **7.1**】

予算線上の点のうち効用を最大にする点はどのような点か，という問いです．予算線と横軸あるいは縦軸との交点が最適解になる場合もありますが，ここではそのような端点解のケースは排除して，最適解が xy 平面の非負象限の内部に位置する (各財の消費量が正になる) 内点解のケースのみを考察します．

図 7.2 を使って説明します．まず，左の図の点 $(\bar{x}, \bar{y})$ は最適化になりません．予算線上にあり，$(\bar{x}, \bar{y})$ を通る無差別曲線よりも右上にある点は，$(\bar{x}, \bar{y})$ よりも高い効用を与えるからです．したがって，最適解は右の図の (x^*, y^*) のような点でなければいけません．予算線上の点はどれも (x^*, y^*) を通る無差別曲線の左下方向にあります．ここで重要なのは，最適解 (x^*, y^*) において無差別曲線と予算線が接しているということです．これが最適解の満たすべき条件です．

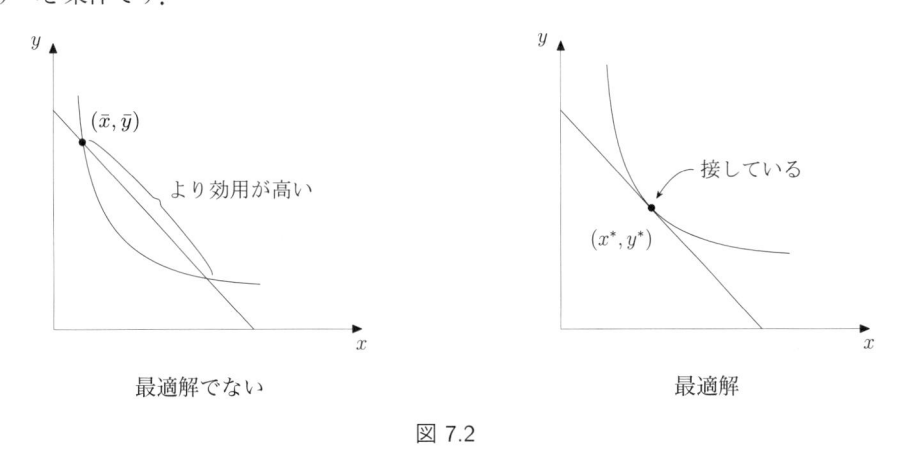

図 7.2

[例題 7.1：終]

上の例題で最適解の条件を図形的に導きましたが，これを数式を用いて表現するのが本章の目標です．

7.2 多変数関数の微分

変数を 2 つ以上もつ関数を多変数関数といいます．その中で最も簡単な 2 変数関数を使って多変数関数の微分について説明していきます．

第 5 章で 1 変数関数の微分を学びました．そこでは 1 変数関数が xy 平面に描く曲線を各点のまわりで ∞ 倍に拡大して直線とみなして分析しました．多変数関数の微分についても同様の作業を行いますが，今度は多変量を扱うことになります．よって，多変量をまとめて扱う道具，第 6 章で学んだベクトルも登場します．多変数関数の微分は 1 変数関数の微分とベクトルの出会いの場なのです．

それでは，2 変数関数 $z = f(x, y)$ の xyz 空間におけるグラフを考えましょう．これはたとえば図 7.3 にあるような曲面になります．一般に複雑なので，やはり「最も簡単な関数」で近似することを考えます．「最も簡単な関数」は 1 次関数です．

1 変数のケースと同様に，曲面 $z = f(x, y)$ 上の任意の点 $(\bar{x}, \bar{y}, f(\bar{x}, \bar{y}))$ を固定して，f のグラフをその点のまわりでうーんと拡大していきましょう．どんどん拡大していくと，今度は平面にだんだん見えてくるはずです[2)3)]．「∞ 倍に拡大した世界」では平面に見える，といってよいでしょう．$(\bar{x}, \bar{y}, f(\bar{x}, \bar{y}))$ を原点として新たに XYZ 座標系をとると，f のグラフを $(\bar{x}, \bar{y}, f(\bar{x}, \bar{y}))$ のまわりで ∞ 倍に拡大することで見えてくる平面の式は，第 6 章で学

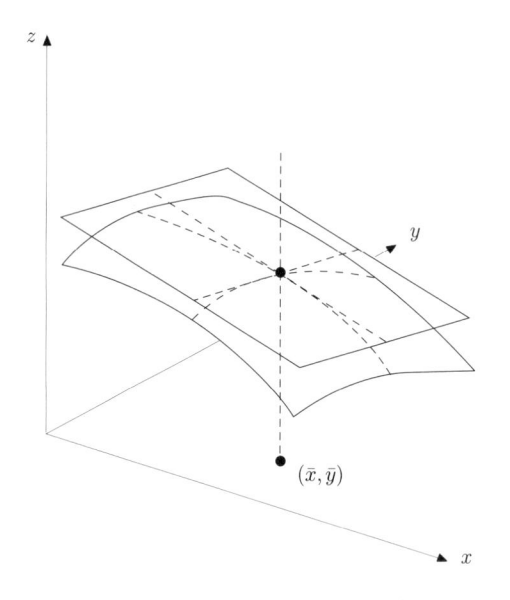

図 7.3 $(\bar{x}, \bar{y})$ における接平面

[2)] 地球の表面は球面に近いはずですが，地球と比べてうーんと小さい人間にとっては平らに見えます．これと同じことです．

[3)] もし f のグラフがこの点で尖っていたとすると，いくら拡大しても尖ったままで平面には見えてきません．このとき f はこの点で微分不可能であるといいます．以下，尖っていないスムーズな関数のみを考察の対象にします．

んだように，

$$Z = aX + bY \tag{7.3}$$

という X, Y の 1 次式で書けます．ここでもまた，∞ 倍に拡大した世界であることを明示するために，X, Y, Z の代わりに dx, dy, dz という記号を使います．すると上の式は

$$dz = a\,dx + b\,dy \tag{7.4}$$

と書けます．a を「f の $(x,y) = (\bar{x}, \bar{y})$ における x による偏微分係数」，b を「f の $(x,y) = (\bar{x}, \bar{y})$ における y による偏微分係数」といって，それぞれ

$$\frac{\partial f}{\partial x}(\bar{x}, \bar{y}), \quad \frac{\partial f}{\partial y}(\bar{x}, \bar{y})$$

と書きます．より簡潔にこれらをそれぞれ

$$f_x(\bar{x}, \bar{y}),\ f_y(\bar{x}, \bar{y})\ \text{とか}, \quad f_1(\bar{x}, \bar{y}),\ f_2(\bar{x}, \bar{y})\ \text{とか}$$

と書くこともあります．最初の分数形式の記号を使うことにすると，∞ 倍に拡大した世界での平面の式は最終的に

$$dz = \frac{\partial f}{\partial x}(\bar{x}, \bar{y})\,dx + \frac{\partial f}{\partial y}(\bar{x}, \bar{y})\,dy \tag{7.5}$$

となります．これを「f の $(x,y) = (\bar{x}, \bar{y})$ における全微分」といいます．この式が表す平面はもとの xyz 空間では曲面 $z = f(x,y)$ の $(x,y) = (\bar{x}, \bar{y})$ における接平面になっています (図 7.3)．接平面の式をもとの世界の座標で書くと

$$z = f(\bar{x}, \bar{y}) + \frac{\partial f}{\partial x}(\bar{x}, \bar{y})\,(x - \bar{x}) + \frac{\partial f}{\partial y}(\bar{x}, \bar{y})\,(y - \bar{y}) \tag{7.6}$$

となります．この平面は $(\bar{x}, \bar{y})$ のすぐそばで関数 $f(x,y)$ のグラフと十分近いので，1 変数のときと同様に

$$f(x,y) \approx f(\bar{x}, \bar{y}) + \frac{\partial f}{\partial x}(\bar{x}, \bar{y})\,(x - \bar{x}) + \frac{\partial f}{\partial y}(\bar{x}, \bar{y})\,(y - \bar{y})$$

と近似的に書くことができます．

平面 (7.5) は f を近似しているわけですから，平面 (7.5) と平面 $dy = 0$ との交わりの直線は $z = f(x,y)$ と $y = \bar{y}$ との交わりの曲線を近似しています．したがって，x による偏微分係数は，$y = \bar{y}$ と固定したときの x の関数としての微分係数にほかなりません．つまり，

$$\frac{\partial f}{\partial x}(\bar{x}, \bar{y}) = \lim_{\varepsilon \to 0} \frac{f(\bar{x} + \varepsilon, \bar{y}) - f(\bar{x}, \bar{y})}{\varepsilon}$$

で与えられます．同様に，平面 (7.5) と平面 $dx = 0$ との交わりの直線は $z = f(x, y)$ と $x = \bar{x}$ との交わりの曲線を近似していますから，y による偏微分係数は，$x = \bar{x}$ と固定したときの y の関数としての微分係数，

$$\frac{\partial f}{\partial y}(\bar{x}, \bar{y}) = \lim_{\varepsilon \to 0} \frac{f(\bar{x}, \bar{y} + \varepsilon) - f(\bar{x}, \bar{y})}{\varepsilon}$$

です．

1 変数のケースと同じように，(x, y) に対して，(x, y) における x による偏微分係数 $\frac{\partial f}{\partial x}(x, y)$ を対応させる関数を「f の x による偏導関数」といいます．y による偏導関数も同様に定義されます．また，f の x による偏導関数を求めることを「f を x で偏微分する」といいます (y についても同様)．

少々難しく書きましたが，「ある変数で偏微分する」とは，要は「その変数以外の変数を定数とみなして微分する」ということです．具体的な計算例を見るのが早いでしょう．

例題 7.2

$f(x, y) = x^2 + 2xy^2 + 3y^3$ を x, y でそれぞれ偏微分しなさい．

【解答 7.2】

「x で偏微分する」とは「y を定数とみなして x で微分する」ということです．よって，$f(x, y)$ を

$$x^2 + \bigcirc x + \triangle$$

のように $\bigcirc = 2y^2$, $\triangle = 3y^3$ は定数と見て x で微分してやります．すると

$$2x + \bigcirc$$

になりますから，$\bigcirc$ をもとに戻して

$$\frac{\partial f}{\partial x}(x, y) = 2x + 2y^2$$

が求まります．

同じように，「y で偏微分する」とは「x を定数とみなして y で微分する」ということです．今度は $f(x, y)$ を

$$\bigcirc + \triangle y^2 + 3y^3$$

と見て (ただし $\bigcirc = x^2$, $\triangle = 2x$)，y で微分します．すると

$$2\triangle y + 9y^2$$

となるので，$\triangle = 2x$ より

$$\frac{\partial f}{\partial y}(x,y) = 4xy + 9y^2$$

と求まりました．

[例題 7.2：終]

例題 7.3

(1) $f(x,y) = x^\alpha y^\beta$ を x, y でそれぞれ偏微分しなさい．

(2) xyz 空間内の曲面 $z = f(x,y) = x^\alpha y^\beta$ の $(x,y) = (1,1)$ における接平面の式を求めなさい．

(3) xy 平面上の曲線 $x^\alpha y^\beta = 1$ の $(x,y) = (1,1)$ における接線の式を求めなさい．

【解答 7.3】

(1) x で偏微分するには，y を定数とみなして x で微分します．$(x^\alpha)' = \alpha x^{\alpha-1}$ なので，

$$\frac{\partial f}{\partial x}(x,y) = (x^\alpha \text{ の } x \text{ による微分}) \times (y^\beta \text{ の方はそのまま}) = \alpha x^{\alpha-1} y^\beta.$$

同様にして，$(y^\beta)' = \beta y^{\beta-1}$ より

$$\frac{\partial f}{\partial y}(x,y) = (x^\alpha \text{ の方はそのまま}) \times (y^\beta \text{ の } y \text{ による微分}) = \beta x^\alpha y^{\beta-1}.$$

(2) まず $f(1,1) = 1$，また (1) より $\dfrac{\partial f}{\partial x}(1,1) = \alpha$, $\dfrac{\partial f}{\partial y}(1,1) = \beta$ なので，(7.6) 式を参考にして，$z = x^\alpha y^\beta$ の $(1,1)$ における接平面の式は

$$z = 1 + \alpha(x-1) + \beta(y-1)$$

と書けます．

(3) xy 平面上の曲線 $x^\alpha y^\beta = 1$ は xyz 空間内の曲面 $z = x^\alpha y^\beta$ と平面 $z = 1$ との交わり (を xy 平面に射影したもの) なので，$x^\alpha y^\beta = 1$ の $(x,y) = (1,1)$ における接線は $z = x^\alpha y^\beta$ の $(x,y) = (1,1)$ における接平面と $z = 1$ との交わり (を xy 平面に射影したもの) になります．したがって，(2) より

第 7 章 多変数の微分と効用最大化

$$1 = 1 + \alpha(x-1) + \beta(y-1) \iff \alpha(x-1) + \beta(y-1) = 0$$

と求まります．

[例題 7.3：終]

この例題 7.3 の (2) の導出よりとくに，$r \approx 0, s \approx 0$（したがって，$1+r \approx 1, 1+s \approx 1$）のとき，

$$(1+r)^\alpha (1+s)^\beta \approx 1 + \alpha r + \beta s$$

と 1 次近似できることがわかります．

ここで，偏微分を使った経済学の概念をいくつか紹介しておきます．まず，効用関数の偏微分は**限界効用**と呼ばれます．より精確には，2 財のケースを考えるとして，効用関数を u，第 1 財，第 2 財の消費量をそれぞれ x, y とすると，$\dfrac{\partial u}{\partial x}(\bar{x}, \bar{y})$ を「$(\bar{x}, \bar{y})$ における第 1 財の限界効用」，$\dfrac{\partial u}{\partial y}(\bar{x}, \bar{y})$ を「$(\bar{x}, \bar{y})$ における第 2 財の限界効用」といいます[4]．これをそれぞれ $MU_1(\bar{x}, \bar{y}), MU_2(\bar{x}, \bar{y})$ と書くことにします（「MU」は限界効用 Marginal Utility の頭文字から）．

また，生産者理論では「生産関数」という概念が登場します．これは企業の生産技術を数学的に定式化したもので，投入された生産要素とそれに対して産出される生産財との対応関係を表す関数です．生産関数の偏微分は**限界生産性**あるいは**限界生産物**と呼ばれます．たとえば，生産要素が労働と資本だけだとして，生産関数を F，労働量を L，資本量を K と書くとすると，$\dfrac{\partial F}{\partial L}(\bar{L}, \bar{K})$ を「$(\bar{L}, \bar{K})$ における労働の限界生産性」，$\dfrac{\partial F}{\partial K}(\bar{L}, \bar{K})$ を「$(\bar{L}, \bar{K})$ における資本の限界生産性」といいます[5]．これらをそれぞれ $MP_L(\bar{L}, \bar{K}), MP_K(\bar{L}, \bar{K})$ と書くことにします（「MP」は限界生産性 Marginal Productivity の頭文字から）．$MP_L(\bar{L}, \bar{K})$ は，生産関数 F を $(\bar{L}, \bar{K})$ のまわりで局所的に L の 1 次関数と見て，労働投入量をちょっとだけ増やしたときの生産物の増加分の比率を表します（$MP_K(\bar{L}, \bar{K})$ についても同様）．

さて，いままでは変数が 2 個のケースに限って議論してきましたが，一般の多変数関数の微分もまったく同様です．n 変数関数 $f(x_1, \ldots, x_n)$ に対して，$dz, dx_1, \ldots, dx_n$ についての 1 次式

$$dz = \frac{\partial f}{\partial x_1}(x_1, \ldots, x_n)\, dx_1 + \cdots + \frac{\partial f}{\partial x_n}(x_1, \ldots, x_n)\, dx_n \tag{7.7}$$

を $z = f(x_1, \ldots, x_n)$ の**全微分**といい，$dx_i\ (i=1,\ldots,n)$ の係数

---

[4] 効用は序数的概念なので，限界効用の値は経済学的意味をもちません．あとで紹介する「限界代替率」が本質的です．

[5] 限界生産性は限界効用と異なり，生産物という実物を測っていますから，その値は実体的な意味をもちます．

$$\frac{\partial f}{\partial x_i}(x_1,\ldots,x_n)$$

を f の $(x_1,\ldots,x_n)$ における x_i による偏微分係数といいます (「$f_i(x_1,\ldots,x_n)$」と書くこともあります). また, これを $(x_1,\ldots,x_n)$ の関数と見たとき, f の x_i による偏導関数といい, x_i による偏導関数を求めることを x_i で偏微分するといいます. これは 2 変数のケースと同じく「x_i 以外の変数を定数と見て x_i で微分する」ということです. ちゃんと定義を書くと次のようになります.

定義 7.1

n 変数関数 f の $(\bar{x}_1,\ldots,\bar{x}_n)$ における x_i による偏微分係数 $\dfrac{\partial f}{\partial x_i}(\bar{x}_1,\ldots,\bar{x}_n)$ を

$$\frac{\partial f}{\partial x_i}(\bar{x}_1,\ldots,\bar{x}_n) = \lim_{\varepsilon\to 0}\frac{f(\bar{x}_1,\ldots,\bar{x}_{i-1},\bar{x}_i+\varepsilon,\bar{x}_{i+1},\ldots,\bar{x}_n)-f(\bar{x}_1,\ldots,\bar{x}_n)}{\varepsilon} \quad (7.8)$$

で定義する.

たとえば, $f(x,y,z)=x^\alpha y^\beta z^\gamma$ という x,y,z の関数に対しては, x による偏微分は, y,z を定数と見て,

$$\frac{\partial f}{\partial x}(x,y,z)=\alpha x^{\alpha-1}y^\beta z^\gamma$$

と計算します.

第 5 章で学んだ微分公式は偏微分に対してもそのまま成り立ちます. 追加として, 多変数を通じた合成関数の微分公式 (チェイン・ルール) を導いておきます. 2 変数関数 $f(x,y)$ の x,y のところに, また別の変数 t をもつ関数 $g_1(t), g_2(t)$ を代入して作られる新たな 1 変数関数

$$h(t)=f(g_1(t),g_2(t))$$

の t による微分を求めたい (これは偏微分でなく 1 変数関数のふつうの微分です). ∞ 倍に拡大した世界では, $z=f(x,y)$ は

$$dz=\frac{\partial f}{\partial x}(x,y)\,dx+\frac{\partial f}{\partial y}(x,y)\,dy \quad (7.9)$$

という 1 次関数で表され, また, $x=g_1(t), y=g_2(t)$ はそれぞれ

$$dx=g_1'(t)\,dt, \quad dy=g_2'(t)\,dt \quad (7.10)$$

という 1 次関数で表されます. したがって, ∞ 倍の世界では, $z=h(t)$ は (7.10) 式を (7.9)

式に代入して得られる

$$dz = \frac{\partial f}{\partial x}(g_1(t), g_2(t))\, g_1'(t)\, dt + \frac{\partial f}{\partial y}(g_1(t), g_2(t))\, g_2'(t)\, dt$$
$$= \left(\frac{\partial f}{\partial x}(g_1(t), g_2(t))\, g_1'(t) + \frac{\partial f}{\partial y}(g_1(t), g_2(t))\, g_2'(t)\right) dt$$

という1次関数で表されます．dt の係数が合成関数 $h(t)$ の微分係数です．これはそのまま一般の n 変数関数についても成り立ちます．

チェイン・ルール

関数 $f(x_1, \ldots, x_n), g_1(t), \ldots, g_n(t)$ に対して

$$\frac{d}{dt} f(g_1(t), \ldots, g_n(t))$$
$$= \frac{\partial f}{\partial x_1}(g_1(t), \ldots, g_n(t))\, g_1'(t) + \cdots + \frac{\partial f}{\partial x_n}(g_1(t), \ldots, g_n(t))\, g_n'(t)$$

代入する関数たち $g_1, \ldots, g_n$ が多変数 (例えば m 変数) 関数の場合もまったく同様です．長くなるので $\boldsymbol{t} = (t_1, \ldots, t_m), \boldsymbol{g}(\boldsymbol{t}) = (g_1(\boldsymbol{t}), \ldots, g_n(\boldsymbol{t}))$ と書くことにして，さらにシグマ記号を使うと，

$$\frac{\partial}{\partial t_j} f(\boldsymbol{t}) = \sum_{i=1}^{n} \frac{\partial f}{\partial x_i}(\boldsymbol{g}(\boldsymbol{t})) \frac{\partial g_i}{\partial t_j}(\boldsymbol{t})$$

となります．(練習としてシグマ記号を使わない形に書き下してみましょう．)

注意 7.1

導関数の名前のつけ方に関してひとつ注意しておきます．例えば「$f(x,y)$」のように変数として (x,y) を使うと決め，偏導関数を $\frac{\partial f}{\partial x}, \frac{\partial f}{\partial y}$ と書くと決めたならば，それを使いつづけるべきです．「$\frac{\partial f}{\partial x}$ という関数に $(x,y) = (a,b)$ を代入したときの値」は，「$\frac{\partial f}{\partial a}(a,b)$」などという新しい記号を導入せずに $\frac{\partial f}{\partial x}(a,b)$ と書くべきです．チェイン・ルールの公式でも，$\frac{\partial f}{\partial x_i}(\boldsymbol{g}(\boldsymbol{t}))$ と書くべきところを「$\frac{\partial f}{\partial g_i(t)}(\boldsymbol{g}(\boldsymbol{t}))$」などと書くのは避けましょう．

7.3 制約なしの最適化

多変数関数の最適化問題にうつりましょう．本節ではまず制約条件がない最適化問題を議論します．制約条件がついた最適化問題は次節で扱います．

2変数関数 $f(x,y)$ に対して，最大化問題

$$\max_{x,y} f(x,y)$$

極大　　　　　　　　　　　　　　極小

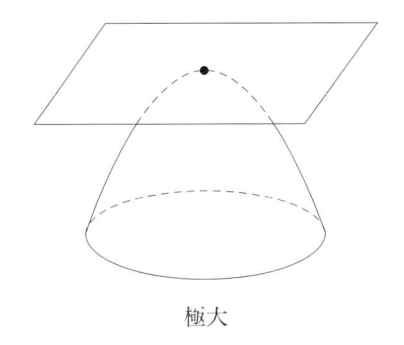

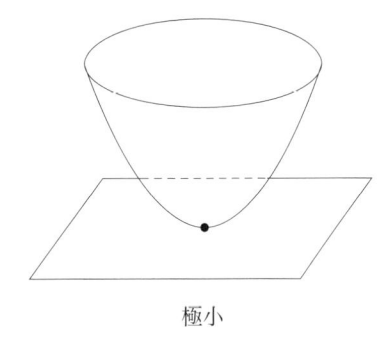

図 7.4

あるいは最小化問題

$$\min_{x,y} f(x,y)$$

の最適解を (x^*, y^*) とおくとして，1 変数の最適化のときと同様に最適解 (x^*, y^*) の満たすべき 1 階の条件を探りましょう．これはやはり $z = f(x,y)$ のグラフを考えることで導き出すことができます．図 7.4 に描かれているように，極大 (あるいは最大) となる点は山の頂上，極小 (あるいは最小) となる点は谷の底になっていますが，いずれにおいても ∞ 倍に拡大すると平らな (xy 平面に平行な) 平面になっているはずです．

xy 平面に平行な平面は ∞ 倍に拡大した世界では $dz = 0$ という式で表されるので，$z = f(x,y)$ を (x^*, y^*) のまわりで ∞ 倍に拡大して見えてくる平面の式

$$dz = \frac{\partial f}{\partial x}(x^*, y^*)\, dx + \frac{\partial f}{\partial y}(x^*, y^*)\, dy$$

において dx, dy の係数は 0 でないといけません．つまり，最適解 (x^*, y^*) においては

$$\frac{\partial f}{\partial x}(x^*, y^*) = 0, \quad \frac{\partial f}{\partial y}(x^*, y^*) = 0 \tag{7.11}$$

が成り立ってないといけません (1 変数関数のときと同様，変数 x, y の範囲が与えられているときは注意が必要で，この条件が成り立つのは内点解の場合です)．これが 2 変数関数の最適化の 1 階条件です．一般の n 変数の最適化の条件も同様です．

命題 8 (最適化の 1 階条件)

関数 $f(x_1, \ldots, x_n)$ が $(x_1, \ldots, x_n) = (x_1^*, \ldots, x_n^*)$ で最大または最小となり，$(x_1, \ldots, x_n) = (x_1^*, \ldots, x_n^*)$ が内点ならば，

$$\frac{\partial f}{\partial x_1}(x_1^*, \ldots, x_n^*) = 0, \ldots, \frac{\partial f}{\partial x_n}(x_1^*, \ldots, x_n^*) = 0 \tag{7.12}$$

が成り立つ．

要は「各変数で偏微分してそれぞれイコールゼロとおく」ことで1階の条件を満たす点が求まります．

ただし，この条件は最適化の必要条件であって十分条件ではありません．つまり，1階条件を満たす点が必ず最適解である，というわけではありません．これは1変数関数の最適化での注意点とまったく同じです．詳しくは第5章の5.4.2節に述べてあるのでそちらを参照してください．実際は，学部レベルの経済学で出会う例においては1階の条件を満たす点がそのまま最適解になってるケースがほとんどなので，まずは1階の条件を使いこなせるようになってください[6]．

1階の条件からそのまま解が求まるような最適化問題の計算練習をしてみましょう．

練習問題 7.1

1階の条件を使って次の最大化問題を解きなさい．

$$\max_{x \geq 0, y \geq 0} f(x, y) = x^{\frac{1}{3}} y^{\frac{1}{3}} - x - y$$

【解答 7.1】

1階条件は

$$0 = \frac{\partial f}{\partial x}(x, y) = \frac{1}{3} x^{\frac{1}{3}-1} y^{\frac{1}{3}} - 1$$

$$0 = \frac{\partial f}{\partial y}(x, y) = \frac{1}{3} x^{\frac{1}{3}} y^{\frac{1}{3}-1} - 1$$

と計算できます．これを整理すると

$$x^{-\frac{2}{3}} y^{\frac{1}{3}} = 3$$

$$x^{\frac{1}{3}} y^{-\frac{2}{3}} = 3.$$

あとはこの連立方程式を解くだけです．解き方はいろいろありますが，たとえば辺々割り算すると $x^{-1}y = 1$，つまり $y = x$ となりますから，これを1本目の式に戻して

$$x^{-\frac{1}{3}} = 3 \qquad \therefore x = 3^{-3} = \frac{1}{27}.$$

---

[6] 第5章の第5.6節で「1階の条件を満たす点がそのまま最適解」となるような目的関数の例として凹関数・凸関数を紹介しましたが，これらはそのまま多変数関数にも拡張できて多変数の最適化問題においても凹あるいは凸の目的関数に対しては「1階の条件を満たす点がそのまま最適解」ということが成り立ちます．定義は単に，1変数のときの定義5.2の条件式で変数をベクトルにおきかえるだけです．多変数の場合も，目的関数 f が凹関数ならば1階の条件を満たす点は f の最大値を与え，f が凸関数ならば1階の条件を満たす点は f の最小値を与えます．

同様に 2 本目の式に戻して

$$y^{-\frac{1}{3}} = 3 \qquad \therefore y = 3^{-3} = \frac{1}{27}.$$

以上より，最適解は $(x, y) = \left(\dfrac{1}{27}, \dfrac{1}{27}\right)$.

[練習問題 7.1：終]

練習問題 7.2

1 階の条件を使って次の最小化問題を解きなさい．

$$\min_{x,y} f(x,y) = 4x^2 + 6xy + 5y^2 + 12x - 2y + 1$$

【解答 7.2】

1 階条件は

$$0 = \frac{\partial f}{\partial x}(x,y) = 8x + 6y + 12$$
$$0 = \frac{\partial f}{\partial y}(x,y) = 6x + 10y - 2$$

と計算できます．これを整理すると

$$4x + 3y = -6$$
$$3x + 5y = 1.$$

この連立方程式を解いて，最適解は $(x, y) = (-3, 2)$.

[練習問題 7.2：終]

経済学からの例として，(長期の) 利潤最大化解を生産関数から直接求める問題を考察しましょう．生産要素は労働と資本の 2 種類しかないとして，ある企業の生産関数が $F(L, K)$ で与えられているとしましょう．L, K は労働と資本の投入量です．この企業はプライス・テイカーで，市場で決まる生産財の価格 p，労働の価格 (労働賃金率) w，資本の価格 (資本レンタル率) r を所与として行動するとします．労働投入量，資本投入量がそれぞれ L, K であるとき，生産財の産出量は $F(L, K)$ ですから収入は $pF(L, K)$，また労働投入，資本投入に対する支払いはそれぞれ wL, rK ですから総費用は $wL + rK$ です．したがって，このときの利潤は L, K の関数として $\pi(L, K) = pF(L, K) - (wL + rK)$ と書けます．この関数の最大化問題の 1 階条件を求めましょう．

例題 7.4

利潤最大化問題

$$\max_{L,K} \pi(L,K) = pF(L,K) - (wL + rK) \tag{7.13}$$

の 1 階の条件を求めなさい．

【解答 7.4】

最適化の 1 階の条件は

$$0 = \frac{\partial \pi}{\partial L}(L,K) = p\frac{\partial F}{\partial L}(L,K) - w$$

$$0 = \frac{\partial \pi}{\partial K}(L,K) = p\frac{\partial F}{\partial K}(L,K) - r$$

と計算できます．これを整理すると

$$\frac{\partial F}{\partial L}(L,K) = \frac{w}{p} \tag{7.14}$$

$$\frac{\partial F}{\partial K}(L,K) = \frac{r}{p} \tag{7.15}$$

となります．

[例題 7.4：終]

条件式 (7.14) の左辺は労働の限界生産性 MP_L で，右辺は生産物の価格で測った実質労働賃金率です．また，条件式 (7.15) の左辺は資本の限界生産性 MP_K で，右辺は生産物の価格で測った実質資本レンタル率です．したがって，利潤最大化の 1 階条件は次のように表現できます．

命題 9 (利潤最大化の 1 階条件)

最適投入ベクトル (L^*, K^*) は

$$\underbrace{MP_L(L^*, K^*)}_{\text{労働の限界生産性}} = \underbrace{\frac{w}{p}}_{\text{実質労働賃金率}} \tag{7.16}$$

$$\underbrace{MP_K(L^*, K^*)}_{\text{資本の限界生産性}} = \underbrace{\frac{r}{p}}_{\text{実質資本レンタル率}} \tag{7.17}$$

を満たす．

生産関数 F が凹関数ならば，1 階条件を満たす (L^*, K^*) は利潤最大化の最適解になっています．価格の組 (p, w, r) に対して最適投入ベクトル (L^*, K^*) を対応させる関数を要素需要関数といい，要素需要関数を生産関数に代入して得られる関数を供給関数といいます．また，要素需要関数を目的関数に代入して得られる関数を利潤関数といいます．

(7.16) 式の両辺に生産物の価格 p をかけると

$$pMP_L(L^*, K^*) = w \tag{7.16'}$$

となります．左辺は労働投入をちょっと増やしたときの生産物の (その価格で測った) 価値の増加分の比率を表し，労働の限界生産物価値と呼ばれます．右辺は労働 1 単位あたりの価格ですから，条件式 (7.16′) は，最適生産投入においては労働投入をちょっと増やしたときの収入の増加分と費用の増加分とがつりあっているということを意味します．同様に，(7.17) 式の両辺に p をかけると

$$pMP_K(L^*, K^*) = r \tag{7.17'}$$

となります．左辺を資本の限界生産物価値といいます．条件式 (7.17′) の解釈も労働の場合と同様です．

7.4 制約付きの最適化

それでは制約付きの最適化問題に入るとしましょう．「ラグランジュの未定乗数法」という重要な手法を学びます．本章の最初に議論した，予算制約のもとでの効用最大化問題

$$\max_{x,y} \quad u(x,y) \tag{7.2a}$$

$$\text{s.t.} \quad px + qy = I \tag{7.2b}$$

を使って説明していきます．目的関数の効用関数 u は尖ったりせずにスムーズで，第 7.1 節で仮定したとおり単調性と準凹性を満たすとします．また，内点解のケースのみを考えるとします．

まず，制約付き最大化問題の解とは「制約条件を満たすもののうち目的関数を最大化するもの」のことですが，その定義をちゃんと述べると次のようになります．すなわち，(x^*, y^*) が最大化問題 (7.2) の解であるとは

- $px^* + qy^* = I$
- $px + qy = I$ を満たすどんな (x, y) に対しても $u(x^*, y^*) \geq u(x, y)$

が成り立つことをいいます．1 つ目の条件は (x^*, y^*) がそもそも制約式 (7.2b) を満たさないといけないということを，2 つ目の条件は制約式を満たす (x, y) のうちで (x^*, y^*) よりも目的関数 u の値が大きくなるものがあってはいけないということをそれぞれ言っています．

さて，例題 7.1 で考察したように，点 (x^*, y^*) を最適消費ベクトルとすると，(x^*, y^*) において無差別曲線と予算線が接します．この「接線条件」を数式で表現したいわけです．これは，無差別曲線と予算線の様子を (x^*, y^*) のまわりで ∞ 倍に拡大して眺めてみることによって求まります．消費ベクトル (x^*, y^*) に対する効用水準を $\bar{u}$ とおくと，(x^*, y^*) を通る無差別曲線 $u(x, y) = \bar{u}$ は曲面 $z = u(x, y)$ と平面 $z = \bar{u}$ との交わりなので，∞ 倍に拡大した世界では平面

$$dz = \frac{\partial u}{\partial x}(x^*, y^*)\, dx + \frac{\partial u}{\partial y}(x^*, y^*)\, dy$$

と平面 $dz = 0$ との交わりになっています．したがって，無差別曲線 $u(x, y) = \bar{u}$ を (x^*, y^*) のまわりで ∞ 倍に拡大して見えてくる直線は

$$\frac{\partial u}{\partial x}(x^*, y^*)\, dx + \frac{\partial u}{\partial y}(x^*, y^*)\, dy = 0 \tag{7.19}$$

という式で与えられます．第 6 章で学んだとおり，この直線の法線ベクトルは

$$\begin{pmatrix} \frac{\partial u}{\partial x}(x^*, y^*) \\ \frac{\partial u}{\partial y}(x^*, y^*) \end{pmatrix}$$

と書けます．このベクトルを関数 u の (x^*, y^*) における勾配ベクトルといい，$\nabla u(x^*, y^*)$ という記号で表します (∇ は「ナブラ」と読みます)．一方，予算線

$$px + qy = I$$

の法線ベクトルは $\begin{pmatrix} p \\ q \end{pmatrix}$ です．(x^*, y^*) を通る無差別曲線と予算線が (x^*, y^*) で接するための条件はこれらの法線ベクトルが平行になることです (図 7.5)：

$$\begin{pmatrix} \frac{\partial u}{\partial x}(x^*, y^*) \\ \frac{\partial u}{\partial y}(x^*, y^*) \end{pmatrix} /\!/ \begin{pmatrix} p \\ q \end{pmatrix}.$$

言いかえると，定数 $\lambda \neq 0$ が存在して

$$\begin{pmatrix} \frac{\partial u}{\partial x}(x^*, y^*) \\ \frac{\partial u}{\partial y}(x^*, y^*) \end{pmatrix} = \lambda \begin{pmatrix} p \\ q \end{pmatrix} \tag{7.20}$$

と書けることです．この条件式を効用最大化の **1 階条件** といいます．

7.4 制約付きの最適化

無差別曲線　　　　　　　　　　　　　予算線

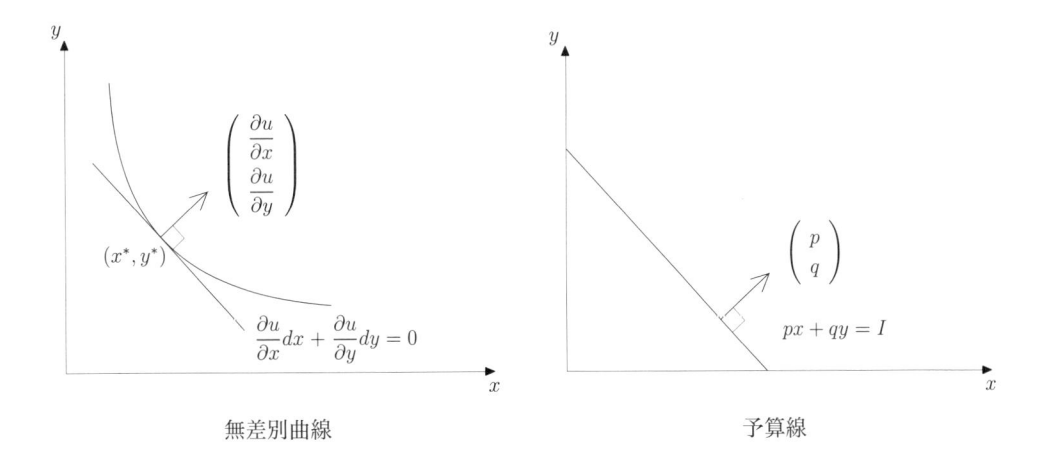

図 7.5

ところで，点 $(\bar{x}, \bar{y})$ における無差別曲線の傾きに -1 をかけてプラスにしたものを「$(\bar{x}, \bar{y})$ における，第 2 財で測った第 1 財の限界代替率」といいます．これを $MRS_{12}(\bar{x}, \bar{y})$ と書くことにしましょう（MRS は限界代替率 Marginal Rate of Substitution の頭文字から）．局所的には第 1 財の消費を 1 単位増やして第 2 財の消費を MRS_{12} 単位だけ減らしても，もとの消費ベクトル $(\bar{x}, \bar{y})$ と無差別，というわけですから，MRS_{12} は第 1 財の消費の（限界的な）増分の主観的評価を第 2 財の量で表現しているものです．無差別曲線は ∞ 倍に拡大した世界では

$$\frac{\partial u}{\partial x} dx + \frac{\partial u}{\partial y} dy = 0$$

の形の式で表される直線になりますから，その傾きは $-\dfrac{\frac{\partial u}{\partial x}}{\frac{\partial u}{\partial y}}$ で与えられます．したがって，

$$MRS_{12}(\bar{x}, \bar{y}) = \frac{\frac{\partial u}{\partial x}(\bar{x}, \bar{y})}{\frac{\partial u}{\partial y}(\bar{x}, \bar{y})} \tag{7.21}$$

と書き表すことができます．右辺の分数の分子，分母はそれぞれ第 1 財，第 2 財の限界効用 MU_1, MU_2 ですから，

$$MRS_{12}(\bar{x}, \bar{y}) = \frac{MU_1(\bar{x}, \bar{y})}{MU_2(\bar{x}, \bar{y})} \tag{7.22}$$

と書くこともできます．

さて，効用最大化の 1 階条件 (7.20) 式に戻って，両辺それぞれ成分の比をとって λ を消去すると

$$\frac{\frac{\partial u}{\partial x}(x^*, y^*)}{\frac{\partial u}{\partial y}(x^*, y^*)} = \frac{p}{q} \tag{7.23}$$

となります．左辺は (x^*, y^*) における限界代替率 $MRS_{12}(x^*, y^*)$ です．右辺は第 1 財，第 2 財の価格比です．これが効用最大化の 1 階条件の別表現です．

命題 10 (効用最大化の 1 階条件)
　最適消費ベクトル (x^*, y^*) は

$$\underbrace{MRS_{12}(x^*, y^*)}_{\text{限界代替率}} = \underbrace{\frac{p}{q}}_{\text{価格比}} \tag{7.24}$$

(および制約条件 $px^* + qy^* = I$) を満たす．

　左辺の限界代替率 MRS_{12} は第 1 財の主観的な評価を第 2 財の量で測ったものです．一方の右辺の第 1 財と第 2 財の価格の比は第 1 財の第 2 財に対する交換比率を表していますから，市場における第 1 財の評価を第 2 財で測っているものと見ることができます．条件式 (7.24) は，最適消費ベクトル (x^*, y^*) においてはこれらが等しい，ということを意味しています．

　ここで，ラグランジュ(**Lagrange**) の未定乗数法というテクニックを紹介します．等式制約付き最適化問題の 1 階条件を自動的に導出する方法です．効用最大化問題 (7.2) を使って説明します．とても重要ですからしっかり習得してください (2 変数のケースで説明しますが，一般の n 変数のケースについてもそのまま使えます)．

ラグランジュの未定乗数法

Step 1　「ラグランジュ関数」(または「ラグランジアン」) というものを設定する．筆記体の大文字「エル」を使うことが多いです：

$$\mathcal{L}(x, y, \lambda) = u(x, y) + \lambda(I - px - qy). \tag{7.25}$$

λ を「ラグランジュ乗数」といいます．

Step 2　$\mathcal{L}$ を各変数 x, y, λ で偏微分して「イコールゼロ」とおく：

$$0 = \frac{\partial \mathcal{L}}{\partial x} = \frac{\partial u}{\partial x} - \lambda p \tag{7.26}$$

$$0 = \frac{\partial \mathcal{L}}{\partial y} = \frac{\partial u}{\partial y} - \lambda q \tag{7.27}$$

$$0 = \frac{\partial \mathcal{L}}{\partial \lambda} = I - px - qy. \tag{7.28}$$

Step 3　Step 2 で出てきた式を連立して解く．

Step 2 の最初の 2 本の式 (7.26)–(7.27) をベクトルを用いて書き表したものが効用最大化の 1 階条件 (7.20) 式にほかなりません．確認してください．また，最後の式 (7.28) は予算制約式です．制約付きの最適化問題を解くプロセスが，あたかもラグランジュ関数 $\mathcal{L}$ の制約なしの最適化問題に 1 階条件を当てはめているかのように見えるのがおもしろいところです．

それでは，例題を通して具体的な使い方を見てみましょう．

例題 7.5

ラグランジュの未定乗数法を使って次の効用最大化問題を解きなさい．

$$\max_{x,y} \; u(x,y) = xy$$

$$\text{s.t.} \; px + qy = I$$

【解答 7.5】

Step 1 ラグランジュ関数を作ります：

$$\mathcal{L}(x,y,\lambda) = xy + \lambda(I - px - qy).$$

Step 2 各変数で偏微分して「イコールゼロ」とおきます：

$$0 = \frac{\partial \mathcal{L}}{\partial x} = y - \lambda p \tag{7.30}$$

$$0 = \frac{\partial \mathcal{L}}{\partial y} = x - \lambda q \tag{7.31}$$

$$0 = \frac{\partial \mathcal{L}}{\partial \lambda} = I - px - qy. \tag{7.32}$$

Step 3 (7.30)–(7.32) を連立して解きます．解き方は問題ごとにかわってきますから，問題に応じて工夫して解きましょう．

(7.30), (7.31) より $y = \lambda p$, $x = \lambda q$ となります．これらを (7.32) に代入して整理すると $2\lambda pq = I$ となって，

$$\lambda = \frac{1}{2}\frac{I}{pq}$$

を得ます．これを (7.30), (7.31) に戻して最適消費が $(x^*, y^*) = \left(\dfrac{1}{2}\dfrac{I}{p}, \dfrac{1}{2}\dfrac{I}{q}\right)$ と求まります．

[例題 7.5：終]

最適消費 x^*, y^* を p, q, I の関数と見たとき，それぞれ第 1 財に対する**需要関数**，第 2 財に対する需要関数といいます．需要関数を目的関数の u に代入して得られる新たな関数を**間接効用関数**といいます．上の問題では，間接効用関数を V と書くとすると，

$$V(p, q, I) = \frac{1}{4}\frac{I^2}{pq}$$

となります．ところで，ここで導出された間接効用関数 V を所得 I で偏微分すると $\frac{\partial V}{\partial I}(p, q, I) = \frac{1}{2}\frac{I}{pq}$ となり，上で求めたラグランジュ乗数 λ の値に等しくなります．実は，これはたまたまではなく一般的に成り立つ事実です[7]．このことより，「最適消費におけるラグランジュ乗数の値は所得の限界効用に等しい」と言うことができます．

さらに計算練習をしてみましょう．

練習問題 7.3

ラグランジュの未定乗数法を使って次の効用最大化問題を解きなさい (ただし $\alpha, \beta > 0$).

(1) $\max_{x_1, x_2} u(x_1, x_2) = (x_1)^\alpha (x_2)^\beta$

　　s.t. $p_1 x_1 + p_2 x_2 = I$

(2) $\max_{x_1, x_2} v(x_1, x_2) = \alpha \log x_1 + \beta \log x_2$

　　s.t. $p_1 x_1 + p_2 x_2 = I$

【解答 7.3】

(1) ラグランジュ関数を作ると，

$$\mathcal{L}(x_1, x_2, \lambda) = (x_1)^\alpha (x_2)^\beta + \lambda(I - p_1 x_1 - p_2 x_2).$$

各変数で偏微分してイコールゼロとおくと，

$$0 = \frac{\partial \mathcal{L}}{\partial x_1} = \alpha (x_1)^{\alpha-1}(x_2)^\beta - \lambda p_1 \tag{7.35}$$

$$0 = \frac{\partial \mathcal{L}}{\partial x_2} = \beta (x_1)^\alpha (x_2)^{\beta-1} - \lambda p_2 \tag{7.36}$$

$$0 = \frac{\partial \mathcal{L}}{\partial \lambda} = I - p_1 x_1 - p_2 x_2. \tag{7.37}$$

---

[7] これは「包絡線定理」と呼ばれる定理の特殊例です．詳しくはたとえば尾山大輔・安田洋祐「経済学で出る包絡線定理」『経済セミナー』2011 年 10・11 月号を参照してください．

連立方程式 (7.35)–(7.37) を解きましょう．(7.35), (7.36) より

$$\alpha(x_1)^{\alpha-1}(x_2)^\beta = \lambda p_1$$
$$\beta(x_1)^\alpha(x_2)^{\beta-1} = \lambda p_2.$$

これらの辺々を割り算して，

$$\frac{\alpha x_2}{\beta x_1} = \frac{p_1}{p_2}.$$

これより $x_2 = \frac{\beta}{\alpha}\frac{p_1}{p_2}x_1$ を得ますが，これを (7.37) に代入すると解が求まります．最終結果は

$$(x_1^*, x_2^*) = \left(\frac{\alpha}{\alpha+\beta}\frac{I}{p_1}, \frac{\beta}{\alpha+\beta}\frac{I}{p_2}\right)$$

となります．

(2) ラグランジュ関数を作ると，

$$\mathcal{L}(x_1, x_2, \lambda) = \alpha \log x_1 + \beta \log x_2 + \lambda(I - p_1 x_1 - p_2 x_2).$$

各変数で偏微分してイコールゼロとおくと，

$$0 = \frac{\partial \mathcal{L}}{\partial x_1} = \frac{\alpha}{x_1} - \lambda p_1 \tag{7.38}$$

$$0 = \frac{\partial \mathcal{L}}{\partial x_2} = \frac{\beta}{x_2} - \lambda p_2 \tag{7.39}$$

$$0 = \frac{\partial \mathcal{L}}{\partial \lambda} = I - p_1 x_1 - p_2 x_2. \tag{7.40}$$

連立方程式 (7.38)–(7.40) を解きましょう．(7.38), (7.39) より

$$p_1 x_1 = \frac{\alpha}{\lambda} \tag{7.38'}$$

$$p_2 x_2 = \frac{\beta}{\lambda}. \tag{7.39'}$$

これを (7.40) に代入して整理すると

$$\lambda = \frac{\alpha+\beta}{I}$$

を得ます．これを (7.38'), (7.39') に戻して整理すると，最適解が

$$(x_1^*, x_2^*) = \left(\frac{\alpha}{\alpha+\beta}\frac{I}{p_1}, \frac{\beta}{\alpha+\beta}\frac{I}{p_2}\right)$$

と求まります．

[練習問題 7.3：終]

(1) と (2) とでまったく同じ解が出てきましたが，これは偶然ではありません．(1) の目的関数 u と (2) の目的関数 v との間には，一方に単調増加変換をほどこすと他方が出てくるという関係があります．具体的には $\log u(x_1, x_2) = v(x_1, x_2)$, $e^{v(x_1,x_2)} = u(x_1, x_2)$ となっています．したがって，u と v は値の大小関係は同じなわけです．つまり，効用関数 u と v は同じ選好 (好み) を表現しているのです．よって，そこから求まる最適消費行動もまったく同じになります．ちなみに，この練習問題の効用関数 u, v は「コブ・ダグラス型効用関数」と呼ばれます．本問で見たように，コブ・ダグラス型効用関数は特別な性質をもっていて，最適消費での各財に対する支出比は $p_1 x_1^* : p_2 x_2^* = \dfrac{\alpha}{\alpha+\beta} I : \dfrac{\beta}{\alpha+\beta} I = \alpha : \beta$ と価格によらず一定になります．

　さて，ラグランジュの未定乗数法は制約付きの最小化問題にもそのまま使えます．例として，生産者理論での「(長期の) 費用最小化問題」を解いてみます．これは，ターゲットとする生産量を任意に x と固定して，生産量 x を達成するために必要な費用を最小化するには生産要素投入量をどのように選べばよいか，という問題です．生産要素が労働と資本の 2 種類のみとして，市場で決まる労働賃金率を w，資本レンタル率を r とすると労働と資本の投入量 L, K に対する費用は $wL + rK$ です．一方，企業の生産関数を $F(L, K)$ とすると，$F(L, K) = x$ が制約条件になります．

例題 7.6

ラグランジュの未定乗数法を使って費用最小化問題

$$\min_{L,K} \ wL + rK$$
$$\text{s.t.} \ F(L, K) = x$$

の 1 階の条件を求めなさい．

【解答 7.6】

ラグランジュ関数を作ると，

$$\mathcal{L}(L, K, \lambda) = wL + rK + \lambda(x - F(L, K)).$$

各変数で偏微分してイコールゼロとおくと，

$$0 = \frac{\partial \mathcal{L}}{\partial L} = w - \lambda \frac{\partial F}{\partial L} \tag{7.42}$$

$$0 = \frac{\partial \mathcal{L}}{\partial K} = r - \lambda \frac{\partial F}{\partial K} \tag{7.43}$$

$$0 = \frac{\partial \mathcal{L}}{\partial \lambda} = x - F(L, K). \tag{7.44}$$

(7.42), (7.43) を整理すると

$$\lambda \frac{\partial F}{\partial L} = w, \quad \lambda \frac{\partial F}{\partial K} = r$$

となりますが，これの辺々を割り算すると

$$\frac{\dfrac{\partial F}{\partial L}}{\dfrac{\partial F}{\partial K}} = \frac{w}{r} \tag{7.45}$$

を得ます．これが費用最小化の 1 階条件です．

[例題 7.6：終]

生産関数 $x = F(L, K)$ が描く曲面の等高線を**等量曲線**といいます．これは効用関数に対する無差別曲線に対応します．点 $(\bar{L}, \bar{K})$ における等量曲線の傾きに -1 をかけたものを「$(\bar{L}, \bar{K})$ における，資本で測った労働の技術的限界代替率」といいます．これを $MRTS_{LK}(\bar{L}, \bar{K})$ と書くことにします．等量曲線は ∞ 倍に拡大した世界では

$$\frac{\partial F}{\partial L} dL + \frac{\partial F}{\partial K} dK = 0$$

の形の式で表される直線になりますから，その傾きを考えて

$$MRTS_{LK}(\bar{L}, \bar{K}) = \frac{\dfrac{\partial F}{\partial L}(\bar{L}, \bar{K})}{\dfrac{\partial F}{\partial K}(\bar{L}, \bar{K})} \tag{7.46}$$

と書き表されます．これが 1 階条件の式 (7.45) の左辺です．分子，分母はそれぞれ労働の限界生産性 $MP_L(\bar{L}, \bar{K})$, 資本の限界生産性 $MP_K(\bar{L}, \bar{K})$ ですから，

$$MRTS_{LK}(\bar{L}, \bar{K}) = \frac{MP_L(\bar{L}, \bar{K})}{MP_K(\bar{L}, \bar{K})} \tag{7.47}$$

と書くこともできます．一方，(7.45) 式の右辺は生産要素の価格の比です．したがって 1 階条件 (7.45) は次のように表現することもできます．

命題 11 (費用最小化の 1 階条件)

最適投入ベクトル (L^*, K^*) は

$$\underbrace{MRTS_{LK}(L^*, K^*)}_{\text{技術的限界代替率}} = \underbrace{\frac{w}{r}}_{\text{要素価格比}} \tag{7.48}$$

(および制約条件 $F(L^*, K^*) = x$) を満たす．

費用最小化の最適要素投入 (L^*, K^*) をターゲットとなる生産量 x と要素価格 w, r の関数と見たとき条件付き要素需要関数といい，そのときの最小費用 (条件付き要素需要関数を目的関数に代入して得られる関数) を費用関数といいます．第 5 章などで登場した費用関数の背後にはこのような費用最小化という最適化行動が隠されていたわけです．

ここで，一般の制約付き最適化問題に対するラグランジュ法をまとめておきます．

公式 7.1 (ラグランジュの未定乗数法)

制約付きの最大化問題

$$\max_{x_1, \ldots, x_n} f(x_1, \ldots, x_n) \tag{7.49a}$$

$$\text{s.t.} \quad g(x_1, \ldots, x_n) = k \tag{7.49b}$$

または制約付きの最小化問題

$$\min_{x_1, \ldots, x_n} f(x_1, \ldots, x_n) \tag{7.50a}$$

$$\text{s.t.} \quad g(x_1, \ldots, x_n) = k \tag{7.50b}$$

を次のように解く．

Step 1 ラグランジュ関数を作る：

$$\mathcal{L}(x_1, \ldots, x_n, \lambda) = f(x_1, \ldots, x_n) + \lambda(k - g(x_1, \ldots, x_n)).$$

Step 2 各変数で偏微分してイコールゼロとおく：

$$0 = \frac{\partial \mathcal{L}}{\partial x_1}(x_1, \ldots, x_n, \lambda) = \frac{\partial f}{\partial x_1}(x_1, \ldots, x_n) - \lambda \frac{\partial g}{\partial x_1}(x_1, \ldots, x_n)$$

$$\vdots$$

$$0 = \frac{\partial \mathcal{L}}{\partial x_n}(x_1, \ldots, x_n, \lambda) = \frac{\partial f}{\partial x_n}(x_1, \ldots, x_n) - \lambda \frac{\partial g}{\partial x_n}(x_1, \ldots, x_n)$$

$$0 = \frac{\partial \mathcal{L}}{\partial \lambda}(x_1, \ldots, x_n, \lambda) = k - g(x_1, \ldots, x_n)$$

Step 3 Step 2 で出てきた式を連立して解く．

ラグランジュの条件式は勾配ベクトルを使うと

$$\nabla f(x_1, \ldots, x_n) = \lambda \nabla g(x_1, \ldots, x_n)$$

とひとまとめにして書き表せます．

最後にラグランジュの未定乗数法に関する注意点を述べておきます．制約なしのケースでもそうでしたが，ラグランジュ法から求まる 1 階条件は最大化・最小化のための必要条件にすぎません．一般にはラグランジュの条件を満たす点はそのまま最適化問題の解とは限りません (次の 7.5 節でラグランジュ法からそのまま最適解が求まるような条件を紹介します)．

一方で，学部レベルで出会う経済学では多くの場合，ラグランジュ法からそのまま最適解が求まります．したがって，ここでもまずは細かいことを気にせずにラグランジュ法を使いこなせるようになることに努めてください．

ただし，ラグランジュ法が使えないケースも出てくることがあります．1つは端点解のケースです．消費者理論でいうと完全代替財のケースがその例です．もう1つは無差別曲線が尖っていて微分できないケースです．完全補完財のケース(レオンチェフ型効用関数のケース)がその例です．いずれの場合も，ラグランジュ法が使えなくても意味をよく考えれば最適解が求まることがほとんどです．詳しくはミクロ経済学の教科書を参照してください．

7.5 準凹関数・準凸関数*

ラグランジュの未定乗数法からそのまま制約付き最適化問題の解が求まるような条件を紹介します．本節は上級者向けですからとばしてしまってかまいません．

まずは，準凹関数と準凸関数の定義を述べます(以下，変数はn次元ベクトルとします)．

定義 7.2

(1) 関数fがどんな$\bm{x}^0, \bm{x}^1$と$0 < \alpha < 1$なるどんなαに対しても

$$f(\bm{x}^1) \geq f(\bm{x}^0) \Rightarrow f((1-\alpha)\bm{x}^0 + \alpha\bm{x}^1) \geq f(\bm{x}^0) \tag{7.51}$$

を満たすとき，fを準凹関数という．不等式を($\bm{x}^0 \neq \bm{x}^1$に対して)強い不等号「>」で満たすとき，fを強い準凹関数という．

(2) 関数fがどんな$\bm{x}^0, \bm{x}^1$と$0 < \alpha < 1$なるどんなαに対しても

$$f(\bm{x}^1) \leq f(\bm{x}^0) \Rightarrow f((1-\alpha)\bm{x}^0 + \alpha\bm{x}^1) \leq f(\bm{x}^0) \tag{7.52}$$

を満たすとき，fを準凸関数という．不等式を($\bm{x}^0 \neq \bm{x}^1$に対して)強い不等号「<」で満たすとき，fを強い準凸関数という．

つまり，fが準凹であるとは，どんなtに対しても，$f(\bm{x}) \geq t$を満たす$\bm{x}$の集合が凸集合である，ということです．たとえば，単調性を満たす効用関数uの無差別曲線が常に原点に向かって凸になっていれば，uは準凹関数です．逆に，fが準凸であるとは，どんなtに対しても，$f(\bm{x}) \leq t$を満たす$\bm{x}$の集合が凸集合である，ということを意味します．fが準凹であることと$-f$が準凸であること，fが準凸であることと$-f$が準凹であることはそれぞれ同じです．準凹関数・準凸関数に単調増加変換をほどこして得られる関数も，それぞれ準凹関数・準凸関数です(一方，凹関数・凸関数に単調増加変換をほどこして得られる関数は凹関数・凸関数とは限りません)．また，凹関数ならば準凹関数，凸関数ならば準凸関数です(逆は必ずしも成り立ちません)．

たとえば，コブ・ダグラス型関数 $(x_1)^\alpha (x_2)^\beta$ (ただし $\alpha, \beta > 0$) は強い準凹関数で，とくに $\alpha + \beta \leq 1$ を満たすときは凹関数でもあります ($\alpha + \beta > 1$ のときは凹関数でも凸関数でもありません)．

さて，冒頭の例題 7.1 で考察したように，効用関数が準凹関数ならば，接線条件 (つまりラグランジュの 1 階条件) で最適解が求まりました．一般に次がいえます．

まず，制約付き最大化問題 (7.49) を考えます．$\bm{x}^*, \lambda^*$ を $\nabla g(\bm{x}^*) \neq \bm{0}$ かつ

$$\nabla f(\bm{x}^*) = \lambda^* \nabla g(\bm{x}^*), \quad g(\bm{x}^*) = k, \quad \lambda^* > 0$$

を満たすものとします ($\lambda^* < 0$ となっていたら制約条件を $-g(\bm{x}) = -k$ と書きかえて $-g$ をあらためて g とおきます)．このとき，

　　　f が強い準凹関数かつ g が準凸関数

または

　　　f が準凹関数かつ g が強い準凸関数

ならば $\bm{x}^*$ は問題 (7.49) の (唯一の) 最適解になっています．

次に，制約付き最小化問題 (7.50) に対してもやはり，$\bm{x}^*, \lambda^*$ を $\nabla g(\bm{x}^*) \neq \bm{0}$ かつ

$$\nabla f(\bm{x}^*) = \lambda^* \nabla g(\bm{x}^*), \quad g(\bm{x}^*) = k, \quad \lambda^* > 0$$

を満たすものとします．このとき，

　　　f が強い準凸関数かつ g が準凹関数

または

　　　f が準凸関数かつ g が強い準凹関数

ならば $\bm{x}^*$ は問題 (7.50) の (唯一の) 最適解になっています．

本章で出てくる効用関数はすべて強い準凹関数になっています．一方，予算制約式の左辺の $p_1 x_1 + p_2 x_2$ という形の関数は線形関数ですから，とくに準凸関数です (一般に，線形関数は凸関数かつ凹関数，したがって準凸関数かつ準凹関数です)．したがって，本章の予算制約付き効用最大化問題ではラグランジュの 1 階条件を満たす消費計画はちゃんと最適解になっています．

また，費用最小化問題 (例題 7.6) に関しても，目的関数の $wL + rK$ は 1 次関数なので準凸関数，したがって生産関数 $F(L, K)$ が強い準凹関数 (たとえばコブ・ダグラス型関数) ならばラグランジュ条件から求まる生産計画がそのまま最適解になります．

7.6 もう少し練習

7.6.1 効用最大化

練習問題 7.4

(1) ある個人の第1財・第2財の消費に対する効用関数が

$$u(x_1, x_2) = (x_1)^3 (x_2)^2$$

で与えられている．この個人の所得が100，第1財・第2財の価格がそれぞれ4, 5であるとき，効用を最大化する消費量 x_1^*, x_2^* を求めなさい．

(2) ある個人の第1財・第2財の消費に対する効用関数が

$$u(x_1, x_2) = 4\log x_1 + \log x_2$$

で与えられている．この個人の所得が3000，第1財・第2財の価格がそれぞれ5, 2であるとする．所得税が10%，消費税が8%のとき，効用を最大化する消費量 x_1^*, x_2^* を求めなさい．

(3) ある個人の第1財・第2財の消費に対する効用関数が

$$u(x_1, x_2) = (x_1)^3 (x_2)^4$$

で与えられている．第1財・第2財の価格がそれぞれ1, 4であるとする．この個人は当初第1財・第2財をそれぞれ20単位，30単位保有しており，これらを市場で好きなだけ売却・購入できる．効用を最大化するためには第1財・第2財をそれぞれ何単位売却あるいは購入すればよいか．

【解答 7.4】

練習問題7.3に数字をあてはめるだけで答えが出てきますが，慣れるまでは練習としてひとつひとつラグランジュの未定乗数法で解いてみましょう．ここでは練習問題7.3にあてはめた結果だけ示しておきます．

(1) $\alpha = 3, \beta = 2, p_1 = 4, p_2 = 5, I = 100$ として

$$x_1^* = \frac{3}{3+2}\frac{100}{4} = 15, \quad x_2^* = \frac{2}{3+2}\frac{100}{5} = 8.$$

(2) 第1財・第2財の消費税込みの価格がそれぞれ $5 \times 1.08, 2 \times 1.08$，所得税引き後の

可処分所得が 3000×0.9 なので，$\alpha = 4, \beta = 1, p_1 = 5 \times 1.08, p_2 = 2 \times 1.08, I = 3000 \times 0.9$ として

$$x_1^* = \frac{4}{4+1}\frac{3000 \times 0.9}{5 \times 1.08} = 400, \quad x_2^* = \frac{1}{4+1}\frac{3000 \times 0.9}{2 \times 1.08} = 250.$$

(3) 初期保有の 20 単位, 30 単位をすべて売却すると $1 \times 20 + 4 \times 30 = 140$ だけ得られます．これを所得として計算します．$\alpha = 3, \beta = 4, p_1 = 1, p_2 = 4, I = 140$ として，効用を最大化する消費量 x_1^*, x_2^* は

$$x_1^* = \frac{3}{3+4}\frac{140}{1} = 60, \quad x_2^* = \frac{4}{3+4}\frac{140}{4} = 20.$$

初期保有の 20 単位, 30 単位と比べて, 第 1 財を 40 単位購入, 第 2 財を 10 単位売却すればよい, となります．

[練習問題 7.4：終]

練習問題 7.5

効用関数

$$u(x_1, x_2) = \{(x_1)^\rho + (x_2)^\rho\}^{\frac{1}{\rho}}$$

を考える．ただし, $\rho < 1, \rho \neq 0$ とする．

(1) 第 1 財, 第 2 財の限界効用 $MU_1(x_1, x_2), MU_2(x_1, x_2)$ をそれぞれ求めなさい．

(2) 第 2 財で測った第 1 財の限界代替率 $MRS_{12}(x_1, x_2)\, (= MU_1(x_1, x_2)/MU_2(x_1, x_2))$ を求めなさい．

(3) 第 1 財, 第 2 財に対する需要関数 $x_1^*(p_1, p_2, I), x_2^*(p_1, p_2, I)$ をそれぞれ求めなさい．

(4) 最適消費の比 $\dfrac{x_1^*(p_1, p_2, I)}{x_2^*(p_1, p_2, I)}$ を価格比 $\dfrac{p_1}{p_2}$ の関数と見たときの弾力性

$$\frac{d(x_1^*/x_2^*)}{d(p_1/p_2)} \bigg/ \frac{x_1^*/x_2^*}{p_1/p_2}$$

を第 1 財・第 2 財の代替の弾力性という (通常は負になるのでマイナスをつけて正にしたものをその定義とすることも多い)．(3) で求めた需要関数に対して代替の弾力性の絶対値を求めなさい．

【解答 7.5】

(1) 合成関数の微分公式より

$$MU_1(x_1,x_2) = \frac{\partial u}{\partial x_1}(x_1,x_2) = \frac{1}{\rho}\{(x_1)^\rho + (x_2)^\rho\}^{\frac{1}{\rho}-1} \times \rho(x_1)^{\rho-1}$$
$$= \{(x_1)^\rho + (x_2)^\rho\}^{\frac{1}{\rho}-1}(x_1)^{\rho-1},$$
$$MU_2(x_1,x_2) = \frac{\partial u}{\partial x_2}(x_1,x_2) = \frac{1}{\rho}\{(x_1)^\rho + (x_2)^\rho\}^{\frac{1}{\rho}-1} \times \rho(x_2)^{\rho-1}$$
$$= \{(x_1)^\rho + (x_2)^\rho\}^{\frac{1}{\rho}-1}(x_2)^{\rho-1}.$$

(2) (1) より

$$MRS_{12}(x_1,x_2) = \frac{MU_1(x_1,x_2)}{MU_2(x_1,x_2)} = \frac{(x_1)^{\rho-1}}{(x_2)^{\rho-1}} \quad \left(= \left(\frac{x_1}{x_2}\right)^{\rho-1}\right).$$

(3) 予算制約付き効用最大化問題

$$\max_{x_1,x_2}\ \{(x_1)^\rho + (x_2)^\rho\}^{\frac{1}{\rho}}$$
$$\text{s.t.}\ \ p_1 x_1 + p_2 x_2 = I$$

を解きます．もちろんラグランジュの未定乗数法を使ってもよいのですが，(2) で限界代替率をすでに計算しているので限界代替率と価格比の均等条件 $MRS_{12}(x_1,x_2) = \frac{p_1}{p_2}$ から解いてみましょう：

$$MRS_{12}(x_1,x_2) = \frac{p_1}{p_2} \iff \left(\frac{x_1}{x_2}\right)^{\rho-1} = \frac{p_1}{p_2}$$
$$\iff \frac{x_1}{x_2} = \left(\frac{p_1}{p_2}\right)^{\frac{1}{\rho-1}}$$
$$\iff x_1 = \frac{(p_1)^{\frac{1}{\rho-1}}}{(p_2)^{\frac{1}{\rho-1}}}x_2. \tag{7.54}$$

これを予算制約式 $p_1 x_1 + p_2 x_2 = I$ に代入して

$$p_1 \frac{(p_1)^{\frac{1}{\rho-1}}}{(p_2)^{\frac{1}{\rho-1}}}x_2 + p_2 x_2 = I.$$

ここで

$$(\text{左辺}) = \frac{p_1 \times (p_1)^{\frac{1}{\rho-1}} + p_2 \times (p_2)^{\frac{1}{\rho-1}}}{(p_2)^{\frac{1}{\rho-1}}}x_2$$
$$= \frac{(p_1)^{\frac{1}{\rho-1}+1} + (p_2)^{\frac{1}{\rho-1}+1}}{(p_2)^{\frac{1}{\rho-1}}}x_2 = \frac{(p_1)^{\frac{\rho}{\rho-1}} + (p_2)^{\frac{\rho}{\rho-1}}}{(p_2)^{\frac{1}{\rho-1}}}x_2$$

なので，

$$x_2 = \frac{(p_2)^{\frac{1}{\rho-1}}}{(p_1)^{\frac{\rho}{\rho-1}} + (p_2)^{\frac{\rho}{\rho-1}}} I$$

と求まります．また，(7.54) 式より

$$x_1 = \frac{(p_1)^{\frac{1}{\rho-1}}}{(p_1)^{\frac{\rho}{\rho-1}} + (p_2)^{\frac{\rho}{\rho-1}}} I$$

となります．以上より，需要関数は

$$x_1^*(p_1, p_2, I) = \frac{(p_1)^{\frac{1}{\rho-1}}}{(p_1)^{\frac{\rho}{\rho-1}} + (p_2)^{\frac{\rho}{\rho-1}}} I, \quad x_2^*(p_1, p_2, I) = \frac{(p_2)^{\frac{1}{\rho-1}}}{(p_1)^{\frac{\rho}{\rho-1}} + (p_2)^{\frac{\rho}{\rho-1}}} I.$$

(4) 最適消費の比は

$$\frac{x_1^*(p_1, p_2, I)}{x_2^*(p_1, p_2, I)} = \left(\frac{p_1}{p_2}\right)^{\frac{1}{\rho-1}}$$

を満たします．よって，代替の弾力性は

$$\frac{d(x_1^*/x_2^*)}{d(p_1/p_2)} \bigg/ \frac{x_1^*/x_2^*}{p_1/p_2} = \frac{1}{\rho-1} \left(\frac{p_1}{p_2}\right)^{\frac{1}{\rho-1}-1} \bigg/ \left(\frac{p_1}{p_2}\right)^{\frac{1}{\rho-1}-1}$$

$$= \frac{1}{\rho-1}$$

と計算できます (p_1, p_2, I に依存しないことに注意してください)．いま仮定 $\rho < 1$ より $\frac{1}{\rho-1} < 0$ なので，代替の弾力性の絶対値は $\frac{1}{1-\rho}$ となります．

[練習問題 7.5：終]

もう少し一般的な効用関数 $u(x_1, x_2) = \{\alpha_1 (x_1)^\rho + \alpha_2 (x_2)^\rho\}^{\frac{1}{\rho}}$ (ただし $\alpha_1, \alpha_2 > 0$) に対しても代替の弾力性 (の絶対値) はやはり p_1, p_2, I に依存せず $\frac{1}{1-\rho}$ になります (確かめてみましょう)．このことから，この関数を **CES** 関数 (CES は代替の弾力性一定 Constant Elasticity of Substituion の頭文字から) といいます．$\alpha_1 + \alpha_2 = 1$ のとき，第 5 章の練習問題 5.19 でやったように $\rho \to 0$ とすると $(x_1)^{\alpha_1}(x_2)^{\alpha_2}$ とコブ・ダグラス型関数になります．$\rho \to 1$ とすると $\alpha_1 x_1 + \alpha_2 x_2$ (完全代替のケース)，また，証明はしませんが，$\rho \to -\infty$ とすると $\min\{x_1, x_2\}$ (完全補完のケース) となります．それぞれのケースで代替の弾力性 (の絶対値) は $1, \infty, 0$ となります．

7.6.2　労働と余暇

練習問題 7.6

　余暇と消費財に対する効用関数を $u(h, x)$ とする．ここで，x は消費量，h は余暇時間 ($h \leq 24$) である (1 日あたり)．以下のそれぞれの場合について効用を最大化する労働供給時間を求めなさい (労働時間の法律上の上限は考えないことにする)．ただし，消費財の価格を 1 に基準化する．

(1) $u(h, x) = h^5 x^3$, 労働賃金率 4．

(2) $u(h, x) = h^{\frac{1}{2}} + x^{\frac{1}{2}}$, 労働賃金率 $\frac{1}{2}$．

【解答 7.6】
　第 6 章の練習問題 6.4 で考察したように，消費財の価格を p，労働賃金率を w とおくと，予算制約式は

$$px = w(24 - h) \iff \frac{w}{p}h + x = 24\frac{w}{p}$$

となります．この問題では $p = 1$ と基準化しています．この制約のもとで効用関数 $u(h, x)$ を最大化します．

(1) 与えられている効用関数は練習問題 7.3 で扱ったコブ・ダグラス型なので，そこでの結果にあてはめて答えを出しますが，みなさんはラグランジュの未定乗数法で解いてみてください．$\alpha = 5, \beta = 3, p_1 = w\ (=4), p_2 = p\ (=1), I = 24 \times w$ として，最適余暇時間は

$$h^* = \frac{5}{5+3}\frac{24 \times w}{w} = 15.$$

したがって最適労働時間は $24 - 15 = 9$．

(2) ラグランジュの未定乗数法で解いてみます．ラグランジュ関数を

$$\mathcal{L} = h^{\frac{1}{2}} + x^{\frac{1}{2}} + \lambda(24w - wh - px)$$

とおき (最後に $w = \frac{1}{2}, p = 1$ を代入することにします)，各変数で微分してゼロとおきます：

$$0 = \frac{\partial \mathcal{L}}{\partial h} = \frac{1}{2}h^{\frac{1}{2}-1} - \lambda w$$
$$0 = \frac{\partial \mathcal{L}}{\partial x} = \frac{1}{2}x^{\frac{1}{2}-1} - \lambda p$$
$$0 = \frac{\partial \mathcal{L}}{\partial \lambda} = 24w - wh - px.$$

上の2つの式から λ を消去して整理すると $\dfrac{h^{-\frac{1}{2}}}{x^{-\frac{1}{2}}} = \dfrac{w}{p} \iff x = \left(\dfrac{w}{p}\right)^2 h$. これを3つ目の式 (予算制約式) に代入して整理すると，最適余暇時間が

$$h^* = \frac{24}{\dfrac{w}{p}+1} = \frac{24}{\dfrac{1}{2}+1} = 16$$

と求まります．したがって最適労働時間は $24 - 16 = 8$．

[練習問題 7.6：終]

最適労働量を賃金率と財価格の関数と見たとき**労働供給関数**といいます．練習問題 7.6 の問 (2) では労働供給関数は $24 - \dfrac{24}{\dfrac{w}{p}+1}$ となります．ここでは消費財をひとまとめにして考えているので，労働供給は消費財価格で測った**実質賃金** $\dfrac{w}{p}$ の関数になっています．(1) のように効用関数がコブ・ダグラス型 $h^\alpha x^\beta$ (かつ非労働所得が 0) である場合は特殊で，労働供給は一定値 $24 - \dfrac{\alpha}{\alpha+\beta} \times 24 = \dfrac{\beta}{\alpha+\beta} \times 24$ になります．

7.6.3　消費と貯蓄

練習問題 7.7

2 期間モデルを考える．第 1 期の消費額 c_1，第 2 期の消費額 c_2 についての効用関数を $u(c_1, c_2)$ とする．また，第 1 期の所得を y_1，第 2 期の所得を y_2，利子率を r とする．以下のそれぞれの場合について効用を最大化する貯蓄額あるいは借入額を求めなさい．

(1) $u(c_1, c_2) = c_1 c_2,\ y_1 = 300,\ y_2 = 210,\ r = 0.05$.

(2) $u(c_1, c_2) = \log c_1 + \dfrac{1}{1.05} \log c_2,\ y_1 = 300,\ y_2 = 341,\ r = 0.05$.

(3) $u(c_1, c_2) = (c_1)^{\frac{1}{2}} + \dfrac{6}{7}(c_2)^{\frac{1}{2}},\ y_1 = 310,\ y_2 = 0,\ r = 0.05$.

【解答 7.7】

第 6 章の練習問題 6.5 で考察したように，2 期間を通じた予算制約式は

$$c_1 + \frac{c_2}{1+r} = y_1 + \frac{y_2}{1+r}$$

となります．この制約のもとで効用関数 $u(c_1, c_2)$ を最大化します．

(1) 与えられている効用関数は練習問題 7.3 で扱ったコブ・ダグラス型なので，そこでの結果にあてはめて答えを出しますが，みなさんはラグランジュの未定乗数法で解いてみてください．$\alpha = \beta = 1, p_1 = 1, p_2 = \dfrac{1}{1+r}, I = y_1 + \dfrac{y_2}{1+r}$ として，各期の最適消費は

$$c_1^* = \frac{1}{2}\left(y_1 + \frac{y_2}{1+r}\right) = \frac{1}{2}\left(300 + \frac{210}{1.05}\right) = 250,$$
$$c_2^* = \frac{1}{2}\{(1+r)y_1 + y_2\} = \frac{1}{2}(1.05 \times 300 + 210) = \frac{525}{2}.$$

したがって $y_1 - c_1^* = 300 - 250 = 50$ だけ貯蓄するのが最適．

(2) やはり練習問題 7.3 にあてはめます．$\alpha = 1, \beta = \dfrac{1}{1.05}, I = y_1 + \dfrac{y_2}{1+r}$ として，各期の最適消費は

$$c_1^* = \frac{1.05}{2.05}\left(y_1 + \frac{y_2}{1+r}\right) = \frac{1.05}{2.05}\left(300 + \frac{341}{1.05}\right) = 320,$$
$$c_2^* = \frac{1}{2.05}\{(1+r)y_1 + y_2\} = \frac{1}{2.05}(1.05 \times 300 + 341) = 320.$$

したがって $c_1^* - y_1 = 320 - 300 = 20$ だけ借り入れるのが最適．

(3) ラグランジュの未定乗数法で解いてみます．ラグランジュ関数を

$$\mathcal{L} = (c_1)^{\frac{1}{2}} + \delta(c_2)^{\frac{1}{2}} + \lambda\left(I - c_1 - \frac{c_2}{1+r}\right)$$

とおき (最後に $\delta = \dfrac{6}{7}, r = 0.05, I = y_1 + \dfrac{y_2}{1+r} = 310$ を代入することにします)，各変数で微分してゼロとおきます：

$$0 = \frac{\partial \mathcal{L}}{\partial c_1} = \frac{1}{2}(c_1)^{\frac{1}{2}-1} - \lambda$$
$$0 = \frac{\partial \mathcal{L}}{\partial c_2} = \frac{1}{2}\delta(c_2)^{\frac{1}{2}-1} - \frac{\lambda}{1+r}$$
$$0 = \frac{\partial \mathcal{L}}{\partial \lambda} = I - c_1 - \frac{c_2}{1+r}.$$

上の 2 つの式から λ を消去して整理すると $\dfrac{(c_1)^{-\frac{1}{2}}}{(c_2)^{-\frac{1}{2}}} = \delta(1+r) \iff c_2 = \{\delta(1+r)\}^2 c_1$．これを 3 つ目の式 (予算制約式) に代入して整理すると，第 1 期の最適消費が

$$c_1^* = \frac{I}{1 + \delta^2(1+r)} = \frac{310}{1 + \left(\frac{6}{7}\right)^2 \times 1.05} = 175$$

と求まります．(一方，第 2 期の最適消費は $c_2^* = \left(\dfrac{6}{7} \times 1.05\right)^2 c_1^* = 141.75$ となります．)
したがって $y_1 - c_1^* = 310 - 175 = 135$ だけ貯蓄するのが最適．

[練習問題 7.7：終]

多期間にわたる消費に関する効用関数としては

$$u(c_1, c_2, c_3, \ldots, c_T) = v(c_1) + \delta v(c_2) + \delta^2 v(c_3) + \cdots + \delta^{T-1} v(c_T)$$

という形状のものがよく仮定されます ($v' > 0, v'' < 0$ とする). つまり, 各期の消費 c_t が同じ関数 v を通じて足し算の形で現れ, 将来消費の寄与分は一定値 δ で割り引かれる, というものです. 本練習問題の (2), (3) はまさしくこの形で (本問では 2 期なので最初の 2 項まで), (2) では $v(c) = \log c, \delta = \dfrac{1}{1.05}$, (3) では $v(c) = c^{\frac{1}{2}}, \delta = \dfrac{6}{7}$ に相当します. (1) は一見するとこの形になっていませんが, 効用関数に単調増加関数をほどこしてもやはり同じ選好を表現するということを思い出すと, 与えられている関数 $c_1 c_2$ を log で変換して得られる関数 $\log c_1 + \log c_2$ を効用関数として使ってもよいわけで, これもやはり上の形状 ($v(c) = \log c, \delta = 1$) になっていることがわかります.

効用関数が上記の形状で与えられているとき, 最適消費の満たすべき条件「限界代替率＝価格比」は

$$\frac{v'(c_t^*)}{\delta v'(c_{t+1}^*)} = 1 + r \qquad (t = 1, 2, \ldots, T-1)$$

と書けます (簡単化のため利子率 r は一定と仮定しておきます). 左辺は第 $t+1$ 期の消費で測った第 t 期の限界代替率, 右辺は第 $t+1$ 期の貨幣の価値で測った第 t 期の貨幣の価値です. ここで, もし割引因子 δ が市場利子率を使った割引因子 $\dfrac{1}{1+r}$ にぴったり一致するならば $v'(c_t^*) = v'(c_{t+1}^*)$ となり, v' が単調関数であるという仮定のもとで $c_t^* = c_{t+1}^*$ が成り立ちます. つまり, この場合, 各期の消費を完全に平準化するのが最適になります. 問 (2) はこのケースにあたり, 確かに $c_1^* = c_2^*$ となっていますね. また, $\delta > \dfrac{1}{1+r}$ ならば $v'(c_t^*) > v'(c_{t+1}^*)$ となり, $v'' < 0$ (v' が単調減少) の仮定より $c_t^* < c_{t+1}^*$ が成り立ちます. すなわち, 市場利子率による割引因子 $\dfrac{1}{1+r}$ よりも来期を大事に思うということなので, 来期の消費をより多めにします. 問 (1) がこのケースです. 逆に $\delta < \dfrac{1}{1+r}$ ならば $v'(c_t^*) < v'(c_{t+1}^*)$ より $c_t^* > c_{t+1}^*$ となります. 市場利子率による割引因子よりも将来を割り引くということなので, 今期の消費をより大きくするのが最適になります. 問 (3) がこのケースにあたります.

7.6.4 準線形効用関数

n 変数関数 $f(x_1, \ldots, x_n)$ がある $n-1$ 変数関数 $v(x_1, \ldots, x_{n-1})$ を用いて

$$f(x_1, \ldots, x_n) = v(x_1, \ldots, x_{n-1}) + x_n$$

と表せるとき, 関数 f を (x_n についての) 準線形関数といいます. 本項では準線形の効用関数の性質について議論します. 以下, 効用は, ある財 X の消費量 x と貨幣量 m (その他

の財の消費への支出額と解釈します) の関数 $u(x,m)$ で表されるとします．また，財 X の価格を p (貨幣の価格は 1)，所得を I とおくことにします．

練習問題 **7.8**

効用関数が

$$u(x,m) = \alpha \log(x+1) + m$$

で与えられているとする $(\alpha > 0)$．このとき，効用最大化問題

$$\max_{x,m} \quad u(x,m)$$
$$\text{s.t.} \quad px + m = I$$

の解 $x^*(p,I), m^*(p,I)$ を求めなさい．(I は十分大きいと仮定し，m^* の非負制約は気にしなくてよい．)

【解答 **7.8**】

もちろんラグランジュの未定乗数法を使ってもよいのですが，目的関数に m がはだかで出てきているので，予算制約の $m = I - px$ をそこに代入して解いてみます．代入すると

$$\alpha \log(x+1) - px + I$$

となり，この x についての 1 変数関数の最大化の 1 階条件より

$$\frac{\alpha}{x+1} - p = 0$$

という条件を得ます．これを x について解いて

$$x^*(p,I) = \frac{\alpha}{p} - 1.$$

また，予算制約式より

$$m^*(p,I) = I - \alpha + p.$$

[練習問題 7.8：終]

ここで重要なのは，財 X に対する需要 $x^*(p,I)$ が所得 I に依存しないということです (所得効果がゼロである，といいます)．これは準線形効用関数が一般にもつ性質です．このことより，準線形性は必需性が高い財や所得に対する支出額が小さいような財に対して妥当

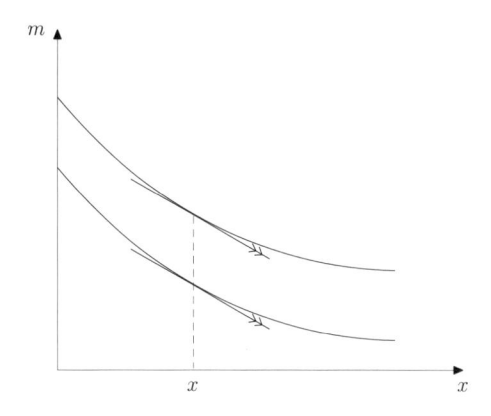

図 7.6　準線形効用関数に対する無差別曲線

する仮定と言えます．

一般の準線形効用関数

$$u(x,m) = v(x) + m$$

に対してこの性質を確かめてみましょう ($v' > 0$, $v'' < 0$ とします)．準線形効用関数に対して無差別曲線を xm 平面に描くと，図 7.6 のように m 軸方向に互いに平行になります．つまり，限界代替率は

$$MRS_{xm}(x,m) = \frac{\frac{\partial u}{\partial x}(x,m)}{\frac{\partial u}{\partial m}(x,m)} = \frac{v'(x)}{1} = v'(x)$$

と，m は消えて x のみに依存します．よって，最適性の 1 階条件「限界代替率＝価格比」は

$$v'(x) = p$$

と書けて，財 X に対する需要関数は

$$x^*(p, I) = (v')^{-1}(p)$$

と，確かに I に依存しない形になりました (上の練習問題では $v(x) = \alpha \log(x+1)$ で，$v'(x) = \frac{\alpha}{x+1}$, $(v')^{-1}(p) = \frac{\alpha}{p} - 1$ でした)．

7.6.5　部分均衡分析

第 1 章で市場価格は需要曲線と供給曲線の交点で決まるということを学びました．また，第 5 章では生産者の利潤最大化から供給関数を導き，本章では消費者の効用最大化から需要関数を導きました．本項ではまとめとして，これらをすべて合わせて生産者の費用関数と消費者の効用関数から市場価格を求めてみます．

練習問題 7.9

ある財 (X と呼ぶ) の市場を考える．この財の価格を p で表す．

(1) 財 X を生産する企業が 100 社ある．それぞれの企業は同一の費用関数

$$C(x) = 100x^2 + 20x$$

をもっている (x は財 X の生産量)．このとき，各企業の供給関数 $s(p)$ と総供給関数 $S(p)$ を求めなさい．

(2) 消費者が 1000 人いて，それぞれの消費者は財 X とその他の財について同一の効用関数

$$u(x, m) = -\frac{500}{3}x^2 + 90x + m$$

をもっている (x は財 X の消費量，m はその他の財の消費への支出額，ただし x については $x \leq \frac{27}{100}$ の範囲で考える)．このとき，財 X に対する各消費者の需要関数 $d(p)$ と総需要関数 $D(p)$ を求めなさい．

(3) 財 X 市場における均衡価格 p^* を求めなさい．

【解答 7.9】

(1) 実は第 5 章の練習問題 5.13 とまったく同じなので答えだけ示しておきます．各企業の個別供給関数は

$$s(p) = \frac{1}{200}p - \frac{1}{10}.$$

価格が p のとき $s(p)$ だけ供給する企業が全部で 100 社あるので，これを 100 倍して総供給関数は

$$S(p) = \frac{1}{2}p - 10.$$

(2) 与えられている効用関数は準線形なので，前項の練習問題 7.8 で考察したとおり財 X に対する需要は所得に依存せず，価格 p のみの関数で書けます．予算制約式 $px + m = I$ を効用関数に代入して x の 1 変数関数にしたもの (本問では 2 次関数になります) を最大化する (平方完成すればよい) という手順でもちろん解けますが，ここでは 1 階条件「限界代替率 = 価格比」から求めてみます．

限界代替率を計算すると

$$MRS_{xm}(x,m) = \frac{\frac{\partial u}{\partial x}(x,m)}{\frac{\partial u}{\partial m}(x,m)} = \frac{-\frac{1000}{3}x + 90}{1} = -\frac{1000}{3}x + 90.$$

したがって「限界代替率 = 価格比」は

$$-\frac{1000}{3}x + 90 = p$$

と書けます．これを x について解くことで各消費者の個別需要関数は

$$d(p) = \frac{3}{1000}(-p + 90) = -\frac{3}{1000}p + \frac{27}{100}$$

と求まります．価格が p のとき $d(p)$ だけ需要する消費者が全部で 1000 人いるので，これを 1000 倍して総需要関数は

$$D(p) = 3(-p + 90) = -3p + 270.$$

(3) 均衡価格 p^* は方程式 $D(p) = S(p)$ の解ですから，これを解いて $p^* = 80$.

[練習問題 7.9：終]

実はここで出てきた需要関数・供給関数は第 1 章の練習問題 1.2 とまったく同じものです．それらの背後には (1), (2) のような個別主体の効用最大化行動・利潤最大化行動が隠れているわけです．

本問 (あるいは第 1 章) では，特定の一つの財の市場のみを考察しました．このような，一つの財の市場のみに焦点をあてる分析を部分均衡分析といいます．実際は，世の中にはたくさんの財が存在し，それらの市場は価格を通じて互いに影響しあっています．市場間の相互依存を明示的に考慮しつつすべての市場を同時に扱う分析を一般均衡分析といいます．一般均衡理論は中級以上のミクロ経済学で深く学ぶことになります．そこでは，すべての市場において需給を一致させるような価格ベクトルは存在するのかという「均衡の存在」の問題や，市場均衡において限りある資源は人々に無駄なく配分されているのかという「均衡の効率性」の問題などが主要なトピックになります．

7.6.6　オイラーの定理と完全分配定理*

n 変数関数 f がどんな $(x_1, \ldots, x_n)$ と $t > 0$ についても

$$f(tx_1, \ldots, tx_n) = t^k f(x_1, \ldots, x_n) \tag{7.55}$$

を満たすとき，f を k 次同次関数といいます．たとえば，$f(x_1, x_2) = A(x_1)^\alpha (x_2)^\beta$ という関数は $(\alpha + \beta)$ 次同次です (確かめてみましょう)．

練習問題 7.10

「オイラー (Euler) の定理」と呼ばれる次の命題を証明しなさい．

関数 f が k 次同次ならば，どんな $(x_1,\ldots,x_n)$ についても

$$\frac{\partial f}{\partial x_1}(x_1,\ldots,x_n)x_1 + \cdots + \frac{\partial f}{\partial x_n}(x_1,\ldots,x_n)x_n = kf(x_1,\ldots,x_n) \tag{7.56}$$

が成り立つ．

【解答 7.10】

第 7.2 節の最後で学んだチェイン・ルール (合成関数の微分公式) の同次関数への応用です．

k 次同次関数の定義式 (7.55) はどんな t についても成り立つので，両辺をそれぞれ t の関数とみて微分しても，やはり (左辺の t による微分) = (右辺の t による微分) という等式が成り立ちます．左辺についてはチェイン・ルールより ($g_i(t) = tx_i$ としてあてはめる)

$$\frac{d}{dt}((7.55) \text{ の左辺}) = \frac{\partial f}{\partial x_1}(tx_1,\ldots,tx_n) \times x_1 + \cdots + \frac{\partial f}{\partial x_n}(tx_1,\ldots,tx_n) \times x_n$$

を，また右辺については

$$\frac{d}{dt}((7.55) \text{ の右辺}) = kt^{k-1}f(x_1,\ldots,x_n)$$

を得ます．これらがどんな t についても等しく，したがってとくに $t = 1$ についても等しいので，示したい等式 (7.56) が成立します．

[練習問題 7.10：終]

同次関数のうち，経済学では 1 次同次関数がよく登場します．以下では，1 次同次な生産関数がもつ性質を紹介します．簡単化のため生産要素は労働と資本だけだとして (労働投入量を L，資本投入量を K で表すことにします)，ある企業の生産関数が $F(L,K)$ で与えられているとしましょう．この企業の生産技術が「すべての生産要素投入量をいっせいに t 倍したら (ただし $t > 1$) 常に生産量も t 倍になる」という性質を満たすならば，この企業は規模に関して収穫一定 (あるいは単に収穫一定) の生産技術をもつといいます．これは，この企業の生産関数 $F(L,K)$ が 1 次同次であることと同値です[8]．すべての生産要素投入量をいっせいに t 倍したときに，生産量が t 倍より小さくなる場合は規模に関して収穫逓減，

---

[8] すべての (L,K) と $t > 1$ なるすべての t について $F(tL,tK) = tF(L,K)$ ならば，$0 < t < 1$ なるすべての t についても $F(tL,tK) = tF(L,K)$ が成り立ちます．

t 倍より大きくなる場合は規模に関して収穫逓増といいます (「逓減」「逓増」はそれぞれ「ていげん」「ていぞう」と読みます). まとめると,

- 収穫逓減 $\iff$ すべての $t>1$ に対して $F(tL,tK) < tF(L,K)$
- 収穫一定 $\iff$ すべての $t>1$ に対して $F(tL,tK) = tF(L,K)$
- 収穫逓増 $\iff$ すべての $t>1$ に対して $F(tL,tK) > tF(L,K)$

ということです. 上で「すべての生産要素投入量をいっせいに t 倍」と書きましたが, 本当に文字通りすべての生産要素が可変ならば, 収穫逓減というのはありえません. 極端な話, 地球そのもののコピーを作れば生産量は 2 倍になります. 現実には, モデル上明示的に扱っている生産要素 (ここでは労働と資本) 以外にも土地や経営者の経営能力など, 自由にその量を変えられない生産要素が存在し, そのような固定生産要素が背後に隠れているという解釈のもとでは収穫逓減という仮定は十分妥当性をもちます[9].

さて, 生産関数が 1 次同次であるとき, オイラーの定理よりどんな (L,K) に対しても

$$F(L,K) = MP_L(L,K)L + MP_K(L,K)K \tag{7.57}$$

という等式が成り立ちます. ただし,

$$MP_L(L,K) = \frac{\partial F}{\partial L}(L,K), \qquad MP_K(L,K) = \frac{\partial F}{\partial K}(L,K)$$

はそれぞれ労働, 資本の限界生産性です. これは単にオイラーの定理の特殊ケース ($k=1$ のケース) なのですが, 経済学的に説明すると「生産技術が規模に関して収穫一定ならば, 生産物は, 各生産要素に対してそれぞれの限界生産性に応じて分配すれば完全に分配しつくされる」となります. この命題は「完全分配定理」と呼ばれています. ここで, p を生産物の価格, w, r をそれぞれ労働賃金率, 資本レンタル率, (L^*, K^*) を (p,w,r) のもとでの (プライス・テイカーとしての) 最適生産計画とすると ((L^*, K^*) が内点解である限り)

$$MP_L(L^*, K^*) = \frac{w}{p}, \qquad MP_K(L^*, K^*) = \frac{r}{p} \tag{7.58}$$

が成り立ちますから (命題 9), (7.57) 式より

$$pF(L^*, K^*) = wL^* + rK^* \tag{7.59}$$

という等式を得ます. すなわち, 生産技術が収穫一定ならば, 最適生産計画において収入 ($pF(L^*, K^*)$) は労働への報酬 (wL^*) と資本への報酬 (rK^*) にぴったり分配され, したがって利潤は 0 になります. ここで,

---

[9]収穫逓増の生産関数はプライス・テイカーの理論では登場しません. 価格一定のもとで収穫逓増を仮定すると, 作れば作るほど儲かるということになり, 需給が一致するということがなくなってしまいます. つまり, プライス・テイカーの仮定と収穫逓増の仮定とは相容れないということです.

$$\frac{wL^*}{pF(L^*,K^*)}, \quad \frac{rK^*}{pF(L^*,K^*)}$$

をそれぞれ労働分配率,資本分配率といいます.一方,生産技術が収穫逓減である場合は,最適生産計画において (内点解である限り) 正の利潤が発生します.収穫逓減であるということは背後に土地や経営能力のような固定された生産要素があるということですから,正の利潤はそれらの生産要素に対する報酬と考えることができます.生産技術が収穫一定である場合は,生産に寄与する投入要素はすべて明示されているということで,収入はそれらの生産要素に分配されます (よって利潤は 0).

さて,生産関数がコブ・ダグラス型で $F(L,K) = AL^\alpha K^\beta$ と表される場合 (A は全体的な生産性を測る定数),最適生産における労働分配率・資本分配率は価格 p, w, r によらずそれぞれ α, β に等しくなります (最適性の 1 階条件 (7.58) から導くことができます).この「分配率一定」という性質ゆえ,この関数形は,米国における労働分配率・資本分配率がほぼ一定であるという事実と整合的な理論を作るために,数学者チャールズ・コブと経済学者ポール・ダグラスによる論文 (1928 年) で (経済全体の生産関数として) 用いられました (これが関数形の名前の由来です).その後現在に至るまで,時期・国によって分配率の変動は見られますが,おおざっぱに言うと労働分配率・資本分配率はそれぞれ $\frac{2}{3}$ と $\frac{1}{3}$ くらいになっています.

第 8 章

行列と回帰分析

8.1　はじめに

行列を使った演算は，経済学のさまざまな分野で用いられています．いわゆるミクロ・マクロ経済学はもちろん，金融論やファイナンス，それにここでとりあげる計量経済学など，数学を使う分野では行列演算が大きな役割を果たしています．学部の入門レベルの講義においては行列は使われないこともありますが，レベルが上がるにつれて頻繁に登場することになります．

みなさんの中には，行列と聞くと複雑で厄介なものというイメージをもつ人もいるでしょう．しかし，経済学で行列を用いる1つの理由は，実は複雑なことを簡単に表現することにあります．経済学で使う数式は内容のレベルが上がるにつれて表現が煩雑になることが多いのですが，行列を使うことでそれらの数式を簡単に表せる場合があります．

ここでは，その具体例として，計量経済学で使われる複雑な数式を，高校で (選択した人が) 習う程度の行列演算を使うことで簡単に表してみます．本章を読み終えたときに，行列とはできれば使いたくない厄介なものではなく，行列を使わない方がむしろ煩雑で厄介なことになるという感覚をつかんでいただければと思います．

8.2　数とベクトルと行列

具体的な行列演算に入る前に，行列の基礎を確認しておきます．また，行列演算の利点「煩雑な数式を簡単に表す」をごく簡単な例で示します．

小学校・中学校で習う算数・数学では，1や2といった数を使って

$$1 + 2 = 3$$

のような演算を行います．高校に入ると，ただの数だけではなく，

$$\begin{pmatrix} 1 \\ 2 \end{pmatrix}, \begin{pmatrix} 3 \\ 4 \end{pmatrix}$$

のようなベクトル (数ベクトル) も扱います (第 6 章参照). ベクトルは数の組もしくは塊であり, このように数を縦 1 列に並べて書きます. ベクトルに対し, ただの数 1 や 2 のことをスカラーと呼びました. スカラーは普通の小文字で表し, ベクトルはスカラーと区別するために小文字の太字で書くのが計量経済学での慣例です. ここで,

$$\boldsymbol{a} = \begin{pmatrix} 1 \\ 2 \end{pmatrix}, \quad \boldsymbol{b} = \begin{pmatrix} 3 \\ 4 \end{pmatrix}$$

とおくことにしましょう. ベクトル $\boldsymbol{a}$ と $\boldsymbol{b}$ には数が 2 個あるので 2 次元ベクトルと呼ばれ, 一般に m 個の数からなるベクトルを m 次元ベクトルと呼びます. m のことはベクトルの次元と呼びます. 第 6 章で学んだように,

$$\boldsymbol{a} + \boldsymbol{b} = \begin{pmatrix} 1+3 \\ 2+4 \end{pmatrix} = \begin{pmatrix} 4 \\ 6 \end{pmatrix}$$

のようなベクトルどうしの演算が定義されています. 本章では, さらに,

$$\boldsymbol{A} = \begin{pmatrix} 1 & 3 \\ 2 & 4 \end{pmatrix}, \quad \boldsymbol{B} = \begin{pmatrix} 5 & 7 \\ 6 & 8 \end{pmatrix}$$

といった行列を扱います. 行列は大文字の太字で表すのが通例です. 行列もベクトルと同じく数の塊ですが, ベクトルのように縦 1 列に並んでいるわけではなく長方形状に並んでいるのが特徴です. これらの行列 $\boldsymbol{A}$ と $\boldsymbol{B}$ は 2 行 2 列に数が並んでいるので 2×2 の正方形状の行列ですが, 一般に m 行 n 列に並んでいるとすると $m \times n$ 行列で長方形状になります. (m, n) を行列の次元と呼び, $m = n$ (つまり正方形状) の行列を正方行列と呼びます. 先に定義したベクトル $\boldsymbol{a}$ と $\boldsymbol{b}$ を横に並べて塊にすれば以下のように行列 $\boldsymbol{A}$ になります:

$$\boldsymbol{A} = \begin{pmatrix} \boldsymbol{a} & \boldsymbol{b} \end{pmatrix} = \begin{pmatrix} \begin{pmatrix} 1 \\ 2 \end{pmatrix} & \begin{pmatrix} 3 \\ 4 \end{pmatrix} \end{pmatrix} = \begin{pmatrix} 1 & 3 \\ 2 & 4 \end{pmatrix}.$$

このことから, 行列はベクトルの塊ともいえます. このように, ベクトルや行列は数字を構成要素とした塊で, この意味でベクトルや行列の各要素を成分と呼びます.

$$\boldsymbol{c} = \begin{pmatrix} 5 \\ 6 \end{pmatrix}, \quad \boldsymbol{d} = \begin{pmatrix} 7 \\ 8 \end{pmatrix}$$

とおくと, 行列 $\boldsymbol{B}$ も,

$$\boldsymbol{B} = \begin{pmatrix} \boldsymbol{c} & \boldsymbol{d} \end{pmatrix} = \begin{pmatrix} \begin{pmatrix} 5 \\ 6 \end{pmatrix} & \begin{pmatrix} 7 \\ 8 \end{pmatrix} \end{pmatrix} = \begin{pmatrix} 5 & 7 \\ 6 & 8 \end{pmatrix}$$

のように，ベクトル c と d もしくは成分 $5, 6, 7, 8$ から構成されていると見ることができます．左上の成分 5 は行列 B の 1 行 1 列にあるので $(1, 1)$ 成分，左下の 6 は 2 行 1 列にあるので $(2, 1)$ 成分などと呼びます．ベクトルの場合と同様，行列の和も成分ごとの和で定義されます．よって，

$$A + B = \begin{pmatrix} 1 & 3 \\ 2 & 4 \end{pmatrix} + \begin{pmatrix} 5 & 7 \\ 6 & 8 \end{pmatrix} = \begin{pmatrix} 1+5 & 3+7 \\ 2+6 & 4+8 \end{pmatrix} = \begin{pmatrix} 6 & 10 \\ 8 & 12 \end{pmatrix} \tag{8.1}$$

のように計算されます．

さて，ここまでの話で出てきたのは行列の和だけですが，実はこれだけでも煩雑な数式が行列によって簡単に表現されていることがわかります．(8.1) 式では，

$$\begin{cases} 1 + 5 = 6 \\ 2 + 6 = 8 \\ 3 + 7 = 10 \\ 4 + 8 = 12 \end{cases} \tag{8.2}$$

という 4 つの演算が行われており，4 本のスカラー演算式をこのように羅列するとやや煩雑ですが，

$$C = \begin{pmatrix} 6 & 10 \\ 8 & 12 \end{pmatrix}$$

とおいてやると，それらの演算は行列を使うことで

$$A + B = C \tag{8.3}$$

という 1 つの式で表現できます．実にシンプルであり，これこそが本章で強調したい経済学における行列演算のメリット，行列による表現の簡単化です．

こう書くと，何かだまされた気になるかもしれません．このようなことはわざわざ説明するまでもなくあたり前だし，$A + B = C$ という表現にしても，見た目はシンプルかもしれないがただ記号をおきかえただけで別に何も変わっていないと思うでしょう．しかし，その "何も変わらない" というのが重要なポイントなのです．

いま，我々は (8.2) 式の 4 つの演算を行いたいとします．ただ，そのままでは表現が煩雑なので 1 つの式にまとめたいと思います．そこで，数字を塊にした行列を使い，数字の演算を塊で一括してやってしまおうと考えます．経済学における行列演算は，しばしばそのような動機から用いられます．少なくともここで紹介する行列演算はそのタイプで，そのために (8.3) 式のような表現を用います．行列で表現し直したからといって本来興味がある個々

の演算の中身が変わってしまったらまずいわけですが，行列を使った演算は，その成分であるスカラーの演算と整合性がとれるように上手く設計されているのです．実際，(8.2) 式と (8.3) 式はまったく同じものです．

"上手く設計されている"というと抽象的でよくわからないかもしれません．しかし，その具体的な設計こそが，高校でも習う行列演算のルールなのです．習った人には復習のために，習っていない人には理解を深めるために，それらのルールは後ほど説明します．本章で紹介する数式表現の簡単化は，このような行列演算の性質を利用したものです．

8.3 計量経済学における行列演算

では，経済学における行列演算の具体的な使用例を紹介します．ここでは，経済学の一分野である計量経済学での例をとりあげます．

計量経済学という言葉にはあまり耳慣れない人もいるでしょうから簡単に紹介しておきます．計量経済学の主な目的は，経済データを使って現実の経済がどのような状況にあるのかを探ることです．もう少し具体的に言うと，実際の経済データに照らして経済理論の妥当性を調べたり，経済政策の効果のチェックをしたり，将来の経済状況を予測したりします．

みなさんは，経済データと聞くと膨大な数字の山を思い浮かべると思います．計量経済学はその膨大な数字を扱うので演算は煩雑になりそうですが，数字を塊にした行列を使えばスムーズにいきます．これが，計量経済学で行列演算が重宝される理由の 1 つです．

8.3.1 経済理論と経済データ

上記のように，計量経済分析は何かしらの経済理論と経済データを使って行われます．ここでは，経済理論の具体例として消費の理論をとりあげます．経済理論では，消費は所得に応じて決まると考え，両者の間に消費関数と呼ばれる関数関係があると想定します．一口に消費関数といってもさまざまなものがありますが，ここではケインズ型と呼ばれる，1 次式で表される消費関数

$$y = \alpha + \beta x$$

を考えます．ここで，y は消費支出，x は所得を表す変数で，α と β は何らかの未知の定数です．これらはすべてスカラーです．この式は，消費は所得に応じて比例的に決まることを示しています．式の左辺の変数 y を被説明変数，右辺の変数 x を説明変数といいます．消費 y が所得 x で説明される，と理解すればよいでしょう．β が正ならば，所得が増えるとそれに応じて消費も比例的に増えます．α と β にとりあえず何かしらの値を入れてこの理論をグラフで示すと図 8.1 のようになります．

この理論に対応する経済データとしては，総務省の調査結果を使います．総務省は「家計調査」というアンケート調査を毎月行い，日本全国の世帯の収入や支出の状況を調べていま

第 8 章 行列と回帰分析

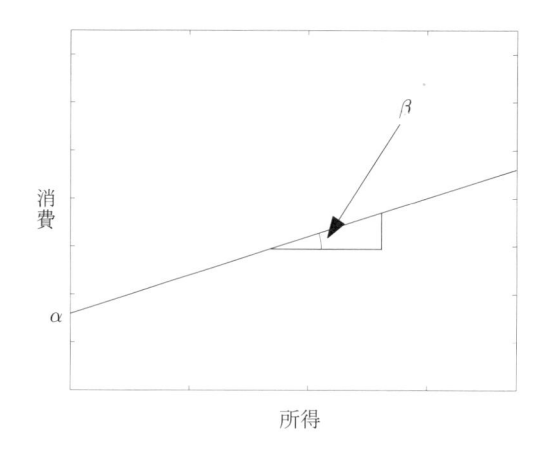

図 8.1 所得と消費の理論的な関係

す．2007 年 11 月の調査から，約 4,000 の勤労者世帯に対する結果の一部をまとめたのが表 8.1 です．この表では，1 世帯あたりの 1 カ月間の世帯主収入と消費支出を，年収別に 5 つの階級に分けて示しています．最も年収の低い階級に属する約 800 の世帯では，この月に世帯主が平均 22.5 万円を稼ぎ，1 世帯あたり平均 21.9 万円を支出しました．一方，最も年収の高い約 800 世帯からなるグループの世帯主では，平均 54.8 万円の月収があり 42.4 万円を支出しました．こうしたことがこの表から見てとれます．このデータは web 上に公開されており，下記のアドレスで誰でも入手できます．このデータをプロットしたのが図 8.2 です．

表 8.1　年収階級別 1 世帯あたり 1 カ月間の収入と支出

階級	収入	支出
1	22.5	21.9
2	29.3	26.0
3	34.4	27.8
4	42.0	33.4
5	54.8	42.4

出所: 総務省統計局『家計調査』，2007 年 11 月
(http://www.e-stat.go.jp/SG1/estat/List.do?lid=000001017761)
単位: 万円

　これで経済理論と経済データが揃ったので，これらを使って計量経済分析を行います．今回は消費理論の妥当性を検証します．具体的には，表 8.1 の収入データを所得 x，支出データを消費 y と考えたとき，データと理論 $y = \alpha + \beta x$ が合っているかどうかを検証します．理論が実際のデータと合っているなら，その理論は妥当といってよいでしょう．データと理

論を照らし合わせるために図 8.1 と 8.2 を重ね合わせると，図 8.3 のようになります．この図を見ると，理論 (図 8.3 の破線) とデータは合っているようにも見えます．しかし，破線の上にすべてのデータがぴったり乗っているわけではなく，多少のずれがあります．このようなとき，データと理論は合っているといえるのでしょうか．

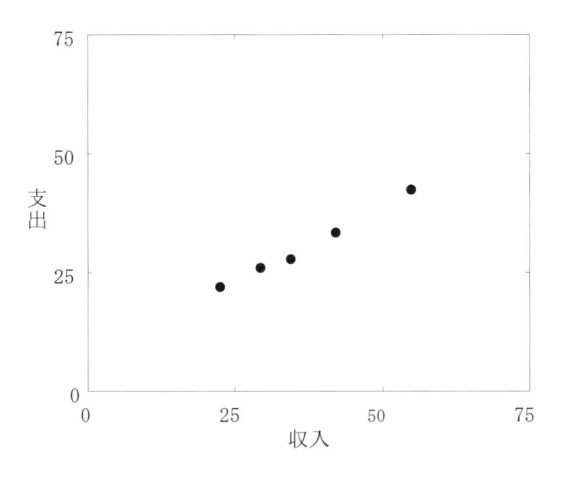

図 8.2 収入と支出の経済データ

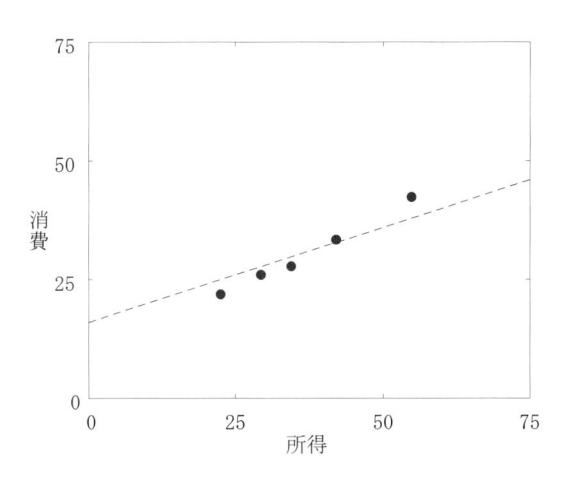

図 8.3 所得と消費の理論的な関係と経済データ

8.3.2 理論とデータの照合 (最小 2 乗法)

この疑問に答えるには，ただ図 8.3 を眺めていても始まりません．なぜなら，この図では経済理論 $y = \alpha + \beta x$ の α や β をいいかげんに決めて書いた破線をデータに照らし合わせているので，このままでは科学的な分析とはいえないからです．実際，図 8.3 の破線は α を 16, β を 0.4 として描いたのですが，この 16 や 0.4 という値には何の根拠もありません．

ここで計量経済学の出番となります．計量経済分析の第一歩は理論とデータを科学的に照合することで，そのためにさまざまな手法が開発されています．ここでは最も基礎的な手法の1つ，**最小2乗法**を使います．最小2乗法はベクトルや行列の演算を用いると簡単に行えますが，あえてスカラー演算で行ってみます．行列を使わないといかに煩雑かを味わうつもりで読んでください．

さて，まずは α と β をいいかげんに決めることから始めてみます．先の図 8.3 でのように 16 と 0.4 と決めたとすると，理論の式は

$$y = 16 + 0.4x$$

となります．この式にデータの値を代入してみます．たとえば表 8.1 の第 1 階級の所得が 22.5，消費が 21.9 というデータを代入すると，明らかに

$$21.9 \neq 16 + 0.4 \times 22.5$$

であり，理論式にデータがぴったり当てはまるわけではありません (右辺は 25 になります)．データをぴったり当てはめるには

$$21.9 = 16 + 0.4 \times 22.5 - 3.10 \tag{8.4}$$

のようにデータと理論のずれを補正せねばなりません．"−3.10" という項がそのずれで，単に 21.9 から $16 + 0.4 \times 22.5$ を引けば求まります．ここで，便宜上，消費データ 21.9 を y_1，所得データ 22.5 を x_1 で表し，いいかげんに決めた α，β の値を $\tilde{\alpha}$，$\tilde{\beta}$ と書くとします．すると，(8.4) 式は

$$y_1 = \tilde{\alpha} + \tilde{\beta} x_1 + \tilde{e}_1 \tag{8.5}$$

と書き直せます．$\tilde{e}_1$ が先ほどの −3.10 というずれを表す項で，今後はこの項を**残差**と呼びます．残差は，理論と現実の差を示しているともいえます．この作業を表 8.1 のすべてのデータについて行うと，先の (8.5) 式と合わせて

$$\begin{cases} y_1 = \tilde{\alpha} + \tilde{\beta} x_1 + \tilde{e}_1 \\ y_2 = \tilde{\alpha} + \tilde{\beta} x_2 + \tilde{e}_2 \\ y_3 = \tilde{\alpha} + \tilde{\beta} x_3 + \tilde{e}_3 \\ y_4 = \tilde{\alpha} + \tilde{\beta} x_4 + \tilde{e}_4 \\ y_5 = \tilde{\alpha} + \tilde{\beta} x_5 + \tilde{e}_5 \end{cases} \tag{8.6}$$

といった 5 本の式を得ます．ここで，$y_2, \ldots, y_5$ は第 2〜5 階級の消費のデータ $26.0, \ldots, 42.4$ で，$x_2, \ldots, x_5$ は所得のデータ $29.3, \ldots, 54.8$，$\tilde{e}_2, \ldots, \tilde{e}_5$ は $\tilde{e}_1$ と同様の残差です．(8.6) 式

は，残差を使って理論とデータを照らし合わせた式といえるでしょう．

続いて，いいかげんにではなく，科学的に正当性をもって α と β を決めることを考えます．ここで問題なのは何をもって正当というかですが，(8.6) 式から得られる自然な発想として「残差をなるべく小さくする $\tilde{\alpha}$ や $\tilde{\beta}$ こそ正当な α と β の値」という基準があるでしょう．データとのずれをなるべく小さくするよう理論 $y = \alpha + \beta x$ の直線を引いて，それでもなお残るずれからデータと理論のずれを検証する発想ともいえるかもしれません．残差を小さくするといっても -1 より -1000 の方が値が小さいからよい，ということではありませんから $|\tilde{e}_1|$ や $\tilde{e}_1^2$ などと正の値にした上で最小化すべきでしょう．つまり，残差が 0 に近ければよいということです．ただ，残差は $\tilde{e}_1, \ldots, \tilde{e}_5$ の 5 つあるのでここでは，

$$J(\tilde{\alpha}, \tilde{\beta}) = \tilde{e}_1^2 + \tilde{e}_2^2 + \cdots + \tilde{e}_5^2 = \sum_{i=1}^{5} \tilde{e}_i^2 = \sum_{i=1}^{5} (y_i - \tilde{\alpha} - \tilde{\beta} x_i)^2 \tag{8.7}$$

という，残差の **2 乗の合計**を最小化します．(8.7) 式を最小にするよう $\tilde{\alpha}$ と $\tilde{\beta}$ を決める方法が**最小 2 乗法**で，この方法で決めた $\tilde{\alpha}$ と $\tilde{\beta}$ にはある種の科学的な正当性[1]があります．絶対値の和 $\sum_{i=1}^{5} |\tilde{e}_i|$ を最小にする方法は最小絶対偏差法と呼ばれ，こちらにも正当性はありますが数学的にやや難しいのでここでは扱いません．

J を最小化する $\tilde{\alpha}$ や $\tilde{\beta}$ を探すのはそれほど難しい話ではありません．第 7 章で学んだように，一般に，ある関数を最大化もしくは最小化するにはその関数を微分して「$= 0$」とおいた式を満たす点を見つければいいわけです．いまの問題では，J を $\tilde{\alpha}$ と $\tilde{\beta}$ で偏微分して「$= 0$」とおいた式を満たす $\tilde{\alpha}$ と $\tilde{\beta}$ が J を最小化します（J は $\tilde{\alpha}, \tilde{\beta}$ についての 2 次関数なので，平方完成によっても解くことができます）．具体的には，

$$\begin{cases} \dfrac{\partial J}{\partial \tilde{\alpha}} = \dfrac{\partial}{\partial \tilde{\alpha}} \left\{ \sum_{i=1}^{5} (y_i - \tilde{\alpha} - \tilde{\beta} x_i)^2 \right\} = \sum_{i=1}^{5} \{-2(y_i - \tilde{\alpha} - \tilde{\beta} x_i)\} \\ \dfrac{\partial J}{\partial \tilde{\beta}} = \dfrac{\partial}{\partial \tilde{\beta}} \left\{ \sum_{i=1}^{5} (y_i - \tilde{\alpha} - \tilde{\beta} x_i)^2 \right\} = \sum_{i=1}^{5} \{-2x_i(y_i - \tilde{\alpha} - \tilde{\beta} x_i)\} \end{cases} \tag{8.8}$$

を 0 とおいた式を満たす $\tilde{\alpha}$ と $\tilde{\beta}$ で J が最小化されます（本当に最小になるかを確かめるにはもう少し追加計算が必要ですが，ここでは省略します）．J を最小化する $\tilde{\alpha}, \tilde{\beta}$ をそれぞれ $\hat{\alpha}, \hat{\beta}$ と書くとすると，(8.8) 式で「$= 0$」とおいた式

$$\begin{cases} \sum -2(y_i - \hat{\alpha} - \hat{\beta} x_i) = 0 \\ \sum -2x_i(y_i - \hat{\alpha} - \hat{\beta} x_i) = 0 \end{cases}$$

を得ます．ここでは，表記の簡略化のため $\sum_{i=1}^{5}$ を $\sum$ で表しています．以降ではこのように

---

[1] この正当性をきちんと説明するにはある程度の確率・統計の知識が必要ですのでここでは行いませんが，最小 2 乗法で決めた $\tilde{\alpha}$ と $\tilde{\beta}$ は α と β の本当の値を統計学的に上手く言い当てているということです．

簡略化して表します．この式の両辺を -2 で割ると，

$$\begin{cases} \sum(y_i - \hat{\alpha} - \hat{\beta}x_i) = 0 \\ \sum x_i(y_i - \hat{\alpha} - \hat{\beta}x_i) = 0 \end{cases} \tag{8.9}$$

を得ます．さらに少々整理すると

$$\begin{cases} 5\hat{\alpha} + (\sum x_i)\hat{\beta} = \sum y_i \\ (\sum x_i)\hat{\alpha} + (\sum x_i^2)\hat{\beta} = \sum x_i y_i \end{cases} \tag{*}$$

となります (ここで $\sum_{i=1}^{5}\hat{\alpha} = 5\hat{\alpha}$ となることに注意してください)．(8.9) 式あるいは (*) 式を計量経済学の用語で**正規方程式**といいます．正規方程式から $\hat{\alpha}$ と $\hat{\beta}$ を求めるのも難しくありません．2 本の式から $\hat{\alpha}$ と $\hat{\beta}$ の 2 つの未知数を求めるので，通常の 2 元連立方程式を解けばよいのです．具体的には，(*) で (1 本目の式) $\times \sum x_i^2 -$ (2 本目の式) $\times \sum x_i$ より $\hat{\beta}$ が消えて

$$\hat{\alpha} = \frac{\sum x_i^2 \sum y_i - \sum x_i \sum x_i y_i}{5\sum x_i^2 - (\sum x_i)^2} \tag{8.10}$$

を得ます．一方，(2 本目の式) $\times 5 -$ (1 本目の式) $\times \sum x_i$ より $\hat{\alpha}$ が消えて

$$\hat{\beta} = \frac{-\sum x_i \sum y_i + 5\sum x_i y_i}{5\sum x_i^2 - (\sum x_i)^2} \tag{8.11}$$

となります．(8.10) と (8.11) 式は α と β の **最小 2 乗推定値**と呼ばれます．これらの式に表 8.1 のデータを代入して計算すると

$$\begin{cases} \hat{\alpha} = 7.04 \\ \hat{\beta} = 0.64 \end{cases}$$

となります．

以上の結果より，経済理論 $y = \alpha + \beta x$ と表 8.1 のデータを科学的に正当性をもって照合するには $y = \hat{\alpha} + \hat{\beta}x$，つまり，

$$y = 7.04 + 0.64x \tag{8.12}$$

という直線を使えばよいことになります．(8.12) 式のことを**回帰直線**と呼び，こうした直線を引くことおよびこれを使った分析を**回帰分析**と呼びます．いま行っているような分析は，とくに**単純回帰分析** (あるいは**単回帰分析**) とも呼ばれます．"単純" という呼び名は，説明変数が 1 つ (つまり x) しかないことに由来します．回帰直線からはいくつかの消費行動の

傾向が読みとれます．たとえば，回帰直線の傾きは $\hat{\beta} = 0.64$ となりますが，これは所得が 1 単位 (いまのデータでは 1 万円) 増えると消費が 0.64 単位 (6,400 円) 増えることを意味します．経済理論では β という抽象的な数だったのがデータを当てはめると 6,400 円という具体的な金額になるのです．なお，この値は経済学では限界消費性向といいます．

さて，回帰直線を使ってデータと理論を照らし合わせると図 8.4 のようになります．図 8.4 の破線 (α を 16，β を 0.4 といいかげんに決めて書いた線) と実線 (回帰直線) を見比べると，実線の方がデータによく当てはまっており残差が小さいことがわかるでしょう．ただ，回帰直線に対してもデータはぴったり当てはまっているわけではありません．実際，回帰直線から計算される残差の 2 乗の和は

$$\sum \hat{e}_i^2 = \sum (y_i - \hat{\alpha} - \hat{\beta} x_i)^2 = 2.04$$

となり 0 ではありません．しかし，2.04 よりも残差 2 乗和を小さくすることはできず，これが最善の策ということなのです．

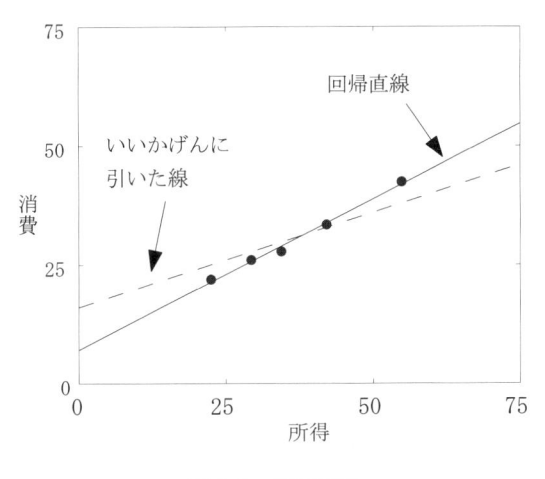

図 8.4　回帰直線

このように，最小 2 乗法を使ってデータと理論を照合しても通常はずれが残ります．このずれは経済理論を破綻させるほど大きいのか，それとも無視できるほど小さいのかを検証するには，より進んだ計量経済分析を行わねばなりません．具体的には，最小 2 乗推定値を推測統計分析にかけ，その分析結果から理論とデータが合っているか否かの結論を出します．ただ，それにはある程度の確率・統計の知識が必要ですので本章では扱いません．ここでの分析は，最小 2 乗法を使って理論とデータを科学的な正当性をもって照合した，というところでとどめます．

8.3.3　行列演算による最小 2 乗法

さて，先ほどの最小 2 乗推定値 $\hat{\alpha}$ と $\hat{\beta}$ の導出や表現を見て煩雑でわかりにくいと感じた人が多いと思います．その原因は，$\sum$ 記号が多く出てきたり，(8.6) や (8.9) 式のように複

数の式が羅列されたりすることにあるでしょう．なぜこのように表記が煩雑になるかというと，それは最小 2 乗法を行うときに扱う "数" が多いためです．具体的には，消費と所得という 2 種類の変数，表 8.1 にあるように 5 個のデータ，α と β の 2 つの未知数といった数です．このように多くの数を扱うのに，1 つの数であるスカラーの演算で押し通したために厄介なことになったのです．

これに対し，この項ではまずベクトルの内積を使って最小 2 乗法を書き表してみて，そのあと行列演算を使って書き表してみます．たくさんの数字を塊にしたベクトルや行列によって演算を一括して行えば，これから示すように，表記はかなり簡単になります．

残差の 2 乗和 J を最小化する値が満たすべき条件を示した 250 ページの正規方程式 (*) から再スタートします．やや煩雑なこの式をベクトルを使ってシンプルに表現するため，データ等を塊にした以下のような 5 次元ベクトルを作ります：

$$\boldsymbol{y} = \begin{pmatrix} y_1 \\ y_2 \\ \vdots \\ y_5 \end{pmatrix}, \ \boldsymbol{x} = \begin{pmatrix} x_1 \\ x_2 \\ \vdots \\ x_5 \end{pmatrix}, \ \boldsymbol{1} = \begin{pmatrix} 1 \\ 1 \\ \vdots \\ 1 \end{pmatrix}.$$

第 6 章で学んだベクトルの内積を使うと

$$5 = \boldsymbol{1} \cdot \boldsymbol{1}, \quad \sum x_i = \boldsymbol{1} \cdot \boldsymbol{x}, \quad \sum y_i = \boldsymbol{1} \cdot \boldsymbol{y}, \quad \sum x_i^2 = \boldsymbol{x} \cdot \boldsymbol{x}, \quad \sum x_i y_i = \boldsymbol{x} \cdot \boldsymbol{y}$$

とそれぞれ書き表せるので，(*) 式は

$$\begin{cases} 5\hat{\alpha} + (\sum x_i)\hat{\beta} = \sum y_i \\ (\sum x_i)\hat{\alpha} + (\sum x_i^2)\hat{\beta} = \sum x_i y_i \end{cases} \tag{*}$$

$$\iff \begin{cases} (\boldsymbol{1} \cdot \boldsymbol{1})\hat{\alpha} + (\boldsymbol{1} \cdot \boldsymbol{x})\hat{\beta} = \boldsymbol{1} \cdot \boldsymbol{y} \\ (\boldsymbol{1} \cdot \boldsymbol{x})\hat{\alpha} + (\boldsymbol{x} \cdot \boldsymbol{x})\hat{\beta} = \boldsymbol{x} \cdot \boldsymbol{y} \end{cases} \tag{**}$$

のように書き直せます．したがって，この連立方程式を解いて，最小 2 乗推定値は

$$\begin{cases} \hat{\alpha} = \dfrac{(\boldsymbol{x} \cdot \boldsymbol{x})(\boldsymbol{1} \cdot \boldsymbol{y}) - (\boldsymbol{1} \cdot \boldsymbol{x})(\boldsymbol{x} \cdot \boldsymbol{y})}{(\boldsymbol{1} \cdot \boldsymbol{1})(\boldsymbol{x} \cdot \boldsymbol{x}) - (\boldsymbol{1} \cdot \boldsymbol{x})^2} \\ \hat{\beta} = \dfrac{-(\boldsymbol{1} \cdot \boldsymbol{x})(\boldsymbol{1} \cdot \boldsymbol{y}) + (\boldsymbol{1} \cdot \boldsymbol{1})(\boldsymbol{x} \cdot \boldsymbol{y})}{(\boldsymbol{1} \cdot \boldsymbol{1})(\boldsymbol{x} \cdot \boldsymbol{x}) - (\boldsymbol{1} \cdot \boldsymbol{x})^2} \end{cases} \tag{8.13}$$

と求まります．

この表記は (8.10)–(8.11) 式と比べれば $\sum$ 記号が出てこない分だいぶシンプルですが，行列を用いるともっとすっきり表現することができます．そこで，

$$\hat{\boldsymbol{\theta}} = \begin{pmatrix} \hat{\alpha} \\ \hat{\beta} \end{pmatrix}, \; \boldsymbol{X} = \begin{pmatrix} \boldsymbol{1} & \boldsymbol{x} \end{pmatrix} = \begin{pmatrix} 1 & x_1 \\ 1 & x_2 \\ \vdots & \vdots \\ 1 & x_5 \end{pmatrix}$$

とおきます．$\hat{\boldsymbol{\theta}}$ は最小 2 乗推定値を塊にした 2 次元ベクトル，$\boldsymbol{X}$ は 5×2 行列です．これらを使うと，$(**)$ 式は

$$\boldsymbol{X}'\boldsymbol{X}\hat{\boldsymbol{\theta}} = \boldsymbol{X}'\boldsymbol{y} \qquad (***)$$

とさらにすっきり書き直せます．ここで，「$'$」という記号はベクトルや行列の転置を示します．転置とはどのような演算なのか，なぜ $(**)$ 式と $(***)$ 式が等しいのかよくわからない，という人もここはとりあえず続きを読んでください．ここで行う行列演算は，8.4 節で解説します．$(***)$ 式は，$(*)$ 式や $(**)$ 式のように $\sum$ 記号や複数の式が出てこないのでかなりシンプルです．$(***)$ の両辺に $(\boldsymbol{X}'\boldsymbol{X})$ の逆行列を左からかければ，最小 2 乗推定値 $\hat{\boldsymbol{\theta}}$ は

$$(\boldsymbol{X}'\boldsymbol{X})^{-1}\boldsymbol{X}'\boldsymbol{X}\hat{\boldsymbol{\theta}} = (\boldsymbol{X}'\boldsymbol{X})^{-1}\boldsymbol{X}'\boldsymbol{y}$$
$$\iff \hat{\boldsymbol{\theta}} = (\boldsymbol{X}'\boldsymbol{X})^{-1}\boldsymbol{X}'\boldsymbol{y} \qquad (8.14)$$

と導出できます．以降では，「$^{-1}$」で逆行列を表します (逆行列についても 8.4 節で解説します)．(8.14) 式を前項の (8.10)–(8.11) 式や (8.13) 式と見比べると，(8.14) 式の方がはるかにシンプルです．さらに，連立方程式を解くという作業がありません．このことも式展開を簡単にします．もちろん，(8.14) 式の成分を 1 つずつ計算すれば (8.10)–(8.11) 式になるのでこれらはまったく同じもので，単に表記が簡単になっただけです．

8.3.4 　行列演算の理解と解釈

8.3.3 項より，行列演算を使えば数式の展開と表記が非常に簡単になることがわかったと思います．本章で強調したい行列演算の意義はこのような簡単化です．ただ，ここまでの話から，行列演算を簡単化のための単なる便宜上の手段だと捉えるのは偏った見方です．そこで，本項では，行列を使う意義を補足します．

補足することは，行列演算の理解と解釈についてです．行列演算での $\hat{\boldsymbol{\theta}} = (\boldsymbol{X}'\boldsymbol{X})^{-1}\boldsymbol{X}'\boldsymbol{y}$ なる表現は簡単ではありますが，一見しただけでは何をやっているのか理解できない人もいるでしょう．いくら表記がシンプルでも，内容が理解できないのでは意味がありません．こうした行列演算を理解する 1 つの手段は，行列の成分を 1 つ 1 つ計算してスカラー演算での (8.10)–(8.11) 式に一致するのを確かめることです．なじみのあるスカラー表現に戻せば理解はしやすいでしょう．しかし，表記は行列で，理解はスカラーで，との 2 重構造では何とも不格好です．

よって，行列演算の理解は成分計算によって行うのではなく，そのまま行うことが求めら

れます.言いかえると,いちいちスカラー演算に戻って成分を計算しなくても行列表示のままでその演算が何をやっているのかを直感的につかむ,ということです.そして,行列演算を行列のまま理解することを通じてその演算の意味を解釈すれば,スカラー演算だけでは得られないさまざまな数学的・経済学的インプリケーションが得られます.それらのインプリケーションは計量経済学をはじめいくつかの経済学の分野で重要な役割を果たします.これが,簡単化と並ぶ行列演算のもう1つの意義です.

こうしたことを考えると,いまとりあげている最小2乗推定値にしても $\hat{\boldsymbol{\theta}} = (\boldsymbol{X}'\boldsymbol{X})^{-1}\boldsymbol{X}'\boldsymbol{y}$ で表記を簡単にするだけではなく,この演算を直感的に理解し解釈を行うことが求められます.ただ,それにはベクトル・行列に関してより深い理解が必要です.具体的には,ベクトル空間や射影などの知識です.よって,ここでは最小2乗推定値の解釈までには踏み込まず (幾何的な解釈については章末の 8.8 節を参照してください),代わりにより簡単な行列演算を直感的に理解してみます.スカラーで次のような単一方程式を考えます ($a \neq 0$ を仮定します):

$$ax = e.$$

ここで,x を未知数として解を求めるには,両辺を a で割って

$$x = \frac{e}{a}$$

とします ($a \neq 0$ なので割り算することができます).ところが,これが2つの方程式

$$\begin{cases} ax + cy = e \\ bx + dy = f \end{cases} \tag{8.15}$$

になり未知数 x と y を求めるとなると割り算ではだめで,連立方程式を解くことになります (ここで $ad - bc \neq 0$ を仮定します).1番目の式に d をかけて,c 倍した2番目の式を引くと y が消えて $\cdots$ という煩雑な作業が必要です.計算結果も,$x = (de - cf)/(ad - bc)$,$y = (af - be)/(ad - bc)$ のように見にくくなります.これに対し,行列を使うと (8.15) 式は

$$\boldsymbol{Ax} = \boldsymbol{c} \tag{8.16}$$

とあたかも単一方程式のように書けます.ここで,$\boldsymbol{A} = \begin{pmatrix} a & c \\ b & d \end{pmatrix}$,$\boldsymbol{x} = \begin{pmatrix} x \\ y \end{pmatrix}$,$\boldsymbol{c} = \begin{pmatrix} e \\ f \end{pmatrix}$ です.未知数 $\boldsymbol{x}$ を求めるには,スカラー演算のように両辺を $\boldsymbol{A}$ で "割り算" すればよいと考えられます[2]:

---

[2] 「$ad - bc \neq 0$」という仮定が行列 $\boldsymbol{A}$ で "割り算" ができる,すなわち $\boldsymbol{A}$ の逆行列 $\boldsymbol{A}^{-1}$ が存在するための条件になっているのですが (スカラーの割り算のための条件 $a \neq 0$ に対応します),これに関しては深く議論しないことにします.

$$x = A^{-1}c.$$

明示的に連立方程式を解かずに解を表現でき，しかも見やすくなっています．このことから，逆行列をかけるという行列演算は直感的にはスカラー演算の割り算に対応していると理解できるでしょう．先ほど行列演算で最小 2 乗推定値を求めたときに連立方程式が出てこなかったのはこのためです．

このように，ベクトルや行列を使った演算は何も特別なことをしているのではなく，みなさんが慣れ親しんだスカラーの演算を拡張しているだけと見られます．ベクトルや行列とは，スカラーを塊にしたものという意味でスカラーの単なる拡張です．後は，行列やベクトルに対してスカラーと同じような演算法則 (加減乗除など) を作ってあげれば，その演算はスカラー演算の拡張となります．このとき，その演算法則はスカラー演算と整合的に設計する必要があります．たとえばスカラー演算の割り算の拡張と見られる逆行列 A^{-1} の成分は

$$A^{-1} = \frac{1}{ad-bc}\begin{pmatrix} d & -c \\ -b & a \end{pmatrix} \tag{8.17}$$

ですが，これより

$$x = A^{-1}c = \frac{1}{ad-bc}\begin{pmatrix} d & -c \\ -b & a \end{pmatrix}\begin{pmatrix} e \\ f \end{pmatrix} = \begin{pmatrix} (de-cf)/(ad-bc) \\ (af-be)/(ad-bc) \end{pmatrix}$$

のように，行列演算とスカラー演算の結果は一致することがわかります．

以上のように，行列の式とスカラーの式を見比べながら行列演算を追っていくと，行列演算をスカラーの拡張として直感的に理解できるのではないでしょうか．そして，それに慣れてくるといちいちスカラー演算に戻らなくても行列表示のままで演算の意味が理解できるようになり，行列演算を解釈するための素地ができると思います．

行列演算は多くのスカラーを一括して演算するため表記が簡単になるだけでなく，その理解もスカラーの拡張のような形でできるよう設計されています．そして，スカラーを拡張しているだけに行列演算が持つ意味・解釈は非常に豊かで，さまざまな分野に応用できます．つまり，行列演算は表記と解釈の両面で便利なので，計量経済学をはじめ多くの分野で用いられているのです．

8.4 行列演算の解説

この節では，行列演算の解説をしながら，前節で行った行列演算による最小 2 乗推定値の導出を解説します．高校での学習内容に合わせて行列の成分計算に重点をおいて解説を行い，行列 $\hat{\boldsymbol{\theta}} = (X'X)^{-1}X'y$ の成分がスカラー表現 (8.10)–(8.11) に一致すること等を確かめていきます．また，行列演算の理解度をチェックするための練習問題を行います．ただ，

成分計算を追うことは最終的な目標ではありません．8.3.4 項で述べたように，成分計算を通じて行列演算に慣れ，行列演算の理解・解釈を行えるようになることを最終的な目標として見据えてください．

8.4.1 行列演算の基礎

ここまで使ってきた行列演算をきちんと定義に戻って見直し，最小 2 乗推定値を導出するための基礎を確認します．

$m \times n$ 行列 $\boldsymbol{A}$ を考え，その成分を以下のように a_{ij} $(i = 1, 2, \ldots, m; j = 1, 2, \ldots, n)$ と書きます：

$$\boldsymbol{A} = \begin{pmatrix} a_{11} & a_{12} & \cdots & a_{1n} \\ a_{21} & a_{22} & \cdots & a_{2n} \\ \vdots & \vdots & \ddots & \vdots \\ a_{m1} & a_{m2} & \cdots & a_{mn} \end{pmatrix}.$$

同様に，$k \times \ell$ 行列 $\boldsymbol{B}$ を考え，その成分を b_{ij} $(i = 1, 2, \ldots, k; j = 1, 2, \ldots, \ell)$ とします．まずは行列の和とスカラー倍を定義します．これらは数ベクトルのケースとまったく同様です．

定義 8.1

行列 $\boldsymbol{A}$ と $\boldsymbol{B}$ の次元が同じ ($k = m$ かつ $\ell = n$) ならば，行列の和 $\boldsymbol{A} + \boldsymbol{B}$ は

$$\boldsymbol{A} + \boldsymbol{B} = \begin{pmatrix} a_{11} + b_{11} & a_{12} + b_{12} & \cdots & a_{1n} + b_{1n} \\ a_{21} + b_{21} & a_{22} + b_{22} & \cdots & a_{2n} + b_{2n} \\ \vdots & \vdots & \ddots & \vdots \\ a_{m1} + b_{m1} & a_{m2} + b_{m2} & \cdots & a_{mn} + b_{mn} \end{pmatrix}$$

と定義されます．また，実数 λ に対して行列 $\boldsymbol{A}$ の λ 倍 である $\lambda \boldsymbol{A}$ は

$$\lambda \boldsymbol{A} = \begin{pmatrix} \lambda a_{11} & \lambda a_{12} & \cdots & \lambda a_{1n} \\ \lambda a_{21} & \lambda a_{22} & \cdots & \lambda a_{2n} \\ \vdots & \vdots & \ddots & \vdots \\ \lambda a_{m1} & \lambda a_{m2} & \cdots & \lambda a_{mn} \end{pmatrix}$$

と定義されます．とくに，$(-1)\boldsymbol{A}$ を $-\boldsymbol{A}$ と表します．行列の差 $\boldsymbol{A} - \boldsymbol{B}$ は $\boldsymbol{A} + (-\boldsymbol{B})$ で定義します．

行列の和・スカラー倍は第 6 章でまとめた「線形演算の性質」を満たします．零ベクトル

に相当するのは成分がすべて 0 であるような $m \times n$ 行列です．これを $m \times n$ 零行列と呼んで $\boldsymbol{O}_{m,n}$ で表します．混乱のおそれがないときは単に $\boldsymbol{O}$ と書きます．

これら行列演算の定義は，スカラー演算やベクトル演算との整合性を考えて作られています．たとえば，行列 $\boldsymbol{A}$ と $\boldsymbol{B}$ の列の数を 1 とすれば，$\boldsymbol{A}$ は m 次元の，$\boldsymbol{B}$ は k 次元のベクトルとなり，$m = k$ ならこの定義によって和や差が計算できます．交換法則や結合法則が成り立つのもスカラー演算やベクトル演算と同じなので理解しやすいでしょう．

次に，行列の積を定義します．

定義 8.2

行列 $\boldsymbol{A}$ の列の数と $\boldsymbol{B}$ の行の数が同じ $(k = n)$ ならば，行列の積 $\boldsymbol{AB}$ は

$$\boldsymbol{AB} = \begin{pmatrix} a_{11} & a_{12} & \cdots & a_{1n} \\ a_{21} & a_{22} & \cdots & a_{2n} \\ \vdots & \vdots & \ddots & \vdots \\ a_{m1} & a_{m2} & \cdots & a_{mn} \end{pmatrix} \begin{pmatrix} b_{11} & b_{12} & \cdots & b_{1\ell} \\ b_{21} & b_{22} & \cdots & b_{2\ell} \\ \vdots & \vdots & \ddots & \vdots \\ b_{n1} & b_{n2} & \cdots & b_{n\ell} \end{pmatrix}$$

$$= \begin{pmatrix} \sum_{h=1}^{n} a_{1h}b_{h1} & \sum_{h=1}^{n} a_{1h}b_{h2} & \cdots & \sum_{h=1}^{n} a_{1h}b_{h\ell} \\ \sum_{h=1}^{n} a_{2h}b_{h1} & \sum_{h=1}^{n} a_{2h}b_{h2} & \cdots & \sum_{h=1}^{n} a_{2h}b_{h\ell} \\ \vdots & \vdots & \ddots & \vdots \\ \sum_{h=1}^{n} a_{mh}b_{h1} & \sum_{h=1}^{n} a_{mh}b_{h2} & \cdots & \sum_{h=1}^{n} a_{mh}b_{h\ell} \end{pmatrix}$$

と定義されます．$\boldsymbol{AB}$ は $m \times \ell$ 行列となります．行列の積には

結合法則：$(\boldsymbol{AB})\boldsymbol{C} = \boldsymbol{A}(\boldsymbol{BC})$

分配法則：$\boldsymbol{A}(\boldsymbol{B} + \boldsymbol{C}) = \boldsymbol{AB} + \boldsymbol{AC}, \quad (\boldsymbol{A} + \boldsymbol{B})\boldsymbol{C} = \boldsymbol{AC} + \boldsymbol{BC}$

が成立しますが，交換法則は一般に成立しません：

$\boldsymbol{AB} \neq \boldsymbol{BA}$．

行列の積は，上記のように網掛け部分のベクトルの内積をいくつも計算し，それを塊にした形で定義されます．このことからも行列がベクトルやスカラーの拡張であることがうかがえます．ただ，和と差ではスカラーで成立した演算法則が行列でも成り立ちましたが，積では一部が成立しません．交換法則がそれで，スカラーなら $ab = ba$ ですが行列では一般に $\boldsymbol{AB} \neq \boldsymbol{BA}$ です[3]．

---

[3] 積 $\boldsymbol{AB}$ が定義されていても $\boldsymbol{BA}$ は定義されるとは限りませんし，たとえ $\boldsymbol{BA}$ が定義されいても，一

続いて，単位行列を定義します．

> **定義 8.3**
>
> m 次正方行列で $(1,1), (2,2), \ldots, (m,m)$ 成分がすべて 1 であり，それ以外の成分がすべて 0 の行列
>
> $$\boldsymbol{I}_m = \begin{pmatrix} 1 & 0 & \cdots & 0 \\ 0 & 1 & \cdots & 0 \\ \vdots & \vdots & \ddots & \vdots \\ 0 & 0 & \cdots & 1 \end{pmatrix}$$
>
> を単位行列と定義します．

単位行列は，スカラーの "1" を拡張したようなものです．$1 \times a = a$ および $a \times 1 = a$ のように，どんな $m \times n$ 行列 $\boldsymbol{A}$ に対しても $\boldsymbol{I}_m \boldsymbol{A} = \boldsymbol{A}$ および $\boldsymbol{A} \boldsymbol{I}_n = \boldsymbol{A}$ が成立します．零行列の場合と同様に，次元について混乱の恐れがないときは単に $\boldsymbol{I}$ と書きます．

この単位行列を用いて逆行列を定義します．

> **定義 8.4**
>
> 行列 $\boldsymbol{A}$ を m 次正方行列とする．
>
> $$\boldsymbol{AU} = \boldsymbol{UA} = \boldsymbol{I}_m$$
>
> を満たす m 次正方行列 $\boldsymbol{U}$ が存在するとき，$\boldsymbol{U}$ を $\boldsymbol{A}$ の逆行列と定義し，$\boldsymbol{A}^{-1}$ と書きます．逆行列を持つ行列を可逆行列といいます．

逆行列は正方行列に対してのみ定義されることに注意してください．

逆行列は，前述したように逆数もしくは割り算の拡張と考えられます．ただし，スカラーの場合には a が 0 でない限りその逆数 $a^{-1} = 1/a$ が存在するわけですが，行列の場合にはそう簡単ではありません．$\boldsymbol{A} \neq \boldsymbol{O}$ だからといっても $\boldsymbol{A}$ の逆行列が存在するとは限りません (つまりすべての正方行列が可逆行列であるわけではありません)．しかし，本章の範囲では可逆行列のみを考えることにして，逆行列が存在しないケースは議論しないことにします[4]．

般に $\boldsymbol{BA}$ とは等しくなりません．たとえば，$\boldsymbol{A} = \begin{pmatrix} 1 & 3 \\ 2 & 4 \end{pmatrix}$, $\boldsymbol{B} = \begin{pmatrix} 5 & 7 \\ 6 & 8 \end{pmatrix}$ とすると，$\boldsymbol{AB} = \begin{pmatrix} 23 & 31 \\ 34 & 46 \end{pmatrix}$ と $\boldsymbol{BA} = \begin{pmatrix} 19 & 43 \\ 22 & 50 \end{pmatrix}$ は等しくありません．

[4] 一言だけふれておくと，各正方行列 $\boldsymbol{A}$ には「行列式」というものが定義されて，行列式が 0 でないなら $\boldsymbol{A}$ は逆行列をもち，行列式が 0 なら $\boldsymbol{A}$ は逆行列をもたない，と判別することができます．

A^{-1} の成分がどうなるかは m によって異なりますが, $m = 2$ なら前節で見たように (8.17) 式となります. これで, スカラー演算の加減乗除に対応する行列演算が揃いました.

ここで, 行列の転置を定義します[5].

定義 8.5

$m \times n$ 行列 A の転置行列 A' は

$$A' = \begin{pmatrix} a_{11} & a_{12} & \cdots & a_{1n} \\ a_{21} & a_{22} & \cdots & a_{2n} \\ \vdots & \vdots & \ddots & \vdots \\ a_{m1} & a_{m2} & \cdots & a_{mn} \end{pmatrix}' = \begin{pmatrix} a_{11} & a_{21} & \cdots & a_{m1} \\ a_{12} & a_{22} & \cdots & a_{m2} \\ \vdots & \vdots & \ddots & \vdots \\ a_{1n} & a_{2n} & \cdots & a_{mn} \end{pmatrix}$$

と定義されます. A' は $n \times m$ 行列となります.

転置は計量経済学では非常に重要な演算です. 転置は, 上記の網掛け部分を見るとわかるように, 行列の行と列を入れ替える演算です. これは行列やベクトルならではの演算です. 行列の積と転置には以下のような関係が成り立ちます:

$$(AB)' = B'A'.$$

具体的に書いて確認してみてください.

転置を使うと, ベクトルの内積の計算方法は行列の積の計算方法として表すことができます. つまり,

$$a = \begin{pmatrix} a_1 \\ \vdots \\ a_n \end{pmatrix}, b = \begin{pmatrix} b_1 \\ \vdots \\ b_n \end{pmatrix}$$

として,「a, b を n 次元縦ベクトルとみなしたときのベクトルの内積 $a \cdot b$」の計算方法と「a, b を $n \times 1$ 行列とみなしたときの $1 \times n$ 行列 a' と $n \times 1$ 行列 b の積 $a'b$」の計算方法は同等です. 厳密にいうと, $a \cdot b$ はスカラー, $a'b$ は 1×1 行列であって概念上は異なりますが, 計算の操作の際には両者は自由に書きかえることができます.

---

[5] 1 変数の微分と同じく「$'$」という記号を使いますが, 文脈から判断して混同しないようにしてください.

8.4.2 最小 2 乗法の行列演算の解説

これらを使って，最小 2 乗推定値の導出を解説します．正規方程式 $(*)$ からスタートします．8.3 節ではこの式をベクトルを使った $(**)$ 式に変形しましたが，その導出をもう一度丁寧に追うと，

$$\begin{cases} 5\hat{\alpha} + (\sum x_i)\hat{\beta} = \sum y_i \\ (\sum x_i)\hat{\alpha} + (\sum x_i^2)\hat{\beta} = \sum x_i y_i \end{cases} \quad (*)$$

$$\Longleftrightarrow \begin{cases} \begin{pmatrix} 1 & \cdots & 1 \end{pmatrix} \begin{pmatrix} 1 \\ \vdots \\ 1 \end{pmatrix} \hat{\alpha} + \begin{pmatrix} 1 & \cdots & 1 \end{pmatrix} \begin{pmatrix} x_1 \\ \vdots \\ x_5 \end{pmatrix} \hat{\beta} = \begin{pmatrix} 1 & \cdots & 1 \end{pmatrix} \begin{pmatrix} y_1 \\ \vdots \\ y_5 \end{pmatrix} \\ \begin{pmatrix} x_1 & \cdots & x_5 \end{pmatrix} \begin{pmatrix} 1 \\ \vdots \\ 1 \end{pmatrix} \hat{\alpha} + \begin{pmatrix} x_1 & \cdots & x_5 \end{pmatrix} \begin{pmatrix} x_1 \\ \vdots \\ x_5 \end{pmatrix} \hat{\beta} = \begin{pmatrix} x_1 & \cdots & x_5 \end{pmatrix} \begin{pmatrix} y_1 \\ \vdots \\ y_5 \end{pmatrix} \end{cases}$$

$$\Longleftrightarrow \begin{cases} (\boldsymbol{1}'\boldsymbol{1})\hat{\alpha} + (\boldsymbol{1}'\boldsymbol{x})\hat{\beta} = \boldsymbol{1}'\boldsymbol{y} \\ (\boldsymbol{x}'\boldsymbol{1})\hat{\alpha} + (\boldsymbol{x}'\boldsymbol{x})\hat{\beta} = \boldsymbol{x}'\boldsymbol{y} \end{cases} \quad (**')$$

となります．ここでは，ベクトルの内積のかわりに，転置を使った行列の積の形で表記しました（$(**)$ 式と $(**')$ 式は同等です）．$(1 \cdots 1)$ という 1×5 行列やその転置を上手く組み合わせると $\sum$ 演算を表現できるのがポイントです．$(**')$ 式から $(***)$ 式への変形についても

$$(**') \Longleftrightarrow \begin{pmatrix} \boldsymbol{1}'\boldsymbol{1} & \boldsymbol{1}'\boldsymbol{x} \\ \boldsymbol{x}'\boldsymbol{1} & \boldsymbol{x}'\boldsymbol{x} \end{pmatrix} \begin{pmatrix} \hat{\alpha} \\ \hat{\beta} \end{pmatrix} = \begin{pmatrix} \boldsymbol{1}'\boldsymbol{y} \\ \boldsymbol{x}'\boldsymbol{y} \end{pmatrix}$$

$$\Longleftrightarrow \begin{pmatrix} \boldsymbol{1}' \\ \boldsymbol{x}' \end{pmatrix} \begin{pmatrix} \boldsymbol{1} & \boldsymbol{x} \end{pmatrix} \begin{pmatrix} \hat{\alpha} \\ \hat{\beta} \end{pmatrix} = \begin{pmatrix} \boldsymbol{1}' \\ \boldsymbol{x}' \end{pmatrix} \boldsymbol{y}$$

$$\Longleftrightarrow \underset{(2\times 5)}{\boldsymbol{X}'} \underset{(5\times 2)}{\boldsymbol{X}} \underset{(2\times 1)}{\hat{\boldsymbol{\theta}}} = \underset{(2\times 5)}{\boldsymbol{X}'} \underset{(5\times 1)}{\boldsymbol{y}} \quad (***)$$

と書くとよく理解できるでしょう．最後の $(***)$ 式にある小さい括弧内の数字は行列の次元を示します．この数字を見るとわかるように，行列の積が計算できるよう行と列の数を合わせるのがここでのポイントです．また，行列の積は順番の入れ替えができない（交換法則が成立しない）ことにも注意します．$(***)$ 式から (8.14) 式は

$$(***) \Longleftrightarrow (\boldsymbol{X}'\boldsymbol{X})^{-1}\boldsymbol{X}'\boldsymbol{X}\hat{\boldsymbol{\theta}} = (\boldsymbol{X}'\boldsymbol{X})^{-1}\boldsymbol{X}'\boldsymbol{y}$$

$$\Longleftrightarrow \boldsymbol{I}_2 \hat{\boldsymbol{\theta}} = (\boldsymbol{X}'\boldsymbol{X})^{-1}\boldsymbol{X}'\boldsymbol{y}$$

$$\iff \hat{\boldsymbol{\theta}} = (\boldsymbol{X}'\boldsymbol{X})^{-1}\boldsymbol{X}'\boldsymbol{y} \tag{8.14}$$

と導出できます．ここでは式の左から逆行列 $(\boldsymbol{X}'\boldsymbol{X})^{-1}$ をかけて未知数 $\hat{\boldsymbol{\theta}}$ の係数を消す（つまり 2×2 単位行列 $\boldsymbol{I}_2$ にする）という作業を行っています[6]．スカラー演算では，前述したように，連立方程式を解くことにあたります．以上が最小 2 乗推定値の導出についての解説です．

ここで，行列演算の結果 (8.14) 式とスカラー演算の結果 (8.10)–(8.11) 式が等しいことを確認してみます．2 次元正方行列の逆行列の式 (8.17) を使うと，(8.14) 式の成分は

$$\hat{\boldsymbol{\theta}} = \begin{pmatrix} \mathbf{1}'\mathbf{1} & \mathbf{1}'\boldsymbol{x} \\ \boldsymbol{x}'\mathbf{1} & \boldsymbol{x}'\boldsymbol{x} \end{pmatrix}^{-1} \begin{pmatrix} \mathbf{1}'\boldsymbol{y} \\ \boldsymbol{x}'\boldsymbol{y} \end{pmatrix}$$

$$= \frac{1}{\mathbf{1}'\mathbf{1}\boldsymbol{x}'\boldsymbol{x} - \boldsymbol{x}'\mathbf{1}\mathbf{1}'\boldsymbol{x}} \begin{pmatrix} \boldsymbol{x}'\boldsymbol{x} & -\mathbf{1}'\boldsymbol{x} \\ -\boldsymbol{x}'\mathbf{1} & \mathbf{1}'\mathbf{1} \end{pmatrix} \begin{pmatrix} \mathbf{1}'\boldsymbol{y} \\ \boldsymbol{x}'\boldsymbol{y} \end{pmatrix}$$

$$= \frac{1}{\mathbf{1}'\mathbf{1}\boldsymbol{x}'\boldsymbol{x} - \boldsymbol{x}'\mathbf{1}\mathbf{1}'\boldsymbol{x}} \begin{pmatrix} \boldsymbol{x}'\boldsymbol{x}\mathbf{1}'\boldsymbol{y} - \mathbf{1}'\boldsymbol{x}\boldsymbol{x}'\boldsymbol{y} \\ -\boldsymbol{x}'\mathbf{1}\mathbf{1}'\boldsymbol{y} + \mathbf{1}'\mathbf{1}\boldsymbol{x}'\boldsymbol{y} \end{pmatrix}$$

$$= \frac{1}{5\sum x_i^2 - (\sum x_i)^2} \begin{pmatrix} \sum x_i^2 \sum y_i - \sum x_i \sum x_i y_i \\ -\sum x_i \sum y_i + 5\sum x_i y_i \end{pmatrix}$$

となり，(8.10)–(8.11) 式に一致します．

このように，行列の和，差，積，逆行列，転置という高校レベルの内容が理解できれば最小 2 乗法の行列演算を追うことは可能です．行列演算に慣れるまではこのようにスカラーと行列の対応関係を追うことが必要でしょう．その作業は面倒だと思いますが，いったん行列演算に慣れて $\hat{\boldsymbol{\theta}} = (\boldsymbol{X}'\boldsymbol{X})^{-1}\boldsymbol{X}'\boldsymbol{y}$ という表現をスカラー演算のように自然に使いこなせるようになれば大変便利です．さらに演算式の解釈ができるようになれば，単に便利なだけではなく，計量経済学のより深い理解も可能になります．

8.5　行列演算の理解度チェック

ここまで解説してきた行列演算の理解度を確かめるため練習問題を課します．練習問題では，これまで行った単純回帰分析の簡単な拡張を考えます．

さて，これまでは $y = \alpha + \beta x$ という理論に $(y_1, x_1), \ldots, (y_5, x_5)$ というデータを当てはめてきました．ただ，実際には消費 y が所得 x にのみ依存するというのは不自然なので，

$$y = \alpha + \beta x + \gamma z$$

---

[6] $\boldsymbol{X}'$, $\boldsymbol{X}$ はそれぞれ単独では正方行列ではありませんので，逆行列は定義されません（「$(\boldsymbol{X}')^{-1}$」「$\boldsymbol{X}^{-1}$」などと書いてはいけません）．$\boldsymbol{X}'\boldsymbol{X}$ と積にしてはじめて正方行列になり逆行列が定義されます．

のように理論を拡張することがあります．z は資産などの新たな変数で γ は新たな未知数です．γ が正なら，この理論式は資産などが増えると消費も比例的に増えることを意味します．この式に $(y_1, x_1, z_1), \ldots, (y_5, x_5, z_5)$ というデータを当てはめるための最小 2 乗法を考えます．こうした分析は，単純回帰分析に対して多重回帰分析 (あるいは重回帰分析) と呼ばれます．"多重" の呼び名は説明変数が 2 つ以上 (今回は x と z の 2 つ) あるときに用います．アイデアは単純回帰のときと同じで，

$$J(\tilde{\alpha}, \tilde{\beta}, \tilde{\gamma}) = \tilde{e}_1^2 + \tilde{e}_2^2 + \cdots + \tilde{e}_5^2 = \sum_{i=1}^{5} \tilde{e}_i^2 = \sum_{i=1}^{5}(y_i - \tilde{\alpha} - \tilde{\beta}x_i - \tilde{\gamma}z_i)^2$$

なる残差 2 乗和を最小にするような $\tilde{\alpha}, \tilde{\beta}, \tilde{\gamma}$ を求めます．計算手順も同じで，J を各々の変数で微分すると

$$\begin{cases} \dfrac{\partial J}{\partial \tilde{\alpha}} = \dfrac{\partial}{\partial \tilde{\alpha}}\left\{\sum(y_i - \tilde{\alpha} - \tilde{\beta}x_i - \tilde{\gamma}z_i)^2\right\} = \sum\{-2(y_i - \tilde{\alpha} - \tilde{\beta}x_i - \tilde{\gamma}z_i)\} \\ \dfrac{\partial J}{\partial \tilde{\beta}} = \dfrac{\partial}{\partial \tilde{\beta}}\left\{\sum(y_i - \tilde{\alpha} - \tilde{\beta}x_i - \tilde{\gamma}z_i)^2\right\} = \sum\{-2x_i(y_i - \tilde{\alpha} - \tilde{\beta}x_i - \tilde{\gamma}z_i)\} \\ \dfrac{\partial J}{\partial \tilde{\gamma}} = \dfrac{\partial}{\partial \tilde{\gamma}}\left\{\sum(y_i - \tilde{\alpha} - \tilde{\beta}x_i - \tilde{\gamma}z_i)^2\right\} = \sum\{-2z_i(y_i - \tilde{\alpha} - \tilde{\beta}x_i - \tilde{\gamma}z_i)\} \end{cases}$$

となるので，これらを「$= 0$」とおいて両辺を -2 で割った式

$$\begin{cases} \sum(y_i - \hat{\alpha} - \hat{\beta}x_i - \hat{\gamma}z_i) = 0 \\ \sum x_i(y_i - \hat{\alpha} - \hat{\beta}x_i - \hat{\gamma}z_i) = 0 \\ \sum z_i(y_i - \hat{\alpha} - \hat{\beta}x_i - \hat{\gamma}z_i) = 0 \end{cases} \tag{8.18}$$

を満たす $\hat{\alpha}, \hat{\beta}, \hat{\gamma}$ が最小 2 乗推定値となります．

8.3 節と同様に，ここから先の演算をスカラーと行列の 2 通りの方法でやって結果を比べてみます．スカラー演算で最小 2 乗推定値を求めるには 3 元連立方程式 (8.18) を解けばよいのですが，その計算はかなり煩雑です．よってここでは計算過程は省略して結果のみ示しますが，結果もかなり煩雑です．$\hat{\beta}$ は，できるだけ見やすい形に式を整理しても

$$\hat{\beta} = \frac{\sum(z_i - \bar{z})^2 \sum(x_i - \bar{x})(y_i - \bar{y}) - \sum(x_i - \bar{x})(z_i - \bar{z}) \sum(z_i - \bar{z})(y_i - \bar{y})}{\sum(x_i - \bar{x})^2 \sum(z_i - \bar{z})^2 - (\sum(x_i - \bar{x})(z_i - \bar{z}))^2} \tag{8.19}$$

となります．ここで，式を見やすくするため $\bar{x} = \sum x_i/5$，$\bar{y} = \sum y_i/5$，$\bar{z} = \sum z_i/5$ という記号を導入しています．¯ は平均値を表す記号です．紙面の都合上省略しますが $\hat{\alpha}$ や $\hat{\gamma}$ の式も同様に複雑であり，いくらスカラー演算に慣れていてもそれらの式は理解しにくいでしょう．スカラー演算では，説明変数が 1 個から 2 個に増えただけでもこのように急に複雑さが増します．しかも，実際の計量経済分析では，説明変数が 10 数個ありデータの数も

練習問題 8.1

(8.18) 式を行列を使って表し，最小 2 乗推定値 $\hat{\boldsymbol{\theta}} = \begin{pmatrix} \hat{\alpha} \\ \hat{\beta} \\ \hat{\gamma} \end{pmatrix}$ の行列表現を導出せよ．

単純回帰のときは $\hat{\boldsymbol{\theta}}$ が 2 次元ベクトルでしたが，今度は 3 次元と次元が増えています．しかし，8.4.2 項での行列演算が理解できていればこの練習問題は容易に解けるでしょう．導出の過程をすべて示すと 8.4.2 項と重複してしまうので，最小 2 乗推定値の行列表現だけ示します．導出の過程がわからなかったときは，この表現から逆算してみるとよいでしょう．

【解答 8.1】

$\hat{\boldsymbol{\theta}} = (\boldsymbol{X}'\boldsymbol{X})^{-1}\boldsymbol{X}'\boldsymbol{y}$ です．ただし，$\boldsymbol{X}$ は

$$\boldsymbol{X} = \begin{pmatrix} 1 & x_1 & z_1 \\ 1 & x_2 & z_2 \\ \vdots & \vdots & \vdots \\ 1 & x_5 & z_5 \end{pmatrix} \tag{8.20}$$

という 5×3 行列です．$\boldsymbol{y}$ はこれまでと同じ 5 次元ベクトルです．

[練習問題 8.1：終]

説明変数を追加してもスカラー演算のように表現は複雑にならず，単純回帰のとき $\hat{\boldsymbol{\theta}} = (\boldsymbol{X}'\boldsymbol{X})^{-1}\boldsymbol{X}'\boldsymbol{y}$ と同じです．行列演算では初めから説明変数を塊で扱っているために，説明変数が追加されてもそれに応じて (8.20) 式のように行列の次元を増やせば演算は同じように行えます．もちろん，この行列演算で $\hat{\boldsymbol{\theta}}$ の第 2 成分を計算すれば (8.19) 式となります．10 数個の説明変数がありデータの数が数百・数千となっても，$\hat{\boldsymbol{\theta}}$ を 10 次元ベクトル，$\boldsymbol{X}$ を 2000×10 行列などとおいてやれば $\hat{\boldsymbol{\theta}} = (\boldsymbol{X}'\boldsymbol{X})^{-1}\boldsymbol{X}'\boldsymbol{y}$ だけで事足ります．こうしたことからも行列演算の便利さがわかると思います．

このように，最小 2 乗法のような基礎的な計量手法でも行列による式の簡単化の効果は大きいのです．より発展的な計量手法を扱うには，行列演算は必要不可欠となります．

8.6 より進んだ行列演算

ここまで，計量経済学における行列演算の一例を紹介してきました．経済理論と経済データを科学的に照合するために最小 2 乗法という計量手法が使われ，それは行列演算を用いることで簡潔に描写できることを示しました．

この節では，行列演算の有用性を示すいくつかの追加的なトピックを紹介します．行列演算を勉強する際の目標・モチベーションとしてください．

単純回帰分析の β と多重回帰分析の β

8.3 節で紹介した単純回帰分析では $y = \alpha + \beta x$ なる理論式にデータを当てはめました．一方，先ほど練習問題として紹介した多重回帰分析においては $y = \alpha + \beta x + \gamma z$ と拡張しました．この 2 つの分析における未知数 β は，どちらも x の係数という意味では同じに見えます．ところが，データを当てはめた結果である最小 2 乗推定値は，単純回帰では (8.11) 式，多重回帰では (8.19) 式と異なります．単純回帰の β と多重回帰の β は同じなのか違うのか，違うのならその差は何なのか，ということを上手く説明するのにも行列演算が役立ちます．これら β の数学的な違いを理解し，そこに経済学的な解釈を与えることは回帰分析の最も重要なポイントの一つです．それには，行列の分割や冪等性といったより進んだ行列演算の知識が求められます．

ところで，行列表現 $\hat{\boldsymbol{\theta}} = (\boldsymbol{X}'\boldsymbol{X})^{-1}\boldsymbol{X}'\boldsymbol{y}$ とその成分のスカラー表現 (8.12) 式を見比べると，実際のデータを使って $\hat{\beta} = 0.64$ といった数値を計算するには行列表現は使えないと感じる人がいるかもしれません．スカラー表現ならデータと電卓があれば誰でも計算できますが，行列のままでは一見どうしようもなさそうです．しかし，計量経済分析で使われる専門のコンピュータ・ソフトは行列表現のままでも $\hat{\boldsymbol{\theta}}$ の具体的な値を計算できます．よって，非常に乱暴な言い方をすれば，行列の成分計算はコンピュータに任せられます．一方でその演算の理解・解釈は人間の頭でしなければなりません．この意味でも，理解しやすいようシンプルな表現ができ，豊かな解釈をもつ行列は重要なのです．

微分も行列で

8.4.1 項では，スカラーの加減乗除に対応する行列の演算を紹介しました．それを用いてスカラー演算を一括化することで最小 2 乗推定値の導出はかなり簡単になりましたが，実はまだ煩雑な部分が残っています．それは微分です．たとえば 8.5 節では，残差 2 乗和 J を最小化する際に $\tilde{\alpha}$, $\tilde{\beta}$, $\tilde{\gamma}$ といったスカラーで 1 つずつ微分しましたが，これは面倒です．ここで，加減乗除が行列でできるなら微分もできると思うでしょう．実際，行列の微分もスカラーの微分と整合的になるようきちんと用意されています．行列微分を使ってスカラー微分を一括して行えば，本章で数ページにわたった最小 2 乗推定値の導出が数行で書けます．行列微分は最小 2 乗法の他にも多くの計量経済学の計算で使われますが，本書の範囲を超えるので本章では扱いませんでした．

推測統計分析と行列

　本章では，$y = \alpha + \beta x$ という直線にデータを当てはめるという分析を行いました．この分析に行列演算が有用なことはここまで書いてきた通りですが，計量経済分析はこれで終わりではありません．8.3.2 項の最後で言及したように，回帰直線とデータのずれを評価するために推測統計分析を行う必要があります．推測統計分析の柱である検定 (たとえば t 検定や F 検定など) を説明するのにも行列演算は有用です．また，推測統計分析のもう 1 つの柱である推定においても行列演算は有用で，最小 2 乗推定値がもつとした科学的正当性を具体的に示す際などに使います．推測統計分析においては，確率・統計とベクトルや行列の知識を組み合わせて用います．たとえば，確率ベクトルの分散共分散行列といったものを使います．

　ちなみに，推測統計分析に対して，本章で扱ったようなデータを当てはめるまでの分析を記述統計分析と呼びます．こちらは確率・統計の知識を比較的必要とせず，行列の知識のみでもある程度は行えるため本章でとりあげました．

　このように，計量経済学においては非常に多くの場面で行列演算が使われます．上に挙げた他にも，行列の階数や特異性の知識があれば多重回帰分析における多重共線性の問題を上手く理解できることなど，行列演算の有用性は枚挙にいとまがありません．

8.7　まとめ

　ここでは，計量経済学における行列演算の使用例を紹介しました．行列演算の利点として，スカラーでは煩雑になる演算式を簡潔に表記できる点を強調しました．また，スカラーにはない行列ならではの演算式の解釈が計量経済学では重要な役割を果たすことにも少しですが言及しました．つまり，行列を使うことには表記と解釈という 2 つの大きな利点があります．本章の最初で行列を使わないと厄介なことになると書いたのはこのためです．

　ただ，スカラーを使った演算に慣れたみなさんは，初めは行列を使う方が厄介だと感じるかもしれません．そのときは，行列演算は何か特別なことをしているのではなく，スカラー演算の拡張となっていたことを思い出してください．このことを念頭において，まずは行列の成分計算を追い，行列演算とスカラー演算の対応を確認すると行列への拒否反応は薄れるでしょう．その作業を通じて行列に慣れれば，行列演算ならではの解釈も自然に行えるようになると思います．

　本章では計量経済学をとりあげましたが，他の分野でも行列演算はよく用いられます．さまざまな場面で行列は煩雑な式を整理し，その理解を助けてくれるでしょう．また，行列演算から得られる解釈は多くの経済学的インプリケーションをもたらし，経済学のより深い理解につながります．以上のことから，行列演算は経済学を本格的に学ぶには必須の知識といえるでしょう．

8.8 最小 2 乗法をもう少し攻める——その図形的意味*

最後に，第 6 章で学んだベクトルの正射影の考え方を用いて最小 2 乗法を図形的に解釈してみます．データ $(y_1, x_1), \ldots, (y_n, x_n)$ が与えられたとしましょう (本文中ではデータの数は 5 個としましたが，ここでは一般に n 個のデータで考えます)．これらを線形モデル $y = \alpha + \beta x$ にあてはめ，残差 $e_1, \ldots, e_n$ を加えて

$$\begin{cases} y_1 = \alpha + \beta x_1 + e_1 \\ \quad \vdots \\ y_n = \alpha + \beta x_n + e_n \end{cases} \tag{8.21}$$

と等式で書き表します．$\boldsymbol{y} = \begin{pmatrix} y_1 \\ \vdots \\ y_n \end{pmatrix}, \boldsymbol{x} = \begin{pmatrix} x_1 \\ \vdots \\ x_n \end{pmatrix}, \boldsymbol{1} = \begin{pmatrix} 1 \\ \vdots \\ 1 \end{pmatrix}, \boldsymbol{e} = \begin{pmatrix} e_1 \\ \vdots \\ e_n \end{pmatrix}$ とおくと，これら n 本の等式は

$$\boldsymbol{y} = \alpha \boldsymbol{1} + \beta \boldsymbol{x} + \boldsymbol{e} \tag{8.22}$$

とベクトルの形でひとまとめに書けます．最小 2 乗法とは，残差の 2 乗和 $e_1^2 + \cdots + e_n^2$ を最小化するように α, β の値を決めることでした (そのときの値 $\hat{\alpha}, \hat{\beta}$ を最小 2 乗推定値と呼びました)．ベクトルの言葉を使うと，残差の 2 乗和の最小化は残差ベクトル $\boldsymbol{e}$ の長さの 2 乗 $|\boldsymbol{e}|^2$ の最小化といいかえられます．これを図形的にイメージ化してみましょう．

残差ベクトル $\boldsymbol{e}$ は定義により $\boldsymbol{y} - (\alpha \boldsymbol{1} + \beta \boldsymbol{x})$ で与えられます．図 8.5 を見てください．α, β を変化させると，ベクトル $\alpha \boldsymbol{1} + \beta \boldsymbol{x}$ は $\boldsymbol{1}$ と $\boldsymbol{x}$ で張られる平面上を動きます．よって，$\boldsymbol{e}$ の長さ (の 2 乗) を最小化することは，この平面上でベクトル $\boldsymbol{y}$ から最も近い地点を探すことに他なりません．そのような点は，$\boldsymbol{y}$ からこの平面への正射影で与えられます．この

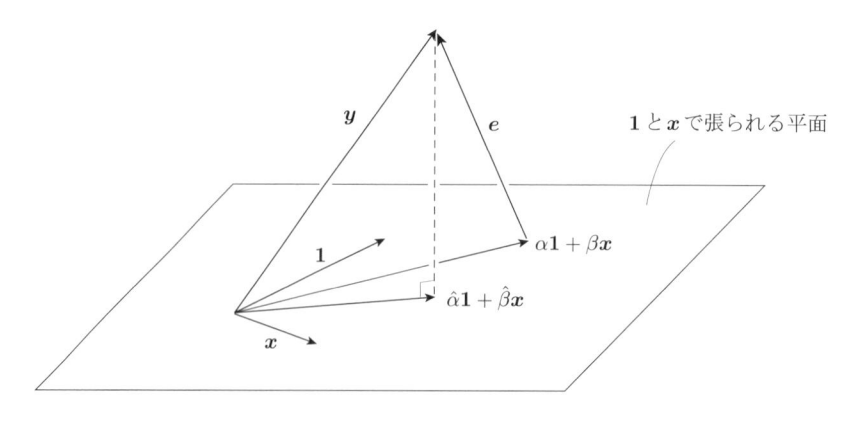

図 8.5 最小 2 乗法の図形的意味

正射影の考え方こそが最小 2 乗法の幾何的な意味です．したがって，最小 2 乗推定値 $\hat{\alpha}, \hat{\beta}$ は，$\boldsymbol{e}$ が $\boldsymbol{1}$ と $\boldsymbol{x}$ で張られる平面と直交するときの，すなわち，$\boldsymbol{e}$ が $\boldsymbol{1}, \boldsymbol{x}$ の両方と直交するときの α, β の値となります．第 6 章で学んだように，直交条件は

$$\begin{cases} \boldsymbol{1} \cdot \boldsymbol{e} = 0 \\ \boldsymbol{x} \cdot \boldsymbol{e} = 0 \end{cases} \tag{8.23}$$

と「内積 = 0」の形で書けます．ここで $\boldsymbol{e} = \boldsymbol{y} - (\alpha \boldsymbol{1} + \beta \boldsymbol{x})$ を代入して式を変形していくと，

$$(8.23) \iff \begin{cases} \boldsymbol{1} \cdot \{\boldsymbol{y} - (\alpha \boldsymbol{1} + \beta \boldsymbol{x})\} = 0 \\ \boldsymbol{x} \cdot \{\boldsymbol{y} - (\alpha \boldsymbol{1} + \beta \boldsymbol{x})\} = 0 \end{cases}$$

$$\iff \begin{cases} \boldsymbol{1} \cdot \boldsymbol{y} - \alpha \boldsymbol{1} \cdot \boldsymbol{1} - \beta \boldsymbol{1} \cdot \boldsymbol{x} = 0 \\ \boldsymbol{x} \cdot \boldsymbol{y} - \alpha \boldsymbol{x} \cdot \boldsymbol{1} - \beta \boldsymbol{x} \cdot \boldsymbol{x} = 0 \end{cases}$$

$$\iff \begin{cases} (\boldsymbol{1} \cdot \boldsymbol{1})\alpha + (\boldsymbol{1} \cdot \boldsymbol{x})\beta = \boldsymbol{1} \cdot \boldsymbol{y} \\ (\boldsymbol{x} \cdot \boldsymbol{1})\alpha + (\boldsymbol{x} \cdot \boldsymbol{x})\beta = \boldsymbol{x} \cdot \boldsymbol{y} \end{cases}$$

となって，正規方程式の内積バージョン (∗∗) を得ます．この方程式の解が $\hat{\alpha}, \hat{\beta}$ です．

ちなみに，以下に見るように，変数として x, y のかわりに平均からのずれ $x - \bar{x}$, $y - \bar{y}$ を使うと計算が少し簡単になります（ただし，$\bar{x} = \sum x_i / n$ は $x_1, \ldots, x_n$ の平均，$\bar{y} = \sum y_i / n$ は $y_1, \ldots, y_n$ の平均）．まず，β を固定して残差の 2 乗和 $\sum (y_i - \alpha - \beta x_i)^2$ を最小化する α を求めると，1 階条件 $\sum \{-2(y_i - \alpha - \beta x_i)\} = 0$ から

$$\alpha = \frac{1}{n} \sum y_i - \beta \frac{1}{n} \sum x_i = \bar{y} - \beta \bar{x}$$

となります．これを (8.21) に代入して整理すると

$$\begin{cases} y_1 - \bar{y} = \beta(x_1 - \bar{x}) + e_1 \\ \quad \vdots \\ y_n - \bar{y} = \beta(x_n - \bar{x}) + e_n \end{cases}$$

と書けます．そこで，$\tilde{\boldsymbol{y}} = \begin{pmatrix} y_1 - \bar{y} \\ \vdots \\ y_n - \bar{y} \end{pmatrix}, \tilde{\boldsymbol{x}} = \begin{pmatrix} x_1 - \bar{x} \\ \vdots \\ x_n - \bar{x} \end{pmatrix}$ とおくと，これらの式は

$$\tilde{\boldsymbol{y}} = \beta \tilde{\boldsymbol{x}} + \boldsymbol{e}$$

とまとめられます．残差ベクトル $\boldsymbol{e}$ は $\tilde{\boldsymbol{y}} - \beta \tilde{\boldsymbol{x}}$ と書けるので，$\boldsymbol{e}$ の長さを最小化することは

$\tilde{\bm{x}}$ 方向の直線の中で $\tilde{\bm{y}}$ に最も近い点を探すことになり，その点は $\tilde{\bm{y}}$ の $\tilde{\bm{x}}$ 方向への正射影ベクトルで与えられます．第 6 章の正射影ベクトルの公式 (6.11) より，正射影ベクトルは

$$\frac{\tilde{\bm{x}} \cdot \tilde{\bm{y}}}{|\tilde{\bm{x}}|^2} \tilde{\bm{x}}$$

と表されます．よって，$\beta \tilde{\bm{x}}$ と係数を見比べて，最小 2 乗推定値 $\hat{\beta}$ は

$$\hat{\beta} = \frac{\tilde{\bm{x}} \cdot \tilde{\bm{y}}}{|\tilde{\bm{x}}|^2} \tag{8.24}$$

と求まります ($\hat{\alpha}$ の方は $\hat{\alpha} = \bar{y} - \hat{\beta}\bar{x}$ から求まります)．本文中で ($n = 5$ として) 導出した (8.11) 式や (8.13) 式の表現と一致することを確認してください．さらに，$\tilde{\bm{x}} \cdot \tilde{\bm{y}} = \tilde{\bm{x}}'\tilde{\bm{y}}$, $|\tilde{\bm{x}}|^2 = \tilde{\bm{x}}'\tilde{\bm{x}}$ と転置を使って書くと，(8.24) 式は

$$\hat{\beta} = (\tilde{\bm{x}}'\tilde{\bm{x}})^{-1}\tilde{\bm{x}}'\tilde{\bm{y}}$$

と，本文中で繰り返し出てきた「$\hat{\bm{\theta}} = (\bm{X}'\bm{X})^{-1}\bm{X}'\bm{y}$」の式と対応する形で書き表すこともできます．ここで，(8.24) 式の右辺の分数で，分子を n で割ったもの $\dfrac{\tilde{\bm{x}} \cdot \tilde{\bm{y}}}{n}$ を $\bm{x}$ と $\bm{y}$ の共分散，分母を n で割ったもの $\dfrac{|\tilde{\bm{x}}|^2}{n}$ を $\bm{x}$ の分散といいます (188 ページのちょっとメモ参照).

また，$\alpha = \hat{\alpha}$, $\beta = \hat{\beta}$ のときの残差ベクトル $\hat{\bm{e}}$ の長さの 2 乗は，三平方の定理より，

$$\begin{aligned}|\hat{\bm{e}}|^2 &= |\tilde{\bm{y}}|^2 - |\hat{\beta}\tilde{\bm{x}}|^2 \\ &= |\tilde{\bm{y}}|^2 - \frac{(\tilde{\bm{x}} \cdot \tilde{\bm{y}})^2}{|\tilde{\bm{x}}|^2} \\ &= |\tilde{\bm{y}}|^2 \left\{ 1 - \left(\frac{\tilde{\bm{x}} \cdot \tilde{\bm{y}}}{|\tilde{\bm{x}}||\tilde{\bm{y}}|} \right)^2 \right\}\end{aligned}$$

となります．最後の行に出てきた $\left(\dfrac{\tilde{\bm{x}} \cdot \tilde{\bm{y}}}{|\tilde{\bm{x}}||\tilde{\bm{y}}|} \right)^2$ を回帰式 $y = \hat{\alpha} + \hat{\beta}x$ の決定係数，また，$\dfrac{\tilde{\bm{x}} \cdot \tilde{\bm{y}}}{|\tilde{\bm{x}}||\tilde{\bm{y}}|}$ を $\bm{x}$ と $\bm{y}$ の相関係数といいます．$\dfrac{\tilde{\bm{x}} \cdot \tilde{\bm{y}}}{|\tilde{\bm{x}}||\tilde{\bm{y}}|}$ は，$\dfrac{(\hat{\beta}\tilde{\bm{x}}) \cdot \tilde{\bm{y}}}{|\hat{\beta}\tilde{\bm{x}}||\tilde{\bm{y}}|}$ と書くことができるので，理論値 $\hat{\bm{y}}$ と $\bm{y}$ の相関係数と見ることもできます．相関係数の絶対値あるいは決定係数が 1 に近いときは残差が小さくなり，回帰式のあてはまりがよいことがわかります．逆に，0 に近いときはあてはまりが悪く，$\hat{\beta}$ の値も 0 に近くなります．

第 9 章

確率とリスク

9.1 経済学での使用例

結果が一通りではなく，どの結果が起こるかは不確実であるような選択肢は身の回りにたくさんあります．宝くじや競馬などのギャンブルはもちろんですが，株式や土地などの資産価値もさまざまな不確実な要因で変動します．また学歴や資格の取得も，その後どのような職業に就けるかという意味での結果は必ずしも明確ではありませんし，さらに就職後の賃金や昇進という結果は，景気や企業内部での競争といった不確実な要素に影響されるでしょう．その他，加入する保険契約に応じて，事故，火災，病気などの偶発的現象からの損害も変わってきます．

また個人だけでなく企業の場合にも，選択の結果が偶然に影響されるものが多くあります．開発した商品が売れるかどうかは将来の需要に依存しますし，新しい技術の採用もその技術の将来性について不確実性が伴います．また，どのような人材を雇用するかや，企業内で人材をどのような部署に配置するか，などもその後の結果は企業にとってはある程度不確実でしょう．

以上のような偶然の影響を受ける状況で，それぞれの結果がどの程度起こりやすいのかを数値で表現したものが確率です．確率の基本的な性質を理解し，さまざまな状態の確率を求めること，そしてその確率を利用し，個人や企業など経済主体の意思決定を考えることは経済学の重要なテーマの1つです．

では確率がどのように経済学で使われているか，いくつかの例を見ておきましょう．

例題 9.1

ある企業が社員の募集を行ったとする．応募者の中には生産性の高い人材と低い人材がいる．今までの経験で，応募者のうち生産性の高い人材は 1/3，生産性の低い人材は 2/3 ということはわかっているとする．ただし応募者本人は自分の生産性を知っているが，企業は彼らの生産性の高さを直接観測することはできない．そこで企業は応募者が業務に関連した資

格をもっているかどうかを履歴書を使って調べることにした．一般的に生産性の低い人に比べると，生産性の高い人は資格を取得するのも容易だと考えられる．ここでは経験的に，生産性の高い人のうち資格をもっているのは 2/3，生産性の低い人のうち資格をもっているのは 1/4 ということも企業にはわかっているとする．応募者の中からある 1 人を選択し，その人が資格をもっているということがわかったとき，その人が生産性の高い人材である確率を求めなさい．

この例のように，ある情報を知っている側と知らない側がいる場合，情報を知らない側はその情報について何らかの予想をしなければなりません．経済学では通常このような予想を確率によって表現します．また資格の有無といった追加情報 (シグナルと呼ばれます) が与えられたとき，それをどのように予想に反映させるか，つまり追加情報を使ってはじめの確率をどのように改訂するかが重要になります．このような問題を理解するためには，後の節で出てくる条件付き確率やベイズの定理について学ぶ必要があります．それらを学んだ上で，第 9.4 節の練習問題 9.1 で本問題を解説します．

次の例題は，資産選択問題と呼ばれるものです．

例題 9.2

いま運用可能な資金を 100 万円もっているある個人がいて，2 種類の金融資産への投資を考えているとする．1 つはある企業の株式を購入する方法で，1 年後にこの企業の株価が 1.5 倍になっている確率を 2/3，逆に株価が半分になってしまう確率が 1/3 であるとする．つまり株式への 1 万円の投資は，確率 2/3 で 1.5 万円，確率 1/3 で 0.5 万円に変動することになる．このような資産を危険資産と呼ぶ．一方，代替的な資金運用方法として銀行預金があり，1 万円の預金に対して 1 年後に確実に 0.1 万円の利子が得られるとする．つまり元利合計で 1.1 万円得られることになる．このように確実な収益が上げられる資産を安全資産と呼ぶ．危険資産への投資額を x 万円，安全資産への投資額を y 万円とすると，個人は $x+y=100$ という制約のもとで，x と y の組み合わせを選択することになる．この投資額の組み合わせ (x, y) を金融資産のポートフォリオと呼ぶ．この個人にとって最も望ましいポートフォリオはどのようなものだろうか．

上の問題では選択した資産の組み合わせに応じて資産価値は確率的に変動します．その中から望ましい選択を行うためには，まず確率的に変化する資産価値を評価する方法が必要です．以降の節では，不確実性を含むさまざまな選択肢を評価するための基準である期待値，または期待効用の考え方についても学んでいきます．第 9.4 節の練習問題 9.4 で，評価基準を具体的に仮定して本問題を解いてみます．

9.2 確率の基本

サイコロを投げるとき，1 から 6 までの目のどれかが出ることはわかっていますが，どの目が出るかはあらかじめわかりません．このサイコロ投げのように，引き起こされる結果が一通りでなく，どの結果が起こるかは偶然によって決まっているように見える行為のことを**試行**と呼びます．ある試行の結果がどの程度起こりやすいかということを数値で表現したものを**確率**といいます．

9.2.1 標本と事象

確率をもう少し正確に表現するために，いくつかの概念を導入しましょう．試行の結果起こりうる個々の結果を**標本**といいます．サイコロ投げの試行の場合では，結果として起こるのは 1 や 4 などの数字ですから，これが標本です．また試行によって起こりうるすべての結果の集合，つまりすべての標本の集合を**標本空間**といいます．したがって，試行の結果，かならず標本空間の中のどれか 1 つが起こり，標本空間以外の結果が起こることはありません．以下では標本空間を Ω で表し，Ω の要素である標本の数は有限個であるとします．

- サイコロ投げの試行では $\Omega = \{1, 2, 3, 4, 5, 6\}$ が標本空間です．
- コイン投げという試行を考えれば，出る結果は「表」と「裏」の 2 種類ですから，標本空間は $\Omega = \{$ 表, 裏 $\}$ となります．
- 明日の天気の観測という試行を考えてみましょう．経験的に起こりうる天気の状態は「晴れ」，「曇り」，「雨」の 3 種類だとすると，この場合の標本空間は $\Omega = \{$ 晴れ, 曇り, 雨 $\}$ となります．

起こりうる結果 (標本) をいくつか集めた集合を**事象**と呼びます．つまり事象とは標本空間の部分集合のことであり，記号 E などを使って表現します．サイコロ投げの例でいうと，$\{2, 4, 6\}$ という部分集合は「偶数の目が出る」という事象ですし，$\{5, 6\}$ という部分集合は「5 以上の目が出る」という事象です．とくに，標本空間 Ω 自体を**全事象**といいます．また，1 つの標本だけを含む事象のことを**根元事象**といいます．サイコロ投げの例では，$\{1\}$ や $\{5\}$ などが根元事象です．1 つも標本を含まない事象を**空事象**と呼び，記号 $\emptyset$ で表現します．空事象は「決して起こらない事象」と解釈されます．

次に，与えられたいくつかの事象から他の事象を導く方法を見てみましょう．まずサイコロ投げの例で，「3 以下の目が出る」という事象を E，「奇数の目が出る」という事象を F とします．このとき，「E と F のうち少なくともどちらかが起こる」という事象は $E = \{1, 2, 3\}$ と $F = \{1, 3, 5\}$ の和集合，つまり $E \cup F = \{1, 2, 3, 5\}$ と表現できます．この $E \cup F$ という事象を E と F の**和事象**といいます (「$\cup$」は「カップ」と読みます)．上で述べた通り，和事象とは，2 つの事象のうち少なくともどちらかが起こる事象と解釈できます．

また，「与えられた 2 つの事象の両方が同時に起こる」という事象も考えることができます．先ほどと同じ例を使うと，もしサイコロを投げて 1 という目が出た場合，1 は奇数であ

り，かつ3以下の数字ですから，E と F という事象は同時に起こることになります．このように2つの事象に共通に含まれる標本からなる集合，つまり E と F の積集合 $E \cap F = \{1,3\}$ を，E と F の積事象といいます（「$\cap$」は「キャップ」と読みます）．

逆に，同時に起きることのない2つの事象もあります．たとえば「偶数の目が出る」という事象を G としてみると，F と G という事象はお互いに共通要素をもたないので，同時に起こることはありません．言いかえると，F と G が同時に起こるという事象，つまり積事象 $F \cap G$ が空事象ということです．このような同時に起こらない2つの事象を排反事象といい，$F \cap G = \emptyset$ と表現します．

- サイコロ投げの例では「2以下の目が出る」という事象 $\{1,2\}$ と「4以上の目が出る」という事象 $\{4,5,6\}$ は排反事象です．
- コイン投げの例では，2つの事象 { 表 } と { 裏 } は排反事象です．

排反事象の考え方は2つ以上の事象についても自然に拡張できます．いま n 個の事象 $E_1, E_2, \cdots, E_n$ があったとき，これらの事象が互いに排反であるとは，この n 個の事象から異なる2つの事象をどのように選んでも，それらが排反事象であることだとします．つまり，$E_i \cap E_j = \emptyset$ がどのような $i \neq j$ についても成り立ちます．サイコロ投げの例では，事象 $E_1 = \{1,2\}$, $E_2 = \{3,4\}$, $E_3 = \{6\}$ はどのような2つの事象の組み合わせも共通部分をもたず，排反事象となります．よって E_1, E_2, E_3 は互いに排反です．

ある事象 E が与えられているとき，E に含まれない標本の集合を E の余事象といい，「E という事象は起きない」という事象を表します．記号では，$\Omega \setminus E$ や E^c などと書きます（右肩の「c」は余事象 complementary event の頭文字から）．サイコロの例を使えば，奇数の目が出るという事象 $F = \{1,3,5\}$ の余事象は，1から6の数字の中から $1, 3, 5$ を除いた事象，つまり偶数の目が出るという事象 $G = \{2,4,6\}$ です．もちろん逆に G という事象の余事象が F です．また3以下の目が出るという事象 $E = \{1,2,3\}$ の余事象は $H = \{4,5,6\}$ となります．もとの事象とその余事象は定義上共通部分をもたないので，排反事象となります．実際 F と G は排反事象，また E と H も排反事象であることを確認してください．

9.2.2 確率の定義と基本的性質

上で詳しく見てきたように，標本空間の中で起こりうる状態を表現したものが事象です．確率とは，それぞれの事象がどの程度起こりやすいかを数値化したものです．つまり標本空間 Ω の部分集合である E という事象に対して，$P(E)$ という数値を割り当て，この数値を事象 E が起こる確率と呼びます．

事象の起こりやすさを数値化したものが確率ですが，それが確率と解釈されるためには，事象への数値の割り当て方には一定のルールが必要です．たとえば，明日の天気の可能性を表現した標本空間 $\Omega = \{$ 晴れ, 曇り, 雨 $\}$ を考えてみましょう．この標本空間の事象に確率を割り当てるという作業は，ちょうど天気予報にあたります．仮に晴れという事象の確率

が 50%，曇りの確率が 20% と見積もられているとしましょう．このとき，晴れまたは曇りという事象の確率は 50% と 20% の和で 70% となっているべきでしょう．また雨という事象は，晴れまたは曇りという事象の余事象ですから，30% の確率が割り当てられてしかるべきです．

では以下で確率が満たすべきルールを具体的に定めておきましょう．

定義 9.1

標本空間 Ω の事象 E の確率 $P(E)$ は次の条件を満たさなければならない．

(1) どのような事象 E についても $P(E) \geq 0$ である．

(2) 全事象 Ω の確率は $P(\Omega) = 1$ である．

(3) もし事象 E_1 と E_2 が排反事象であるなら，$P(E_1 \cup E_2) = P(E_1) + P(E_2)$ である．

それぞれの条件について見ていきましょう．まず (1) ですが，確率は事象の起こりやすさの表現ですから，ゼロ以上の数値にしようという条件です．次の条件 (2) は，全事象の確率を 1 にして基準化しておこうという条件です．ちょうど天気予報ではこの 1 を 100% といっているわけです．最後の条件は確率の加法性と呼ばれる性質で，排反事象の和事象 $E_1 \cup E_2$ の確率は，それぞれの事象の確率の和になっているというものです．上の天気予報の例で述べたように，晴れの確率が $P(\{\text{晴れ}\}) = 0.5$，曇りの確率が $P(\{\text{曇り}\}) = 0.2$ のときは，晴れまたは曇りの確率は $P(\{\text{晴れ},\text{曇り}\}) = P(\{\text{晴れ}\}) + P(\{\text{曇り}\}) = 0.7$ となります．

定義 9.1 の条件 (3) には 2 つの事象が排反事象であることが要求されている点に注意しましょう．たとえば $\{\text{晴れ},\text{曇り}\}$ と $\{\text{曇り},\text{雨}\}$ という事象は，「曇り」という共通要素をもつので排反事象ではありません．このような場合にはそれぞれの事象の確率の合計は，共通部分の確率が二重計算されてしまうため，一般に和事象の確率を超えてしまいます．実際

$$1 = P(\{\text{晴れ},\text{曇り},\text{雨}\}) = P(\{\text{晴れ},\text{曇り}\} \cup \{\text{曇り},\text{雨}\})$$
$$< P(\{\text{晴れ},\text{曇り}\}) + P(\{\text{曇り},\text{雨}\}) = 0.7 + 0.5$$

となります．よって確率の加法性は排反事象についてのみ成り立つのです．

定義 9.1 の確率の条件を用いるといくつかの確率の直観的な性質を示すことができます．それを以下にまとめておきましょう．証明は，たとえば小山昭雄『新装版 経済数学教室 9 確率論』(岩波書店，2011 年) にあるので，興味のある読者は参照してください．

第 9 章 確率とリスク

> **命題 12** (確率の性質)
>
> 標本空間を Ω とする．確率 $P(E)$ は定義 9.1 の 3 つの条件を満たすとしよう．このとき，次のような確率の性質が導かれる．
>
> (1) もし事象 E_1 が事象 E_2 に含まれるならば，$P(E_1) \leq P(E_2)$ である．
>
> (2) すべての事象 E について，$0 \leq P(E) \leq 1$ である．
>
> (3) 空事象 $\emptyset$ の起こる確率は $P(\emptyset) = 0$ である．
>
> (4) もし事象 $E_1, E_2, \cdots, E_n$ が互いに排反事象ならば，
> $$P(E_1 \cup E_2 \cup \cdots \cup E_n) = P(E_1) + P(E_2) + \cdots + P(E_n)$$
> である．
>
> (5) すべての事象 E_1, E_2 について，
> $$P(E_1 \cup E_2) = P(E_1) + P(E_2) - P(E_1 \cap E_2)$$
> である．
>
> (6) すべての事象 E について，その余事象 $\Omega \setminus E$ の確率は $P(\Omega \setminus E) = 1 - P(E)$ である．

まず性質 (1) は単調性と呼ばれる確率の性質です．事象 E_1 は事象 E_2 の部分集合なので，E_1 という事象が起こるときには，E_2 という事象も起きることになります．よって E_2 の方が E_1 よりも確率が高いというのは直観的な性質でしょう．性質 (2) はどのような事象の確率も 0 以上 1 以下というもので，自然な性質です．性質 (3) ですが，空事象は決して起こらない事象なので，その確率が 0 というのも自然でしょう．性質 (4) は確率の条件 (3) を任意有限個の互いに排反な事象に拡張したものです．

命題 12 (5) は確率の加法定理と呼ばれる性質です．2 つの事象 E_1 と E_2 を選んできた場合，それらは一般には排反事象ではありません．このとき $P(E_1)$ と $P(E_2)$ を足してしまうと，2 つの事象の共通要素である積事象 $E_1 \cap E_2$ の確率が二重計算されてしまいます．よってこの積事象の確率 $P(E_1 \cap E_2)$ を $P(E_1)$ と $P(E_2)$ の合計から引けば，ちょうど E_1 と E_2 の和事象の確率 $P(E_1 \cup E_2)$ になるというのが性質 (5) です．もし E_1 と E_2 が排反事象の場合には，$P(E_1 \cap E_2) = P(\emptyset) = 0$ なので，性質 (5) は定義 9.1 の条件 (3) と一致することに注意してください．

最後に命題 12 (6) は，余事象の確率はもとの事象の確率を 1 (つまり全事象の確率) から引くことによって得られることを示しています．ある事象の確率を求めるよりも，その余事象の確率を求める方が簡単な場合にはこの性質が便利です．

9.2.3 均等確率の場合

試行によっては，どの標本も同じ確率で起こると考えられるものがあります．たとえばサイコロ投げという試行では，サイコロに特別な偏りがない限り，1から6までのどの目も同等に起こりやすいと考えてよいでしょう．また歪みのないコインを投げるという試行では，表と裏はやはり同程度に起こりやすいとみなしてよいでしょう．このように，特定の標本が起こりやすいと信じる特別理由がなく，どの標本も同程度に起こると考えられることを，**すべての結果は同様に確からしい**，といいます．この項ではすべての結果が同様に確からしい試行の場合，事象の確率はどのように求められるかを考えてみましょう．

標本空間 Ω の中の要素の数，つまり標本の数を N としましょう．またそれぞれの標本を ω_i と表しましょう $(i = 1, 2, \cdots, N)$．つまり標本空間は $\Omega = \{\omega_1, \omega_2, \cdots, \omega_N\}$ となっています．すべての結果が同様に確からしいということは，どの根元事象 $\{\omega_i\}$ も同じ確率で起こる，つまり

$$P(\{\omega_1\}) = P(\{\omega_2\}) = \cdots = P(\{\omega_N\})$$

ということです．ここで全事象は根元事象の和事象と考えられるので，命題12の性質(4)より，

$$\begin{aligned} 1 = P(\Omega) &= P(\{\omega_1\} \cup \{\omega_2\} \cup \cdots \cup \{\omega_N\}) \\ &= P(\{\omega_1\}) + P(\{\omega_2\}) + \cdots + P(\{\omega_N\}) \\ &= N P(\{\omega_i\}) \end{aligned}$$

がどのような i についても成り立ちます．ここから，根元事象の確率は $P(\{\omega_i\}) = 1/N$ と求まります．

- サイコロ投げでは，標本は1から6までの数字なので，標本の数は6です．よって歪みのないサイコロ投げでは，どの目が出る確率も $1/6$ です．
- コイン投げでは，標本は表と裏なので，標本の数は2です．よって歪みのないコイン投げでは，表と裏の確率はそれぞれ $1/2$ です．

根元事象の確率だけでなく，その他の事象の確率も同様に求めることができます．事象 $E = \{\omega, \omega', \cdots, \omega''\}$ に含まれる要素の数を $N(E)$ で表すことにすれば，上の議論と同様に

$$\begin{aligned} P(E) &= P(\{\omega\} \cup \{\omega'\} \cup \cdots \cup \{\omega''\}) \\ &= P(\{\omega\}) + P(\{\omega'\}) + \cdots + P(\{\omega''\}) \\ &= N(E) P(\{\omega\}) = \frac{N(E)}{N} \end{aligned}$$

となります．以上をまとめておきましょう．

> **命題 13**
> 　試行の結果が同様に確からしい場合には，事象 E の確率は
> $$P(E) = \frac{N(E)}{N} = \frac{E \text{ に含まれる標本の数}}{\text{全事象に含まれる標本の数}}$$
> で与えられる．

よって結果が同様に確からしい場合，事象 E の確率を求めるためには，その事象に含まれる標本の数，つまり場合の数を求めればよいことになります．

例題 9.3

歪みのないサイコロを投げる．奇数が出るという事象の確率を求めなさい．

【解答 9.3】

サイコロ投げでは全事象に含まれる標本数は 6 です．また奇数の事象は $\{1,3,5\}$ なので，場合の数は 3 です．よってその確率は $3/6 = 1/2$ となります．

[例題 9.3：終]

例題 9.4

歪みのないコインを 2 回投げる．2 回とも表になる確率を求めなさい．また 2 回のうち少なくとも 1 回は裏が出る確率を求めなさい．

【解答 9.4】

この試行の場合，標本は (表, 表)，(表, 裏)，(裏, 表)，(裏, 裏) の 4 つあります．括弧の左側が 1 回目のコイン投げの結果，右側が 2 回目のコイン投げの結果と考えてください．歪みのないコインですから，どの結果も同様に確からしいと考えられます．2 回とも表という事象の場合の数は 1 ですので，確率は $1/4$ となります．「2 回とも表が出る」という事象の余事象が「2 回のうち少なくとも 1 回は裏が出る」です．命題 12 の性質 (6) から，余事象の確率は $1 - 1/4 = 3/4$ となります．

[例題 9.4：終]

例題 9.5

サイコロを2回投げるという試行を考える．出た目の合計が9になる確率を求めなさい．

【解答 9.5】

最初に出た目を i，次に出た目を j とすると，1つの標本は (i, j) と書くことができます．標本集合は $\{(1,1), (1,2), \cdots, (6,6)\}$ となり，標本の数は全部で36個です．次に目の合計 $(i+j)$ が9になるのは，$(i, j) = (3,6), (4,5), (5,4), (6,3)$ の標本が実現したときですから，場合の数は4です．よって確率は $4/36 = 1/9$ となります．

[例題 9.5：終]

9.2.4 条件付き確率

明日の天気の観測という試行について考えます．標本空間を $\Omega = \{$ 晴れ, 曇り, 雨 $\}$ とし，それぞれの標本 (根元事象) の起こる確率を 1/2, 1/3, 1/6 としておきます．曇りまたは雨という事象を E，晴れまたは曇りという事象を F としましょう．つまり $E = \{$ 曇り, 雨 $\}$，$F = \{$ 晴れ, 曇り $\}$ です．それぞれの事象の確率は加法性より $P(E) = 1/2, P(F) = 5/6$ となります．

では F という事象が起きたことがすでにわかっているとき，事象 E が起こる確率というのはどう考えればよいでしょうか．この場合，事象 F が起きたということはすでに前提となっていますので，標本空間を $F = \{$ 晴れ, 曇り $\}$ に制限することができます．この制限された標本空間の中で事象 E が起こるということは，E と F が同時に起こる，つまりこの2つの事象の積事象 $E \cap F$ が起こることと同じです (図 9.1)．よって前提となっている事象 F の中で，この積事象がどの程度起こりやすいと考えられるか，つまり事象 F の確率と積事象 $E \cap F$ の確率の比，

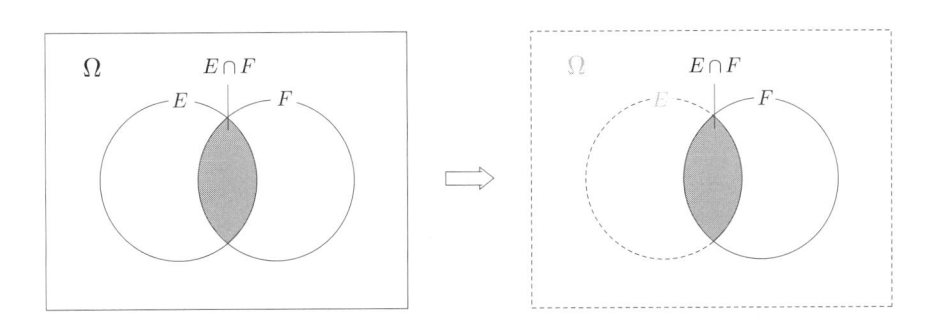

図 9.1　条件付き確率

$$\frac{P(E \cap F)}{P(F)} = \frac{P(\{\text{曇り}\})}{P(\{\text{晴れ, 曇り}\})} = \frac{\frac{1}{3}}{\frac{5}{6}} = \frac{2}{5}$$

が求めるべき確率となります．

このように，ある事象 F が起きたことを前提として，他の事象 E が起きる確率を，(事象 F のもとでの) 事象 E の条件付き確率といい，$P(E|F)$ という記号で表します．上の例で説明したように，条件付き確率は積事象の確率と前提となる事象の確率の比をとることによって求められます．

> **定義 9.2**
> 標本空間 Ω の事象 E と F を考える．事象 F の起きる確率 $P(F)$ はゼロではないとする．このとき，F のもとでの E の条件付き確率 $P(E|F)$ は
> $$P(E|F) = \frac{P(E \cap F)}{P(F)}$$
> である．

理解を深めるために，例題をいくつか解いてみましょう．

例題 9.6

あなたに見えないところで振られたサイコロの目が奇数であったら当たりであるようなくじを考える．いま，「目が 3 以下である」という情報をもらったとする．「目が奇数である」という事象を E,「目が 3 以下である」という事象を F とおく．

(1) 事象 E の確率 $P(E)$ (情報 F を得る前の当たりの確率) を求めなさい．

(2) 事象 F のもとでの事象 E の条件付き確率 $P(E|F)$ (情報 F を得た後の当たりの確率) を求めなさい．

【解答 9.6】

まず，$P(E) = 1/2$ です．次に，定義 9.2 に従って条件付き確率 $P(E|F)$ を求めましょう．どの結果も同様に確からしいので，場合の数を求めます．事象 F が起こるのは，出た目が 1,2,3 のときですから，場合の数は 3 です．よって $P(F) = 3/6 = 1/2$ となります．また E と F の積事象が起こるのは 1 と 3 の目が出るときなので，その場合の数は 2 です．よって $P(E \cap F) = 2/6 = 1/3$ です．以上より，条件付き確率は $P(E|F) = (1/3)/(1/2) = 2/3$ となります．

[例題 9.6：終]

例題 9.7

サイコロを 2 回投げるとき，目の合計が 6 になるという事象を F，1 回目に出た目が奇数という事象を E とする．事象 F が起きたもとでの事象 E の条件付き確率を求めなさい．

【解答 9.7】

事象 F が起こるのは，出た目の組み合わせが $(1,5), (2,4), (3,3), (4,2), (5,1)$ のときですから，場合の数は 5 です．事象 $F = \{(1,5), (2,4), (3,3), (4,2), (5,1)\}$ が起きたことは前提ですので，F をあたかも標本空間であるかのようにみなします．事象 F の中で，1 回目のサイコロで奇数が出るのは $(1,5), (3,3), (5,1)$ の 3 つです．よって条件付き確率は 3/5 と求められます．

[例題 9.7：終]

条件付き確率 $P(E|F)$ の定義を書きかえてみると

$$P(E \cap F) = P(E|F)P(F)$$

となります．この式が述べていることは，事象 E と事象 F が同時に起こる確率 $P(E \cap F)$ を求めるためには，まず F の起きる確率 $P(F)$ を求め，それに F の起こったもとでの事象 E の起こる確率 $P(E|F)$ をかければよいということです．また条件付き確率 $P(F|E)$ の定義より，

$$P(E \cap F) = P(F|E)P(E)$$

となりますから，積事象 $E \cap F$ の確率は，事象 E の確率と事象 E が起こったもとでの事象 F の起こる確率をかけることによっても求まります．これらの性質を確率の乗法定理と呼びます．以下にそれをまとめておきましょう．

命題 14

標本空間 Ω の事象 E と F について，積事象 $E \cap F$ の確率は

$$P(E \cap F) = P(E|F)P(F) = P(F|E)P(E)$$

で与えられる．

これを使って問題を解いてみましょう．

例題 9.8

つぼの中に赤玉が 3 個と白玉が 2 個入っている．このつぼから 2 回続けて玉を取り出すという試行を考える．1 回目に取り出した玉はつぼに戻さないとする．2 回とも赤玉を取り出す確率を求めなさい．

【解答 9.8】

この状況の場合，つぼの中の玉のうちどの玉が取り出されるのも同様に確からしいと考えてよいでしょう．まず 1 回目に赤玉を取り出す確率ですが，つぼの中には 5 つの玉があり，そのうち赤玉は 3 つですから，その確率は 3/5 になります．次に 1 回目に赤玉が取り出されたもとで 2 回目に赤玉を取り出す条件付き確率を求めましょう．つぼに残っているのは赤玉 2 個と白玉 2 個ですので，条件付き確率の定義より，求める確率は $2/4 = 1/2$ となります．よって乗法定理より，2 回とも赤玉を取り出す確率は $1/2 \times 3/5 = 3/10$ となります．

[例題 9.8：終]

例題 9.9

ある大学の経済学部には同数の男子学生と女子学生がいる．また男子学生のうち眼鏡をかけているのは 1/3，女子学生のうち眼鏡をかけているのは 1/6 とする．この経済学部から学生を 1 人無作為に選択するとき，その学生が眼鏡かけた女子である確率を求めなさい．

【解答 9.9】

この試行ではどの学生が選ばれるのも同様に確からしいと考えることができます．学生が女子であるという事象を F，学生が眼鏡をかけているという事象を E とすると，ここで求めたいのは積事象 $E \cap F$ の確率です．男子と女子は同数いますので，選択された学生が女子である確率は $P(F) = 1/2$ となります．また女子学生のなかの 1/6 が眼鏡をかけているので，女子学生という事象が起きたもとで，その学生が眼鏡をかけているという事象が起こる条件付き確率は $P(E|F) = 1/6$ となります．よって乗法定理により，$P(E \cap F) = P(E|F)P(F) = 1/6 \times 1/2 = 1/12$ となります．

[例題 9.9：終]

次に事象の独立性について説明します．

例題 9.10

あなたに見えないところで振られたサイコロの目が 1 か 2 であったら当たりであるようなくじを考える．いま，「目は奇数である」という情報をもらったとする．このとき，この情報のもとでの当たりの確率はいくらか．

【解答 9.10】

当たりであるという事象を $E = \{1, 2\}$，奇数であるという事象を $F = \{1, 3, 5\}$ とおきましょう．情報をもらう前の時点で当たりである確率は $P(E) = 1/3$ です．一方，F という情報をもらったあとの条件付き確率は

$$P(E|F) = \frac{P(E \cap F)}{P(F)} = \frac{P(\{1\})}{P(\{1,3,5\})} = \frac{1/6}{1/2} = \frac{1}{3}$$

となります．

[例題 9.10：終]

この例題では，$P(E|F)$ と $P(E)$ の値は等しくなりました．つまり，F という情報は当たりについての確率の見積もりに何の影響も与えなかったことになります．このとき，$P(E \cap F) = P(E)P(F)$ となりますが，この等式が成り立つとき事象 E と F は独立であるといいます．

> **定義 9.3**
> 標本空間 Ω の事象 E と F に対して
>
> $\quad P(E \cap F) = P(E)P(F)$
>
> が成り立つとき，E と F は独立であるという．

事象 E, F が独立であるとき，条件付き確率の定義と独立性の定義から直ちに

$$P(E|F) = P(E) \tag{9.1}$$

と

$$P(F|E) = P(F) \tag{9.2}$$

という等式が得られます．つまり E と F が独立の場合には，一方の事象が起きたという情報は他方の事象の確率に影響を与えないことがわかります．逆に (9.1) 式 (または (9.2) 式) が成り立つときには，乗法定理より E と F は独立になります．したがって事象の独立性と等式 (9.1) 式 (または (9.2) 式) は同値な条件であることがわかります．

例題 9.11
サイコロを 2 回投げて，2 回とも 1 が出る確率を求めなさい．

【解答 9.11】

まず 1 回目に 1 が出るのは出た目の組み合わせが $(1,1), (1,2), \cdots, (1,6)$ の 6 通りの場合であり，この中で 2 回目に 1 が出るのは $(1,1)$ の場合だけです．したがって，1 回目に 1 が出たもとでの 2 回目に 1 が出る条件付き確率は 1/6 となり，2 回目に 1 が出る確率 1/6 と等しくなります．よって 1 回目に 1 が出るという事象と 2 回目に 1 が出るという事象は独立となり，その積事象，つまり 2 回とも 1 が出る確率は

$$\frac{1}{6} \times \frac{1}{6} = \frac{1}{36}$$

と計算できます．

[例題 9.11：終]

9.2.5 ベイズの定理

この項では条件付き確率の重要な応用であるベイズ (Bayes) の定理を紹介します．はじめにベイズの定理を使うとどのような問題が解けるのか見てみましょう．

例題 9.12
ある自動車メーカーが同じ自動車部品の製造を部品会社 1 に 200 単位，部品会社 2 に 100 単位発注したとする．経験的に部品会社 1 の製品の欠陥品比率は 3%，部品会社 2 の製品の欠陥品比率は 5% とわかっている．いま部品会社から届いた合計 300 単位の部品の中から 1 つを無作為に選んで検品してみたところ，欠陥品とわかった．同じ部品なので見た目ではどちらの会社の製品なのか区別できない．この製品が部品会社 1 で製造されたものである確率を求めなさい．

まず上の問題から読みとれることを整理し，どのような事象の確率を求めればよいのかを確認しておきましょう．この問題の場合，試行とは 300 個の部品から 1 つを無作為に選んで検品することであり，標本空間 Ω の要素は 300 個それぞれの部品です．部品会社 1 の製品が検品のため選ばれるという事象を E_1，部品会社 2 の製品が選ばれるという事象を E_2，検品された製品が欠陥品であるという事象を A とします．どの製品が選ばれるのも同様に確からしいと考えられますので，上の問題から次のことが読みとれます．

- 部品 300 単位のうち，部品会社 1 が 200 単位，部品会社 2 が 100 単位を製造していますので，$P(E_1) = 2/3$, $P(E_2) = 1/3$ となります．
- 部品会社 1 の製品の欠陥品比率が 3% であるということは，E_1 という事象が起きたもとでの事象 A の起こる条件付き確率 $P(A|E_1)$ は 0.03 ということがわかります．同様に $P(A|E_2) = 0.05$ となります．

ここで求めたい確率とは，検品した製品が欠陥品だとわかったとき，それが部品会社 1 の製品である確率，つまり事象 A が起こったもとでの事象 E_1 の条件付き確率 $P(E_1|A)$ ということになります．ベイズの定理とは，前提条件の $P(E_i)$ や $P(A|E_i)$ から確率 $P(E_i|A)$ を求めるための公式を与えてくれるものです．一般にある事象 E と F について条件付き確率 $P(F|E)$ が与えられているとき，逆の条件付き確率 $P(E|F)$ を求めるための方法がベイズの定理であり，それは因果関係を逆転させた確率を求める方法と考えることができます．

ベイズの定理を正確に述べるために標本空間の分割という概念について説明します．標本空間を Ω としましょう．いま n 個の事象 $E_1, E_2, \cdots, E_n$ が Ω の分割であるとは，$E_1, E_2, \cdots, E_n$ は互いに排反事象であり，かつこれらの事象の和事象，つまり $E_1 \cup E_2 \cup \cdots \cup E_n$ は全事象 Ω と一致することです．たとえば，サイコロ投げの試行では，$E_1 = \{1, 5\}$, $E_2 = \{2, 4\}$, $E_3 = \{3, 6\}$ の 3 つの事象は標本空間の分割になります．また奇数の事象 $E_1 = \{1, 3, 5\}$ と偶数の事象 $E_2 = \{2, 4, 6\}$ という 2 つの事象もサイコロ投げの標本空間の分割になります．

以下の定理がベイズの定理と呼ばれるものです (ベイズ・ルールとも呼ばれます)．

定理 9.1 (ベイズの定理)

事象 $E_1, E_2, \cdots, E_n$ を標本空間 Ω の分割とする．いま事象 E_i の起こる確率 $P(E_i)$ と，E_i のもとでの事象 A の条件付き確率 $P(A|E_i)$ が $i = 1, \cdots, n$ について与えられているとする．このとき，事象 A のもとでの E_i の条件付き確率は，

$$P(E_i|A) = \frac{P(A|E_i)P(E_i)}{\sum_{j=1}^{n} P(A|E_j)P(E_j)}$$

である．

【証明】

まず条件付き確率の定義により，

$$P(E_i|A) = \frac{P(E_i \cap A)}{P(A)}$$

となります．分子の $P(E_i \cap A)$ ですが，条件付き確率 $P(A|E_i)$ の定義から，

$$P(E_i \cap A) = P(A|E_i)P(E_i)$$

と書けます．次に分母の $P(A)$ について考えましょう．事象 $E_1,\cdots,E_n$ は標本空間の分割なので，$A = (E_1 \cap A) \cup \cdots \cup (E_n \cap A)$ と書けることに注意しましょう (図を書いてみましょう)．また $E_1,\cdots,E_n$ は互いに排反事象なので，$(E_1 \cap A),\cdots,(E_n \cap A)$ も互いに排反事象です．よって命題 12 の性質 (4) より，

$$P(A) = \sum_{j=1}^{n} P(E_j \cap A)$$

と書けます．さらに条件付き確率の定義から $P(E_j \cap A) = P(A|E_j)P(E_j)$ となりますから，すべての議論を合わせて定理の結果を得ます． □

【解答 9.12】

例題 9.12 の答えをベイズの定理から求めてみましょう．まず E_1 は検品された製品が部品会社 1 のものであるという事象，E_2 が部品会社 2 のものであるという事象ですから，互いに排反事象となります．また選ばれた製品は部品会社 1 か部品会社 2 のものですから，$E_1 \cup E_2 = \Omega$ です．よって E_1, E_2 は Ω の分割になります．ベイズの定理より，選ばれた欠陥品が部品会社 1 のものである確率は

$$P(E_1|A) = \frac{P(A|E_1)P(E_1)}{P(A|E_1)P(E_1) + P(A|E_2)P(E_2)} = \frac{\frac{3}{100} \times \frac{2}{3}}{\frac{3}{100} \times \frac{2}{3} + \frac{5}{100} \times \frac{1}{3}} = \frac{6}{11}$$

となります．ここで興味深い点は $P(E_1|A) = 6/11$ はおよそ 0.55，つまり欠陥品が検出された場合，それは部品会社 1 のものである確率の方が部品会社 2 のものである確率よりも高いということです．確かに部品会社 1 の欠陥品比率は部品会社 2 よりも低いのですが，部品会社 1 はより多くの部品を納入しているため，結果的に欠陥品の量は多くなります．したがって欠陥品が検出された場合，それは部品会社 1 の製品である確率が高いのです．

[例題 9.12：終]

例題 9.13

例題 9.9 と同じ状況を考えよう．男子学生のうち眼鏡をかけているのは 1/3，女子学生のうち眼鏡をかけているのは 1/6 である．選択された学生が眼鏡をかけていることがわかったとき，それが女子である確率を求めなさい．

【解答 9.13】

学生全体からなる標本空間において，男子学生であるという事象を E_1，女子学生であるという事象を E_2，眼鏡をかけているという事象を A とします．学生はかならず男子学生か女子学生ですから，E_1 と E_2 は標本空間の分割となります．また仮定から，$P(E_1) =$

$P(E_2) = 1/2$, $P(A|E_1) = 1/3$, $P(A|E_2) = 1/6$ となります．求めたい確率は $P(E_2|A)$ ですから，ベイズの定理より

$$P(E_2|A) = \frac{P(A|E_2)P(E_2)}{P(A|E_1)P(E_1) + P(A|E_2)P(E_2)} = \frac{\frac{1}{6} \times \frac{1}{2}}{\frac{1}{3} \times \frac{1}{2} + \frac{1}{6} \times \frac{1}{2}} = \frac{1}{3}$$

となります．男子学生と女子学生は同数存在しますので，どちらの学生も同じ確率 1/2 で選択されます．しかし女子の方が眼鏡をかけている条件付き確率が低いため，学生が眼鏡をかけているという追加情報のもとでは，ベイズの定理を使って求めたようにその学生が女子である可能性は低くなります．

[例題 9.13：終]

上の例題では，$P(E_2)$ は何も追加情報がない状況での E_2 が起こる確率ですので，**事前確率**と呼ばれます．一方 $P(E_2|A)$ は「学生が眼鏡をかけている」という追加情報がもたらされたときの E_2 の確率ですので，**事後確率**と呼ばれます．つまり事後確率とは，新たに得られた追加情報を使って事象の事前確率を改訂したものと考えられます．経済主体 (消費者や企業など) が不確実な事象に対してもっている事前確率が，追加情報が与えられたときどのように改訂されるのか——ベイズの定理はこのような問題を考える上で非常に便利なため，経済学で広く用いられています．さらなる例については 9.4 節を見てください．

9.3 期待効用理論

宝くじ売り場に次のようなくじが売られているとします．この宝くじが当たる確率は 1/4 で，賞金は 10,000 円です．一方残りの確率 3/4 でくじははずれ，賞金は 0 円となります．さてあなたはこの宝くじの値段がいくらまでなら買うでしょうか．宝くじの選択以外にも，どのような金融資産を購入するか，どのような職業につくか，など偶然の要素によってその結果が変わる選択肢をどのように評価すればよいかというのは重要な問題です．これから説明する期待効用の考え方は，そのためのガイドラインを提供してくれます．

9.3.1 確率変数，期待値，期待効用

上記の例のように，本節では標本空間を賞金の集合としましょう．上の例で述べた宝くじを買うという試行では，それぞれの結果 (根元事象) の確率が $P(\{0\}) = 3/4$, $P(\{10000\}) = 1/4$ と考えられます．この試行の結果を一般に X と書くと，X は確率に応じて 0 か 10000 をとる変数と考えられます．このように確率によって変化する数を**確率変数**と呼びます．一般に試行の結果 (根元事象) が数値 $x_1, x_2, \cdots, x_n$ として与えられ，それぞれの結果の確率が $p_1, p_2, \cdots, p_n$ であるような確率変数 X を考えたとき，結果と確率の組み合わせ (x_i, p_i), $i = 1, 2, \cdots, n$ を X の**確率分布**と呼びます[1]．すべての根元事象は互いに排反事象ですの

---

[1] ここで述べた X は正確には離散型確率変数と呼ばれます．また根元事象 $\{x_i\}$ の確率は以前の記号法では $P(\{x_i\})$ でしたが，以降は記号の簡単化のため p_i と書きます．連続型確率変数については第 10 章で学習します．

で，命題 12 の性質 (4) より $p_1 + p_2 + \cdots + p_n = 1$ を満たさなければなりません．

確率変数の期待値とは，確率変数がとりうる値の (確率による) 加重平均値のことです．

定義 9.4

確率分布 (x_i, p_i), $i = 1, 2, \cdots, n$ をもつ確率変数 X の期待値は

$$E[X] = \sum_{i=1}^{n} p_i x_i = p_1 x_1 + p_2 x_2 + \cdots + p_n x_n$$

である．

もし試行の結果が同様に確からしいなら，n 個の結果のそれぞれの確率は均等確率 $1/n$ になります．よってこの試行に対応する確率変数の期待値は

$$E[X] = \sum_{i=1}^{n} \frac{1}{n} x_i = \frac{x_1 + x_2 + \cdots + x_n}{n}$$

となり，通常の意味の $x_1, \cdots, x_n$ の平均値と一致します．一般に期待値は各数値の起こりやすさを表す確率を考慮した上でのその数値の加重平均になっており，通常の平均値はその特殊な場合ということができます．

では，はじめに述べた，確率 3/4 で 0，確率 1/4 で 10000 という確率分布をもつ宝くじ X に対していくらまでなら払ってもよいか，という問題に戻りましょう．1 つの考え方は，この宝くじの平均収入までなら払ってもよいというものでしょう．実際にこの宝くじの収入 X の平均値，つまり期待値を求めてみると，

$$E[X] = \frac{3}{4} \times 0 + \frac{1}{4} \times 10000 = 2500$$

となります．この宝くじを買った場合，平均的には 2,500 円の収入が期待できますので，期待値を使って宝くじを評価する限り，2,500 円までならこのくじの購入に支払ってもよいことになります．

期待値をもとにした宝くじの評価についてもう少し考えてみましょう．宝くじの期待値 2,500 円というのはあくまで収入の平均金額であり，実際に起こりうる収入は確率に応じて 10,000 円か 0 円に変動します．2,500 円でこの宝くじを買うということは，確実な 2,500 円を手放す代わりに，平均的には 2,500 円の収入が期待できるけれども不確実性 (リスク) を伴う宝くじを手に入れることを意味します．期待値によって確率変数を評価するということは，どのような確率変数も期待値が同じである限り，リスクの大小に関わらず同等に評価されるということです．このような経済主体の行動を危険中立的行動といいます．

一方で，期待値が同じならリスクがない選択肢の方を好むような経済主体の行動を危険回避的行動といいます．危険回避的な人ならば，上の宝くじが 2,500 円で売られていても購入しないことになります．その他に経済主体の危険回避的行動と関わっているものとして，

株式など収益の変動率の大きい金融資産よりも預金など変動の少ない金融資産を選択する行動や，景気などの影響で賃金が変動しやすい職業よりも安定的な職業を好むような行動が挙げられるでしょう．

以上から期待値そのものを確率変数の評価基準とすることは，危険回避的行動を説明できないという点で，必ずしも十分ではないといえます．そこで期待値の代わりに期待効用という概念を導入しましょう．これは，期待値のように確率変数のとりうる数値の確率による加重平均ではなく，いったんある関数 u で確率変数のとりうる数値を変換し，その変換後の数値を確率によって加重平均したものです．この変換に利用される関数 u を **vNM 関数**と呼びます[2]．

定義 9.5

確率変数 X の確率分布を (x_i, p_i), $i = 1, 2, \cdots, n$ とする．vNM 関数 u に基づく X の期待効用は

$$E[u(X)] = \sum_{i=1}^{n} p_i u(x_i) = p_1 u(x_1) + p_2 u(x_2) + \cdots + p_n u(x_n)$$

である．

期待効用の概念が便利なのは，u の形状によって経済主体のリスクに対するさまざまな態度を説明できる点にあります．まず $u(x) = x$ の場合，確率変数 X の期待効用と期待値は一致します．つまり期待値の概念は期待効用の特殊な場合ということができます．上で説明したように，この場合の期待効用は危険中立的行動を説明できます．

次に $u(x) = \sqrt{x}$ という vNM 関数のもとで，期待効用を使って確率変数を評価する経済主体を考えましょう．宝くじ X の期待効用は

$$E[u(X)] = \frac{3}{4}\sqrt{0} + \frac{1}{4}\sqrt{10000} = 25$$

となります．一方，確実な 2,500 円というのは，確率 1 で 2,500 円がもらえる確率変数と考えられますので，その期待効用は $1 \times \sqrt{2500} = 50$ となります．よって宝くじの期待効用 25 よりも支払い金額 2,500 円の期待効用 50 の方が大きくなり，この経済主体は 2,500 円ではこの宝くじを買わないことになります．つまり $u(x) = \sqrt{x}$ とすれば，期待効用によって危険回避的な経済主体の行動を説明できるわけです．

ではこの経済主体はいくらまでならこの宝くじに支払ってもよいと考えているのでしょうか．そのような金額 (支払い許容額) を x で表し，宝くじ X の確実性等価と呼び，$CE(X)$

---
[2] vNM とは期待効用に理論的基礎付けを与えた研究者フォンノイマン (von Neumann) とモルゲンシュテルン (Morgenstern) の頭文字であり，フォンノイマン・モルゲンシュテルン関数と読みます．vNM 関数はベルヌーイ (Bernoulli) 関数と呼ばれることもあります．期待効用理論については，たとえば林貴志『ミクロ経済学』増補版 (ミネルヴァ書房，2013 年) の第 9 章を参照ください．

と書くことにしましょう (CE は確実性等価 Certainty Equivalent の頭文字). 上で求めたように宝くじ X の期待効用は $E[u(X)] = 25$ です. 一方, 確実な金額 x は, 確率 1 で x が保証されている確率変数とみなすことができますので, その期待効用は $1 \times u(x) = \sqrt{x}$ です. 両者の期待効用を一致させる金額 x がこのくじに対する確実性等価ですから,

$$\sqrt{x} = E[u(X)] = 25$$

より, $x = 25^2 = 625$, つまり $\mathrm{CE}(X) = 625$ となります. つまりこの経済主体は 625 円までならこの宝くじに支払ってもよいと考えています. 危険中立的な経済主体が 2,500 円の支払い許容額をもつことに比べると, 危険回避的な経済主体はより低い支払い許容額しかもたないことがわかります. くじ X の期待値と確実性等価の差を X に対するリスクプレミアムと呼び, $\mathrm{RP}(X)$ と書くことにしましょう (RP は Risk Premium の頭文字). つまり,

$$\mathrm{RP}(X) = E[X] - \mathrm{CE}(X)$$

です. いま考えているくじに対しては $\mathrm{RP}(X) = 2500 - 625 = 1875$ となっています. リスクプレミアムが正であることとこの経済主体が危険回避的であることとが対応していることに注意してください (図 9.2).

例題 9.14

vNM 関数として $u(x) = x^2$ をもつ経済主体は上述の宝くじを 2500 円で買うだろうか. また, この経済主体の宝くじに対する支払い許容額はいくらか.

【解答 9.14】

宝くじの期待効用は $E[u(X)] = \frac{3}{4} 0^2 + \frac{1}{4} 10000^2 = \frac{10000^2}{4}$ となります. 一方 2,500 円の期待効用は 2500^2 となります. 宝くじの期待効用 $\frac{10000^2}{4}$ の方が支払い金額 2,500 円の期待効用 2500^2 より厳密に大きいので, この経済主体は 2,500 円なら喜んでこの宝くじを購入します. このように期待値が同じならリスクがある選択肢の方を好むような経済主体の行動を危険愛好的行動といいます. また宝くじ X の期待効用 $E[u(X)]$ と同じ期待効用を与える確実な金額 x が支払い許容額 $\mathrm{CE}(X)$ なので, x は,

$$x^2 = u(x) = E[u(X)] = \frac{10000^2}{4}$$

を満たします. ここから $\mathrm{CE}(X) = 5,000$ 円となります. このように危険愛好的な経済主体の支払い許容額は, 危険中立的な経済主体の支払い許容額よりも高くなります (図 9.3).

[例題 9.14：終]

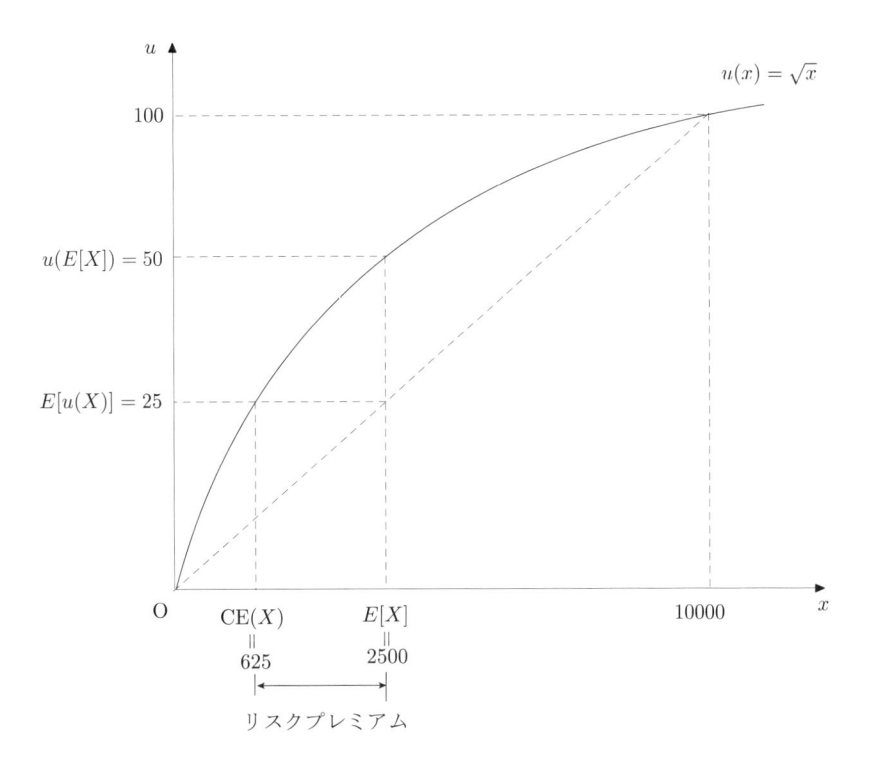

図 9.2　危険回避的選好

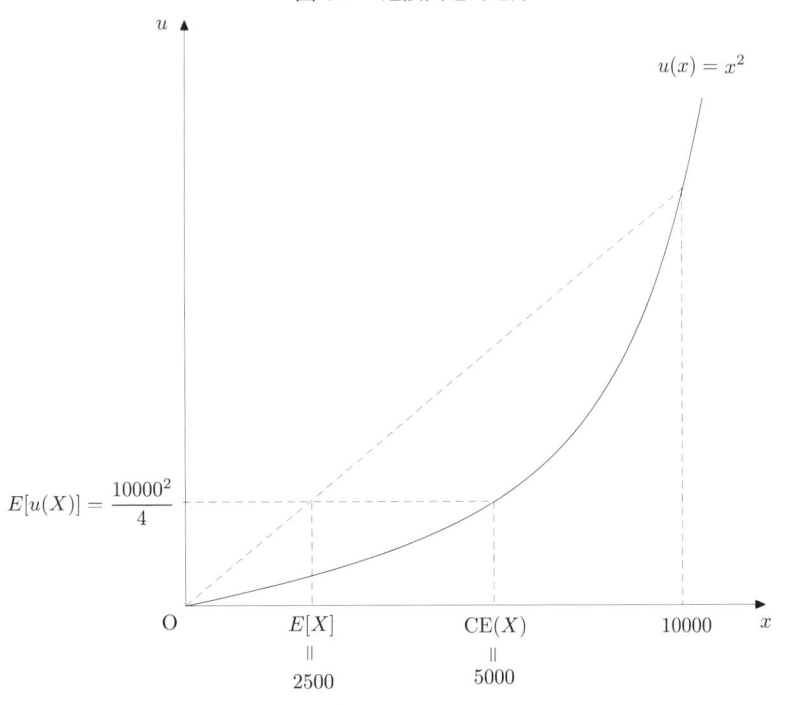

図 9.3　危険愛好的選好

一般に次のような関係が成り立ちます．

- 危険回避的 $\iff$ vNM 関数が上に凸 $\iff$ CE$(X) < E[X]$ $\iff$ RP$(X) > 0$
- 危険中立的 $\iff$ vNM 関数が直線 $\iff$ CE$(X) = E[X]$ $\iff$ RP$(X) = 0$
- 危険愛好的 $\iff$ vNM 関数が下に凸 $\iff$ CE$(X) > E[X]$ $\iff$ RP$(X) < 0$

注意 9.1

リスクに対する選好 (好み) は期待効用の値の大小で測ることができるわけですが，もとになる vNM 関数に定数を足したり引いたりしても，正の定数をかけたりしても，表現される選好は変わりません．つまり，vNM 関数 u に対して $v(x) = au(x) + b$ (ただし $a > 0$) として，u にもとづく期待効用の大小関係と v にもとづく期待効用の大小関係とはまったく同じものになります．

9.3.2 危険回避度*

経済主体が危険回避的であるとは，vNM 関数 u が上に凸ということでした．ここでは，危険回避の度合いを測るということを考えます．u が直線のとき (危険中立的なとき) から「より凸」になっていくと，より危険回避的になっていきます．凸性は傾き u' の変化率，すなわち 2 階微分 u'' の大きさと関係します．次のような 2 種類のものさしが多く使われます．

定義 9.6

vNM 関数 $u(x)$ に対して，

$$r_A(x) = -\frac{u''(x)}{u'(x)} \tag{9.3}$$

を絶対的危険回避度といい，

$$r_R(x) = -\frac{xu''(x)}{u'(x)} \tag{9.4}$$

を相対的危険回避度という．

まず，関数 u が上に凸ならば $u''(x) \leq 0$ を満たしますから，マイナスをつけてプラスの値にした $-u''(x)$ がより大きいならば関数のグラフはより曲がっていて，より凸に見えます．ここで，関数 u も，それをたとえば 10 倍した関数 v ($v(x) = 10u(x)$) も同じリスク選好を表しますが，$-u''(x)$ と $-v''(x)$ は異なる値になってしまいます．そこで，$u'(x)$ で割って基準化したのが絶対的危険回避度です．一方，x の変化率と u の導関数 u' の変化率の比率 (つまり u' の弾力性) で u の凸性を測っているのが相対的危険回避度です．

具体的な関数に対して危険回避度を計算してみましょう．

例題 9.15

vNM 関数が以下の関数で与えられるとき，$r_A(x), r_R(x)$ をそれぞれ求めなさい．

(1) $u(x) = \sqrt{x}$

(2) $u(x) = \dfrac{x^{1-c}}{1-c}$ (ただし $c \neq 1$)

(3) $u(x) = \log x$

(4) $u(x) = -\dfrac{1}{\alpha}e^{-\alpha x}$

【解答 9.15】

(1) u' と u'' を計算すると

$$u'(x) = \frac{1}{2}x^{-\frac{1}{2}}, \quad u''(x) = -\frac{1}{4}x^{-\frac{3}{2}}$$

となります．これらを定義に代入して

$$r_A(x) = -\frac{u''(x)}{u'(x)} = \frac{\frac{1}{4}x^{-\frac{3}{2}}}{\frac{1}{2}x^{-\frac{1}{2}}} = \frac{1}{2}x^{-1}, \quad r_R(x) = -\frac{xu''(x)}{u'(x)} = xr_A(x) = \frac{1}{2}.$$

(2) u' と u'' を計算すると $u'(x) = x^{-c}, u''(x) = -cx^{-c-1}$ となります．これらを定義に代入して

$$r_A(x) = -\frac{u''(x)}{u'(x)} = \frac{cx^{-c-1}}{x^{-c}} = cx^{-1}, \quad r_R(x) = -\frac{xu''(x)}{u'(x)} = xr_A(x) = c.$$

(3) u' と u'' を計算すると $u'(x) = x^{-1}, u''(x) = -x^{-2}$ となります．これらを定義に代入して

$$r_A(x) = -\frac{u''(x)}{u'(x)} = \frac{x^{-2}}{x^{-1}} = x^{-1}, \quad r_R(x) = -\frac{xu''(x)}{u'(x)} = xr_A(x) = 1.$$

(4) u' と u'' を計算すると $u'(x) = e^{-\alpha x}, u''(x) = -\alpha e^{-\alpha x}$ となります．これらを定義に代入して

$$r_A(x) = -\frac{u''(x)}{u'(x)} = \frac{\alpha e^{-\alpha x}}{e^{-\alpha x}} = \alpha, \quad r_R(x) = -\frac{xu''(x)}{u'(x)} = xr_A(x) = \alpha x.$$

[例題 9.15：終]

上記の例題の (4) より，$u(x) = -\dfrac{1}{\alpha}e^{-\alpha x}$ のとき，絶対的危険回避度 $r_A(x)$ が x によらず一定の値 α であることがわかります．また，証明はしませんが，この性質を満たす関数は $u(x) = Ae^{-\alpha x} + B$ の形で書けるものに限られます．このような関数を絶対的危険回避度一定 (constant absolute risk aversion) の関数，または **CARA** 関数と呼びます．一方，(2) と (3) の $u(x) = \dfrac{x^{1-c}}{1-c}$ および $u(x) = \log x$ は相対的危険回避度 $r_R(x)$ が x によらず一定の値 c です (後者は $c = 1$ のケースとみなせます[3])．また，この性質を満たす関数は $u(x) = Ax^{1-c} + B$ ($c \neq 1$ のとき) あるいは $u(x) = A\log x + B$ ($c = 1$ のとき) の形で書けるものに限られます．このような関数を相対的危険回避度一定 (constant relative risk aversion) の関数，または **CRRA** 関数と呼びます．(問 (1) の $u(x) = \sqrt{x}$ は $c = 1/2$ の CRRA 関数です．)

絶対的危険回避度とリスクプレミアムとの関係を次の例題を通して考察してみましょう (第 5 章第 5.9 節で紹介したテイラー展開の知識が必要になります)．

例題 9.16

確率 $1/2$ で $x + \varepsilon$，確率 $1/2$ で $x - \varepsilon$ だけもらえるくじ X がある (現在の資産が x 円で，当たると ε 円もらえ，はずれると ε 円失う，と解釈できる)．vNM 関数 u をもつ個人 (常に $u'(x) > 0$ であるとする) のくじ X に対するリスクプレミアムを ε の関数として $\pi(\varepsilon)$ と書くとする (以下，x は定数として考える)．$E[X] = x$ なので，リスクプレミアムの定義より

$$u(x - \pi(\varepsilon)) = \frac{1}{2}u(x + \varepsilon) + \frac{1}{2}u(x - \varepsilon) \tag{9.5}$$

が常に成り立つ．

(1) $u(x + \varepsilon)$ と $u(x - \varepsilon)$ の ε による 1 階微分，2 階微分を求めなさい．

(2) $u(x - \pi(\varepsilon))$ の ε による 1 階微分，2 階微分を求めなさい．

(3) (9.5) 式の左辺の $\varepsilon \approx 0$ における 2 次近似式を書きなさい．

(4) (9.5) 式の右辺の $\varepsilon \approx 0$ における 2 次近似式を書きなさい．

(5) 上の (3), (4) の結果の係数を見比べることで，$\pi(\varepsilon)$ の $\varepsilon \approx 0$ における 2 次近似式を絶対的危険回避度 $r_A(x)$ を用いて書き表しなさい．

---

[3] 実際，第 5 章の練習問題 5.7 で見たように，(各 x について) $\displaystyle\lim_{c \to 1} \dfrac{x^{1-c} - 1}{1 - c} = \log x$ となります．

【解答 9.16】

(1) 合成関数の微分公式より，

$$\frac{d}{d\varepsilon}u(x+\varepsilon) = u'(x+\varepsilon) \times \frac{d}{d\varepsilon}(x+\varepsilon) = u'(x+\varepsilon),$$

$$\frac{d^2}{d\varepsilon^2}u(x+\varepsilon) = u''(x+\varepsilon) \times \frac{d}{d\varepsilon}(x+\varepsilon) = u''(x+\varepsilon),$$

$$\frac{d}{d\varepsilon}u(x-\varepsilon) = u'(x-\varepsilon) \times \frac{d}{d\varepsilon}(x-\varepsilon) = -u'(x-\varepsilon),$$

$$\frac{d^2}{d\varepsilon^2}u(x-\varepsilon) = -u''(x-\varepsilon) \times \frac{d}{d\varepsilon}(x-\varepsilon) = u''(x-\varepsilon).$$

(2) 合成関数の微分公式・積の微分公式より，

$$\frac{d}{d\varepsilon}u(x-\pi(\varepsilon)) = u'(x-\pi(\varepsilon)) \times \frac{d}{d\varepsilon}(x-\pi(\varepsilon)) = -u'(x-\pi(\varepsilon))\pi'(\varepsilon),$$

$$\frac{d^2}{d\varepsilon^2}u(x-\pi(\varepsilon))$$
$$= \left\{-u''(x-\pi(\varepsilon)) \times \frac{d}{d\varepsilon}(x-\pi(\varepsilon))\right\} \times \pi'(\varepsilon) + (-u'(x-\pi(\varepsilon))) \times \frac{d}{d\varepsilon}\pi'(\varepsilon)$$
$$= u''(x-\pi(\varepsilon))(\pi'(\varepsilon))^2 - u'(x-\pi(\varepsilon))\pi''(\varepsilon).$$

(3) まず，$\varepsilon = 0$ のときはリスクはないのでリスクプレミアムは 0，つまり $\pi(0) = 0$ となります．したがって，(2) の結果と合わせて，2 次のテイラー展開の公式より $\varepsilon \approx 0$ のまわりでは

((9.5) 式の左辺)

$$\approx u(x-\pi(0)) + \frac{d}{d\varepsilon}u(x-\pi(\varepsilon))\big|_{\varepsilon=0} \times \varepsilon + \frac{1}{2}\frac{d^2}{d\varepsilon^2}u(x-\pi(\varepsilon))\big|_{\varepsilon=0} \times \varepsilon^2$$
$$= u(x) - u'(x)\pi'(0)\varepsilon + \frac{1}{2}\{u''(x)(\pi'(0))^2 - u'(x)\pi''(0)\}\varepsilon^2 \tag{9.6}$$

と 2 次近似できます．

(4) 同様に，2 次のテイラー展開の公式より $\varepsilon \approx 0$ のまわりでは

((9.5) 式の右辺)

$$\approx \frac{1}{2}\left\{u(x) + u'(x)\varepsilon + \frac{1}{2}u''(x)\varepsilon^2\right\} + \frac{1}{2}\left\{u(x) - u'(x)\varepsilon + \frac{1}{2}u''(x)\varepsilon^2\right\}$$
$$= u(x) + \frac{1}{2}u''(x)\varepsilon^2 \tag{9.7}$$

と 2 次近似できます．

(5) $\pi(\varepsilon)$ を $\varepsilon \approx 0$ のまわりで 2 次近似すると

$$\pi(\varepsilon) \approx \pi(0) + \pi'(0)\varepsilon + \frac{1}{2}\pi''(0)\varepsilon^2$$

と書けます．$\pi(0) = 0$ なので，あとは $\pi'(0), \pi''(0)$ を知りたいわけです．上で求めた (9.6) と (9.7) が ε の 2 次式として等しくないといけないので，ε と ε^2 の係数がそれぞれ等しいことより

$$u'(x)\pi'(0) = 0$$
$$\frac{1}{2}\{u''(x)(\pi'(0))^2 - u'(x)\pi''(0)\} = \frac{1}{2}u''(x)$$

が成り立ちます．$u'(x) \neq 0$ なので $\pi'(0) = 0$，したがって $\pi''(0) = -\dfrac{u''(x)}{u'(x)}$ となります．以上より，

$$\pi(\varepsilon) \approx -\frac{1}{2}\frac{u''(x)}{u'(x)}\varepsilon^2$$

と 2 次近似できます．ここで $r_A(x) = -\dfrac{u''(x)}{u'(x)}$ を思い出すと，最終的に

$$\pi(\varepsilon) \approx \frac{1}{2}r_A(x)\varepsilon^2 \tag{9.8}$$

と書けます (ちなみに，ε^2 は X の分散です)．

[例題 9.16：終]

上の結果から，絶対的危険回避度 $r_A(x)$ が現在の資産 x によらず一定であるような個人にとっては「当たりはずれの金額 (この問題では ε) が資産額に依存しない (つまり「絶対額」である) くじ」に対するリスクプレミアムはやはり資産額に依らず一定である，ということがわかります．

同様に，確率 $1/2$ で $x + \varepsilon x$，確率 $1/2$ で $x - \varepsilon x$ だけもらえるようなくじ Y (現在の資産 x に対して，当たると εx 円もらえ，はずれると εx 円失う，と解釈できます) に対しては，リスクプレミアム $\pi(\varepsilon)$ は $\varepsilon \approx 0$ のとき

$$\pi(\varepsilon) \approx -\frac{1}{2}\frac{u''(x)}{u'(x)}(\varepsilon x)^2$$

と近似できます (前問で ε を εx におきかえるだけです)．ここで，相対的危険回避度 $r_R(x) = -\dfrac{xu''(x)}{u'(x)}$ を用いると，

$$\frac{\pi(\varepsilon)}{x} \approx \frac{1}{2}r_R(x)\varepsilon^2 \tag{9.9}$$

と書けます．よって，相対的危険回避度 $r_R(x)$ が一定である個人にとって「当たりはずれの金額が資産額に比例する (つまり「相対額」である) くじ」に対するリスクプレミアムの資産額に対する割合はやはり資産額に依らず一定である，ということがわかります．

9.4 基礎知識の確認

確率と期待効用理論の基本が理解できているか確認するために，次の練習問題に挑戦してみてください．

練習問題 9.1

例題 9.1 で，資格をもっている応募者が生産性の高い人材である条件付き確率を求めなさい．

【解答 9.1】

この問題はベイズの定理の練習問題です．応募者全体を標本空間としましょう．まず E_1 を生産性が高い応募者の事象，E_2 を生産性が低い応募者の事象としましょう．応募者は生産性が高いか低いかのいずれかですから，E_1, E_2 は標本空間の分割です．どの応募者が選択されるのも同様に確からしいので，$P(E_1) = 1/3$, $P(E_2) = 2/3$ です．また事象 A を資格をもっている応募者の事象としましょう．生産性の高い人のうち資格をもっているのは 2/3 なので，$P(A|E_1) = 2/3$ です．一方，生産性の低い人のうち資格をもっているのは 1/4 なので，$P(A|E_2) = 1/4$ となります．ベイズの定理より，資格をもっている応募者の生産性が高い確率 $P(E_1|A)$ は，

$$P(E_1|A) = \frac{P(A|E_1)P(E_1)}{P(A|E_1)P(E_1) + P(A|E_2)P(E_2)} = \frac{\frac{2}{3} \times \frac{1}{3}}{\frac{2}{3} \times \frac{1}{3} + \frac{1}{4} \times \frac{2}{3}} = \frac{4}{7}$$

となります．生産性の高い人材の確率ですが，追加情報のない事前確率 1/3 に比べると，資格という情報を用いた後の事後確率は 4/7 に増加していることがわかります．

[練習問題 9.1：終]

練習問題 9.2

つぼの中に 100 個の玉が入っており，その内訳は赤玉 30 個，青玉 50 個，緑玉 20 個とする．このつぼの中から 1 つ玉を取り出し，その色によって賞金が異なる 2 つの賭けを考える．賭け 1 は赤玉が引かれたら 5 万円，青玉なら 4 万円，緑玉なら 10 万円の賞金とする．一方，賭け 2 では，赤玉が引かれたら 4 万円，青玉なら 8 万円，緑玉なら 1 万円の賞金とする．

(1) 期待値を使って確率変数を評価するような個人を考える．この個人は賭け 1 と賭け 2 のうちどちらを選ぶだろうか．

(2) いま，この個人に見えないように 1 つの玉がつぼから取り出されたとする．そしてこの玉は緑ではないということが判明したとする．このとき個人は賭け 1 と賭け 2 のうちどちらを選ぶだろうか．

【解答 9.2】
(1) どの玉が取り出されるのも同様に確からしいと考えられます．よって赤玉が取り出される確率は 30/100，青玉が取り出される確率 50/100，緑玉の確率 20/100 となります．よって賭け 1 の賞金を確率変数 X_1，賭け 2 の賞金の確率変数を X_2 とすると，それぞれの期待値は，

$$E[X_1] = \frac{30}{100} \times 5 + \frac{50}{100} \times 4 + \frac{20}{100} \times 10 = \frac{550}{100}$$

$$E[X_2] = \frac{30}{100} \times 4 + \frac{50}{100} \times 8 + \frac{20}{100} \times 1 = \frac{540}{100}$$

となります．期待値が高いのは賭け 1 なので，この個人は賭け 1 を選びます．

(2) 緑玉ではないという事象のもとでの条件付き確率を求めましょう．赤玉と青玉は全部で 80 個あり，そのうち赤玉が 30 個，青玉が 50 個ですから，赤玉の条件付き確率は 30/80，青玉の条件付き確率は 50/80 となります．一方この 80 個の中に緑玉は 1 つもありませんから，緑玉の条件付き確率は 0 です．よって賭け 1 の賞金を確率変数 X_1，賭け 2 の賞金の確率変数を X_2 とすると，これらの確率のもとでのそれぞれの期待値は，

$$E[X_1] = \frac{30}{80} \times 5 + \frac{50}{80} \times 4 + 0 \times 10 = \frac{350}{80}$$

$$E[X_2] = \frac{30}{80} \times 4 + \frac{50}{80} \times 8 + 0 \times 1 = \frac{520}{80}$$

となります．期待値が高いのは賭け 2 なので，この個人は賭け 2 を選びます．

[練習問題 9.2：終]

練習問題 9.3

中古車市場では高品質な中古車と低品質な中古車が混在している．高品質な中古車は 100 万円の価値，低品質な中古車は 50 万円の価値がある．中古車の持ち主である売り手は品質を知っているが，買い手にはわからない．ただし全部の中古車のうち半分が高品質，残りの半分が低品質ということはわかっているとする．買い手は中古車の中から無作為に一台を選び，その売り手と交渉することにした．買い手は次のように考えて，売り手に対して払ってもよい金額を導いた．「市場では高品質な車と低品質な車は半分ずつだから，それぞれの売り手に出会う確率は 1/2 である．高品質な車は 100 万円の価値，低品質な車は 50 万円の

価値があるから，車の価値の期待値は $\frac{1}{2} \times 100 + \frac{1}{2} \times 50 = 75$ である．よって 75 万円までなら払ってもよいだろう．」

(1) 買い手が選んだ売り手に 75 万円での購入を提示するとする．高品質な車という事象を E_1，低品質な車という事象を E_2，75 万円での取引に売り手は同意するという事象を A とする．条件付き確率 $P(A|E_1)$, $P(A|E_2)$ を求めなさい．

(2) 75 万円で売り手が同意するという事象が起きたもとでの高品質な車という事象の条件付き確率 $P(E_1|A)$ を求めなさい．また 75 万円で売り手が取引に同意した車が低品質という確率 $P(E_2|A)$ も求めなさい．

(3) (2) で求めた確率を使って，75 万円での取引に売り手が同意するとしたときの車の価値の期待値を求めなさい．買い手は 75 万円という提示をするべきだろうか．

【解答 9.3】

(1) 高品質な車の価値は 100 万円ですから，買い手の提示額が 75 万円では高品質な車の売り手は取引に同意しません．つまり同意の確率はゼロ，$P(A|E_1) = 0$ になります．逆に低品質な車の価値は 50 万円ですから，買い手の提示額が 75 万円であれば，低品質な車の売り手は確実に取引に同意します．よって $P(A|E_2) = 1$ です．

(2) $P(E_1) = P(E_2) = 1/2$ ですから，(1) の答えとベイズの定理より，

$$P(E_1|A) = \frac{P(A|E_1)P(E_1)}{P(A|E_1)P(E_1) + P(A|E_2)P(E_2)} = \frac{0 \times \frac{1}{2}}{0 \times \frac{1}{2} + 1 \times \frac{1}{2}} = 0$$

となります．また E_2 は E_1 の余事象ですから，$P(E_2|A) = 1 - P(E_1|A) = 1 - 0 = 1$ となります．ここから 75 万円で売り手が取引に同意することを前提とすると，その車は確実に低品質ということになります．

(3) 75 万円で売り手が取引に同意するときの条件付き確率をもとにして車の価値の確率分布を求めてみると，確率 $P(E_1|A)$ で 100，確率 $P(E_2|A)$ で 50 となります．この確率分布の期待値は

$$100 \times P(E_1|A) + 50 \times P(E_2|A) = 100 \times 0 + 50 \times 1 = 50$$

です．よって 75 万円で取引が成り立つことを前提とすると，買い手は損をすることになります．もともと 75 万円という買い手の支払い許容額は $100 \times \frac{1}{2} + 50 \times \frac{1}{2}$ という計算から導かれました．しかしこの期待値の計算は，売り手が買い手の提示額に関わらずかならず取引に応じてくれることを前提にしています．実際には 75 万円では高品質な車の売り手は取引に応じてくれません．よって買い手は 75 万円を提示するべきではありません．

[練習問題 9.3：終]

練習問題 9.4

例題 9.2 の資産選択問題を考えよう．この個人は vNM 関数 $u(x) = \sqrt{x}$ をもち，期待効用によって確率変数を評価すると仮定する．

(1) ポートフォリオ (x, y) に対応して資産価値は確率変数となる．この確率変数の確率分布を求めなさい．

(2) ポートフォリオ (x, y) に対応する確率変数の期待値を求めなさい．また期待値を最大化するようなポートフォリオを求めなさい．

(3) この個人にとって最も望ましいポートフォリオを求めなさい．

【解答 9.4】

(1) ポートフォリオを (x, y) としましょう．つまりこの個人の資産は株式が x 万円，銀行預金が y 万円です．株式は確率 2/3 で $1.5x$ 万円，確率 1/3 で $0.5x$ 万円になります．一方銀行預金は確実に $1.1y$ 万円になります．資産価値は株式と預金の合計ですから，求める確率分布は確率 2/3 で $1.5x + 1.1y$，確率 1/3 で $0.5x + 1.1y$ です．

(2) 上で求めた確率分布の期待値は

$$\frac{2}{3}(1.5x + 1.1y) + \frac{1}{3}(0.5x + 1.1y) = \frac{7}{6}x + 1.1y \tag{9.10}$$

です．資金制約 $x + y = 100$ より $y = 100 - x$ を (9.10) に代入して，

$$\frac{7}{6}x + 1.1(100 - x) = \frac{1}{15}x + 110 \tag{9.11}$$

となります．ここで x の範囲は $0 \leq x \leq 100$ ですから，(9.11) を最大化するのは $x = 100$ です．つまり期待値を最大化するのは，すべて危険資産に投資するようなポートフォリオです．

(3) ポートフォリオ (x, y) の確率分布の期待効用は

$$\frac{2}{3}\sqrt{1.5x + 1.1y} + \frac{1}{3}\sqrt{0.5x + 1.1y} \tag{9.12}$$

となります．また資金制約 $x + y = 100$ より $y = 100 - x$ を (9.12) に代入して，

$$\frac{2}{3}\sqrt{0.4x + 110} + \frac{1}{3}\sqrt{-0.6x + 110} \tag{9.13}$$

を得ます．この個人にとって期待効用を最大化する確率変数が最適なポートフォリオに対応

します．では (9.13) を $0 \leq x \leq 100$ の範囲で最大化してみましょう．最大化のための必要条件は微分 $= 0$ であることより，

$$\frac{2}{3} \times \frac{1}{2} \times (0.4x + 110)^{-\frac{1}{2}} \times 0.4 = \frac{1}{3} \times \frac{1}{2} \times (-0.6x + 110)^{-\frac{1}{2}} \times 0.6$$

を得ます[4]．係数を約分の上，辺々を 2 乗することにより，

$$\frac{16}{0.4x + 110} = \frac{9}{-0.6x + 110}$$

となるので，この式を x について解くことにより，$x = 58.3$ となります．以上よりこの個人は危険資産に 58.3 万円，安全資産に 41.7 万円を投資することがわかります．

危険中立的な個人は期待値を最大化するようなポートフォリオを選択します．この問題の設定では (2) の結果のようにすべて危険資産に投資するという極端な投資を行います．それに対して $u(x) = \sqrt{x}$ という vNM 関数をもつ個人は，危険回避行動から危険資産と安全資産に分散して投資することがわかります．

[練習問題 9.4：終]

---

[4] 合成関数の微分の公式，$[f(g(x))]' = f'(g(x))g'(x)$ を使いました．

第10章

積分とオークション

10.1 オークションのいろいろ

今日の経済においては，多種多様の財がオークションを利用して取引されています．美術品のオークション，生鮮品市場での競り，公共事業の競争入札といった伝統的なものから，検索サイトに表示される広告枠の販売，電力や周波数の割り当てまで，数多くの実例があります．また最近では，インターネットを通じてさまざまなものを気軽にオークションで売買できるようになりました．

オークションでは通常，財に対する評価が入札者によって異なります．さらに，個々の入札者は，他の入札者がその財をどのように評価しているかを正確には知りません．そのため，評価額——つまり各人が支払ってもよいと考えている最大の金額——は確率的に与えられていると想定して，最適な入札戦略や，収益の期待値を計算することになります．本章ではオークションの数理分析 (とくに，連続的な確率変数の期待値計算) を通じて積分の考え方を勉強していきます．以下では，議論を単純にするために，美術品のように不可分な単一の財を1単位だけ売る場合のみを考えることにしましょう[1]．

さて，ひとくちにオークションといっても，場面ごとにいろいろな方式が実施されています．これらを大きく分けると，まず公開型と封印型に二分することができます．公開型は，オークションハウスでの競りのように，現在の (暫定的な) 価格を見ながら入札者が時間を通じて競争していく方式です．みなさんがオークションと聞いて，真っ先にイメージするのはおそらくこの公開型でしょう．一方の封印型では，各入札者は (他の入札者に見えないように) 一度だけ入札額を売り手に伝え，その金額にもとづいて勝者と落札金額がいっせいに決定されます．事業プロジェクトの競争入札や競売などは，通常この封印型で行われます．

公開型と封印型の中でも，ルールの異なるさまざまなオークションを考えることができます．現実に最もよく使われている (あるいは経済学で重要とされている) 代表的なオークションは，次の4種類です．

---

[1] 同時に複数の財を売る複数財オークションは，この10年ほどで急速に研究が進みました．詳しくは，横尾真『オークション理論の基礎——ゲーム理論と情報科学の先端領域』(東京電機大学出版局，2006年) やミルグロム『オークション——理論とデザイン』(東洋経済新報社，2007年) などを参照ください．

- 公開型オークション

  競り上げオークション　低い価格からスタートし，入札者はその時点でついている価格よりも高い価格を宣言する．最後の 1 人を除く全員があきらめたら，最後の入札者が落札者となり，最後に宣言した価格で財を購入する．イギリス式オークションともいう．この方式は非常に多くの場面で利用されており，インターネットでのオークションも多くはその方式の類型です．

  競り下げオークション　十分高い価格からスタートし，競り人が価格を少しずつ下げていき，各入札者は購入してもよいと思う価格になったら手を挙げる．最初に手を挙げた入札者が落札者となり，落札時点の価格で財を購入する．オランダ式オークションともいう．オランダでのチューリップの競りで利用されたのがはじまりで，今日の日本でも生花市場でこの方式が取り入れられています．

- 封印型オークション

  ファーストプライス・オークション　各入札者は自身の入札額を記した紙を封筒に入れて売り手に渡す．最高額を記した入札者が落札者となり，自身の入札額に等しい金額を支払って財を購入する．公共調達の際に行われる公共事業の競争入札ではこの方式が多く利用されています[2]．

  セカンドプライス・オークション　各入札者は自身の入札額を記した紙を封筒に入れて売り手に渡す．最高額を記した入札者が落札者となり，自身を除いた入札のうちで最高の入札額——つまり全体で 2 番目に高い入札額——を支払い財を購入する．発案者ヴィックリー (Vickrey) の名前をとってヴィックリー・オークションともいう．一見すると変わったルールですが，以下で解説するように理論的に重要な性質を持っているため，古くから研究されています[3]．

以下では，これら 4 つのオークション方式について，次の 2 点に焦点を当てながら分析を進めていきましょう．議論を単純化するために，各参加者は自分自身の財に対する評価額を知っている (これを私的価値と呼びます) と仮定します[4]．

(1) それぞれのオークションで入札者はどのような入札を行うか．

(2) 売り手にとってより大きな収入をもたらすオークションの方式はどれか．

前者の入札行動については，競り下げオークションとファーストプライス・オークションの 2 つ，そして (私的価値の仮定のもとでは) 競り上げオークションとセカンドプライス・オー

---

[2] ただし，公共調達の場合には売り手と買い手の立場が入れ替わっているため，一番安い金額を入札した業者が勝者となって，工事を受注し政府からその金額を受け取る，ということになります．

[3] 近年では，インターネット・オークションや検索サイトの広告枠の販売など，現実のオークションにもセカンドプライス・オークションの仕組みが応用されています．

[4] この仮定が満たされず，他の参加者の財の評価が自身の評価に影響を与える場合は相互依存価値 (あるいは共通価値) と呼ばれます．

クションの 2 つが，それぞれ戦略的に同等であることが知られています．まずはこの点について確認してみましょう．

競り下げオークションにおいて入札者が決めなければいけないのは「どの価格 x まで下がったら手を挙げるか」という金額 x に関する選択です．一方のファーストプライス・オークションでは，各入札者は落札時に支払う金額 x を決めて紙に書きます．どちらの方式でも個々の入札者は，自分の選んだ金額 x が，他のすべての入札者が選んだ金額よりも高いときにだけ勝者となることができ，そのときに価格 x を支払って財を購入する，という点に注目してください．これは，競り下げオークションにおける「手を挙げるタイミング」の決定と，ファーストプライス・オークションにおいて「いくらを紙に書くか」という決定が，戦略的にはまったく同じ意思決定であることを意味します．両者のルールは表面的にはかなり異なるように見えますが，公開型の競り下げオークションと封印型のファーストプライス・オークションは，このような意味で戦略的に同等であることがわかるのです．

競り上げオークションにおいて入札者が選択するのは「どの価格 y までオークションにとどまるか」あるいは「どの価格 y に達したら落札をあきらめるか」という金額 y です．一方，セカンドプライス・オークションでは，ファーストプライス・オークションと同様に，金額 y を紙に書いて提出します．どちらの方式においても，自分の選んだ金額 y が，他のすべての入札者が選んだ金額よりも高いときにだけその入札者は勝者となりますが，今回は y を直接支払うのではない点に注意しましょう．勝者が実際に払うのは，自分の次に高い金額を選んだ人の入札額，つまり全体で 2 番目に高い入札額となります (正確には，競り上げオークションでは「全体で 2 番目に高い入札額プラスアルファ」ですが，ここではその差は無視します)．以上から，競り上げオークションとセカンドプライス・オークションが同等の結果をもたらすことがわかりました[5]．これらの同等性をふまえて，第 10.4 節以降では封印入札の 2 方式，つまりファーストプライス・オークションとセカンドプライス・オークションに話を絞って分析していくことにします．

さて，売り手の収入 (= 落札者の支払い金額) を具体的に計算するためには，入札者たちの財への評価額に関する情報を定めなければなりません．なぜなら，各人の入札行動はその人の評価額の大きさに依存して決まってくるからです．しかし，一般にはこの評価額は本人しか知らない値であり，(売り手を含めて) それ以外の人には直接わかりません．売り手にとって入札者の評価額が不確実であるため，オークションの結果として得られる収入も不確実になります．このような不確実性がある場合には，第 9 章で学んだように確率を使ってその不確実性を定式化します．本章の後半では，確率の考え方をもとに，売り手にとっての

---

[5] この同等性は，私的価値の仮定を外すと成り立ちません．競り上げオークションでは他の入札者の行動 (= いつ脱落するか) を通じて財の価値に関する情報をアップデートできる一方で，セカンドプライス・オークションではそのような学習の機会が与えられていないためです．ちなみに，競り下げオークションでは学習機会がない (誰かが手を挙げた時点でオークションが終了してしまう) ため，私的価値が満たされない場合でも，ファーストプライス・オークションとの戦略的同等性が成立します．

収入の期待値 (期待収入) を実際に計算してみます．

第 9 章では，主に確率変数が離散的な場合 (例えば「サイコロの 1 から 6 の目」のようにとびとびの値をとるとき) を扱いました．オークションでは多くの場合，入札者の評価額を連続的な確率変数とみなして分析します．第 9 章で学んだ離散型の確率変数の期待値は $\sum$ を使った足し算で定義されましたが，連続的な場合はその定義はそのままでは使えません．そこで，$\sum$ のかわりに積分を使って定義することになります．本章では，オークション分析で出てくる連続的な確率変数の期待値計算を通して，積分の基礎となる考え方を学びましょう．次節では，その準備として，連続的な確率変数の扱いについて解説します．

10.2　分布関数と密度関数

確率変数 X が連続の値をとる場合，とくに，確率変数 X が実数直線上のある区間 $[a,b]$ に値をとる (すなわち，必ず $a \leq X \leq b$ となる) 場合を考えましょう．このときの確率分布は「分布関数」と呼ばれる関数で表されます．

> **定義 10.1**
> 　確率変数 X に対して，関数 $F(x)$ を「『X が x 以下』という事象が起きる確率」，すなわち，
> $$F(x) = P(\{X \leq x\}) \tag{10.1}$$
> とするとき，F を X の分布関数という[6]．また，X を「F に従う確率変数」という．

定義より明らかに，F は (弱い意味で) 増加関数であり，すべての x に対して $F(x)$ は 0 以上 1 以下です．確率変数 X が区間 $[a,b]$ に値をとると仮定したことから，X が b 以下である確率は 1 であり，したがって

$$F(b) = 1 \tag{10.2}$$

であることに注意しましょう．

次に，「X が x_1 より大きく，かつ x_2 以下である」という事象の確率を F で表してみましょう (ただし，$a \leq x_1 < x_2 \leq b$ とします)．この事象は「X は x_2 以下だが x_1 以下ではない」事象と言いかえられるので，その確率は次のように計算できます：

$$P(\{x_1 < X \leq x_2\}) = P(\{X \leq x_2\}) - P(\{X \leq x_1\})$$
$$= F(x_2) - F(x_1). \tag{10.3}$$

また，X が x より大きい確率は

---

[6] 累積分布関数ともいいます．

$$P(\{x < X\}) = P(\{x < X \le b\})$$
$$= 1 - P(\{X \le x\}) = 1 - F(x)$$

のように求められます(「X が x より大きい」という事象は「X が x 以下である」という事象の余事象ですね).

分布関数は離散的な値をとる確率変数に対しても定義できる一般的な概念ですが[7],この章では連続的な値をとる確率変数のみに注目することにして,さらにその分布関数は十分なめらかなものとします.離散型確率変数では「値がぴったり x である確率」を考えましたが,連続型確率変数の場合では「値が x に十分近い確率」が重要になります.確率変数 X の値が x より大きく,そこから「ちょびっと」ずれた $x+\varepsilon$ (ただし $\varepsilon > 0$) 以下になる確率を考えましょう.この確率は,(10.3) 式より ($x_1 = x$, $x_2 = x+\varepsilon$ とおいて),

$$P(\{x < X \le x+\varepsilon\}) = F(x+\varepsilon) - F(x)$$

となります.第 5 章 5.2 節の議論を思い出すと,ε が十分小さいとき,ある関数 f を使って上式の右辺が

$$F(x+\varepsilon) - F(x) \approx f(x)\varepsilon \tag{10.4}$$

と,ε の 1 次式で線形近似されるのでした.そしてこのような f を F の導関数と呼び,F' と書くのでした(つまり $f = F'$).(10.4) 式は次のようにも書き表せることを思い出しましょう:

$$dF(x) = f(x)\,dx. \tag{10.5}$$

確率変数 X の値が幅 ε の区間 $x \sim x+\varepsilon$ に入る確率 $F(x+\varepsilon) - F(x)$ は,ε が十分小さいときは幅 ε に比例し,その比例定数が $f(x)$ と書かれるというわけです.つまり,$f(x)$ は X が x の近くの区間に値をとる確率とその区間の幅との比率を表します.この $f(x)$ は x における密度と呼ばれます.

定義 10.2
区間 $[a,b]$ 上に値をとる確率変数 X の分布関数 F に対して,$f = F'$ を満たす関数 f を X の密度関数という[8].

---

[7] 一般には,分布関数の値が不連続的にジャンプする点があってもかまいません.とくに,離散的な確率変数の分布関数は不連続的なジャンプを含む階段状の関数です.たとえば,確率 $1/3$ ずつで $X = 0, 1, 2$ の値をとる離散的な確率変数 X の分布関数は,$0 \le x < 1$ のとき $F(x) = 1/3$, $1 \le x < 2$ のとき $F(x) = 2/3$, $x = 2$ のとき $F(x) = 1$ と表せます.

[8] 確率密度関数ともいいます.

(10.4) 式あるいは (10.5) 式は,

$$(\text{確率}) = (\text{密度}) \times (\text{幅}) \tag{10.6}$$

という形をしていることに注目しましょう．言いかえれば，(密度) = (確率)/(幅) です．$f(x)$ は密度 (比率) であり，確率そのものではありません (したがって，密度は 1 より大きくなり得ます)．区間の幅をかけ算することではじめて確率になるのです．つまり「$f(x)\,dx$」が，X が x に十分近い値をとる確率です．この「確率」と「密度」の関係を理解できずに混乱する人も多いので，しっかりとその違いを身につけるようにしてください．

注意 10.1

上の (10.6) 式を見ると，幅が 0 ならば確率も 0 ということになります．これは連続的な確率変数の特徴です．すなわち，任意の一点 x だけからなる事象の確率は 0 です．これは，$x_1 < x \le x_2$ として (10.3) 式で x_1, x_2 を x に近づけると，分布関数 F が連続なら右辺は 0 に近づくことから示されます．つまり，

連続な分布関数に従う確率変数に対しては $P(\{x\}) = 0$

です．連続的な確率変数では，1 点の確率を考えることは無意味であり，区間を考えて初めて意味があると理解してください．また，このことから，「以下」と「未満」，および，「以上」と「より大きい」を厳密に区別しなくても確率計算上の問題は生じないことがわかります．

ここで，一例として，$a = 0$ とおいて区間 $[0, b]$ 上の確率変数 X を考えましょう．この範囲で，それぞれの値が「同様に確からしい」確率で選ばれる確率変数を「一様分布に従う確率変数」といいます．「同様に確からしい」とは，ここでは，密度が区間内のどの点でも等しいという意味だとします．

「(確率) = (密度) × (幅)」ですから，密度が一様に等しいならば，X がある区間に含まれる確率はその区間の幅に比例するということになります．したがって，X が x 以下である確率は区間 $[0, x]$ の長さに比例するものとして，次のように分布関数が定義されます：

$$F(x) = \frac{x}{b} \qquad (0 \le x \le b).$$

上式では $F(b) = 1$ が成立するように比例定数 $\frac{1}{b}$ を定めました (確率変数が満たすべき性質のひとつに (10.2) 式があることを思い出してください)．このとき，密度関数は $f(x) = \frac{1}{b}$ となります．

とくに，X が区間 $[0, 1]$ 上の一様分布に従うとき，X の分布関数 F は $F(x) = x$ で，その密度関数 f は $f(x) = 1$ となります．

それでは，分布関数と密度関数に慣れるために，次の例題を解いてみましょう．

第 10 章 積分とオークション

例題 10.1

X は区間 $[0,1]$ 上の一様分布に従う確率変数とする．このとき，次のように定義される確率変数 Y の分布関数 G と密度関数 g をそれぞれ求めなさい．

(1) $Y = 2X + 1$

(2) $Y = X^2$

【解答 10.1】

X の分布関数は $F(x) = x \ (0 \leq x \leq 1)$ です．

(1) X が区間 $[0,1]$ 上の確率変数ですので，$Y = 2X + 1$ は区間 $[1,3]$ 上の確率変数です．

さて，分布関数 $G(y)$ は「Y が y 以下」($1 \leq y \leq 3$) という事象の確率でした．「Y が y 以下」は「$2X + 1$ が y 以下」と同じであり，さらにこれは「X が $\dfrac{y-1}{2}$ 以下」と同じになります．よって，

$$G(y) = P(\{Y \leq y\}) = P\Big(\Big\{X \leq \frac{y-1}{2}\Big\}\Big)$$
$$= F\Big(\frac{y-1}{2}\Big) = \frac{y-1}{2} \quad (1 \leq y \leq 3)$$

と計算できます．密度関数は，分布関数 $G(y)$ を微分して

$$g(y) = G'(y) = \frac{1}{2}$$

と求まります．

(2) X が区間 $[0,1]$ 上の確率変数ですので，$Y = X^2$ も区間 $[0,1]$ 上の確率変数です．「Y が y 以下」は「X^2 が y 以下」と同じであり，さらに「X が $\sqrt{y}$ 以下」と同じです．よって，

$$G(y) = P(\{Y \leq y\}) = P(\{X \leq \sqrt{y}\})$$
$$= F(\sqrt{y}) = \sqrt{y} \quad (0 \leq y \leq 1)$$

となります．これを y で微分して，密度関数は

$$g(y) = G'(y) = \frac{1}{2}y^{\frac{1}{2}-1} = \frac{1}{2}y^{-\frac{1}{2}} \left(= \frac{1}{2\sqrt{y}} \right).$$

と求まります．

[例題 10.1：終]

例題 10.2

V_1, V_2 をそれぞれ区間 $[0, 1]$ 上の一様分布に従う互いに独立な確率変数とする．このとき，以下で定義される区間 $[0, 1]$ 上の確率変数の分布関数 F と密度関数 f を求めなさい．

(1) $X = \max\{V_1, V_2\}$

(2) $X = \min\{V_1, V_2\}$

【解答 10.2】

(1) 分布関数 $F(x)$ は「X が x 以下」という事象の確率でした．「$\max\{V_1, V_2\}$ が x 以下」は「$V_1 \leq x$ かつ $V_2 \leq x$」と同じです．この確率は，図 10.1 左の灰色部分の面積に相当します．したがって，

$$F(x) = P(\{X \leq x\})$$
$$= P(\{V_1 \leq x\} \cap \{V_2 \leq x\})$$
$$= P(\{V_1 \leq x\}) \times P(\{V_2 \leq x\}) = x^2$$

となります．2 行目から 3 行目で独立性の仮定を用いました．密度関数は，$F(x)$ を微分して

$$f(x) = F'(x) = 2x$$

と求まります．

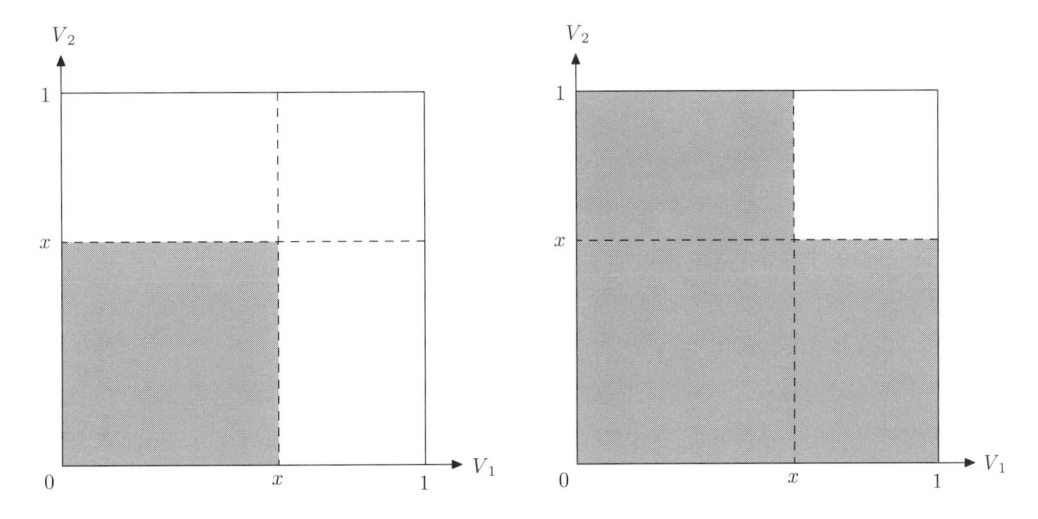

図 10.1　$\max\{V_1, V_2\} \leq x$ となる部分 (左) と，$\min\{V_1, V_2\} \leq x$ となる部分 (右)

(2) 「$\min\{V_1, V_2\}$ が x 以下」は「$V_1 \leq x$ または $V_2 \leq x$」と同じであり，これはさらに「『$V_1 > x$ かつ $V_2 > x$』でない」と同じです．つまり，この確率は，図 10.1 右の灰色部分の面積に相当します．したがって，

$$\begin{aligned} F(x) &= P(\{X \leq x\}) \\ &= P(\{V_1 \leq x\} \cup \{V_2 \leq x\}) \\ &= 1 - P(\{V_1 > x\} \cap \{V_2 > x\}) \\ &= 1 - P(\{V_1 > x\} \times \{V_2 > x\}) = 1 - (1-x) \times (1-x) = 2x - x^2 \end{aligned}$$

となります．3 行目から 4 行目で独立性の仮定を用いました．密度関数は，

$$f(x) = F'(x) = 2 - 2x$$

となります．

[例題 10.2：終]

10.3 連続確率変数の期待値

区間 $[a, b]$ に値をとる連続型の確率変数 X の分布関数が F であり，密度関数が f であるとします．このとき，X の期待値について考えましょう．

まず，第 9 章で学んだ離散的な値をとる確率変数について，期待値とは何だったのか思い出しましょう．例えば，確率変数の値が $x_1, x_2, \ldots, x_n$ のようにとびとびの値をとり，それぞれの確率が $p_1, p_2, \ldots, p_n$ であるとき，その期待値は

$$p_1 x_1 + p_2 x_2 + \cdots + p_n x_n \quad \left(= \sum_{i=1}^{n} p_i x_i \right) \tag{10.7}$$

と定義されるのでした．

そこで，区間 $[a, b]$ をいったん n 等分することで，上の考え方を応用できるようにしてみます．区間を n 等分すると両端を含めて $n+1$ 個の点ができるので，これらを小さい順に $x_1, x_2, x_3, \ldots, x_n, x_{n+1}$ とします (図 10.2)．そして，連続型確率変数 X を近似的に，値が $x_1, \ldots, x_{n+1}$ のいずれかである離散型確率変数とみなしてその期待値を (10.7) 式に従って計算します．ここで n をどんどん大きくしていき (つまり分割をどんどん細かくしていき)，最終的に $n \to \infty$ とした極限を X の期待値の定義とします．

図 10.2　区間 $[a, b]$ を n 等分

分割されてできた小区間の幅を $\Delta x = \dfrac{b-a}{n}$ とおいておきましょう．確率変数 X が区間 $(x_i, x_{i+1}]$ に入る確率を p_i とおくと，(10.3) と同様に

$$p_i = F(x_{i+1}) - F(x_i) \qquad (i = 1, 2, \ldots, n) \tag{10.8}$$

となります．確率変数 X の値が区間 $(x_i, x_{i+1}]$ に入るとき，区間の幅 Δx がとても小さいならば，この区間内での値はすべて x_i だとみなしても誤差は十分小さくなります．すると，X は，値として x_i をとる確率が (10.8) 式で定義した p_i $(i = 1, 2, \ldots, n)$ であるような離散型確率変数とほとんど同じと見なせます．この離散型確率変数の期待値は

$$p_1 x_1 + \cdots + p_n x_n = x_1 \bigl(F(x_2) - F(x_1)\bigr) + \cdots + x_n \bigl(F(x_{n+1}) - F(x_n)\bigr)$$
$$= \sum_{i=1}^{n} x_i \bigl(F(x_{i+1}) - F(x_i)\bigr) \tag{10.9}$$

と計算できます．これは，高さ x_i，幅 $F(x_{i+1}) - F(x_i)$ の長方形の面積を足し算したものとみなすことができます (この「長方形の面積の足し算」という解釈は，このあとも何度か出てきます)．

分割をとても細かくして Δx が非常に小さくなったとき，304 ページの (10.4) 式を思い出すと，(10.9) 式中の $F(x_{i+1}) - F(x_i)$ は密度関数 f を使って次のように近似されます：

$$F(x_{i+1}) - F(x_i) \approx f(x_i) \Delta x. \tag{10.10}$$

したがって，(10.9) 式は

$$\sum_{i=1}^{n} x_i \times f(x_i) \Delta x \tag{10.11}$$

と近似できます．(10.9) 式の解釈に従うと，これは高さ x_i，幅 $f(x_i)\Delta x$ の長方形の面積を足し算したものです．高さが確率変数の値，幅が「(密度) × (区間の幅) = (確率)」を表します．繰り返しになりますが，密度は幅とかけあわせてはじめて意味を持つことに注意してください．この (10.11) 式で，分割数 n を無限に大きくし，すなわち区間の幅 Δx を無限に小さくした極限が，連続確率変数 X の期待値 $E[X]$ の定義となります．つまり，

$$E[X] = \lim_{n \to \infty} \sum_{i=1}^{n} x_i f(x_i) \Delta x \tag{10.12}$$

と定義します．

ここで次々節 (第 10.5 節) での一般の関数に対する積分の定義を先どりして，上式の右辺を (つまり $\displaystyle\lim_{n \to \infty} (x_1 f(x_1)\Delta x + \cdots + x_n f(x_n)\Delta x)$ を) $\displaystyle\int_a^b x f(x)\, dx$ と書くことにします．いまの段階では「$x_1 f(x_1)\Delta x + \cdots + x_n f(x_n)\Delta x$ を $\displaystyle\sum_{i=1}^{n} x_i f(x_i)\Delta x$ と書く」というのと同

様の単なる記号の約束だと思っておいてください．その図形的な意味を含め，詳しくは第 10.5 節で議論します．この記号を使って，連続型確率変数の期待値の定義を以下にまとめておきます．

定義 10.3

区間 $[a,b]$ に値をとり f を密度関数とする確率変数 X の期待値は

$$E[X] = \int_a^b x f(x)\, dx \tag{10.13}$$

である．

また，304 ページの (10.5) 式の表記に対応して，上式の右辺 $\int_a^b x f(x)\, dx$ を分布関数 F を使って

$$\int_a^b x\, dF(x) \tag{10.14}$$

と書くこともあります[9]．

次節では，連続確率変数の期待値の定義 10.3 (式 (10.12) がその実体) に従ってセカンドプライス・オークションにおける売り手の収入の期待値を計算してみます．その次の節で，改めて (確率変数の期待値とは直接関係ない) 一般の関数に対して「積分」を定義します．

10.4　セカンドプライス・オークションの期待収入

セカンドプライス・オークションは理論的に重要な性質をもっています．それは，入札者にとって自身の評価額をそのまま入札額とするのが最適な戦略になる，というものです．もう少し精確に言うと，自分がオークションで売られている商品に対して「ここまでなら支払っても構わない」という金額 (評価額) をそのまま正直に入札するのが，相手の入札行動に関係なく常に最適になる，という性質です．つまり，セカンドプライス・オークションは，入札者が自分の評価額より高い値を入札しても，低い値を入札しても，絶対に得にならないような仕組みになっているのです．以下では，買い手が 2 人しかいない単純な状況を考えて，まずはこの性質を確認してみましょう．

2 人の買い手を，入札者 1，入札者 2 と呼ぶことにします．入札者 i の評価額と入札額を，それぞれ v_i と x_i で表しましょう (i は 1 または 2)．いま示したいのは，入札者 1 の立場か

---

[9] より厳密には「(10.9) 式で $n \to \infty$ とした極限」が (10.14) の表現の正確な定義なのですが，(10.10) の近似式より，けっきょく (10.12) 式の右辺と等しくなるので，単に「$\int_a^b x f(x)\, dx$ の別表現」と思っておいて問題ありません．

ら見て，入札者 2 がどんな金額 x_2 を入札してきたとしても，$x_1 = v_1$ が常に最適な入札戦略になる，ということです．つまり，

(1) 自分の評価額 v_1 よりも高い入札額 $\overline{x}_1$ を選んでも得することがない

(2) 自分の評価額 v_1 よりも低い入札額 $\underline{x}_1$ を選んでも得することがない

という性質が，任意の $\overline{x}_1 \, (> v_1)$ と $\underline{x}_1 \, (< v_1)$ に対して成立することを示せばよいのです．

ここでは (1) を証明してみましょう．入札者 2 の入札額 x_2 は入札者 1 には事前にはわかりません．そこで，(i) $x_2 \leq v_1 (< \overline{x}_1)$，(ii) $v_1 < x_2 < \overline{x}_1$，(iii) $v_1 < \overline{x}_1 \leq x_2$ という 3 通りの可能性に場合分けしてみます．このうち，(i) と (iii) では，正直な入札 v_1 と過大入札 $\overline{x}_1$ との間で結果に差が出ません．(i) ではどちらの入札行動を選んでも 1 が勝者となって商品を同じ金額 (x_2) で落札し，(iii) ではどちらの場合も勝つことができないからです．2 つの入札行動が異なる結果を生じさせるのは (ii) だけです．

(ii) のケースでは，正直な入札では 1 は勝てない一方，過大入札を行った場合には支払い額 x_2 で商品を落札することができます．ここで，$v_1 < x_2$ ですので，その際の支払い額 x_2 は常に評価額 v_1 よりも高くなり，損をしていることになります．そのため，(ii) では，過大入札は正直入札とくらべて損な戦略であることがわかります．

まとめると，(i) と (iii) のケースでは 2 つの入札行動は同じ結果を実現し，(ii) では正直な入札が過大入札よりも常に望ましい結果をもたらします．以上から (1) が示されました．同様の議論で (2) についても証明することができます．ぜひ各自で確認してみてください．

つぎに，セカンドプライス・オークションで各入札者が最適な入札行動をとる場合に，どのような結果になるのかを考えてみましょう．各人は自分の評価額と同じ金額を入札することになるので，2 名の中からより高い評価額を持つ入札者が財を落札し，もう 1 人の評価額に等しい金額を売り手に支払うことになります．これをふまえると，$0 \leq x \leq 1$ である x に対し，勝者の支払額が x 以下であるのは 2 人のうちで低い方の評価額が x 以下になるときです．よって，売り手の収入は $X = \min\{V_1, V_2\}$ という確率変数で表されます．

以下では計算を簡単にするため，2 名の入札者の評価額を表す確率変数 V_1, V_2 はいずれも区間 $[0, 1]$ 上の一様分布に独立に従うとします．この条件のもとで，セカンドプライス・オークションにおける売り手の収入の期待値 (= 勝者の支払額の期待値) を求めてみましょう．

例題 10.2(2) で見たように，一様分布の仮定のもとで，確率変数 $X = \min\{V_1, V_2\}$ の密度関数は $f(x) = 2(1-x)$ となります．したがって，期待収入の近似値は，(10.11) 式で $a = 0, b = 1$ として，次のように計算できます (分割のしかたから，$x_i = \dfrac{i-1}{n}, \Delta x = \dfrac{1}{n}$ であることに注意) :

$$\sum_{i=1}^{n} x_i f(x_i) \Delta x = \sum_{i=1}^{n} \frac{i-1}{n} \times 2\left(1 - \frac{i-1}{n}\right) \times \frac{1}{n}$$
$$= \frac{2}{n}\left(\frac{1}{n}\sum_{i=1}^{n}(i-1) - \frac{1}{n^2}\sum_{i=1}^{n}(i-1)^2\right).$$

添え字を $j = i - 1$ とおきかえると，

$$\begin{aligned}
&= \frac{2}{n}\left(\frac{1}{n}\sum_{j=0}^{n-1} j - \frac{1}{n^2}\sum_{j=0}^{n-1} j^2\right) \\
&= \frac{2}{n}\left(\frac{1}{n} \times \frac{1}{2}(n-1)n - \frac{1}{n^2} \times \frac{1}{6}(n-1)n(2n-1)\right) \\
&= \frac{1}{3}\left(1 - \frac{1}{n^2}\right)
\end{aligned}$$

と求まります[10]．$n \to \infty$ の極限を考えると $\frac{1}{n^2} \to 0$ となるので，期待収入は最終的に

$$E[X] = \frac{1}{3} \tag{10.15}$$

と計算できます．このようにして，セカンドプライス・オークションにおける売り手の期待収入を求めることができました．ファーストプライス・オークションについては第 10.7 節で計算します．

上記の導出では，連続的な分布での期待値の定義に従って，n 項の和を求めてから $n \to \infty$ の極限を考えるという，ややこしい計算を忠実に実行しました．実は，このようなややこしい計算をすることなしに，より簡単に計算する方法があります．次々節 (第 10.6 節) でその公式を導きます．その前に，次節で一般の関数に対して積分を定義しておきましょう．

10.5　積分の定義

前節では，(10.11) 式にもとづいて X の期待値を計算しました．(10.11) 式を再掲します：

$$\sum_{i=1}^{n} x_i \times f(x_i)\Delta x. \tag{10.11}$$

これは高さ x_i，幅 $f(x_i)\Delta x$ の長方形の面積を足し算したものでした (そして，$n \to \infty$ とした極限が X の期待値でした)．しかし，幅が i によって異なると式を整理しにくいので，和の見方をかえて，高さ $x_i f(x_i)$，幅 Δx の長方形の面積を足し算したものとみなすことにしましょう．こうすると幅が一定になって和が計算しやすくなります．そこで，一般の関数 g (連続関数とします) に対して

$$\sum_{i=1}^{n} g(x_i)\Delta x \tag{10.16}$$

の極限が何を意味するのか考えてみましょう[11]．

関数 $g(x)$ のグラフが図 10.3 の曲線のようになっているとします．すると，「高さ $g(x_i)$，

---

[10] $\sum_{j=0}^{n-1} j$ と $\sum_{j=0}^{n-1} j^2$ の計算は，第 4 章の練習問題 4.1 および 4.2 をそれぞれ参照してください．

[11] $g(x) = xf(x)$ とおけば，(10.11) 式に一致する点に注意してください．

幅 Δx の長方形の面積の和」の解釈から，(10.16) 式の値は図 10.3 の「短冊 (たんざく)」状の長方形をたくさん並べたもの (灰色の領域) の面積を表しているとみなせます．

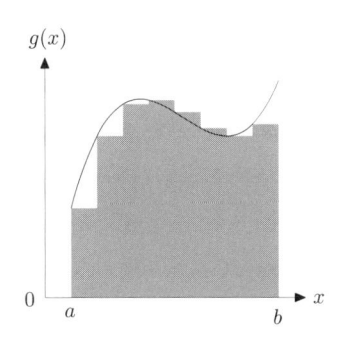

図 10.3　短冊による近似

もっと細かい区間に分割すると短冊たちはどんどん細くなり，図 10.4 のように，$g(x)$ のグラフの下側の面積にどんどん近づいていくことがわかります．この分割を無限に細かくしていくと，(10.16) 式の極限は $g(x)$ のグラフの下側の面積と等しくなります[12]．

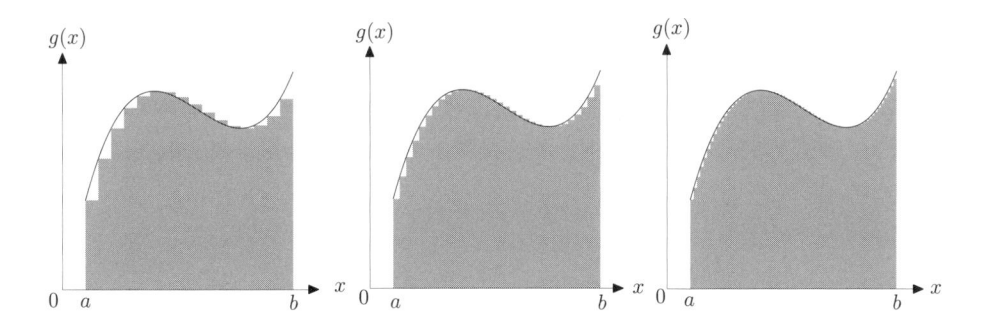

図 10.4　より細い短冊での近似

これが (10.16) 式の極限の図形的な意味です．この極限を関数 g の a から b までの積分と呼び，次のような記号で書きます．

定義 10.4

関数 g の区間 $[a,b]$ での積分を

$$\int_a^b g(x)\,dx = \lim_{n\to\infty} \sum_{i=1}^n g(x_i)\Delta x \tag{10.17}$$

で定義する．

---

[12] グラフを表す曲線の下側部分の面積がこのような長方形の面積の和の極限として定義される，という言い方が数学的にはより正確な表現です．

ただし，(10.17) 式で $\Delta x = \dfrac{b-a}{n}$ です[13]．

ここまでは $a < b$ と仮定していましたが，$a \geq b$ の場合も積分を定義しておきます．$a = b$ のときは，積分の値は常に 0 とします．つまり

$$\int_a^a g(x)\,dx = 0 \tag{10.18}$$

です．幅が 0 なので面積も 0，と考えると自然に解釈することができるでしょう．次に，$a > b$ のときは

$$\int_a^b g(x)\,dx = -\int_b^a g(x)\,dx \tag{10.19}$$

と定義します．これは，積分する向きが反対になったので区間の幅も符号が反対になって負の値になる，と考えることができます．

(10.17) 式の両辺の数式表現が似通っていることにも注意してください．これは，積分の定義が，「(関数の値)×(区間の幅)」の和の極限として定義されるためです．両者を見比べると，「$\int$」(s を細長くした記号) には「$\sum$」(ギリシャ文字の大文字シグマ，S に相当する) が対応しており，「dx」は「Δx」から来ていることが見てとれるでしょう．積分の後ろにつける dx はただの飾りではなく，無限に小さくなった ("微小な") 区間の幅という意味があるのです．(10.17) 式の左辺の積分記号は，「縦の長さ $g(x)$ に微小な幅 dx をかけて ($g(x)\,dx$)，区間 $a \sim b$ で足しあわせる ($\int_a^b$ をつける)」と解釈してください．

この積分の式で x は積分変数と呼ばれ，数列の和 $\sum$ でのインデックスと同様に，他の文字で置きかえても意味は変わりません．たとえば，(10.17) 式の左辺で積分変数を t とおいてもまったく同じ意味をもちます．つまり，

$$\int_a^b g(t)\,dt = \int_a^b g(x)\,dx$$

ということです．ただし，積分区間に文字を使っている場合は，それらの文字 (いまの場合は a と b) を積分変数に使うのを避けましょう．それ以外ならどの文字を使ってもかまいません．また，積分されている関数 g を被積分関数といいます．

さて，連続型確率変数の期待値の話にもどると，第 10.3 節の (10.12) 式は，積分の定義式 (10.17) で $g(x) = xf(x)$ を代入した特殊ケースとして $E[X] = \int_a^b xf(x)\,dx$ と書けるので，定義 10.3 とちゃんとつながります．

このようにして，確率変数の期待値を積分を用いて表記できましたが，実は，期待値だけ

---

[13] ここでは，区間 $[a,b]$ を n 個に等分することのみを考えていますが，実は，連続関数に対しては，どのような分割のしかたをしても細い短冊たちの面積の和は一定の値に (つまり $\int_a^b g(x)\,dx$ に) 収束します．

でなく，分布関数も密度関数の積分を使って表すことができます．次にこの点を確認してみましょう．

分布関数の定義 10.1 によれば，$F(x)$ とは「X が x 以下」という事象の確率のことでした．第 10.3 節での議論と同様に，区間 $[a, x]$ を n 等分し，両端を含む $n+1$ 個の点を小さい方から順に $y_1 = a, y_2 = a + \frac{1}{n}(x-a), y_3 = a + \frac{2}{n}(x-a), \ldots, y_n = a + \frac{n-1}{n}(x-a)$，$y_{n+1} = x$ とおき，こうしてできる小区間の幅を $\Delta y = \frac{x-a}{n}$ とおきます．X が区間 $[a, x]$ に入る確率は，X がこれらの小区間 $(y_i, y_{i+1}]$ $(i = 1, 2, \cdots, n)$ に入る確率の和と等しいですから，

$$F(x) = \sum_{i=1}^{n} \left(F(y_{i+1}) - F(y_i) \right)$$

です．この右辺の各項は (10.10) 式と同様に

$$F(y_{i+1}) - F(y_i) \approx f(y_i) \Delta y$$

と密度関数を使って近似できますので，$F(x)$ は

$$F(x) \approx \sum_{i=1}^{n} f(y_i) \Delta y$$

と近似することができます．ここで，n を無限大にとばした極限を考えることにより，分布関数 F は密度関数 f を使って

$$F(x) = \lim_{n \to \infty} \sum_{i=1}^{n} f(y_i) \Delta y.$$

と書くことができますので，積分の定義より，

$$F(x) = \int_a^x f(y) \, dy \tag{10.20}$$

であることがわかりました．

最後に，積分が一般に満たす性質のうち単純なものを確認しましょう．まず，積分は次の性質「線形性」を満たします．

公式 10.1 (積分の線形性)
区間 $[a, b]$ で定義された関数 g, h と定数 λ に対して，

(1) $\displaystyle \int_a^b \left(g(x) + h(x) \right) dx = \int_a^b g(x) \, dx + \int_a^b h(x) \, dx,$

(2) $\displaystyle \int_a^b \lambda g(x) \, dx = \lambda \int_a^b g(x) \, dx.$

これは，$\sum$ 計算の線形性がそのまま積分計算に受け継がれたものです．

また，積分はグラフの下側の面積と等しいですから，次の公式も成立します．

> **公式 10.2** (区間の分割・結合)
> 区間 $[a,b]$ で定義された関数 g と $a \leq c \leq b$ に対して，
> $$\int_a^c g(x)\,dx + \int_c^b g(x)\,dx = \int_a^b g(x)\,dx.$$

これは，区間 $[a,c]$ 上の積分と区間 $[c,b]$ 上の積分をそれぞれ計算してから足し算するのは先に区間を結合してから積分をとるのと同じ，ということを表しています．

10.6 微積分学の基本定理

第 10.4 節では，積分計算の定義に従って，区間を分割してから和の極限を計算することで積分の値を求めましたが，けっこう大変でした．積分をもっと簡単に計算する方法はないのでしょうか．前節の最後の方で登場した (10.20) 式は，被積分関数が何らかの確率変数の密度関数であるときは積分はその確率変数の分布関数である，ということを表していると読めます．つまり，分布関数と密度関数の間には次の関係が成り立っています：

- 分布関数を微分すると密度関数になる．
- 密度関数を積分すると分布関数になる．

実は，このような性質は，確率とは関係のない一般の関数でも成立します．

試しに $g(y) = 2y(1-y)$ について確かめてみます．$g(y)$ を 0 から x まで積分した値を定義にもとづいて計算してみましょう．

(10.11) 式で $a = 0, b = x$ として第 10.4 節と同様にすると，次のように計算できます ($y_i = \dfrac{i-1}{n}x$, $\Delta y = \dfrac{x}{n}$ であることに注意)：

$$\sum_{i=1}^n y_i f(y_i) \Delta y = \sum_{i=1}^n 2\left(\frac{i-1}{n}x\right)\left(1 - \frac{i-1}{n}x\right) \times \frac{x}{n}$$
$$= \frac{2x}{n}\left\{\frac{x}{n}\sum_{i=1}^n (i-1) - \frac{x^2}{n^2}\sum_{i=1}^n (i-1)^2\right\}$$

添え字を $j = i - 1$ とおきかえると，

$$= \frac{2x}{n}\left(\frac{x}{n}\sum_{j=0}^{n-1} j - \frac{x^2}{n^2}\sum_{j=0}^{n-1} j^2\right)$$
$$= \frac{2x}{n}\left\{\frac{x}{n}\frac{1}{2}(n-1)n - \frac{x^2}{n^2}\frac{1}{6}(n-1)n(2n-1)\right\}$$
$$= \frac{n-1}{n}x^2 - \frac{1}{3}\frac{n-1}{n}\frac{2n-1}{n}x^3$$

となります．ここで，$n \to \infty$ の極限を考えると，積分は

$$\int_0^x g(y)\,dy = x^2 - \frac{2}{3}x^3$$

と計算できます．この関数を $G(x) = \int_0^x g(y)\,dy$ とおき微分すると，$G'(x) = 2x - 2x^2 = g(x)$ となって，もとに戻ることがわかります．

　微分と積分はこのように互いに逆の関係にあるのです．これを正確に述べたものがこのあとに登場する「微積分学の基本定理」です．この定理を正式に記述するために，まずは用語を定義しておきましょう．

　関数 f に対して，微分可能な関数 F が存在して $F'(x) = f(x)$ となるとき，F を f の原始関数といいます．関数 F が f の原始関数であるならば，任意の定数 C について $F(x) + C$ で与えられる関数も f の原始関数となります．また，$F(x) + C$ の形の関数以外に f の原始関数は存在しません．この定数 C を積分定数といいます．

　慣れるために次の例題を見てみましょう．

例題 10.3

次の関数の原始関数を 1 つ求めよ．

(1) x^α （$x > 0$．α は定数．）

(2) $e^{\alpha x}$ （α は 0 でない定数．）

【解答 10.3】

(1) 　$x^{\alpha+1}$ を微分すると

$$(x^{\alpha+1})' = (\alpha+1)x^\alpha$$

となるので，$\alpha \neq -1$ のとき，原始関数の 1 つは

$$\frac{1}{\alpha+1}x^{\alpha+1}$$

と求まります．また，

$$(\log x)' = x^{-1}$$

なので，$\alpha = -1$ のときの原始関数の 1 つは

$$\log x$$

です．まとめると，次の関数が x^α の原始関数となります：

$$\begin{cases} \dfrac{1}{\alpha+1} x^{\alpha+1} & (\alpha \neq -1 \text{ のとき}) \\ \log x & (\alpha = -1 \text{ のとき}). \end{cases}$$

(2) $e^{\alpha x}$ を微分すると，

$$(e^{\alpha x})' = \alpha e^{\alpha x}$$

となるので，原始関数は次のように求まります：

$$\frac{1}{\alpha} e^{\alpha x}.$$

[例題 10.2：終]

上記のように，原始関数を求めるために「微分の逆」という操作を行いました．第 10.5 節で考えたような，幅の小さな長方形の面積をたくさん足しあわせた極限という意味合いの「積分」が，このような「微分の逆」として計算できることを保証するのが以下の定理です．

定理 10.1 (微積分学の基本定理)

区間 $[a,b]$ 上で連続な関数 $g(x)$ が与えられたとき[14]，

(1) 新たな関数 $G(x)$ を

$$G(x) = \int_a^x g(y)\, dy$$

と積分を用いて定義すると，$G(x)$ は $g(x)$ の原始関数となる．すなわち $G'(x) = g(x)$．

(2) $H(x)$ が $g(x)$ の原始関数ならば，すなわち $H'(x) = g(x)$ ならば，

$$\int_a^b g(x)\, dx = H(b) - H(a).$$

この右辺を $[H(x)]_a^b$ と表記することが多い．

【証明の概略】

(1) 微分の定義を思い出すと，

---

[14] 連続でない場合でも，関数が定義された区間内で不連続な点が有限個しかなければ，ほぼ同内容の定理が成立します．

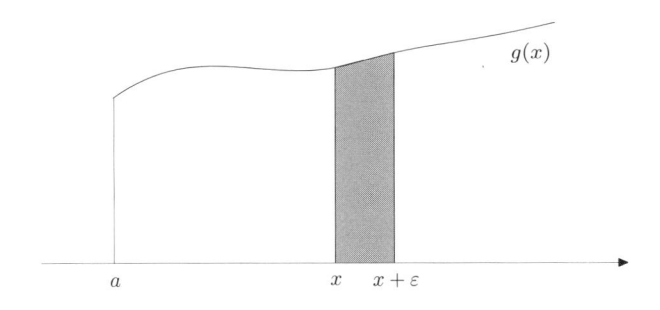

図 10.5 　$\int_x^{x+\varepsilon} g(x)\,dx$ の表す領域 (灰色部分)

$$G'(x) = \lim_{\varepsilon \to 0} \frac{G(x+\varepsilon) - G(x)}{\varepsilon}$$
$$= \lim_{\varepsilon \to 0} \frac{1}{\varepsilon} \left(\int_a^{x+\varepsilon} g(y)\,dy - \int_a^x g(y)\,dy \right)$$
$$= \lim_{\varepsilon \to 0} \frac{1}{\varepsilon} \int_x^{x+\varepsilon} g(x)\,dx \tag{10.21}$$

です．上記の積分の値は図 10.5 の灰色部分の面積です．この領域は，ε が 0 に近い正の数である場合，ほぼ長方形と見なせるので，面積は

$$g(x)\varepsilon$$

に近くなります．つまり，

$$\frac{1}{\varepsilon} \int_x^{x+\varepsilon} g(x)\,dx \approx g(x)$$

と近似でき，ε が 0 に近づく極限を考えると (10.21) 式の右辺に一致することから，$G'(x) = g(x)$ がいえます．

(2)　上記の (1) を前提とすると，$G(x) = \int_a^x g(y)\,dy$ は $g(x)$ の (1 つの) 原始関数です．いま $H(x)$ を $g(x)$ の任意の原始関数とすると，積分の性質から $H(x) = G(x) + C$ (C は積分定数) と書けますので，

$$H(b) - H(a) = (G(b) + C) - (G(a) + C)$$
$$= G(b) - G(a)$$
$$= \int_a^b g(x)\,dx$$

となって，定理が示されました．　□

微積分学の基本定理を使って，以下の例題を解いてみましょう．

例題 10.4

次の積分を計算せよ．

(1) $\displaystyle\int_0^1 x^\alpha\,dx\ (\alpha > 0)$

(2) $\displaystyle\int_1^3 \frac{1}{x}\,dx$

(3) $\displaystyle\int_0^T e^{-rt}\,dt\ (r \neq 0)$

(4) $\displaystyle\int_0^\infty e^{-rt}\,dt\ (r > 0)$

【解答 10.4】

(1) 例題 10.2(1) より，

$$\int_0^1 x^\alpha\,dx = \left[\frac{1}{\alpha+1}x^{\alpha+1}\right]_0^1$$
$$= \frac{1}{\alpha+1}1^{\alpha+1} - \frac{1}{\alpha+1}0^{\alpha+1} = \frac{1}{\alpha+1}$$

となります．

(2) $\log x$ を微分すると

$$(\log x)' = x^{-1} = \frac{1}{x}$$

なので，

$$\int_1^3 \frac{1}{x}\,dx = [\log x]_1^3$$
$$= \log 3 - \log 1 = \log 3$$

となります．

(3) 例題 10.2(2) より，

$$\int_0^T e^{-rt}\,dt = \left[-\frac{1}{r}e^{-rt}\right]_0^T$$
$$= -\frac{1}{r}e^{-rT} + \frac{1}{r}e^{-r\times 0} = \frac{1}{r}(1 - e^{-rT})$$

となります．

(4)　これは上の (3) で $T \to \infty$ としたものです．$r > 0$ より T を大きくしていくと $e^{-rT} = 1/e^{rT}$ はどんどん小さくなるので，

$$\int_0^\infty e^{-rt}\, dt = \left[-\frac{1}{r}e^{-rt}\right]_0^\infty$$
$$= -\frac{1}{r}\lim_{T \to \infty} e^{-rT} + \frac{1}{r}e^{-r \times 0}$$
$$= -\frac{1}{r} \times 0 + \frac{1}{r} \times 1 = \frac{1}{r}.$$

[例題 10.3：終]

次に，積分について成立する，部分積分と呼ばれる性質を確認しましょう．

練習問題 10.1

区間 $[a, b]$ 上で定義された関数 f, g に関して，F, G がそれぞれの原始関数であるとする．このとき，

$$\int_a^b F(x)g(x)\, dx = [F(x)G(x)]_a^b - \int_a^b f(x)G(x)\, dx \tag{10.22}$$

が成立することを証明しなさい．これを部分積分の公式と呼びます．

【解答 10.1】

これは，第 5 章で学んだ「積の微分」の逆です．積の微分より，

$$\bigl(F(x)G(x)\bigr)' = F'(x)G(x) + F(x)G'(x) = f(x)G(x) + F(x)g(x)$$

が成り立ちます (2 番目の等式では，$F'(x) = f(x), G'(x) = g(x)$ という原始関数の定義を使っています)．つまり，$F(x)G(x)$ は $f(x)G(x) + F(x)g(x)$ の原始関数であるということなので，微積分学の基本定理より

$$\int_a^b \bigl(f(x)G(x) + F(x)g(x)\bigr)\, dx = [F(x)G(x)]_a^b$$

が成り立ちます．左辺は $\int_a^b f(x)G(x)\, dx + \int_a^b F(x)g(x)\, dx$ に等しいので，移項して，

$$\int_a^b F(x)g(x)\, dx = [F(x)G(x)]_a^b - \int_a^b f(x)G(x)\, dx$$

となり，求める等式が得られます．

[練習問題 10.1：終]

練習問題 10.2

部分積分の公式を使って，次の積分を計算しなさい．

(1) $\int_0^1 xe^x \, dx$

(2) $\int_1^e \log x \, dx$

【解答 10.2】

(1) $x' = 1$, $(e^x)' = e^x$ なので，

$$\int_0^1 x \times e^x \, dx = [xe^x]_0^1 - \int_0^1 1 \times e^x \, dx$$
$$= e - [e^x]_0^1 = e - (e-1) = 1$$

となります．

(2) $(\log x)' = \dfrac{1}{x}$, $x' = 1$ に注意すると，

$$\int_1^e \log x \times 1 \, dx = [\log x \times x]_1^e - \int_1^e \frac{1}{x} \times x \, dx$$
$$= e - \int_1^e 1 \, dx$$
$$= e - [x]_1^e = e - (e-1) = 1.$$

[練習問題 10.2：終]

10.7　ファーストプライス・オークションの期待収入

第 10.4 節ではセカンドプライス・オークションにおける売り手の収入の期待値を計算しました．その計算では，和を計算してから極限を考えるという面倒な方法をとりました．しかし，第 10.6 節で学んだ微積分学の基本定理を活用するともっと簡単に期待値を求めることができます．

第 10.4 節と同様に，入札者は 2 名とします．各入札者 1, 2 はその財に関する評価額をもとに入札を行います．評価額が v_i である入札者 i が p の支払いで財を購入できたとき，i の得る効用は $v_i - p$ で与えられます[15]．また，財を購入できなかったときは支払いもないので，効用はゼロとなります．それぞれの入札者の評価額を表す確率変数 V_1, V_2 は，区間

---

[15] ここでは，危険中立的な (意味については第 9 章を参照) 入札者のみを扱うこととします．

$[0,1]$ 上の一様分布に独立に従うと仮定します．各入札者 $1, 2$ は自分の評価額を知っていますが，相手の評価額に関しては区間 $[0,1]$ 上の一様分布に従うとしかわかりません．

セカンドプライス・オークションの場合，第 10.4 節で見たように売り手の収入は $\min\{V_1, V_2\}$ という確率変数で与えられ，またその密度関数は $f(x) = 2 - 2x$ になります．よって，(10.13) 式より，売り手の期待収入は $\int_0^1 x \times (2 - 2x)\, dx$ で表され，微積分の基本定理より

$$\int_0^1 x \times (2 - 2x)\, dx = \left[x^2 - \frac{2}{3}x^3\right]_0^1 = \frac{1}{3} - 0 = \frac{1}{3} \tag{10.23}$$

と計算できます．これは確かに第 10.4 節の (10.15) 式で求めた値と一致しています．級数の極限を計算して求めるよりも，上記のように積分を計算する方がずっと簡単ですね．

次に，ファーストプライス・オークションを考えます．セカンドプライス・オークションの場合と異なり，ファーストプライス・オークションでは自身の評価額 v_i そのものを入札するのは最適ではありません．もし，評価額と同じ金額 v_i を入札額とすると，たとえ落札できても支払い金額が v_i と等しくなり，そのときの利得は $v_i - v_i = 0$ となってまったく得になりません．一方，v_i よりも低い金額を入札すると，落札できれば 0 よりも大きな利得を得ることができます．入札額を低くしていくと，落札できたときの利得が増加する一方で，落札できる確率が減少します．それでは，どの程度低い金額を入札するのが最適でしょうか．具体的に各入札者がどのような入札額を選ぶかは，第 2 章で学んだナッシュ均衡を用いて分析することになります．

ここでは結果だけを述べ，証明は本章末の第 10.9 節で与えますが，入札者が 2 名でそれぞれの評価額 V_1, V_2 が $[0,1]$ 上の一様分布に独立に従う場合は，評価額を v_i，入札額を x_i と書くするとファーストプライス・オークションにおける入札者 i のナッシュ均衡戦略は $x_i = \frac{1}{2}v_i$，つまり「自分の評価額の半分の額を入札する」という戦略になります．この結果をふまえると，$0 \leq x \leq 1$ のとき，勝者の支払額が x 以下であるのは，2 人の「評価額の半分」のうち，より高い方が x 以下になるときに対応します．したがって，売り手の収入は $X = \max\left\{\frac{1}{2}V_1, \frac{1}{2}V_2\right\}$ という確率変数で表されることがわかります．$0 \leq x \leq \frac{1}{2}$ のとき X が x 以下であるのは，「$\frac{1}{2}V_1 \leq x$ かつ $\frac{1}{2}V_2 \leq x$」すなわち「$V_1 \leq 2x$ かつ $V_2 \leq 2x$」と同じですので，例題 10.2(1) と同様に考えて，この確率変数 X の分布関数は $F(x) = (2x)^2 = 4x^2$ です．よって，密度関数は $F'(x) = 8x$ であり，売り手の期待収入は $\int_0^{\frac{1}{2}} x \times (8x)\, dx$ で表されます．微積分の基本定理を使うと，この積分は

$$\int_0^{\frac{1}{2}} x \times (8x)\, dx = \left[\frac{8}{3}x^3\right]_0^{\frac{1}{2}} = \frac{1}{3} - 0 = \frac{1}{3} \tag{10.24}$$

と計算することができます．

(10.23) 式と (10.24) 式を比較すると，ファーストプライス・オークションとセカンドプ

ライス・オークションとで売り手の期待収入がどちらも同じ値 (= 1/3) であることがわかります．これは偶然の一致ではなく，一般に支払額の決め方をどのように変えても，ある一定の仮定のもとではオークションによって得られる売り手の収入の期待値は不変であることが知られています．これをオークションにおける収入同値定理といいます[16]．

10.8 積分計算の応用

これまでの章で数列の無限和やグラフで囲まれる部分の面積を考える場面が何度かありました．本章で学んだように，これらは積分と関係があります．ここでは，積分を用いることでより一般的な議論が可能になるような応用例をいくつか取り上げます．

10.8.1 連続確率変数の期待効用

第 9 章では，離散型確率変数の期待値だけでなく期待効用を定義しました．第 10.3 節，第 10.5 節で連続確率変数の期待値が積分で書けることを学びましたが，期待効用も同様に積分で書けることを見ていきましょう．

区間 $[a,b]$ に値をとる確率変数 X の分布関数が F であり，密度関数が f であるとします．ここで，vNM 関数 u に関する X の期待効用 $E[u(X)]$ をどのように計算できるでしょうか．

第 10.3 節と同様に，区間 $[a,b]$ を n 等分し，小さい方から数えて i 番目の点を x_i ($i = 1, 2, \cdots, n+1$)，分割されてできた小区間の幅を $\Delta x = \dfrac{b-a}{n}$ とおきます．離散型確率変数として x_i である確率が p_i となるものを考えましょう．各 p_i を

$$p_i = F(x_{i+1}) - F(x_i) \qquad (i = 1, 2, \cdots, n) \tag{10.8}$$

で定義します．この離散型確率変数は X を近似します．

離散型確率変数の期待効用は

$$p_1 u(x_1) + p_2 u(x_2) + \cdots + p_n u(x_n)$$

と定義されていたことを思い出しましょう．(10.8) 式より，

$$p_1 u(x_1) + p_2 u(x_2) + \cdots + p_n u(x_n) = \sum_{i=1}^{n} u(x_i)\bigl(F(x_{i+1}) - F(x_i)\bigr)$$

$$\approx \sum_{i=1}^{n} u(x_i) f(x_i) \Delta x$$

と近似できますので，積分の定義より，Δx を 0 に近づけた極限では，

---

[16] 詳しくは，たとえば尾山大輔・安田洋祐「経済学で出る包絡線定理」『経済セミナー』2011 年 10・11 月号を参照してください．

$$\sum_{i=1}^{n} u(x_i)f(x_i)\Delta x \to \int_a^b u(x_i)f(x_i)\,dx$$

と書けることがわかります．以上より，X の期待効用は次のように与えられます．

定義 10.5

X を区間 $[a,b]$ 上の連続な確率変数，u を X 上に定義された vNM 関数，f を X の密度関数とする．このとき，期待効用を

$$E[u(X)] = \int_a^b u(x)f(x)\,dx \tag{10.25}$$

で定義する．

これは，(10.13) 式で積分の中身の x を $u(x)$ に置きかえただけの式であることが見て取れます．

10.8.2 連続時間における割引現在価値

第 4 章では割引現在価値について学びました．それによると，現在 (第 1 期) から第 T 期まで毎期 w 万円もらえることの割引現在価値は，割引率が r のときの割引因子を $\delta = \dfrac{1}{1+r}$ として

$$\sum_{t=1}^{T} \delta^{t-1} w = w\frac{1-\delta^T}{1-\delta} \quad \text{万円}$$

と書けるのでした．時間が連続の場合は $\sum$ ではなく積分を使って計算することになります．

はじめに収入が常に一定の場合を考えてみましょう．現在 (0 時点) から時間 T まで単位時間あたり $\bar{w}$ 万円をもらい続けることの割引現在価値はいくらになるでしょうか．連続時間では，割引率をやはり r と書くとすると t 時点で 1 万円もらうことの割引現在価値は $\left(e^{-r}\right)^t = e^{-rt}$ であったので，求める割引現在価値は，

$$\begin{aligned}\int_0^T e^{-rt}\bar{w}\,dt &= \bar{w}\left[-\frac{1}{r}e^{-rt}\right]_0^T \\ &= \frac{\bar{w}}{r}(1-e^{-rT}) \quad \text{万円}\end{aligned} \tag{10.26}$$

となります．期間が無限の場合は上式で $T \to \infty$ として，割引現在価値は

$$\frac{\bar{w}}{r} \quad \text{万円} \tag{10.27}$$

となります．

次に，収入が一定とは限らない場合を考えましょう．t 時点で単位時間あたり $w(t)$ 万円の収入があるとします (これは，ε を十分に小さな時間幅とするとき，区間 $(t, t+\varepsilon]$ の間に

得られる収入は近似的に $w(t) \times \varepsilon$ 万円であるという意味です）．このときの割引現在価値は

$$\int_0^T e^{-rt} w(t)\, dt \quad 万円 \tag{10.28}$$

と書けます．期間が無限の場合は上式で $T \to \infty$ として，割引現在価値は

$$\int_0^\infty e^{-rt} w(t)\, dt \quad 万円 \tag{10.29}$$

となります．

さて，(10.28) 式の割引現在価値が，単位時間あたり $\bar{w}$ 万円という一定の収入があるときの割引現在価値 (10.26) と等しいとします．このとき，$\bar{w}$ を $w(t)$ の平均割引現在価値といいます．(10.26) 式および (10.28) 式より，平均割引現在価値は

$$\bar{w} = \frac{r}{1 - e^{-rT}} \int_0^T e^{-rt} w(t)\, dt \quad 万円 \tag{10.30}$$

と表せます．期間が無限の場合は上式で $T \to \infty$ として，平均割引現在価値は，

$$r \int_0^\infty e^{-rt} w(t)\, dt \quad 万円$$

となります．つまり，無限期間の場合，

$$(平均割引現在価値) = (割引率) \times (割引現在価値)$$

が成り立ちます．

> 【ちょっとメモ】　連続時間におけるお金のもらい方として，「単位時間あたり $w(t)$ 万円の収入がある」というような書き方をしました．ここでの連続時間の考え方では，すでに述べたようにこれは「十分小さな時間幅 ε の間に得られる収入は $w(t) \times \varepsilon$ 円である」ということを意味します．例えば単位時間が 1 日だとすると，これは $w(t)$ に ε 日をかけ算してはじめてお金の単位「円」になる，すなわち，$w(t)$ の単位が「円/日」であることを表しています．(10.28) 式や (10.29) 式の積分の値は，$w(t)$ [円/日] に微小な時間幅 dt [日] をかけて 0 から T あるいは ∞ まで足しあわせる，ということを得られるので，その単位は「円」です．このように「◯/時間」（◯には「円」や「kg」などが入ります）という単位をもつ量をフロー量，「◯」そのものを単位としてもつ量をストック量といいます．ここの例でいうと，$w(t)$ はフロー量で，(10.28) 式や (10.29) 式の値はストック量です．また，たとえば時間 t における人口を $L(t)$ 人とすると，$L(t)$ [人] はストック量で，その時間微分 $L'(t)$ [人/時間] はフロー量です．

練習問題 10.3

0 時点から T 時点までの単位時間あたりの収入 $w(t)$ (万円) が一定の成長率 g ($g \geq 0$) で成長するとあらかじめわかっており，初期時点では $w(0) = w$ であるとする．すなわち，$w(t) = we^{gt}$ であるとする (第 5 章第 5.8 節参照)．割引率が r のとき，この $w(t)$ の割引現在価値，および平均割引現在価値を計算しなさい．（ただし，$g \neq r$ と仮定する．）また，それぞれについて $T \to \infty$ の極限が存在するかどうか考え，存在するならばその極限を求めなさい．

【解答 10.3】

(10.28) 式より，割引現在価値は，

$$\int_0^T e^{-rt} \times we^{gt}\,dt = w\int_0^T e^{-(r-g)t}\,dt$$
$$= w\left[-\frac{1}{r-g}e^{-(r-g)t}\right]_0^T = \frac{w}{r-g}(1-e^{-(r-g)T}) \quad (\text{万円})$$

と計算できます．また，(10.30) 式より，平均割引現在価値は

$$\frac{r}{1-e^{-rT}}\int_0^T e^{-rt} \times we^{gt}\,dt = \frac{r}{1-e^{-rT}} \times w\int_0^T e^{-(r-g)t}\,dt$$
$$= \frac{r}{1-e^{-rT}} \times \frac{w}{r-g}(1-e^{-(r-g)T})$$
$$= \frac{rw}{r-g} \times \frac{1-e^{-(r-g)T}}{1-e^{-rT}} \quad (\text{万円})$$

と計算できます．$g < r$ の場合に限り，$T \to \infty$ の極限がそれぞれ存在して，割引現在価値の極限は，

$$\frac{w}{r-g}$$

となり，平均割引現在価値の極限は

$$\frac{rw}{r-g}$$

となることがわかります．この場合も

(平均割引現在価値) = (割引率) × (割引現在価値)

が成立していることに注意しましょう．

[練習問題 10.3：終]

10.8.3 消費者余剰の計算

第 1 章で余剰分析の考え方を学びました．それによると，消費者余剰は需要曲線と市場均衡価格を表す直線で囲まれる部分の面積として計算できるのでした．その背後には，「細い短冊の面積の足し算」という積分の考え方があります．第 1 章では，需要関数として 1 次関数のみを考えたため三角形の面積を (縦) × (横) ÷ 2 で計算するだけですみましたが，一般には関数は 1 次関数とは限らず，グラフが直線になるとは限りません．需要曲線が (直線ではなく) 曲線になる場合は，明示的に積分計算を行う必要があります．(生産者余剰についても同様です．) 次の練習問題を解くことで具体的に見てみましょう．

練習問題 10.4

需要関数，供給関数がそれぞれ $D(p) = \dfrac{3}{p} - 1$, $S(p) = 2p$ で与えられているとき，市場均衡価格および消費者余剰を求めなさい．

【解答 10.4】

市場均衡価格は需要と供給を一致させる価格なので，$D(p) = S(p)$ を解いて得られます．需要関数・供給関数の式より

$$\frac{3}{p} - 1 = 2p \iff 2p^2 + p - 3 = 0 \iff (p-1)(2p+3) = 0$$

と変形でき，$p \geq 0$ なので市場均衡価格は $p^* = 1$ とわかります．また，市場均衡における取引量は $x^* = D(1) = S(1) = 2$ になります．

消費者余剰とは，微小な dx 単位ごとの消費者の便益「(支払い許容額 − 価格) × dx」をすべての数量にわたって足しあわせたものです．第 1 章で学んだように，支払い許容額は需要曲線を需要関数とは逆に，数量 (横軸) → 金額 (縦軸) と見ることで読みとることができます．すなわち，逆需要関数を P と書くとすると，$P(x)$ が第 x 単位に対する限界的な支払い許容額を表します．よって市場均衡 (p^*, x^*) での消費者余剰は，各 x 単位 (たとえば「kg」としましょう) に対する限界的な便益 $P(x) - p^*$ (単位は「円/kg」) に微小な数量 dx (単位は「kg」) をかけて 0 から x^* まで足しあわせることで $\int_0^{x^*} (P(x) - p^*)\,dx$ (単位は「円」) となります．したがって，消費者余剰を図形的に解釈すると，需要曲線と価格に囲まれた，図 10.6 の灰色部分の面積に一致します．

いま，需要関数 $D(p) = \dfrac{3}{p} - 1$ から逆需要関数は

$$P(x) = \frac{3}{x+1}$$

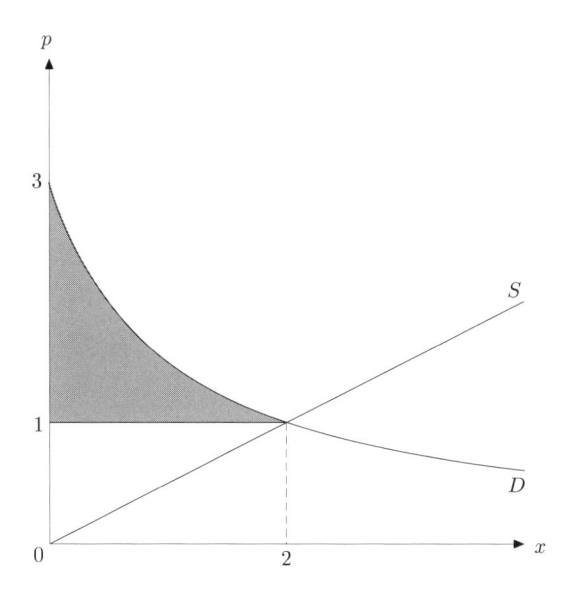

図 10.6　消費者余剰 (灰色部分)

となります．また，均衡での価格は $p^* = 1$，数量は $x^* = 2$ なので，消費者余剰は

$$\int_0^2 (P(x) - 1)\, dx = \int_0^2 \left(\frac{3}{x+1} - 1\right) dx$$
$$= [3\log(x+1) - x]_0^2$$
$$= (3\log(2+1) - 2) - (3\log(0+1) - 0)$$
$$= 3\log 3 - 2$$

と計算できます．

ところで，上では，価格軸 (縦軸) で測った微小な数量ごとの消費者の便益を数量軸 (横軸) にわたって足しあわせることによって消費者余剰を求めました．これは，図 10.7 の左側のように，灰色領域を縦軸方向の短冊に細かく分割して，その面積を横軸方向に足しあわせる作業に対応します．一方，足し算の順序を入れ替えて，図 10.7 の右側のように横軸方向の短冊の面積を縦軸方向に足しあわせる積分計算によっても，同じ灰色領域の面積を求めることができます．この場合には，需要関数 $D(p)$ を p で積分することになります．灰色部分では価格 p が 1 から 3 までの範囲に分布していることに注意すると，消費者余剰は

$$\int_1^3 D(p)\, dx = \int_1^3 \left(\frac{3}{p} - 1\right) dp$$
$$= [3\log p - p]_1^3$$
$$= (3\log 3 - 3) - (3\log 1 - 1)$$
$$= 3\log 3 - 2$$

と計算することができます．少々ややこしいですが，この計算は次のように理解することができます．$D(p) \times dp$ は価格 p $(1 \leq p \leq 3)$ から微小に dp だけ高かったならば支払わなければならなかったであろう額で，それらを $p=1$ から $p=3$ まで足しあわせた分だけが消費者が得ている便益，つまり消費者余剰となります．

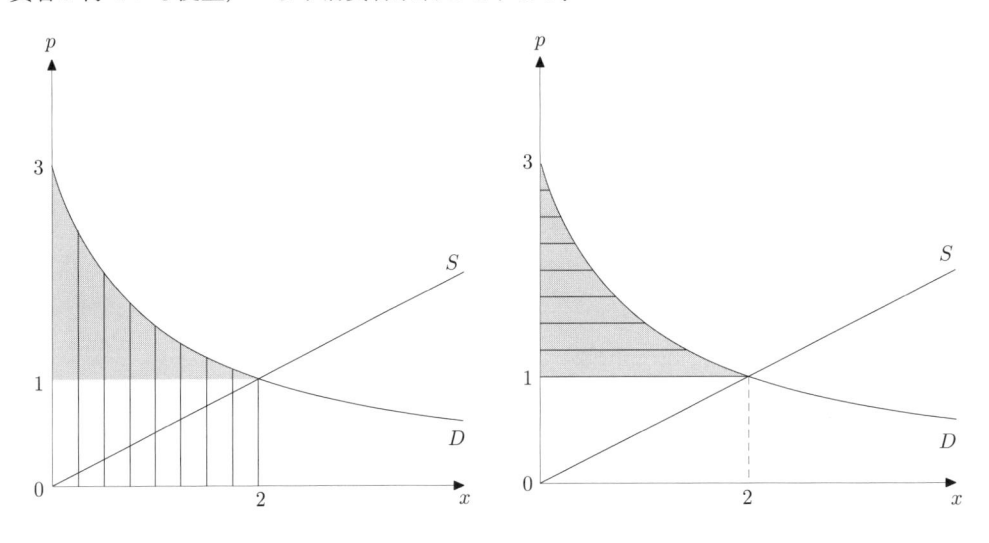

図 10.7 消費者余剰の積分計算

[練習問題 10.4：終]

10.8.4 順序統計量*

第 10.4 節および第 10.7 節で，入札者が 2 名の場合におけるセカンドプライス・オークションでの売り手の収入の期待値を計算しました．より一般に，入札者が n 名 $(n \geq 2)$ 参加している場合では，期待収入はどのように計算できるでしょうか．

セカンドプライス・オークションのルールから，売り手の収入 (= 勝者の支払い額) は，n 名の中で 2 番目に大きな入札額となります．第 10.4 節と同様の議論によって，入札者が 2 人から n 人に増えても，各入札者にとって最適な戦略は，「自分の評価額と同じ金額を入札する」であることがわかります．ここでは入札者全員が，この最適な入札戦略をとるとしましょう．すると，売り手の収入は全体で 2 番目に高い評価額に一致します．

いま入札者 i $(i=1,2,\cdots,n)$ の評価額は，区間 $[a,b]$ に値をとる独立な確率変数 V_i で表されるとします．ここで，確率変数 Y_2 を

$$Y_2 = (V_1, V_2, \cdots, V_n \text{ の中で 2 番目に大きなもの})$$

とおくと，

$$(\text{売り手の収入}) = Y_2$$

という関係が成り立つことがわかります．一般に $k = 1, 2, \cdots, n$ に対して

$$Y_k = (V_1, V_2, \cdots, V_n \text{ の中で } k \text{ 番目に大きなもの})$$

という形で定義される確率変数を (第 k) 順序統計量といいます[17]．

とくに，確率変数 Y_2 を第 2 順序統計量といいます．入札者が 2 名だけの場合は，$Y_2 = \min\{V_1, V_2\}$ と表せますので，例題 10.2 のようにして比較的容易に分布関数・密度関数を求められましたが，人数が多い場合は計算がもう少し難しくなります．次の練習問題で確認しておきましょう．

練習問題 10.5

n 名の入札者の評価額 $V_1, V_2, \cdots, V_n$ が，すべて同一の分布関数 F に従う独立な確率変数であるとする．このとき，セカンドプライス・オークションにおける売り手の収入の期待値を F を使った式で表しなさい．また，区間 $[0,1]$ 上の一様分布 ($F(v) = v$) のとき，期待収入を計算しなさい．

【解答 10.5】

上記の議論より，Y_2 の期待値を求めればよいことがわかります．まず，Y_2 の分布関数 G を計算しましょう．y $(a \leq y \leq b)$ について，$Y_2 \leq y$ となるのは

- (0) $V_1, \cdots, V_n$ のすべてが y 以下，
- (1) V_1 が y より大きく，$V_2, \cdots, V_n$ のすべてが y 以下，
- (2) V_2 が y より大きく，$V_1, V_3, \cdots, V_n$ のすべてが y 以下，
- $\cdots$
- (n) V_n が y より大きく，$V_1, \cdots, V_{n-1}$ のすべてが y 以下，

のどれか 1 つが成り立つときです．したがって，分布関数は

$$G(y) = \underbrace{F(y)^n}_{(0)} + \underbrace{(1 - F(y))F(y)^{n-1}}_{(1)} + \underbrace{F(y)(1 - F(y))F(y)^{n-2}}_{(2)}$$
$$+ \cdots + \underbrace{F(y)^{n-1}(1 - F(y))}_{(n)}$$
$$= nF(y)^{n-1} - (n-1)F(y)^n$$

となります．これを微分すると，Y_2 の密度関数 g は

$$g(y) = n(n-1)F(y)^{n-2}f(y) - (n-1)nF(y)^{n-1}f(y)$$

---

[17] 文献によっては，k 番目に小さいものを「第 k 順序統計量」と呼ぶことがあります．

$$= n(n-1)(1-F(y))F(y)^{n-2}f(y)$$

と書くことができます．（ここで，$f = F'$ とおきました．）よって Y_2 の期待値は

$$\int_a^b yg(y)\,dy = \int_a^b n(n-1)y(1-F(y))F(y)^{n-2}f(y)\,dy$$

と表せます．

次に一様分布の場合を考えます．$F(y) = y$ のとき $f(y) = 1$ ですので，期待収入は

$$\int_0^1 n(n-1)y(1-y)y^{n-2}\,dy = n(n-1)\int_0^1 (y^{n-1} - y^n)\,dy$$
$$= n(n-1)\left[\frac{y^n}{n} - \frac{y^{n+1}}{n+1}\right]_0^1$$
$$= n(n-1)\left(\frac{1}{n} - \frac{1}{n+1}\right)$$
$$= \frac{n-1}{n+1}$$

と計算できます．

[練習問題 10.5：終]

10.9 ファーストプライス・オークションのナッシュ均衡をきちんと求める*

第 10.7 節で，入札者が 2 名でそれぞれの評価額を表す確率変数 V_1, V_2 が $[0,1]$ 上の一様分布に独立に従う場合に，ファーストプライス・オークションにおけるナッシュ均衡戦略は，「自分の評価額の半分の額を入札する」であることを証明を抜きに使いました．ここではこれを証明します．第 2 章で学んだように，ナッシュ均衡とは「お互いがお互いの戦略に対して最適に反応している」ような戦略の組を指します．したがって，相手が「評価額の半分を入札する」ときに，自分の最適反応も「評価額の半分を入札する」となることを示せばよいのです．

入札者 $i\,(=1,2)$ の評価額を v_i，入札額を x_i で表すことにします．以下では，入札者 2 が「自分の評価額の $k\,(>0)$ 倍の金額を入札する[18]」という線形の入札戦略 $x_2 = kv_2$ をとっているときに，入札者 1 の最適反応が「自分の評価額の半分の額を入札する」，つまり $x_1 = \dfrac{1}{2}v_1$ となることを示します．v_1 を評価額とする入札者 1 の期待効用を最大化する最適入札額は，次の最大化問題の解で与えられます：

$$\max_{x_1} (v_1 - x_1)P(x_1 > x_2). \tag{10.31}$$

ここで，$v_1 - x_1$ は財を落札した場合の 1 の効用，$P(x_1 > x_2)$ は 1 が勝つ確率を表しま

---

[18] 上述の戦略の組がナッシュ均衡であることを示すためには，$k = 1/2$ の場合だけ考えれば十分なのですが，(通常はあらかじめナッシュ均衡戦略を知らないので) より一般的な線形の入札戦略を考えてみます．

す[19].いま,2 の入札戦略が $x_2 = kv_2$ であるとすると,1 が勝つ確率は

$$P(x_1 > x_2) = P(x_1 > kv_2)$$
$$= P\left(v_2 < \frac{x_1}{k}\right) = \frac{x_1}{k} \tag{10.32}$$

となります.最後の等式で (V_2 の) 一様分布の性質を使いました.この確率 (10.32) を最大化問題 (10.31) の目的関数に代入すると,次のように書きかえられます:

$$\max_{x_1} (v_1 - x_1)\frac{x_1}{k}. \tag{10.33}$$

目的関数は x_1 についての 2 次関数で,そのグラフは横軸切片が 0 と v_1 の上に凸の放物線なので,最適解は

$$x_1 = \frac{1}{2}v_1$$

で与えられます.

以上から,任意の k に対して,1 の最適な入札戦略が $x_1 = \frac{1}{2}v_1$ となることが示されました.これは k の値に依存しないので,とくに $k = 1/2$ の場合にも最適戦略は変わりません.したがって,相手が「評価額の半分を入札する」ときに,自分の最適反応も「評価額の半分を入札する」となることがわかります.

最後に,一般のケースの (対称) ファーストプライス・オークションの均衡の導出に挑戦してみましょう.

練習問題 10.6

n 名の入札者の評価額 $V_1, V_2, \ldots, V_n$ がすべて,区間 $[\underline{v}, \overline{v}]$ の同一の分布関数 F に従う独立な確率変数であるとする.このとき,ファーストプライス・オークションにおける (プレーヤー間で対称な) ナッシュ均衡戦略 $\beta(v_i)$ が以下になることを示しなさい:

$$\beta(v_i) = \frac{1}{G(v_i)} \int_{\underline{v}}^{v_i} vg(v)\,dv. \tag{10.34}$$

ただし,$G = F^{n-1}$ は V_i を除いた評価額のうち最大のもの (つまり,$n-1$ 個の確率変数 V に関する第 1 順序統計量) の分布関数,g はその密度関数とする.

【解答 10.6】

対称ナッシュ均衡戦略を β とおきます (微分可能とします).まず,β は厳密な増加関数

---

[19] 入札者は危険中立的で,財を落札しなかった場合の効用はゼロと仮定しています.

でないといけないことを示します．入札額を x としたときの落札確率を $p(x)$ と書くことにします (落札者の決定ルールより，これは x の増加関数です)．β がとりうる任意の 2 つの値 $x < x'$ に対して，β の連続性より x と x' の間の値を入札する評価額が存在するので，$p(x) < p(x')$ が成り立つことに注意します (つまり，β の値域上で p は厳密な増加関数であるということです)．$v_i < v_i'$ とし，$x_i = \beta(v_i), x_i' = \beta(v_i')$ とおきます．均衡戦略 β の最適性より

$$(v_i - x_i)p(x_i) \geq (v_i - x_i')p(x_i')$$
$$(v_i' - x_i')p(x_i') \geq (v_i' - x_i)p(x_i)$$

が成り立ちますが，辺々を足しあわせて整理すると $(v_i' - v_i)(p(x_i') - p(x_i)) \geq 0$ を得ます．仮定 $v_i' > v_i$ と p が厳密な増加関数であることより $x_i' \geq x_i$ が従います．ここで，すべての入札者がある区間 $[v, v']$ で常にある値 $\bar{x}$ を入札するような戦略に従っていたとすると，たとえば入札者 1 は自分の評価額がこの区間に入っているときに $\bar{x}$ よりちょっとだけ大きな値を入札することで支払額をほとんど増やすことなく落札確率を上げることができてしまいます．したがって，そのような戦略は最適にはならず，均衡戦略は厳密な増加関数でなければなりません．

さて，対称ナッシュ均衡戦略を β とおき，それが満たすべき条件を考えていきます．対称なので入札者 1 に注目し，それ以外の入札者が戦略 β にしたがっているとします．v_1 を評価額とする入札者 1 の最適な入札額 x は，次の最大化問題の解となります：

$$\max_x (v_1 - x)P(x > \max\{x_2, \ldots, x_n\}). \tag{10.35}$$

ここで，最初に示したとおり β は厳密な増加関数なので，1 の勝つ確率は

$$\begin{aligned} P(x > \max\{x_2, \ldots, x_n\}) &= P(x > \max\{\beta(v_2), \ldots, \beta(v_n)\}) \\ &= P(x > \beta(\max\{v_2, \ldots, v_n\})) \\ &= P(\beta^{-1}(x) > \max\{v_2, \ldots, v_n\}) \\ &= G(\beta^{-1}(x)) \end{aligned}$$

というふうに，分布関数 G を使って表すことができます．これを (10.35) 式に代入して

$$\max_x (v_1 - x)G(\beta^{-1}(x))$$

と最大化問題を書きかえると，1 階条件は

$$-G(\beta^{-1}(x)) + (v_1 - x)\frac{g(\beta^{-1}(x))}{\beta'(\beta^{-1}(x))} = 0 \tag{10.36}$$

となります ($g = G'$ です)．積の微分と逆関数の微分の公式を使いました．入札者 1 にとっても戦略 β が最適であるためには $x = \beta(v_1)$ が (10.36) 式を満たさなければなりません．

$x = \beta(v_1)$ および $\beta^{-1}(x) = v_1$ を (10.36) 式に代入すると

$$-G(v_1) + (v_1 - \beta(v_1))\frac{g(v_1)}{\beta'(v_1)} = 0$$

となり，これを変形すると次の関係式が導かれます：

$$\beta'(v_1)G(v_1) + \beta(v_1)g(v_1) = v_1 g(v_1).$$

入札者 1 の評価額は任意に固定したので，この等式は v_1 がどんな値であっても成立する点に注意してください．左辺が $\beta \times G$ の微分に等しいことより，けっきょく区間 $[\underline{v}, \overline{v}]$ 上の任意の v について

$$\frac{d}{dv}(\beta(v)G(v)) = vg(v) \tag{10.37}$$

が成り立ちます．つまり，$G(v)\beta(v)$ は $vg(v)$ の原始関数だということなので，微積分の基本定理より

$$\beta(v_1)G(v_1) - \beta(\underline{v})G(\underline{v}) = \int_{\underline{v}}^{v_1} vg(v)\,dv$$

と書けます．$G(\underline{v}) = F(\underline{v})^{n-1} = 0$ より

$$\beta(v_1) = \frac{1}{G(v_1)}\int_{\underline{v}}^{v_1} vg(v)\,dv \tag{10.38}$$

となり，(10.34) 式が導かれました．

[練習問題 10.6：終]

ちなみに (10.38) 式の右辺は，$V_1 = v_1$ が全体で最も高い評価額のときに，V_2 から V_n の中で最も高い評価額の期待値[20]となっています．つまり，ファーストプライス・オークションにおけるナッシュ均衡戦略は，「自分の評価額よりも他のすべての入札者の評価額が低いと想定して，彼らの評価額の中で最も高い額の期待値を入札する」というものになるのです．

各入札者がこのナッシュ均衡戦略に従って入札する場合には，勝者は常に評価額の 1 番高い入札者となり[21]，平均的に見ると，全体で 2 番目に高い評価額を売り手に支払うことになります．よって，ファーストプライス・オークションの平均的な収益は，全体で 2 番目に高い評価額に等しくなることがわかります．これは，セカンドプライス・オークションの収益に一致することに注目してください．以上から，一般的な分布 F のもとで，ファーストプライス・オークションとセカンドプライス・オークションの期待収益の同等性が確認できました．

---

[20] これを条件付き期待値と呼びます．詳しくは確率・統計のテキストなどを参照してください．

[21] 評価額の分布が入札者の間で非対称な場合には，この性質は成り立つとは限りません．詳細には立ち入りませんが，ナッシュ均衡において，最も評価額が高い入札者が落札できないようなケースが発生します．

第 10 章 積分とオークション

最後に，F が区間 $[0,1]$ 上の一様分布 ($F(v) = v$) で与えられるとき，ナッシュ均衡戦略を計算しておきましょう．(10.34) 式に

$$\underline{v} = 0,\ G(v) = F(v)^{n-1} = v^{n-1},\ g(v) = G'(v) = (n-1)v^{n-2}$$

を代入すると，入札者 i のナッシュ均衡戦略は

$$\begin{aligned}
\beta(v_i) &= \frac{1}{v_i^{n-1}} \int_0^{v_i} (n-1)v^{n-1}\, dv \\
&= \frac{1}{v_i^{n-1}} \times \left[\frac{n-1}{n}v^n\right]_0^{v_i} \\
&= \frac{n-1}{n} v_i
\end{aligned}$$

と計算できます．入札者の人数 n が大きくなるにつれて，入札額が自分の評価額に近づいていく点に注意してください．また，$n = 2$ のときは $x_i = \frac{1}{2}v_i$ となり，さきほど求めた結果ときちんと一致する点も確認しておきましょう．

第11章

漸化式と経済成長

11.1 経済成長理論とは

日本は戦後急激な経済成長を成し遂げました．実質 GDP (国内総生産 Gross Domestic Product) は 1955 年から 2007 年までで 10 倍以上に増加しました[1]．この間の人口は 4 割強増加したので，1 人あたりでも 7 倍以上に増加したことになります．なぜ日本はこのような経済成長を成し遂げることができたのでしょうか．また，世界には富める国と貧しい国が混在しています．日本やアメリカのような先進国とアフリカの貧しい国との間には，1 人あたり実質 GDP に 20 倍以上もの差があります[2]．このような国ごとの所得の差はなぜあるのでしょうか．

これらの質問に答えるためには，経済が時間を通じてどのように動いて行くのかを分析しなければなりません．長期にわたるマクロ経済変動について研究する分野は経済成長理論と呼ばれます[3]．本書で現時点までに扱ってきた市場理論は一時点の経済の働きや仕組みを調べる静学的なものでしたが，経済成長理論は市場理論 (より細かく言うと一般均衡理論) に時間の概念を導入して動学的な理論へと拡張させたものになっています．もちろん，経済成長を考えるためには，各国の歴史や制度などあらゆる要素を汲み取ることも重要ですが，経済成長理論ではできるだけ普遍的なモデルを用いて，(歴史や制度など，各国ごとの特殊な要因によらない) 経済成長に必要な源泉について，一般均衡理論をベースとして分析します．

経済成長理論の主流なアプローチは，その定式化の違いに応じて以下の 3 つに分類することができます[4]．

---

[1] GDP 統計データは内閣府のウェブページから入手できます (http://www.esri.cao.go.jp/).

[2] 世界各国のマクロ経済データについては，ペンシルバニア大学の国際比較センターが提供している Penn World Table と呼ばれるデータセットから調べることができます (http://pwt.econ.upenn.edu/).

[3] ただし現代マクロ経済学では，より短い期間の景気変動を扱う場合にも，経済成長と同じく DSGE モデル (後述) という単一の数理モデルを用いて分析を行うことが多いため，分野の境界は曖昧となっています．

[4] これらの他に，ハロッド・ドーマー・モデルと呼ばれるケインズ経済学をベースとするモデルも存在し，ソロー・モデルの登場以前は盛んに研究が行われていました．しかし，現在のマクロ経済学の研究ではほとんど顧みられることがないためここでは割愛します．

(1) ソロー・モデル

(2) 最適成長モデル

(3) 内生的成長モデル

(1) のソロー・モデルは，マサチューセッツ工科大学のロバート・ソロー教授の 1956 年の論文[5]によって提唱されたモデルで，経済成長を生産要素 (労働と資本) の時間を通じた増加と，技術進歩の 2 つに分けて考えます．市場理論の考え方を前提としていますが，家計の貯蓄率が所与，つまり時間を通じた消費計画が外生的に与えられている点が特徴的です．ソロー・モデルでは，貯蓄率や人口成長率，技術進歩率の違いが所得の水準や成長率にどのような影響を与えるかを分析することができます．また，ソロー教授はこのモデルをもとにした 1957 年の研究[6]によって，アメリカの 1 人あたり所得の増加の多くの部分が技術進歩によるものであることも明らかにしました．ソロー教授はこれらの業績によって 1987 年にノーベル経済学賞を受賞しています．その後，ソロー・モデルをもとにした多くの実証研究がさまざまな時代・国をターゲットとして行われています．

家計にとって最適な消費/貯蓄計画の決定をモデルの中に明示的に取り込み，ソロー・モデルで所与とされていた貯蓄率を内生的に導いているのが (2) の最適成長モデルです．現代マクロ経済学では，消費者や企業の不確実性下における時間を通じた最適化行動 (効用最大化や利潤最大化行動) を扱う動学的確率的一般均衡モデル (DSGE モデル) を用いた研究が主流となっています[7]．この DSGE モデルと最適成長モデルは構造的には同一なので，最適成長モデルのことを DSGE モデル，あるいは動学的一般均衡理論と呼ぶ場合も多いです．(1) のソロー・モデルは，DSGE モデルにおける最適化行動を捨象した簡略化バージョンと考えることができるため，経済成長理論だけでなく，現代のマクロ経済学の基礎としても非常に重要なモデルになっています．

(3) の内生的成長モデルは，ソロー・モデル (や最適成長モデル) が技術進歩を外生的に与えているのに対して，技術進歩はなぜ起こるのかについても分析を加えたモデルです[8]．多くの実証分析によって，経済成長には技術進歩率が重要な役割を果たすことが明らかにされてきました．しかし，ソロー・モデルではなぜ高い技術進歩率が実現されている国と低い技術進歩率に留まる国が存在しているかについて答えることができません．そのため内生的成長モデルでは，企業の R&D などを DSGE モデルの中に取り込み，経済成長の源泉である

---

[5]Robert M. Solow, "A Contribution to the Theory of Economic Growth," *Quarterly Journal of Economics* 70 (1956), 65-94.

[6]Robert M. Solow, "Technical Change and the Aggregate Production Function," *Review of Economics and Statistics* 39 (1957), 312-320.

[7]詳しくは加藤涼『現代マクロ経済学講義―動学的一般均衡モデル入門』(東洋経済新報社，2006 年) を参照してください．

[8]たとえば，バロー・サラ-イ-マーティン『内生的経済成長論 I, II』第 2 版 (九州大学出版会，2006 年) を参照してください．

技術進歩の要因についての分析をします．これは，1980年代から盛んに研究が行われ，現在でもなお多くの進展が見られる分野です．

次節以降では，経済成長理論の基礎となっている (1) のソロー・モデルと，それに必要な数学―漸化式 (差分方程式)―を学んでいきます．

11.2　ソロー・モデル

次の例題を解きながらソロー・モデルを理解していきましょう．

例題 11.1 (ソロー・モデル)

ソローの経済成長モデルを考える．時間 $t = 1, 2, 3, \ldots$ は離散的であるとする．財は1種類のみ存在し，消費されるか，あるいは資本に使われる．ある閉鎖経済の国について，各期の集計された生産関数が $F(K, L) = K^\alpha L^{1-\alpha}$ で与えられるとする $(0 < \alpha < 1)$．ここで，K は資本量，L は労働量 (= 人口) を表す．資本は毎期 δ の割合で減耗し，人口は毎期 n の割合で成長する $(0 < \delta < 1, \delta + n > 0$ とする$)$．また，貯蓄率を s とする $(0 < s < 1)$．つまり，

- 今期の資本量 K のうち次の期に持ち越されるのは $(1-\delta)K$
- 今期の人口が L ならば次の期の人口は $(1+n)L$
- 総所得を Y とすると sY だけ貯蓄される

と仮定する．また，各期の需給が一致するとして，

- 総所得は総生産と等しい (財市場の需給一致)
- 貯蓄量は投資量と等しく，来期の資本蓄積に使われる (資本市場の需給一致)

が成り立つとする．このとき，以下の問いに答えなさい．

(1) 各 t 期の資本量および人口をそれぞれ K_t, L_t とおいて，K_{t+1} と L_{t+1} をそれぞれ K_t と L_t の式で表しなさい．

(2) 各 t 期の1人あたりの資本 K_t/L_t を k_t とおいて，k_{t+1} を k_t の式で表しなさい．

(3) 資本の増分 $\Delta k_t \ (= k_{t+1} - k_t)$ を k_t を用いて表しなさい．

(4) 定常状態における1人あたり資本 k^*，1人あたり生産量 y^*，および資本生産比率 k^*/y^* を求めなさい．

(5) 定常状態における1人あたり消費量 c^* を求めなさい．また，c^* を貯蓄率 s の関数とみなして，それを最大にする s の値 $s^\$$ を求めなさい．

第 4 章で漸化式 (差分方程式) を学びました[9]．経済成長理論では，資本 K_t が時間 t を通じて変化していくので，K_t を数列と考える差分方程式が出てきます．そして，現実を描写する理論予測として，その数列の (安定な) 定常状態に焦点を当てることになります．成長理論で登場する差分方程式は非線形で K_t を t について解くことはまず無理なのですが，定常状態を分析するためにはその必要はありません．定常状態の安定性も多くの場合，グラフを描くことで判定できます．

それでは，成長理論における定常状態の分析について詳しく見てみましょう．

【解答 11.1】

(1)　$K_{t+1} = (1-\delta)K_t + sF(K_t, L_t), \quad L_{t+1} = (1+n)L_t.$

(2)　$k_{t+1} = \dfrac{1-\delta}{1+n}k_t + \dfrac{s}{1+n}k_t^\alpha.$

(3)　$\Delta k_t = \dfrac{s}{1+n}k_t^\alpha - \dfrac{\delta+n}{1+n}k_t.$

(4)　$k^* = \left(\dfrac{s}{\delta+n}\right)^{\frac{1}{1-\alpha}}, \quad y^* = \left(\dfrac{s}{\delta+n}\right)^{\frac{\alpha}{1-\alpha}}, \quad \dfrac{k^*}{y^*} = \dfrac{s}{\delta+n}.$

(5)　$c^* = (1-s)\left(\dfrac{s}{\delta+n}\right)^{\frac{\alpha}{1-\alpha}}, \quad s^\$ = \alpha.$

【解説 11.1】

(1)　ソロー・モデルでは，経済が時間を通じてどのように変化するかの分析を行うことになります．このような問題を解く際に重要なのは「資本が時間を通じてどのように変化するか」を考えることです．これは次の式で表すことができますので，まずこれをしっかりと理解しましょう．

$$[t+1 \text{ 期の資本}] = [\text{次期に持ち越す } t \text{ 期の資本}] + [\text{投資}]$$

ここで，$[t+1$ 期の資本$]$ は K_{t+1} です．また，$[$次期に持ち越す t 期の資本$]$ は，δ の割合の資本が t 期の生産活動によって減耗してしまう[10]ので，残った $1-\delta$ の割合である $(1-\delta)K_t$ になります．

さて，残るのは $[$投資$]$ です．投資とは新しい資本を作るための支出で，その分だけ資本が増加するとします．ソロー・モデルでは，閉鎖経済[11]を考えているため，投資は貯蓄と一致します．貯蓄は仮定により，総所得 Y のうち s の割合で与えられるので sY_t となりま

---

[9] 以下では，差分方程式という表現を使うことにします．

[10] 生産活動で機械が壊れてしまうと考えてもいいでしょう．

[11] 海外との取引を一切していない鎖国のような状態のことです．単純化のために，このような設定をすることがよくあります．

す．最後に，総所得 Y_t は総生産 $F(K_t, L_t)$ に一致するので，貯蓄は $sF(K_t, L_t)$ と表すことができ，これが [投資] の値となります．

以上をまとめると，$t+1$ 期の資本 K_{t+1} を与える式は次のようになります：

$$K_{t+1} = (1-\delta)K_t + sF(K_t, L_t). \tag{11.1}$$

一方，L_{t+1} の式は仮定からただちに

$$L_{t+1} = (1+n)L_t \tag{11.2}$$

となります．

(2) 問題文に従って，(11.1) 式を，1 人あたり資本 $k_t\,(= K_t/L_t)$ の式に変形することを考えてみましょう．(11.1) 式の両辺を L_t で割って 1 人あたり量で表すと

$$\frac{K_{t+1}}{L_t} = (1-\delta)\frac{K_t}{L_t} + s\frac{F(K_t, L_t)}{L_t} \tag{11.3}$$

となり，右辺第 1 項の K_t/L_t はそのまま k_t と書きかえられます．残りの左辺および右辺の第 2 項を k_{t+1}, k_t で書き表すことを考えていきましょう．

まず，左辺を $k_{t+1}\,(= K_{t+1}/L_{t+1})$ で表すために分子・分母に L_{t+1} をかけてみると，

$$\frac{K_{t+1}}{L_t} = \frac{K_{t+1}}{L_{t+1}} \cdot \frac{L_{t+1}}{L_t} = k_{t+1}(1+n)$$

と書きかえられます．ここで，(11.2) 式より $\frac{L_{t+1}}{L_t} = 1+n$ となることを使っています．

また，(11.3) 式の右辺第 2 項に出てくる 1 人あたり生産量 $F(K_t, L_t)/L_t$ は，$F(K_t, L_t) = K_t^\alpha L_t^{1-\alpha}$ より，

$$\frac{F(K_t, L_t)}{L_t} = \frac{K_t^\alpha L_t^{1-\alpha}}{L_t} = K_t^\alpha L_t^{-\alpha} = \left(\frac{K_t}{L_t}\right)^\alpha = k_t^\alpha \tag{11.4}$$

と，やはり k_t の式で書き表せます．

以上をまとめると，(11.1) 式は，次のように書きかえられることになります：

$$(1+n)k_{t+1} = (1-\delta)k_t + sk_t^\alpha.$$

両辺を $1+n$ で割って，最終的に

$$k_{t+1} = \frac{1-\delta}{1+n}k_t + \frac{s}{1+n}k_t^\alpha \tag{11.5}$$

と，k_{t+1} を k_t のみの式で表すことができました．

> **【ちょっとメモ】** 本問で仮定した生産関数 $F(K,L) = K^\alpha L^{1-\alpha}$ は，コブ・ダグラス型生産関数と呼ばれ，1次同次という性質をもちます (第7章練習問題 7.10 参照)．(11.4) 式で1人あたり生産量が1人あたり資本量 k_t のみで書き表すことができたのは，実はこの1次同次性のおかげです．関数 F が1次同次であるとは $F(\lambda K, \lambda L) = \lambda F(K,L)$ となる (資本と労働を λ 倍にすると，生産も λ 倍になる) ことでした．いま，この式に $\lambda = 1/L$ を代入すると，
>
> $$F\left(\frac{K}{L}, 1\right) = \frac{1}{L}F(K,L)$$
>
> となります．右辺は1人あたり生産量を表します．したがって，1人あたり資本量 K/L を k とおいて $f(k) = F(k,1)$ と新たに関数 f を定義すると，1人あたり生産量は $f(k)$ と書けて，1人あたり資本量 k のみの1変数関数で表すことができます．このとき，k_t に関する差分方程式は
>
> $$k_{t+1} = \frac{1-\delta}{1+n}k_t + \frac{s}{1+n}f(k_t)$$
>
> となります．$F(K,L) = K^\alpha L^{1-\alpha}$ のときは，(11.4) 式で計算したように $f(k_t) = k_t^\alpha$ となるので，(11.5) 式と一致することがわかります．

(3) (11.5) 式から以下のように $\Delta k_t \; (= k_{t+1} - k_t)$ を求めることができます：

$$\begin{aligned}
\Delta k_t &= k_{t+1} - k_t \\
&= \frac{1-\delta}{1+n}k_t + \frac{s}{1+n}k_t^\alpha - k_t \quad ((11.5) \text{ 式より}) \\
&= \frac{s}{1+n}k_t^\alpha - \frac{\delta+n}{1+n}k_t.
\end{aligned} \tag{11.6}$$

(4) ここから差分方程式 (11.5) の分析に入ります．初期条件 k_1 が与えられると差分方程式 (11.5) により1人あたり資本量の経路 $k_1, k_2, k_3, \ldots$ が定まります．とくに，$k^*, k^*, k^*, \ldots$ ($k_1 = k_2 = k_3 = \cdots = k^*$) という経路を「差分方程式 (11.5) の定常経路」，そのときの k^* を「差分方程式 (11.5) の定常状態 (あるいは停留点)」といいます．定義により，(11.5) 式の定常状態を求めるためには，$k_{t+1} = k_t = k^*$ を (11.5) 式に代入して k^* を計算すればよいわけです．あるいは，$\Delta k_t = 0$ となるような k^* を求めるとしても同じことになります．

まず，$k_1 = 0$ とすると，(11.5) 式より $k_2 = k_3 = \cdots = 0$ となるので，0 が (11.5) 式の定常状態になっていることがすぐにわかります．以下では 0 以外の定常状態に注目することにします (つまり $k^* \neq 0$ とします)．

問 (3) をふまえて，(11.6) 式に $\Delta k_t = 0$ と $k_t = k^*$ を代入すると，

$$\frac{s}{1+n}(k^*)^\alpha - \frac{\delta+n}{1+n}k^* = 0$$
$$\iff \frac{s}{1+n}(k^*)^\alpha = \frac{\delta+n}{1+n}k^*.$$

ここで，$k^* \neq 0$ より両辺を k^* で割って変形していくと，

$$\frac{s}{1+n}(k^*)^{\alpha-1} = \frac{\delta+n}{1+n}$$
$$\iff (k^*)^{\alpha-1} = \frac{\delta+n}{s}$$
$$\iff k^* = \left(\frac{\delta+n}{s}\right)^{\frac{1}{\alpha-1}} = \left(\frac{s}{\delta+n}\right)^{\frac{1}{1-\alpha}} \tag{11.7}$$

となるので，定常状態の 1 人あたり資本 k^* は，$k^* = \left(\frac{s}{\delta+n}\right)^{\frac{1}{1-\alpha}}$ だとわかります．

また，この定常状態での 1 人あたりの生産量 y^* は

$$y^* = (k^*)^\alpha$$
$$= \left\{\left(\frac{s}{\delta+n}\right)^{\frac{1}{1-\alpha}}\right\}^\alpha = \left(\frac{s}{\delta+n}\right)^{\frac{\alpha}{1-\alpha}}, \tag{11.8}$$

資本生産比率 k^*/y^* は

$$\frac{k^*}{y^*} = \frac{k^*}{(k^*)^\alpha} = (k^*)^{1-\alpha}$$
$$= \left\{\left(\frac{s}{\delta+n}\right)^{\frac{1}{1-\alpha}}\right\}^{1-\alpha} = \frac{s}{\delta+n} \tag{11.9}$$

となります．

(5) 生産量のうち s の割合が貯蓄され，残りの $1-s$ の割合が消費されるので，1 人あたりの消費量 は $c^* = (1-s)y^*$ となります．よって，(4) の結果より

$$c^* = (1-s)\left(\frac{s}{\delta+n}\right)^{\frac{\alpha}{1-\alpha}} \tag{11.10}$$

と書けます．これを s の関数とみなして $c^*(s)$ と書くことにします．少し整理して

$$c^*(s) = \left(\frac{1}{\delta+n}\right)^{\frac{\alpha}{1-\alpha}}(1-s)s^{\frac{\alpha}{1-\alpha}}$$

としておいて，$(1-s)s^{\frac{\alpha}{1-\alpha}}$ の部分に積の微分公式を使って $c^*(s)$ の導関数を計算すると

$$(c^*)'(s) = \left(\frac{1}{\delta+n}\right)^{\frac{\alpha}{1-\alpha}}\left\{-s^{\frac{\alpha}{1-\alpha}} + \frac{\alpha}{1-\alpha}(1-s)s^{\frac{\alpha}{1-\alpha}-1}\right\}$$
$$= \left(\frac{1}{\delta+n}\right)^{\frac{\alpha}{1-\alpha}}s^{\frac{\alpha}{1-\alpha}-1}\left\{-s + \frac{\alpha}{1-\alpha}(1-s)\right\}$$
$$= \left(\frac{1}{\delta+n}\right)^{\frac{\alpha}{1-\alpha}}s^{\frac{\alpha}{1-\alpha}-1}\frac{1}{1-\alpha}(\alpha-s)$$

となります．したがって，1 階条件 $(c^*)'(s^\$) = 0$ より $s^\$ = \alpha$ と求まります．

念のため増減表を書いておくと

s		α	
$(c^*)'(s)$	$+$	0	$-$
$c^*(s)$	↗		↘

となります.

[例題 11.1：終]

注意 11.1

生産関数に α 乗が出てくるので，式の変形の過程で第 3 章で学んだ指数法則を何度も使いました．どの箇所で指数法則のどの式を使っているのか，しっかり確認してください．

さて，差分方程式 (11.5) がもつ 2 つの定常状態 $0, k^*$ のうち，k^* の方の定常状態に注目しました．これは，k^* は安定な定常状態であり，0 の方は不安定な定常状態であるためです．このことを図 11.1 で確かめましょう．

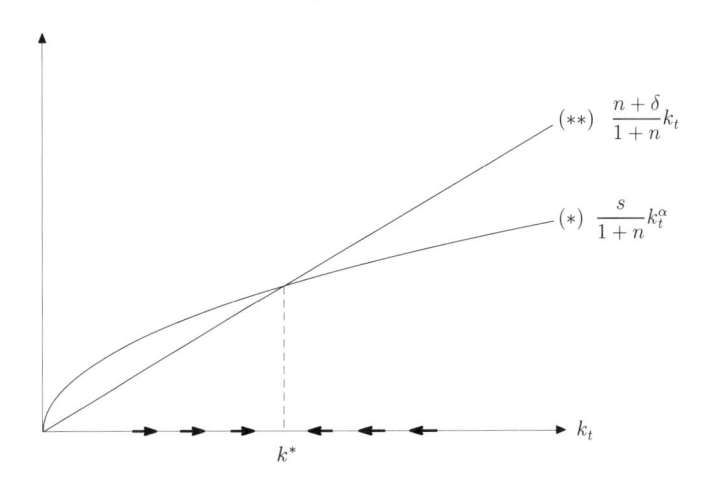

図 11.1　定常状態

問 (3) の (11.6) 式で求めたように，Δk_t は

$$\Delta k_t = \frac{s}{1+n} k_t^\alpha - \frac{\delta+n}{1+n} k_t$$

と書き表されたのでした．図 11.1 の $(*)$ はこの式の右辺第 1 項の $\frac{s}{1+n} k_t^\alpha$ のグラフを，$(**)$ は右辺第 2 項の $\frac{n+\delta}{1+n} k_t$ のグラフを表しています．$(*)$ は，$0 < \alpha < 1$ より $(k^\alpha)'' = -\alpha(1-\alpha)k^{\alpha-2} < 0$ なので，上に凸の曲線になります (1 人あたり資本の限界生産性逓減)．一方，$(**)$ は直線になります．両者の交わる点 (2 つあります) で $\Delta k_t = 0$ が成り立ち，それぞれの点の k 座標が定常状態を与えます．

いま，$0 < k_t < k^*$ のときは，$(*)$ の方が $(**)$ より上にあるので，$\Delta k_t > 0$ となり，k_t は k^* に向かって増加していきます（したがって 0 は不安定な定常状態です）．また，$k_t > k^*$ のときは，逆に $(*)$ の方が下にあるので，$\Delta k_t < 0$ となり，k_t は k^* に向かって減少していきます．これらのことから，初期の値が（0 以外の）どのレベルから始まっても k_t は k^* に収束する，すなわち，時間が十分に長く経つと k^* に十分近くなることがわかります．これは k^* が安定的な定常状態であることを意味します．

> 【ちょっとメモ】　1 人あたり資本の限界生産性が逓減する（$(*)$ が上に凸の曲線である）という性質は，もともとの集計された生産関数 F についての 2 つの仮定，1 次同次性と集計レベルでの資本の限界生産性逓減（どの (K, L) に対しても $\frac{\partial^2 F}{\partial K^2}(K, L) < 0$）から導かれます．まず，$F$ の 1 次同次性より 1 人あたり生産性 $F(K, L)/L$ は $F(k, 1)$ と，1 人あたり資本量 k の関数で書くことができます（342 ページの【ちょっとメモ】参照）．そして，この関数 $F(k, 1)$ を $f(k)$ とおくと，集計レベルでの資本の限界生産性逓減より $f''(k) = \frac{\partial^2 F}{\partial K^2}(k, 1) < 0$ が成り立ちます．

次に，例題で求めた定常状態について経済学的な解釈をしてみましょう．(4) で求めた (11.8) 式を見ると $\frac{\alpha}{1-\alpha} > 0$ なので，括弧の中の $\frac{s}{\delta+n}$ が大きいほど y^* も大きくなることがわかります．このことを考慮すると，(i) 貯蓄率 s が大きいほど，1 人あたり生産量 y^* は大きい，また，(ii) 人口成長率 n が大きいほど，1 人あたり生産量 y^* は小さい，ということになります．ソロー・モデルから得られるこの (i) や (ii) の関係は，実証的にも確かめられています．1960 年から 2000 年までの平均的なデータを見ると，日本やドイツ，フィンランドなどの高い貯蓄率の国は所得水準（1 人あたり生産量に対応します）が高く，貯蓄率の低いウガンダやカメルーンなどは低い所得水準にあります．また，デンマークなどの北欧諸国は同時期において人口成長率が低くかつ所得水準が高い一方，ナイジェリアのような国は人口成長率が高く所得水準は低いことが知られています．

このように，貯蓄率 s が高ければ高いほど 1 人あたり GDP y^* が高いわけですが，最終的に厚生に寄与するのは消費です．(5) で見たように，1 人あたり消費量 $c^*(s)$ は s に関して山型になり，$s^\$ = \alpha$ で最大化されます．この値 $s^\$$ は「黄金律貯蓄率」と呼ばれます．s が $s^\$$ より高いと資本は過剰に蓄積されることになります．逆に $s^\$$ より低いと過少蓄積ということになります．

さて，差分方程式 (11.5) の定常状態において，経済全体の資本 K_t，生産量 Y_t はどうなっているでしょうか．差分方程式 (11.5) の定常状態とは，その差分方程式の変数である 1 人あたり資本 $k_t (= K_t/L_t)$ が一定である状態で，そこでは 1 人あたり生産量 $y_t (= Y_t/L_t)$ も一定になっていました．一方，総労働 L_t は n の割合で成長しています．ということは，

K_t や Y_t も定常状態では，n の割合で成長していることになります．このことは，以下の式で確かめることができます：

$$\frac{k_{t+1}}{k_t} = \frac{K_{t+1}/L_{t+1}}{K_t/L_t}$$

$$\iff 1 = \frac{K_{t+1}}{K_t} \cdot \frac{L_t}{L_{t+1}}$$

$$\iff \frac{K_{t+1}}{K_t} = \frac{L_{t+1}}{L_t} = 1+n$$

(Y_t についても同様です)．1 人あたり資本 k_t についての差分方程式の定常状態で一定になっているのは k_t であって，経済全体の資本 K_t や生産量 Y_t が一定になっているとは限りませんので誤解のないようにしてください．実際，このモデルでは経済全体では資本量・生産量は人口と同じ割合で成長しています．「どの変数についての」差分方程式の定常状態を考えているのか，つねに注意してください．

11.3 定常状態の求め方を理解する

前節の例題で出てきた差分方程式 (漸化式) の定常状態の求め方を確認するために，次の練習問題 11.1 を解いてみましょう．

練習問題 11.1 (数学の確認)

(1) x_t についての差分方程式 $x_{t+1} = Ax_t + B$ (ただし $A \neq 1$) の定常状態 x^* を求めなさい．

(2) y_t についての差分方程式 $y_{t+1} = Cy_t + Dy_t^\alpha$ (ただし $C \neq 1, \alpha \neq 1$) を考える．この差分方程式の 0 以外の定常状態 y^* を求めなさい．

(3) 変数 Z_t が次の差分方程式に従っているとする：

$$Z_{t+1} = (1-E)Z_t + FZ_t^\alpha W_t^{1-\alpha}. \tag{11.11}$$

ここで W_t は β の割合で外生的に成長する ($W_{t+1} = (1+\beta)W_t$ が成り立つ) とする．$z_t = \dfrac{Z_t}{W_t}$ とおいて，(11.11) 式を z_t についての差分方程式に書きかえなさい．(ただし，$\alpha \neq 1, 1+\beta \neq 0, E+\beta \neq 0$ とする．)

(4) (3) で求めた差分方程式の 0 以外の定常状態 z^* を求めなさい．

【解答 11.1】

(1)　$x^* = \dfrac{B}{1-A}$.

(2)　$y^* = \left(\dfrac{D}{1-C}\right)^{\frac{1}{1-\alpha}}$.

(3)　$z_{t+1} = \dfrac{1-E}{1+\beta} z_t + \dfrac{F}{1+\beta} z_t^\alpha$.

(4)　$z^* = \left(\dfrac{F}{E+\beta}\right)^{\frac{1}{1-\alpha}}$.

【解説 11.1】

(1)　まずは簡単な問題からです．この差分方程式 $x_{t+1} = Ax_t + B$ は，例題の (11.5) 式の少し簡単な形になっています．

定常状態の条件 $x_{t+1} = x_t = x^*$ を代入すると

$$x^* = Ax^* + B$$

という 1 次方程式を得ます．これを解いて

$$x^* = \dfrac{B}{1-A}.$$

(2)　同様に，定常状態の条件 $y_{t+1} = y_t = y^*$ を代入して，

$$y^* = Cy^* + D(y^*)^\alpha$$
$$\iff (1-C)y^* = D(y^*)^\alpha$$
$$\iff (1-C)(y^*)^{1-\alpha} = D \quad (y^* \neq 0 \text{ より})$$
$$\iff y^* = \left(\dfrac{D}{1-C}\right)^{\frac{1}{1-\alpha}}.$$

(3)　最後に，Z_t だけでなく，W_t という外生的に成長する変数がある場合を考えてみましょう．ここで Z_t は資本，W_t は人口を表すとすると，例題の (11.1) 式と同じような形になっていることがわかると思います．

両辺を W_t で割って変形していくと，

$$\dfrac{Z_{t+1}}{W_t} = (1-E)\dfrac{Z_t}{W_t} + F\dfrac{Z_t^\alpha W_t^{1-\alpha}}{W_t}$$
$$\iff \dfrac{Z_{t+1}}{W_{t+1}} \cdot \dfrac{W_{t+1}}{W_t} = (1-E)\dfrac{Z_t}{W_t} + F\left(\dfrac{Z_t}{W_t}\right)^\alpha$$
$$\iff z_{t+1}(1+\beta) = (1-E)z_t + Fz_t^\alpha$$
$$\iff z_{t+1} = \dfrac{1-E}{1+\beta} z_t + \dfrac{F}{1+\beta} z_t^\alpha \tag{11.12}$$

となります．2行目の左辺で，z_{t+1} を作り出すために W_{t+1} を分子・分母にかけるのがポイントです．

(4) あとは，(2) と同じように解くことができます．(3) で求めた z_t についての差分方程式 (11.12) に定常状態の条件 $z_{t+1} = z_t = z^*$ を代入して，

$$z^* = \frac{1-E}{1+\beta}z^* + \frac{F}{1+\beta}(z^*)^\alpha$$
$$\iff \frac{E+\beta}{1+\beta}z^* = \frac{F}{1+\beta}(z^*)^\alpha$$
$$\iff \frac{E+\beta}{1+\beta}(z^*)^{1-\alpha} = \frac{F}{1+\beta} \quad (z^* \neq 0 \text{ より})$$
$$\iff z^* = \left(\frac{F}{E+\beta}\right)^{\frac{1}{1-\alpha}}.$$

[練習問題 11.1：終]

最後に，技術成長を考慮に入れたソロー・モデルに関する問題を解きながら，日本の「失われた10年」について考えてみましょう．

練習問題 11.2 (技術成長のあるソロー・モデルと日本の90年代)

ソローの経済成長モデルを考える．ただし，生産関数は技術水準についての外生変数 A（労働の効率性と解釈できる）にも依存し，$F(K, L; A) = K^\alpha (AL)^{1-\alpha}$ で与えられるとする．ここで，AL は効率労働と呼ばれる．A は外生的に毎期 g の割合で増加するとし，その他は例題 11.1 とまったく同じである．このとき，以下の問いに答えなさい．

(1) 各 t 期の資本量を K_t とおいて，K_{t+1} を K_t の式で表しなさい．

(2) 各 t 期の効率労働単位あたり資本 $K_t/(A_t L_t)$ を $\tilde{k}_t$ とおいて，$\tilde{k}_{t+1}$ を $\tilde{k}_t$ の式で表しなさい．

(3) 定常状態における効率労働単位あたり資本 $\tilde{k}^*$，効率労働単位あたり生産量 $\tilde{y}^*$ および資本生産比率 $\tilde{k}^*/\tilde{y}^*$ を求めなさい．

(4) 日本は1990年代に「失われた10年」と呼ばれるほどの長期不況に見舞われた．その際に，GDP 成長率が減少し，資本生産比率 $\tilde{k}^*/\tilde{y}^*$ が上昇したことが知られている．1990年代以前の日本経済がある定常状態にいて，1990年代に新しい定常状態に移動したとすると，(3) の結果から何がその原因と考えられるだろうか．

【解答 11.2】

(1)　$K_{t+1} = (1-\delta)K_t + sK_t^\alpha (A_t L_t)^{1-\alpha}$.

(2)　$\tilde{k}_{t+1} = \dfrac{1-\delta}{(1+g)(1+n)}\tilde{k}_t + \dfrac{s}{(1+g)(1+n)}\tilde{k}_t^\alpha$.

(3)　$\tilde{k}^* = \left(\dfrac{s}{\delta+g+n+gn}\right)^{\frac{1}{1-\alpha}}$, $\tilde{y}^* = \left(\dfrac{s}{\delta+g+n+gn}\right)^{\frac{\alpha}{1-\alpha}}$,

$\dfrac{\tilde{k}^*}{\tilde{y}^*} = \dfrac{s}{\delta+g+n+gn}$.

(4)　労働の効率性の成長率 g の低下，もしくは人口成長率 n の低下．

【解説 11.2】

(1)　例題でも見たように，まず考えるのは「資本が時間を通じてどのように変化するか」でした．ここで例題と違うのは生産関数の形だけですので，

$$K_{t+1} = (1-\delta)K_t + sK_t^\alpha (A_t L_t)^{1-\alpha} \tag{11.13}$$

とわかります．

(2)　ここも例題と同様に解いていけばよいのですが，異なるのは，1 人あたり資本 k_t ($=K_t/L_t$) の代わりに「効率労働単位あたり資本 $\tilde{k}_t$ ($=K_t/(A_t L_t)$) を使う」という点です (練習問題 11.1 の (3) でいうと，例題では，$W_t = L_t$ となっていたのに対して，ここでは，$W_t = A_t L_t$ となっている，と考えてもらえばわかりやすいかもしれません)．

(11.13) 式の両辺を $A_t L_t$ で割ると，

$$\dfrac{K_{t+1}}{A_t L_t} = (1-\delta)\dfrac{K_t}{A_t L_t} + s\dfrac{K_t^\alpha (A_t L_t)^{1-\alpha}}{A_t L_t}$$

$$\iff \dfrac{K_{t+1}}{A_{t+1} L_{t+1}} \cdot \dfrac{A_{t+1}}{A_t} \cdot \dfrac{L_{t+1}}{L_t} = (1-\delta)\dfrac{K_t}{A_t L_t} + s\left(\dfrac{K_t}{A_t L_t}\right)^\alpha$$

$$\iff \tilde{k}_{t+1}(1+g)(1+n) = (1-\delta)\tilde{k}_t + s\tilde{k}_t^\alpha$$

$$\iff \tilde{k}_{t+1} = \dfrac{1-\delta}{(1+g)(1+n)}\tilde{k}_t + \dfrac{s}{(1+g)(1+n)}\tilde{k}_t^\alpha \tag{11.14}$$

が得られます．2 行目の左辺で，$\tilde{k}_{t+1}$ を作り出すために $A_{t+1} L_{t+1}$ を分子・分母にかけるのがポイントです．

(3)　さて，あとは (11.14) 式から定常状態を求めるわけですが，もう 1 人でできるようになっているでしょうか．定常状態の条件 $\tilde{k}_{t+1} = \tilde{k}_t = \tilde{k}^*$ を代入して (安定な定常状態に注目して $\tilde{k}^* \neq 0$ とします)，

$$\tilde{k}^* = \dfrac{1-\delta}{(1+g)(1+n)}\tilde{k}^* + \dfrac{s}{(1+g)(1+n)}(\tilde{k}^*)^\alpha$$

$$\iff \dfrac{\delta+g+n+gn}{(1+g)(1+n)}\tilde{k}^* = \dfrac{s}{(1+g)(1+n)}(\tilde{k}^*)^\alpha$$

$$\iff \frac{\delta+g+n+gn}{(1+g)(1+n)}(\tilde{k}^*)^{1-\alpha} = \frac{s}{(1+g)(1+n)} \quad (\tilde{k}^* \neq 0 \text{ より})$$

$$\iff \tilde{k}^* = \left(\frac{s}{\delta+g+n+gn}\right)^{\frac{1}{1-\alpha}} \tag{11.15}$$

と解けます．

また，定常状態の効率労働単位あたり生産量 $\tilde{y}^*$ は

$$\tilde{y}^* = (\tilde{k}^*)^\alpha = \left(\frac{s}{\delta+g+n+gn}\right)^{\frac{\alpha}{1-\alpha}} \tag{11.16}$$

となります．資本生産比率 $\tilde{k}^*/\tilde{y}^*$ は

$$\frac{\tilde{k}^*}{\tilde{y}^*} = \frac{\tilde{k}^*}{(\tilde{k}^*)^\alpha} = (\tilde{k}^*)^{1-\alpha} = \frac{s}{\delta+g+n+gn} \tag{11.17}$$

となります．

ここで例題と同様に，定常状態における経済全体の資本 K_t，生産量 Y_t はどうなっているか考えてみましょう．差分方程式 (11.14) の定常状態では，効率労働単位あたり資本 $\tilde{k}_t$ $(= K_t/(A_tL_t))$ や，効率労働単位あたり生産量 $\tilde{y}_t$ $(= Y_t/(A_tL_t))$ は一定になっています．また，労働の効率性 A_t は g の割合で，労働 L_t は n の割合で成長しています．ということは，定常状態において資本 K_t は

$$\frac{\tilde{k}_{t+1}}{\tilde{k}_t} = \frac{K_{t+1}/(A_{t+1}L_{t+1})}{K_t/(A_tL_t)}$$

$$\iff 1 = \frac{K_{t+1}}{K_t}\frac{A_tL_t}{A_{t+1}L_{t+1}}$$

$$\iff \frac{K_{t+1}}{K_t} = \frac{A_{t+1}}{A_t}\cdot\frac{L_{t+1}}{L_t} = (1+g)(1+n) \tag{11.18}$$

となるので，$(1+g)(1+n) - 1 = g + n + gn$ の割合で成長していることがわかります．生産量 Y_t もまったく同様の計算をすれば，$g+n+gn$ の割合で成長していることがわかります．g と n が十分小さいとき，gn は無視できるほど小さい値になるので，経済全体の資本 K_t，生産量 Y_t は近似的に $g+n$ の割合で成長するといえます．技術成長がない例題の場合は K_t も Y_t も人口成長と同じ n で成長していましたが，ここでは技術成長の分だけさらに成長する点が違いになっています．

(4) いよいよ，最後の問題です．ここは少しおまけ的な要素も含んでいます．日本の1990年代の長期不況の原因が何だったのかは，経済学者の中でも見解が分かれる問題となっていますが，実は，その1つの仮説がこのソロー・モデルから理解できます．

資本産出量比率は，(11.17) 式で見たように

$$\frac{\tilde{k}^*}{\tilde{y}^*} = \frac{s}{\delta+g+n+gn}$$

となります.これが上昇するとしたら,(i) 貯蓄率 s が上昇した,(ii) 資本減耗率 δ が低下した,(iii) 労働の効率性の成長率 g が低下した,もしくは (iv) 人口成長率 n が低下した,のいずれか (あるいはそれらの組み合わせ) がその原因となっているはずです.

また,GDP 成長率が落ちたことはどう考えればよいでしょうか.これは,先ほどの (3) の問題の最後で考えた Y_t の成長率を思い出してください.定常状態では,Y_t は $g+n+gn$ の割合で成長していくのでした.ですから,GDP 成長率の低下の原因としては,労働の効率性の成長率 g の低下,もしくは人口成長率 n の低下が原因として考えられます.

以上から,資本産出量比率の上昇と GDP 成長率の低下の両方を同時に説明できるものとしては,(iii) 労働の効率性の成長率 g の低下,(iv) 人口成長率 n の低下,のいずれかであるとわかるわけです.一橋大学の林文夫教授と,2004 年度のノーベル経済学賞を受賞したアリゾナ州立大学のエドワード・プレスコット教授は,「日本の 1990 年代：失われた 10 年」と題する論文の中で,日本の技術進歩率 (g にあたる部分) が減少したことが日本の 1990 年代の不況の最大の原因であるとしています.彼らの論文では,ここで紹介したものよりも高度なモデルを使って議論を進めていますが,そのエッセンスはソロー・モデルを分析することによって理解できるのです[12].

[練習問題 11.2：終]

11.4 解法のまとめ

最後は日本の 1990 年代を説明する学術論文の話にまで踏み込んだわけですが,ソロー・モデルを解く際に出てくる漸化式 (差分方程式) の分析のしかたは身についたでしょうか.

おさらいをしておくと,解き方のおおまかな流れは以下のように整理できます.

ソロー・モデルの解き方

(1) t 期の資本 K_t と $t+1$ 期の資本 K_{t+1} の関係を表す式を求める.

(2) 1 人あたり (もしくは効率労働単位あたり) 資本 k_t を使った式に直す.

(3) $k_{t+1} = k_t = k^*$ から定常状態の 1 人あたり (もしくは効率労働単位あたり) 資本 k^* を求める.

指数計算など多少面倒なところもありますが,慣れてしまえばこちらのものです.ぜひ経済成長理論を得意分野にしてください！

---

[12] 原論文は,Fumio Hayashi and Edward C. Prescott, "The 1990s in Japan: A Lost Decade," *Review of Economic Dynamics* 5 (2002), 206-235. また,ソロー・モデルを用いた比較的平易な説明としては,林文夫「構造改革なくして成長なし」(岩田規久男・宮川努編『失われた 10 年の真因は何か』東洋経済新報社,2003 年) があります.

11.5 もう少し練習

　安定な定常状態が複数出てくるような問題も解いてみましょう．文脈をちょっと変えて，天然資源量の管理について考えますが，経済成長モデルでの消費・資本蓄積のストーリーと本質的には同等です．

練習問題 11.3

　水産資源の量的管理の問題について単純化された生態系モデルで考えよう．ある漁場における漁は毎年産卵期前に終了する．ある年の産卵期に x 万トン ($x \geq 0$) の魚が生息しているとき，産卵・孵化・成長を経て，翌年の漁期前には魚の量が $\sqrt{x}$ 万トンになるとする．これは，

- $0 < x < 1$ のとき $\sqrt{x} > x$ なので，翌年の魚の量が増加し，
- $x > 1$ のときは $\sqrt{x} < x$ なので，魚が多すぎて翌年の魚の量が減少する

という状況を描写している．初期 (1 年目の漁期前) の魚の量が c 万トン ($c > 0$) であるとして，次の問いに答えなさい．

　(1)　この漁場において漁業が行われておらず漁獲がまったくないとする．このとき，t 年目の魚の量は $x_{t+1} = \sqrt{x_t}$ という漸化式で定義される数列 x_t で表される．この数列 x_t は収束するだろうか．収束するならば，その極限を求めなさい．

　(2)　次に，この漁場で漁業が営まれているとする．この漁場では漁獲量に関する規制があり，1 年あたり L 万トン ($L \geq 0$) という上限が設けられているとする．魚市場における需要は非常に旺盛であり，この漁場の魚は規制の範囲内で獲れるだけ獲られてしまうと仮定する．t 年目の漁期前の魚の量を y_t 万トンとするとき，数列 y_t が満たすべき漸化式を書きなさい．

　(3)　年間の漁獲量の上限を $L = 0.21$ 万トンとする．このとき，(2) で求めた漸化式の定常状態をすべて求め，それぞれについて安定的か不安定かを調べなさい．また，c の値に応じて数列 y_t の極限を求めなさい．（グラフを描いて考えなさい．）

【解答 11.3】

(1)　$x_{t+1} = (x_t)^{\frac{1}{2}}$ なので，$x_1 = c$, $x_2 = c^{\frac{1}{2}}$, $x_3 = \left(c^{\frac{1}{2}}\right)^{\frac{1}{2}} = c^{\frac{1}{4}}$, $x_4 = \left(c^{\frac{1}{4}}\right)^{\frac{1}{2}} = c^{\frac{1}{8}}, \cdots$ と考えると，x_t の一般項は

$$x_t = c^{\frac{1}{2^{t-1}}}$$

であることがわかります．$\lim_{t \to \infty} \dfrac{1}{2^{t-1}} = 0$ なので，数列 x_t は収束し，その極限は

$$\lim_{t\to\infty} x_t = c^0 = 1$$

です．つまり，1 年目の魚の量 c によらずに，魚の量は一定の値 1 万トンに近づいていくことがわかりました．

方程式 $x = \sqrt{x}$ を解くと，$x = 0, 1$ となりますので，漸化式 $x_{t+1} = \sqrt{x_t}$ の定常状態は $0, 1$ の 2 つです．上記の考察により，1 は安定的な定常状態です．他方，c がどんなに 0 に近くても，$c > 0$ ならば x_t は 1 に収束するので，0 は不安定な定常状態です．これを $x_{t+1} = \sqrt{x_t}$ のグラフを描いて確かめてみましょう．

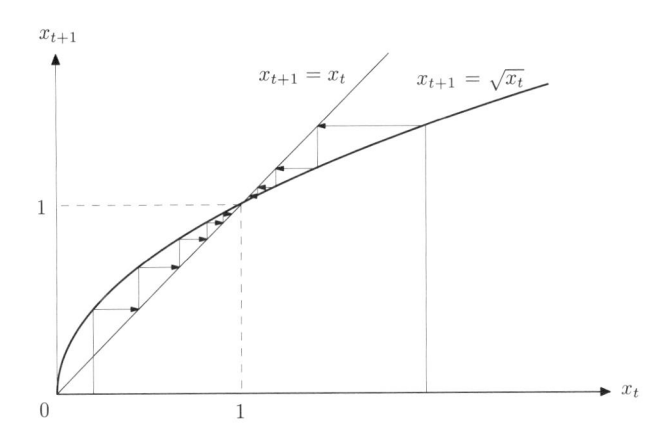

図 11.2　漁獲がない場合の魚の量 x_t の収束

図 11.2 を見てください．1 万トンより小さい正の初期値から始めると，魚の量はだんだん増加して 1 万トンに収束します．1 万トンより大きな初期値から始めると，魚の量はだんだん減少してやはり 1 万トンに収束します．

(2)　t 年目の魚の量 y_t が L より大きい場合，t 年目の漁獲量は規制の上限 L と等しくなり，産卵期には $y_t - L$ の魚が残ります．そして，翌年には魚の量が $y_{t+1} = \sqrt{y_t - L}$ となります．一方，y_t が L 以下の場合，魚はすべて獲りつくされてしまい，翌年は $y_{t+1} = 0$ となります．以上をまとめると，求めるべき漸化式は

$$y_{t+1} = \begin{cases} \sqrt{y_t - L} & y_t > L \text{ のとき} \\ 0 & y_t \leq L \text{ のとき} \end{cases}$$

となります．

(3)　まず，定常状態を求めます．$L = 0.21$ に注意して，(2) で求めた漸化式で $y_{t+1} = y_t = y$ とおいて方程式を解きましょう．まず $y > 0.21$ と仮定すると，

$$y = \sqrt{y - 0.21} \iff y^2 = y - 0.21$$
$$\iff (y - 0.3)(y - 0.7) = 0$$

第 11 章 漸化式と経済成長

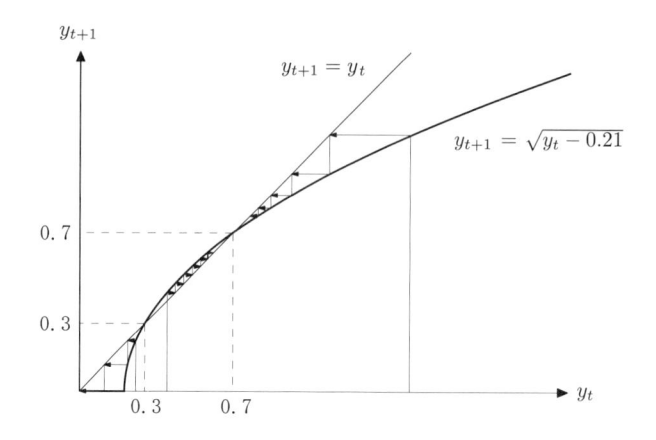

図 11.3 漁獲がある場合の魚の量 y_t の収束

なので, $y = 0.3, 0.7$ となり, どちらも $y > 0.21$ となっています. 次に $y \leq 0.21$ と仮定すると, $y = 0$ です. まとめると, 定常状態は $0, 0.3, 0.7$ の 3 つです.

ここで, (2) で求めた y_t の漸化式のグラフを描いて考えます. 図 11.3 を見てください. 0.3 万トンよりも小さな初期値から始めると, 魚の量 y_t はだんだん減少して, 最後には $y_t = 0$ となり絶滅してしまいます. 0.3 万トンより大きく, 0.7 万トンより小さな初期値から始めると, 魚の量 y_t はだんだん増加して, 0.7 万トンに収束します. 0.7 万トンより大きな初期値から始めると, 魚の量 y_t はだんだん減少して, 0.7 万トンに収束します.

まとめると, 定常状態は $y = 0, 0.3, 0.7$ の 3 つで, そのうち, $y = 0, 0.7$ が安定的です. y_t の極限は

$$\lim_{t \to \infty} y_t = \begin{cases} 0 & c < 0.3 \text{ のとき} \\ 0.3 & c = 0.3 \text{ のとき} \\ 0.7 & c > 0.3 \text{ のとき} \end{cases}$$

となります.

[練習問題 11.3：終]

付表　ギリシャ文字一覧

大文字	小文字	読み方
A	α	アルファ
B	β	ベータ
Γ	γ	ガンマ
Δ	δ	デルタ
E	ϵ, ε	イプシロン
Z	ζ	ゼータ
H	η	エータ
Θ	θ	シータ（テータ）
I	ι	イオタ
K	κ	カッパ
Λ	λ	ラムダ
M	μ	ミュー
N	ν	ニュー
Ξ	ξ	グザイ　クシー
O	o	オミクロン
Π	π	パイ（ピー）
P	ρ	ロー
Σ	σ	シグマ
T	τ	タウ
Υ	υ	ユプシロン
Φ	ϕ, φ	ファイ　フィー
X	χ	カイ（キー）
Ψ	ψ	プサイ　プシー
Ω	ω	オメガ

資料　学習指導要領の変遷

　各時代により高等学校の授業で習う数学の内容は徐々に移り変わってきました．以下，どのような内容が教えられてきたのか，その変遷を追ってみます．

1951年改訂の学習指導要領(試案)の主要部分　　（　）は単位数

一般数学(5)
一次関数, 二次関数,
比例・反比例,
三角関数,
一元一次・二元一次
連立方程式
図形の性質
相加平均, 代表値
順列, 組合せ
確率
統計
比率の意味
簿記

解析Ⅰ(5)
中学校の数学の復習
比例および一次の関係を用いること
函数の概念を用いること
数や式についての計算をすること
連立一次方程式を用いること
二次式や分数式を用いること
図形を式を用いて研究すること
数計算を能率よくすること

解析Ⅱ(5)
確率を理解し用いること
資料を整理し, 解釈すること
数列や級数を用いること
函数の概念を拡張し, 完成すること
変化率を用いること
計量において極限を用いること
三角函数を用いること

幾何(5)
中学校の復習
幾何に用いられる方法を理解すること
空間における図形の関係を理解し, 用いること
直線図形の性質を用いること
円と球の性質を用いること
軌跡の概念を発展させること

1951年(昭和26年)から実施．

1956年度改訂の学習指導要領の主要部分　　（　）は単位数

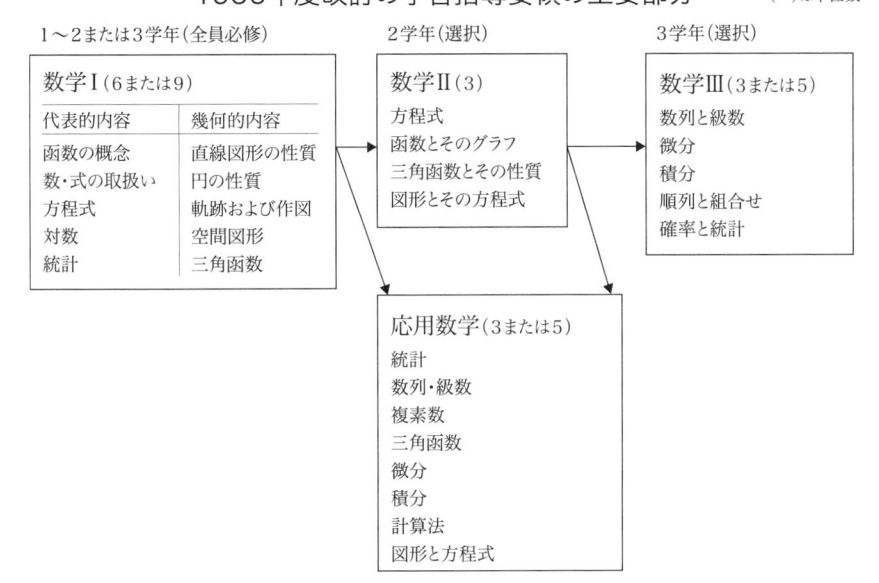

1～2または3学年(全員必修)

数学Ⅰ(6または9)

代表的内容	幾何的内容
函数の概念	直線図形の性質
数・式の取扱い	円の性質
方程式	軌跡および作図
対数	空間図形
統計	三角函数

2学年(選択)

数学Ⅱ(3)
方程式
函数とそのグラフ
三角函数とその性質
図形とその方程式

3学年(選択)

数学Ⅲ(3または5)
数列と級数
微分
積分
順列と組合せ
確率と統計

応用数学(3または5)
統計
数列・級数
複素数
三角函数
微分
積分
計算法
図形と方程式

1956年度(昭和31年度)の第1学年から学年を追って実施．

資料　学習指導要領の変遷

1960年改正の学習指導要領の主要部分　　( )は単位数

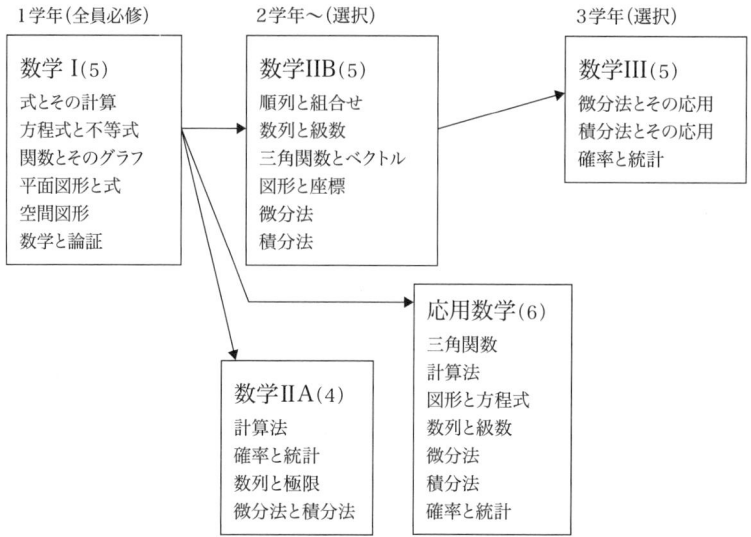

1学年(全員必修)

数学 I (5)
- 式とその計算
- 方程式と不等式
- 関数とそのグラフ
- 平面図形と式
- 空間図形
- 数学と論証

2学年〜(選択)

数学 IIB (5)
- 順列と組合せ
- 数列と級数
- 三角関数とベクトル
- 図形と座標
- 微分法
- 積分法

数学 IIA (4)
- 計算法
- 確率と統計
- 数列と極限
- 微分法と積分法

応用数学 (6)
- 三角関数
- 計算法
- 図形と方程式
- 数列と級数
- 微分法
- 積分法
- 確率と統計

3学年(選択)

数学III (5)
- 微分法とその応用
- 積分法とその応用
- 確率と統計

1963年(昭和38年)4月1日以降の第1学年入学生から実施．

1970年改正の学習指導要領の主要部分　　( )は単位数

数学 I (6)
- 数と式
- 方程式と不等式
- ベクトル
- 平面図形と式
- 写像
- 簡単な関数
- 三角関数
- 確率
- 集合と論理

数学 IIB (5)
- 平面幾何の公理的構成
- 空間における座標とベクトル
- 行列
- 二項定理、有限数列
- 微分法と積分法

数学 IIA (4)
- 行列
- 微分法と積分法
- 確率と統計
- 電子計算機と流れ図

数学III (5)
- 数列の極限
- 微分法とその応用
- 積分法とその応用
- 確率分布
- 統計的な推測

数学一般 (6)
- 集合
- 図形
- 変化とそのとらえ方
- 不確実な事象のとらえ方
- 論理
- ベクトルと行列
- 線形計画の考え
- 電子計算機と流れ図

応用数学 (6)
- ベクトルと行列
- 微分法と積分法(I)
- 確率分布
- (以下の中から選択)
- 有限数列
- 三角関数
- 微分法と積分法(II)
- 確率と統計の応用
- 計算機と数値計算
- オペレーションズリサーチ

1973年(昭和48年)4月1日以降の第1学年入学生から実施．

資料　学習指導要領の変遷

1978年改訂の学習指導要領の主要部分　　（　）は単位数

1学年（全員必修）

数学Ⅰ(4)
- 数と式
- 方程式と不等式
- 関数
- 図形

2学年～（選択）

数学Ⅱ(3)
- 確率と統計
- ベクトル
- 微分と積分
- 数列
- いろいろな関数（指数関数・対数関数・三角関数）
- 電子計算機と流れ図

2学年～（選択）

基礎解析(3)
- 数列
- 関数（指数関数・対数関数・三角関数）
- 関数値の変化（微分・積分）

2学年～（選択）

代数・幾何(3)
- 二次曲線
- 平面上のベクトル
- 行列
- 空間図形

3学年（選択）

微分・積分(3)
- 極限
- 微分法とその応用
- 積分法とその応用

2学年～（選択）

確率・統計(3)
- 資料の整理
- 場合の数
- 確率
- 確率分布
- 統計的な推測

1982年（昭和52年）4月1日以降の第1学年入学生から実施．

1989年改正の学習指導要領の主要部分　　（　）は単位数

1学年（必修）

数学Ⅰ(4)
- 二次関数
- 図形と計量
- 個数の処理
- 確率

2学年（選択）

数学Ⅱ(3)
- いろいろな関数（指数関数・対数関数・三角関数）
- 図形と方程式
- 関数の値の変化（微分・積分）

3学年（選択）

数学Ⅲ(3)
- 分数・無理関数
- 極限
- 微分
- 積分

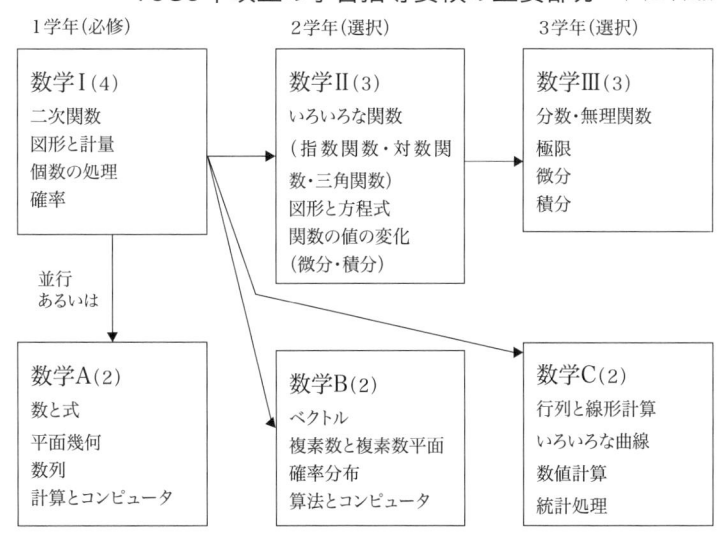

並行あるいは

数学A(2)
- 数と式
- 平面幾何
- 数列
- 計算とコンピュータ

数学B(2)
- ベクトル
- 複素数と複素数平面
- 確率分布
- 算法とコンピュータ

数学C(2)
- 行列と線形計算
- いろいろな曲線
- 数値計算
- 統計処理

1994年（平成6年）4月1日以降の第1学年入学生から実施．

資料　学習指導要領の変遷

1999年改正の学習指導要領の主要部分

(　)は単位数

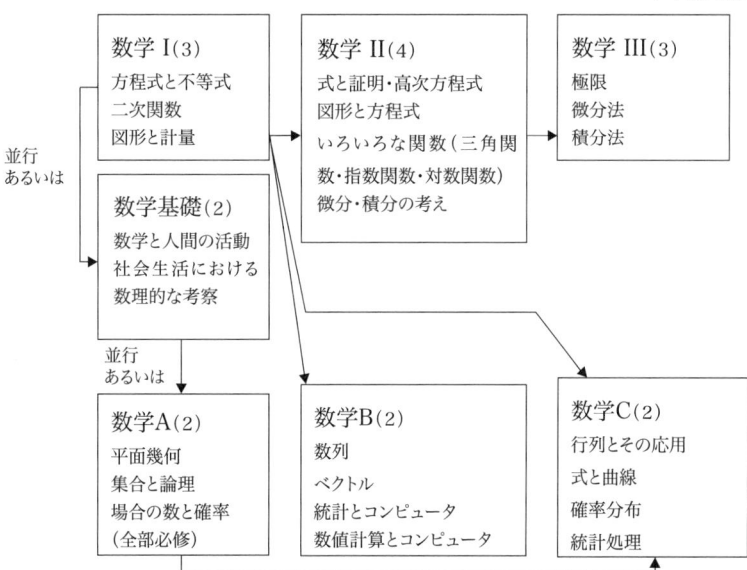

数学 I (3)
- 方程式と不等式
- 二次関数
- 図形と計量

並行あるいは

数学基礎 (2)
- 数学と人間の活動
- 社会生活における数理的な考察

数学 II (4)
- 式と証明・高次方程式
- 図形と方程式
- いろいろな関数 (三角関数・指数関数・対数関数)
- 微分・積分の考え

数学 III (3)
- 極限
- 微分法
- 積分法

並行あるいは

数学A (2)
- 平面幾何
- 集合と論理
- 場合の数と確率
- (全部必修)

数学B (2)
- 数列
- ベクトル
- 統計とコンピュータ
- 数値計算とコンピュータ

数学C (2)
- 行列とその応用
- 式と曲線
- 確率分布
- 統計処理

2003年(平成15年)4月1日以降の第1学年入学生から実施.

2009年改訂の学習指導要領の主要部分

(　)は1週間の授業時間数

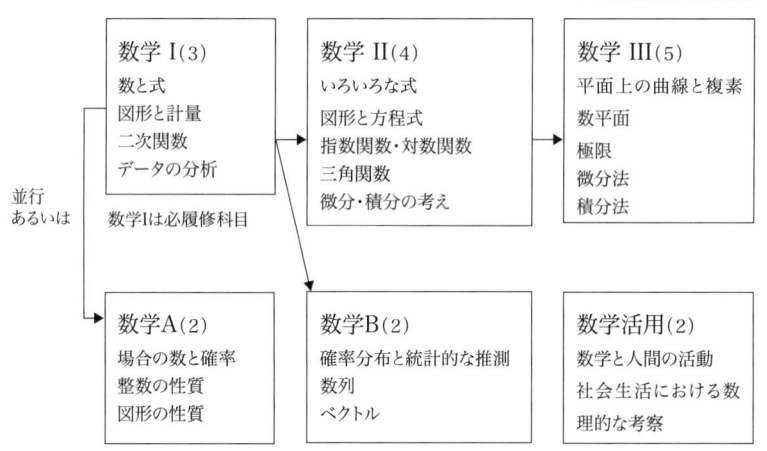

数学 I (3)
- 数と式
- 図形と計量
- 二次関数
- データの分析

数学Iは必履修科目

並行あるいは

数学 II (4)
- いろいろな式
- 図形と方程式
- 指数関数・対数関数
- 三角関数
- 微分・積分の考え

数学 III (5)
- 平面上の曲線と複素数平面
- 極限
- 微分法
- 積分法

数学A (2)
- 場合の数と確率
- 整数の性質
- 図形の性質

数学B (2)
- 確率分布と統計的な推測
- 数列
- ベクトル

数学活用 (2)
- 数学と人間の活動
- 社会生活における数理的な考察

2013年(平成25年)4月1日以降の入学生から実施.

〈出典〉

教育情報ナショナルセンター「過去の学習指導要領」

http://www.nicer.go.jp/guideline/old/

文部科学省のウェブページ

http://www.mext.go.jp/b_menu/shuppan/sonota/990301d.htm

国立教育政策研究所「学習指導要領データベース」

http://www.nier.go.jp/guideline/

を参考にして作成.

また,1978年,1989年,1999年の図については,

http://e-archive.criced.tsukuba.ac.jp/data/doc/pdf/2005/04/murooka2.pdf

を元に作成した.

文献案内――あとがきにかえて

　本書の構想・執筆にあたっては

[1] 古川昭夫『微積分ノート』SEG 出版，1988 年

[2] 森毅『微積分の意味』日本評論社，1978 年

の 2 冊から強い影響を受けました．[1] は高校生を対象に，大学での数学にスムーズにつながるように微積分の概念をきちんと伝えるということを意図して書かれたものです．残念ながら現在は絶版のようです．[2] は微積分およびその関連分野の背後にある考え方・思想をエッセイ風に解説したものです．こちらはまだ売られています．本書とあわせてぜひ読んでいただきたいと思います．

　本書では経済学を学ぶ際によく出会う数学に対象をしぼり，イメージをつかむこと・使いこなせるようになることを目標としました．厳密な証明をばっさり省略したところも多くあります．さらに深く学習していくにはより体系的な数学書に進んでください．解析の分野 (微分積分，最適化など) については

[3] 小島寛之『ゼロから学ぶ微分積分』講談社，2001 年

[4] 神谷和也・浦井憲『経済学のための数学入門』東京大学出版会，1996 年

[5] 細井勉『はじめて学ぶイプシロン・デルタ』日本評論社，2010 年

線形代数の分野 (ベクトル，行列など) については

[6] 小島寛之『ゼロから学ぶ線形代数』講談社，2002 年

[7] 石井惠一『線形代数講義』増補版，日本評論社，2013 年

をおすすめしておきます．『ゼロから学ぶ』([3] と [6]) の 2 冊は本書の次のレベルとしてちょうどよいでしょう．[5] は，極限概念を厳密に扱うための「イプシロン・デルタ論法」(これは学部生上級・大学院生向け) をとてもわかりやすく親切に解説した本です．

　数学を勉強していると数学の世界の慣習や業界用語 (「数学方言」) にとまどうことがあることと思います．

[8] 佐藤文広『これだけは知っておきたい数学ビギナーズマニュアル』日本評論社，1994 年

文献案内——あとがきにかえて

は数学方言を解説した，タイトル通りの初心者向けマニュアル本です．どちらかというと理系向けではありますが，数理科学としての側面をももつ経済学の学習にも役立ちます．上であげた [5] も，題材は少々難しくはありますが数学方言の解説書として読むことができます．

本書では，各章にわたりミクロ経済学とファイナンスの分野から多くの例題をとりあげました．ミクロ経済学の教科書については，世の中にさまざまなレベルの数多くの良書が出ています．参考までにいくつか (ほぼ難易度順に) あげておきます．最初の 1 冊は初級レベル，あとの 4 冊は中級レベルです．

[9] 伊藤元重『ミクロ経済学』第 2 版，日本評論社，2003 年

[10] 林貴志『ミクロ経済学』増補版，ミネルヴァ書房，2013 年

[11] 奥野正寛 (編著)『ミクロ経済学』東京大学出版会，2008 年

[12] 奥野正寛 (編)『ミクロ経済学演習』東京大学出版会，2008 年

[13] 山崎昭『ミクロ経済学』知泉書館，2006 年

また，現代の経済学の多くはゲーム理論を基礎としています．ゲーム理論の教科書としては

[14] 梶井厚志・松井彰彦『ミクロ経済学——戦略的アプローチ』日本評論社，2000 年

[15] 神戸伸輔『入門ゲーム理論と情報の経済学』日本評論社，2004 年

[16] ロバート・ギボンズ『経済学のためのゲーム理論入門』創文社，1995 年

[17] 岡田章『ゲーム理論』新版，有斐閣，2011 年

をあげておきます．

第 8 章以降では，さらに多様な分野を扱いました．各章ごとにおすすめの本をまとめておきます．

第 8 章でとりあげた計量経済学をさらに勉強したい人には，次のような本をあげておきます．

[18] 浅野晳, 中村二朗『計量経済学』第 2 版，有斐閣，2009 年

[19] 藤山英樹『統計学からの計量経済学入門』昭和堂，2007 年

[20] 山本拓『計量経済学』新世社，1995 年

[18] は，スカラー演算で基礎的な計量経済分析を，行列演算でやや発展的な分析を紹介しています．行列演算の解釈についての解説も充実しています．[19] は，行列微分などやや高度な演算も使って統計・計量の分析手法を紹介しています．扱う計量手法自体は基礎的なものにとどまりますが，その分解説が非常に丁寧でわかりやすくなっています．また，[20] は，

行列演算を一切使わずスカラー演算のみで基礎的な計量経済分析を紹介しています．行列に慣れる前はもちろん，慣れた後もスカラー演算との対応を確認するため等に使える必読の書です．

さらに，大学院生には以下の 2 冊をあげておきます．

[21] Greene, W.H. (2007): *Econometric Analysis, 6th ed.*, Prentice-Hall

[22] Harville, D.A. (1997): *Matrix Algebra from a Statistician's Perspective*, Springer

[21] は，高度な行列演算を使い，基礎から発展まで非常に多くの計量経済分析の手法を体系的に紹介しています．ほとんどの内容が行列で書かれています．[22] は，膨大なトピックを網羅的に扱う行列の専門書です．内容は高度で，大学院生向きです．辞書的にも使え，和訳も出版されています．

計量経済学ではなく，純粋に数学としての行列の入門書としては，

[23] 吉原健一・寺田敏司『現代線形代数学入門』学術図書出版社，1991 年

がよいでしょう．行列演算の方法や，その理解と解釈をするための基礎知識が学べます．

第 9 章で説明した確率の概念は，初歩的な経済学を理解する上で必要最低限なものです．確率をもっと詳しく勉強したい人は，以下の文献などを参照してください．

[24] 森棟公夫『統計学入門』第 2 版，新世社，2000 年

[25] 蓑谷千凰彦『統計学入門』東京図書，2004 年

[26] 小山昭雄『経済数学教室 9 確率論』新装版，岩波書店，2011 年

[24], [25] の 2 冊は，扱われている話題も多く，例題も豊富です．[26] は，本格的に確率論を勉強したいと思う人に向いています．

また，本文中であげた経済学に関する例題に関しては，上記 [10], [14], [15] も参考になります．とくに，期待効用理論の解説は [10] に詳しく書かれています．

第 10 章では近年の発展が著しいオークション理論を例として扱いました．まずは文献 [14] のオークションの章を入門として参照してください．教科書としてはたとえば

[27] 横尾真『オークション理論の基礎――ゲーム理論と情報科学の先端領域』東京電機大学出版局，2006 年

[28] ポール・ミルグロム『オークション理論とデザイン』東洋経済新報社，2007 年

[29] ケン・スティグリッツ『オークションの人間行動学――最新理論からネットオークション必勝法まで』日経 BP 社，2008 年

をあげておきます．

　第 11 章では経済成長の理論について学びました．さらに詳しいことを知りたい方には，以下をおすすめします．

[30] チャールズ・I.・ジョーンズ『経済成長理論入門――新古典派から内生的成長理論へ』日本経済新聞社，1999 年

[31] デビッド・ローマー『上級マクロ経済学』原著第 3 版，日本評論社，2010 年

[32] デイヴィッド・ワイル『経済成長』第 2 版，ピアソン桐原，2010 年

[30] は，微分方程式を使った学部レベルの簡単な成長理論の教科書です．また，学部上級から大学院初級の成長理論を学ぶには，[31] の第 1 章がおすすめです．大学院入門レベルの経済成長理論のサーベイとして，

[33] 岩井克人・伊藤元重 (編)『現代の経済理論』東京大学出版会，1994 年

の，第 VII 章「経済成長理論」(岩井克人) がおすすめです．

索引

●数字
1 階条件 (first-order condition) 136, 211
1 次関数 (linear function) 1, 190
1 次近似 (linear approximation) → 線形近似
2 次関数 (quadratic function) 32
2 次近似 (quadratic approximation) 155
72 の法則 (rule of 72) 76

●アルファベット
CARA 関数 (CARA function) 292
CES 関数 (CES function) 230
CRRA 関数 (CRRA function) 292
vNM 関数 (vNM function) 287

●ア行
安全資産 (safety asset) 196
安定 (stable) 103
一様分布 (uniform distribution) 305
一般均衡 (general equilibrium) 238
一般項 (general term) 83
オイラー数 (Euler's number) → ネイピア数
オイラーの定理 (Euler's theorem) 239
凹関数 (concave function) 143
黄金律貯蓄率 (golden rule saving rate) 345
オークション (auction) 300
　イギリス式— (English —) 301
　ヴィックリー・— (Vickrey —) 301
　オランダ式— (Dutch —) 301
　セカンドプライス・— (second-price —) 301
　競り上げ— (ascending price —) 301
　競り下げ— (descending price —) 301
　ファーストプライス・— (first-price —) 301
オプション (option) 196
　コール— (call —) 196
　プット— (put —) 196

●カ行
回帰直線 (regression line) 250
回帰分析 (regression analysis) 242, 250
　重— (multiple —) → 多重回帰分析
　多重— (multiple —) 262, 264
　単— (simple —) → 単純回帰分析
　単純— (simple —) 250, 264
階乗 (factorial) 154
価格差別 (price discrimination) 41
価格受容者 (price taker) → プライス・テイカー
価格ベクトル (price vector) 184
確率 (probability) 269, 273
　—の乗法定理 (multiplication theorem of —) 279
　—分布 (— distribution) 285
　事後— (posterior —) 285
　事前— (prior —) 285
確率変数 (random variable) 285, 303
確率密度関数 (probability density function) → 密度関数
寡占 (oligopoly) 32
可変費用 (variable cost) 164
関数 (function) 3
間接効用関数 (indirect utility function) 220
完全競争 (perfect competition) 53
完全分配定理 (exhaustion theorem) 240
機会費用 (opportunity cost) 31, 194
危険愛好的 (risk loving) 288, 290
危険回避的 (risk averse) 286, 290
危険回避度 (risk aversion) 290
　絶対的— (absolute —) 290
　相対的— (relative —) 290
危険中立的 (risk neutral) 286, 290
技術的限界代替率 (marginal rate of technical substitution) 223
記述統計 (descriptive statistics) 265
期待効用 (expected utility) 287
期待値 (expectation) 285, 286
逆関数 (inverse function) 6

逆需要関数 (inverse demand function) 6, 142
級数 (series) 86
　等差数列の— (arithmetic —) 91
　等比数列の— (geometric —) 88
供給関数 (supply function) 12, 114, 215
　労働— (labor —) 232
供給曲線 (supply curve) 11, 114
競争均衡 (competitive equilibrium) 12
共通価値 (common value) 301
共分散 (covariance) 188, 268
行列 (matrix) 242
　可逆— (invertible —) 258
　逆— (inverse —) 255, 258
　正方— (square —) 243
　単位— (identity —) 258
　転置— (transposed —) 259
　零— (zero —) 257
極限 (limit) 85
極小 (local minimum) 135
極大 (local maximum) 135
均衡価格 (equilibrium price) 13
金融資産 (financial asset) → 証券
金利 (interest rate) → 利子率
クールノー・ゲーム (Cournot game) 44
経済成長理論 (economic growth theory) 337
計量経済学 (econometrics) 245
ゲーム理論 (game theory) 15, 42
決定係数 (coefficient of determination) 268
限界効用 (marginal utility) 208
限界収入 (marginal revenue) 139
限界生産性 (marginal productivity) 208
限界生産物 (marginal product) 208
限界代替率 (marginal rate of substitution) 217
限界費用 (marginal cost) 53, 120, 139, 164
現在割引価値 (present discounted value) → 割引現在価値
原始関数 (primitive function) 317
公共調達 (public procurement) 301
公差 (common difference) 84
合成関数 (composite function) 10
公比 (common ratio) 83
効用関数 (utility function) 201
効用最大化 (utility maximization) 201
固定費用 (fixed cost) 164

コブ・ダグラス (Cobb-Douglas)
　—型効用関数 (— utility function) 222
　—型生産関数 (— production function) 241, 342

●サ行

債券 (bond) 64
最小 (minimum) 135
最小 2 乗推定値 (least squares estimate) 250, 260
最小 2 乗法 (least squares method) 247, 249, 260
最小化問題 (minimization problem) 135
最大 (maximum) 135
最大化問題 (maximization problem) 135
裁定 (arbitrage) 30, 197
最適解 (optimal solution) 135
最適化問題 (optimization problem) 135
　制約付きの— (constrained —) 215
最適成長モデル (optimal growth model) 338
最適反応関数 (best response function) 43
差分方程式 (difference equation) 98, 340
残差 (residual) 248
死荷重 (deadweight loss) 22
事象 (event) 271
　空— (null —) 271
　根元— (elementary —) 271
　積— (intersection) 272
　全— (certain —) 271
　排反— (exclusive —) 272
　余— (complementary —) 272
　和— (union) 271
市場均衡 (market equilibrium) 12
市場メカニズム (market mechanism) 14
指数 (exponent) 59
　—関数 (exponential function) 62, 146
　—の底の変換公式 (— change-of-base formula) 69
　—法則 (exponential law) 62
自然対数 (natural logarithm) 73
　—の底 (base of —) → ネイピア数
私的価値 (private value) 301
社会厚生 (social welfare) 16
収穫一定 (constant returns to scale) 239
収穫逓減 (decreasing returns to scale) 240
収穫逓増 (increasing returns to scale) 240

収束 (convergence) 85
収入同値定理 (revenue equivalence theorem) 324
需要関数 (demand function) 5, 12, 202
　条件付き要素— (conditional factor —) 224
　要素— (factor —) 215
需要曲線 (demand curve) 11
準凹関数 (quasi-concave function) 202, 225
順序統計量 (order statistic) 331
準線形関数 (quasi-linear function) 234
準凸関数 (quasi-convex function) 225
証券 (security) 196
条件付き確率 (conditional probability) 277
状態価格 (state price) 199
消費ベクトル (consumption vector) 185
常用対数 (common logarithm) 71
真数 (anti-logarithm) 67
推測統計 (inferential statistics) 265
数列 (sequence) 82
スカラー (scalar) 175, 243
正規方程式 (normal equation) 250, 260
生産関数 (production function) 8, 208
正射影 (orthogonal projection) 187, 266
積分 (integral, integration) 300, 313
　部分— (— by parts) 321
接線 (tangent line, tangent) 117
接平面 (tangent plane) 205
ゼロクーポン債 (zero-coupon bond) 64, 96
漸化式 (recurrence equation) → 差分方程式
線形化 (linearization) → 線形近似
線形関数 (linear function) 8
線形近似 (linear approximation) 115, 117, 121, 153
線形結合 (linear combination) 178, 182
線形性 (linearity) 8
選好 (preference) 201
全微分 (total derivative, total differentiation) 205
戦略的状況 (strategic situation) 42
相関係数 (correlation coefficient) 188, 268
相互依存価値 (interdependent value) 301
ソロー・モデル (Solow model) 338

●タ行
対数 (logarithm) 67
　—関数 (logarithmic function) 67, 146
　—の底の変換公式 (— change-of-base formula) 70
　—法則 (logarithmic law) 68
対数線形化 (log-linearization) → 対数線形近似
対数線形近似 (log-linear approximation) 149
単利 (simple interest) 55
弾力性 (elasticity) 132, 148
　供給の価格— (price — of supply) 133
　需要の価格— (price — of demand) 133, 159
　代替の— (— of substitution) 228
チェイン・ルール (chain rule) 123, 210, 239
超平面 (hyperplane) 190
直交 (orthogonal) 180, 187
底 (base) 59, 67
定常状態 (steady state) 100, 342
テイラー展開 (Taylor expansion) 153
デリバティブ (derivative) 196
導関数 (derivative function) 118
　2階の— (second —) 145
等差数列 (arithmetic sequence) 84
同次関数 (homogeneous function) 238
　1次— (— of degree one) 239, 342
等比数列 (geometric sequence) 83
等量曲線 (isoquant curve) 223
独占 (monopoly) 32, 142
独立 (independent) 281
凸関数 (convex function) 143
凸結合 (convex combination) 182
凸集合 (convex set) 183
トレードオフ (trade-off) 32

●ナ行
内生的成長モデル (endogenous growth model) 338
内積 (inner product) 184, 185
　—表示 (— representation) 190, 191
ナッシュ均衡 (Nash equilibrium) 42, 323
ネイピア数 (Napier's number) 73, 126

●ハ行
派生資産 (derivative asset) → デリバティブ
派生証券 (derivative security) → デリバティブ
発散 (divergence) 85
反応関数 (reaction function) → 最適反応関数

索引

微積分学の基本定理 (fundamental theorem of calculus) 318
微分 (derivative, differentiation) 113, 115, 201, 204
 n 乗の— (power rule for —) 122
 逆関数の— (inverse function rule for —) 125
 合成関数の— (composite function rule for —) 123, 210, 239
 指数関数の— (— of the exponential function) 126
 積の— (product rule for —) 125
 対数関数の— (— of the logarithmic function) 126
微分係数 (differential coefficient) 116, 117
費用関数 (cost function) 113, 164, 224
費用最小化 (cost minimization) 222
 —の 1 階条件 (first-order condition for —) 223
標本 (sample) 271
 —空間 (— space) 271
比例関数 (proportional function) 8
不安定 (unstable) 103
不確実性 (uncertainty) 269
複利 (compound interest) 55, 82
部分均衡 (partial equilibrium) 238
プライス・テイカー (price taker) 12, 139
分割 (partition) 283
分散 (variance) 188, 192, 268
分布関数 (distribution function) 303
平均 (mean) 192
平均可変費用 (average variable cost) 164
平均費用 (average cost) 164
平行 (parallel) 179
ベイズ・ルール (Bayes' rule) → ベイズの定理
ベイズの定理 (Bayes' theorem) 282, 283
平方完成 (completing the square) 34
冪乗 (power) 59
ベクトル (vector) 173, 175, 242
 —の長さ (length of —) 179, 181
 —の符号付き長さ (signed length of —) 180
 位置— (position —) 182
 幾何— (geometric —) 179
 基本— (base —) 178, 180, 181
 逆— (opposite —) 179
 行— (row —) → 横ベクトル
 空間— (spatial —) 179
 勾配— (gradient —) 216
 数— (numeric —) 175, 243
 正射影— (orthogonal projection —) 187
 縦— (column —) 175
 単位— (unit —) 179
 平面— (planar —) 179
 法線— (normal —) 189, 216
 横— (row —) 175
 零— (zero —) 177, 179
 列— (column —) → 縦ベクトル
変数 (variable) 3
 従属— (dependent —) 5
 説明— (explanatory —) 5, 245
 独立— (independent —) 5
 被説明— (explained —) 5, 245
偏導関数 (partial derivative function) 206
偏微分 (partial differentiation, partial derivative) 205
偏微分係数 (partial differential coefficient) 205, 209
放物線 (parabola) 34
ボンド・コンベクシティ (bond convexity) 156
ボンド・デュレーション (bond duration)
 修正— (modified —) 156
 マコーレーの— (Macaulay's —) 156

●マ行
マークアップ率 (markup rate) 161
密度関数 (density function) 304
無裁定価格 (arbitrage-free price) 199
無差別曲線 (indifference curve) 202
目的関数 (objective function) 135

●ヤ行
予算集合 (budget set) 174
予算制約 (budget constraint) 173, 201
予算線 (budget line) 174, 203
余剰 (surplus) 16
 消費者— (consumer —) 16, 328
 生産者— (producer —) 16
 総— (total —) 16

●ラ行
ラグランジュ乗数 (Lagrange multiplier) 218

ラグランジュの未定乗数法 (method of Lagrange multipliers) 215, 218, 224
利潤関数 (profit function) 215
利潤最大化 (profit maximization) 113, 139, 213
　—の 1 階条件 (first-order condition for —) 139, 140, 214, 218
利子率 (interest rate) 55, 72
リスク (risk) 269
リスクプレミアム (risk premium) 288
利付債 (coupon-bearing bond) 64, 96
利得関数 (payoff function) 44
利回り (yield) 65
累乗 (power) 59
累積分布関数 (cumulative distribution function) → 分布関数
連立方程式 (simultaneous equation) 13

●ワ行
割引因子 (discount factor) 64
割引現在価値 (discounted present value) 64, 93
　平均— (average —) 94
割引債 (discount bond) → ゼロクーポン債
割引率 (discount rate) 64, 72

執筆者紹介

尾山 大輔 (おやま・だいすけ) [編集, 第5章, 第6章, 第7章]

武岡 則男 (たけおか・のりお) [第9章]
    1975年生まれ.
    ロチェスター大学経済学部 Ph.D. 取得.
    一橋大学大学院経済学研究科教授.
    専門は意思決定理論.
    主な論文:
        "Subjective Probability over a Subjective Decision Tree," *Journal of Economic Theory* 136 (2007), 536-571; "Uphill Self-Control" (with J. Noor), *Theoretical Economics* 5 (2010), 127-158 など.

千木良 弘朗 (ちぎら・ひろあき) [第8章]
    1976年生まれ.
    一橋大学大学院経済学研究科博士号取得.
    東北大学大学院経済学研究科准教授.
    専門は計量経済学.
    主な論文・著書:
        "A Test of Serial Independence of Deviations from Cointegrating Relations," *Economics Letters* 92 (2006), 52-57; "Finite Sample Modifications of Granger Non-Causality Test in Cointegrated Vector Autoregressions" (with T. Yamamoto), *Communications in Statistics - Theory and Methods* 36 (2007), 981-1003;『動学的パネルデータ分析』(共著, 知泉館, 2011年) など.

奴田原 健悟 (ぬたはら・けんご) [第11章]
    1979年生まれ.
    東京大学大学院経済学研究科博士号取得.
    専修大学経済学部教授およびキヤノングローバル戦略研究所主任研究員.
    専門はマクロ経済学, 動学一般均衡理論.
    主な論文:
        "Internal and External Habits and News-driven Business Cycles," *Economics Letters* 107 (2010), 300-303; "An Application of Business Cycle Accounting with Misspecifed Wedges" (with M. Inaba), *Review of Economic Dynamics* 15 (2012), 265-269 など.

無藤 望 (むとう・のぞむ) [第3章, 第4章, 第10章]
    1976年生まれ.
    一橋大学大学院経済学研究科博士号取得.
    横浜国立大学経済学部准教授.
    専門はゲーム理論.
    主な論文:
        "On Efficient Partnership Dissolution under Ex Post Individual Rationality" (with S. Galavotti and D. Oyama), *Economic Theory* 48 (2011), 87-123; "Strategic Complexity in Repeated Extensive Games," *Games and Economic Behavior* 83 (2014), 45-52 など.

安田 洋祐 (やすだ・ようすけ) [編集, 第1章, 第2章]

尾山 大輔 (おやま・だいすけ)

略歴
1974年　神奈川県に生まれる．
1998年　東京大学教養学部卒業．
2003年　東京大学大学院経済学研究科博士号取得．
2006年　一橋大学大学院経済学研究科講師，
2010年　東京大学大学院経済学研究科講師を経て，
2013年〜東京大学大学院経済学研究科准教授．

主要論文
"Sampling Best Response Dynamics and Deterministic Equilibrium Selection" (with W. H. Sandholm and O. Tercieux), *Theoretical Economics* 10 (2015), 243-281; "Contagion and Uninvadability in Local Interaction Games: The Bilingual Game and General Supermodular Games" (with S. Takahashi), *Journal of Economic Theory* 157 (2015), 100-127.

安田 洋祐 (やすだ・ようすけ)

略歴
1980年　東京都に生まれる．
2002年　東京大学経済学部卒業．
2007年　プリンストン大学経済学部Ph.D.取得．
2007年　政策研究大学院大学助教授を経て，
2014年〜大阪大学大学院経済学研究科准教授．

主要論文
"Resolving Conflicting Preferences in School Choice: The Boston Mechanism Reconsidered" (with A. Abdulkadiroğlu and Y.-K. Che), *American Economic Review* 101 (2011), 399-410.

主要著書
『学校選択制のデザイン──ゲーム理論アプローチ』(編著，NTT出版，2010年)．

改訂版　経済学で出る数学──高校数学からきちんと攻める

2013年3月25日　第1版第1刷発行
2018年4月30日　第1版第8刷発行

編著者	尾山　大輔・安田　洋祐
発行者	串崎　浩
発行所	株式会社 日 本 評 論 社

〒170-8474 東京都豊島区南大塚3-12-4
電話　(03) 3987-8621 [販売]
　　　(03) 3987-8599 [編集]

印　刷	三美印刷
製　本	井上製本所
装　幀	末吉　亮 [図工ファイブ]

ⓒ Daisuke Oyama & Yosuke Yasuda 2013
Printed in Japan
ISBN978-4-535-55659-1

JCOPY 〈(社)出版者著作権管理機構　委託出版物〉
本書の無断複写は著作権法上での例外を除き禁じられています．複写される場合は，そのつど事前に，(社)出版者著作権管理機構（電話 03-3513-6969, FAX 03-3513-6979, e-mail: info@jcopy.or.jp）の許諾を得てください．また，本書を代行業者等の第三者に依頼してスキャニング等の行為によりデジタル化することは，個人の家庭内の利用であっても，一切認められておりません．

経済学で出る数学 ワークブックでじっくり攻める

白石俊輔／著
尾山大輔・安田洋祐／監修

『改訂版 経済学で出る数学』の1章から7章までを、例題や練習問題を解くことで補う。数学に苦手意識を持つ、文系学生さん向け。

■目次………
第1章　1次関数と市場メカニズム
第2章　2次関数と独占・寡占市場
第3章　指数・対数と金利
第4章　数列と貯蓄
第5章　1変数関数の微分と利潤最大化
第6章　ベクトルと予算制約
第7章　多変数関数の微分と効用最大化

■本体1500円＋税　■B5判
■ISBN978-4-535-55733-8

日本評論社　http://www.nippyo.co.jp/

ミクロ経済学の力

神取道宏　KANDORI, Michihiro

東大駒場で大人気、カンドリ先生の講義が書籍化！

・圧倒的な文章のわかりやすさ
・図解による直観的な説明
・理論を裏付ける豊富な実例
により、ミクロ経済学の基盤である、市場メカニズムがきちんと理解できる。
ゲーム理論についてもバランスよく盛り込んだ、ミクロ経済学教科書の決定版。

本書をじっくり読めば、経済学の入り口から頂点に至るまでの本質的な内容のすべてが、誰でも確実に理解できる。

序　章　経済学の目的と方法
■第Ⅰ部　価格理論
第1章　消費者行動の理論
第2章　企業行動の理論
第3章　市場均衡
第4章　市場の失敗
第5章　独占
■第Ⅱ部　ゲーム理論と情報の経済学
イントロダクション　なぜゲーム理論が必要なのか
第6章　同時手番のゲームとナッシュ均衡
第7章　時間を通じたゲームと戦略の信憑性
第8章　保険とモラル・ハザード
第9章　逆淘汰とシグナリング
終　章　最後に、社会思想（イデオロギー）の話をしよう

■本体3200円＋税　■A5判
■ISBN978-4-535-55756-7

日本評論社　http://www.nippyo.co.jp/